하나님이
일하신다

하나님이
일하신다

교회력 설교

1

최주훈   '마태의 해' 복음서 설교

비아
토르
viator

말씀이
우리를 읽는다!

나이가 들수록 세상을 바라보는 눈이 달라지는 것을 느낍니다. 저에게 주일 설교는 '설교자의 신앙고백'이라는 원칙이 있습니다. 진실과 성실, 그리고 엄격함을 스스로에게 요구하며 글을 써 왔지만, 설교는 살아 있는 생물 같아서 글쓴이조차 그 전개와 효과를 도무지 종잡을 수 없습니다. 우연히 설교집을 낼 기회가 생겨 마태복음 설교 원고를 정리하다 보니, 삼십, 사십, 오십대의 글이 서서히 변화한 것을 보게 됩니다.

　　어떤 경우에는 같은 본문으로 다섯 번을 설교했는데, 관점도, 내용도, 전개하는 방식도 다 다르더군요. 무엇보다 눈에 띄는 점은 거칠고 공격적이던 어휘 선택이 둥글둥글해졌고, 저의 개인적인 주장이나 견해가 부쩍 줄었으며, 본문에 대한 집중이 늘었다는 것입니다. 어떤 면에서는 그렇게 날 서 있던 사회 비판 의식이 사라진 게 매우 아쉽기는 합니다. 이것을 보고 누군가는 나이 들어서 그렇다고 말합니다.

하지만 제게도 변명거리는 있습니다. 저뿐 아니라 우리 모두에게 하나님은 숨어 계십니다. 그 때문에 답답합니다. 하나님의 뜻이라면서 힘주어 인용하고 분석하고 비판하며 설교하지만, 그 해박한 지식과 분석, 격한 우리의 음성에도 불구하고 하나님은 숨어 계십니다. 설교에 사회를 비판하는 말이 많다고 그것이 다 하나님의 뜻이 아닌 것처럼, 큰 목소리를 안 낸다고 해서 그 설교에 하나님이 안 계신 것은 아닙니다.

하나님은 우리의 감정과 목소리 크기에 따라 행동을 바꾸시는 분이 아닙니다. 우리가 말씀을 통해 배우고 믿는 하나님은 숨어 계신 것 같지만, 언제 어디서나 우리 가운데, 우리 곁에서, 우리를 위해 일하십니다. 이것이 복음입니다. 성경이 소개하는 사건과 인물들은 오늘의 시대와 문화를 반추하는 선명한 거울이어서, 여러 각도의 치열한 본문 탐구는 설교자와 청중의 비판 의식을 그 무엇보다 날카롭게 벼립니다. 그뿐 아니라 속 좁은 우리에게 '다름'을 품는 포용의 넉넉함도 선물합니다. 말씀은 그렇게 우리 가운데 살아 생동하며 서로 다른 우리를 하나 되게 합니다(viva vox). 이런 확신이 없다면, 설교자와 청중 모두에게 설교는 그저 고루하고 따분한 일에 지나지 않을 것입니다.

설교자로 살다 보니 "내가 말씀을 읽는 게 아니라 말씀이 나를 읽는다"는 루터의 고백이 점점 저의 고백이 되어 갑니다. 모두가 알다시피 좋은 설교와 설교자에 대한 정답은 없습니다. 최소한 저에게만큼은, 설교자는 성서를 이용해 청중을 교정하는 감독관이 아닙니다. 청중을 휘어잡아 설교자의 관심과 시야 안으로 끌어들이려는 설교보다, 성경 본문에 충실한 조용한 설교가 훨씬 낫습니다.

설교를 위한 재료는 말씀이고, 이 말씀은 설교자의 창작이 아니라 주어진 것입니다. 그렇기에 설교는 주어진 것이며 동시에 배우는 것입니다. 그러나 심한 경우에는, 교인들을 향한 일요일 아침 훈시나 잔소리, 목사의 인기 관리를 위한 홍보, 또는 목사 개인의 신상 진술이나 개인의 취향을 밝히는 기회로 오용되기도 합니다. 배움의 자세가 없는 목사에게서 흔히 볼 수 있는 현상입니다. 그런 경우 설교는 하나님을 쏙 뺀 사람의 말이 되어 버립니다. 이것은 목사들에게 큰 유혹이며 흔히 볼 수 있는 현실입니다. 목사는 설교를 통해 일종의 권력감을 맛보기 때문입니다. 그렇지 않다고 부정할 필요는 없습니다. 다만, 설교자라는 자리에 주어진 권력감은 목사 자신이 만든 것이 아니라 교회를 통해 명령되고 위임받았다는 점을 겸손히 수용하고, 그 말에 책임성 있는 진실을 담아야 합니다. 그렇지 않다면 어떤 경우라도 설교가 아닙니다.

설교는 '하나님의 말씀(선포)인 동시에 사람의 말'입니다. '동시에'라는 대목이 중요합니다. 이것은 설교자와 하나님 사이의 관계성을 의미합니다. 그 관계성을 부정하는 것은 겸손이 아니라 목회에 대한 권위와 책임을 포기하는 것이고, 설교가 있어야 할 자리와 목적을 상실합니다. 진정 하나님의 음성이라면, 그 설교는 필연코 다양한 사람들의 마음에 도착하여, 그 사람들의 형편과 처지를 읽어 내려갈 것입니다. 거기서 위로와 힘이 생깁니다. 목사와 친하거나 정치 노선, 사회적 관심이 맞는 사람에게만 들리는 설교를 저는 지양합니다. 말씀 가운데 일하시는 성령은, 살아 있는 하나님의 말씀을 통해 모든 사람을 품고 위로하고 힘 주시며 하나의 교회로 만드십니다. 제가 가진 지극히 개인적인 설교 이해입니다.

그러다 보니 나이 들수록 주변에서 일어나는 일이나 만담, 예화가 설교 원고에서 사라집니다. 어찌 보면 참 재미없는 설교로 변했구나 싶기도 하지만, 매번 설교를 준비하면서 놀라는 것은 성경처럼 신비한 게 없다는 사실을 더 깊이 알아가고 있다는 점입니다.

단락과 단락, 문장과 문장, 때로는 단어와 단어 사이에 구멍이 숭숭 뚫려 있어서 누군가는 그냥 무시하며 지나치고, 누군가는 이성의 능력이 부족한 구시대 고물 덩어리라고 비웃지만, 저는 외려 그 틈새를 '우리를 위한 하나님의 배려'로 여깁니다. 그 틈을 메꾸는 일이 설교자에게 맡겨진 연구와 묵상의 과정입니다. 그 과정을 통해 비로소 '그때 거기서의 의미'가 '오늘 여기서의 의미'로 부활합니다. 이런 설교 준비 과정은 설교자에게 흥미진진한 모험과도 같습니다. 이런 면에서 존 폴킹혼의 말은 옳습니다. "성경은 모든 질문에 관한 답을 마련한 궁극의 교과서가 아니라, 실험실 노트와 같다!"

마태복음은 유독 예수님의 비유가 많고, 사건과 인물 안에 상징과 은유가 많습니다. 그래서 여러 관점의 실험을 할 수 있고, 다양하고 풍요로운 설교가 가능합니다. 책 제목을 무엇으로 할까 고민하면서 설교문을 정리합니다. 이런저런 생각이 교차합니다. 그리도 나 자신을 쥐어짠 글이었는데, 지나고 보니 그런 엄격함만이 전부가 아니라는 것을 깨닫습니다. 여유와 틈새가 있어도 어느 삶, 어느 글에나 진실이 깃들 수 있기 때문이겠지요. 그런 지혜를 이제야 알게 됩니다. 앞으로는 힘 좀 빼고 좀 더 자유로운 글을 쓰겠다는 다짐으로 "교회력 설교: 마태의 해" 일 년 치 원고들을 묶습니다.

3년 주기 교회력 성구집(Revised Common Lectionary)에 따른

마태의 해 설교집을 펴냅니다. 마태를 중심으로 구성된 복음서 설교입니다. 교회력 첫날인 '대림절'부터 교회력 마지막 날인 '왕이신 그리스도의 날'까지 이어지는 설교집이지만, 교회력을 사용하지 않는 교회 목회자와 성도들에게도 복음을 이해하는 좋은 길라잡이가 될 것입니다.

그 누구보다 감사드릴 분들은 모든 일에 허당인 사람을 설교자로 세워 주시고 신뢰를 아끼지 않는 중앙루터교회 교우들입니다. 모든 글은 중앙루터교회 교우들과 함께 호흡한 주일 설교문이기 때문입니다. 또한 원고를 읽고 출간하도록 애써 주신 비아토르 김도완 대표님께도 감사드립니다. 이분의 선택과 도움이 아니었다면 이 원고는 사라졌을 것입니다. 원고를 꼼꼼하게 봐 준 편집자와 대림절에 잘 어울리는 옷을 입혀 준 디자이너에게도 감사드립니다. 사랑하는 아내 김옥미와 딸 슬기에게도 사랑의 마음을 여기 남깁니다. 가족은 몸과 마음의 보금자리입니다. 끝으로 하나님께 감사드립니다. 그분이 저를 여기 세우셨고, 그분의 말씀을 전하게 하셨습니다.

2023년 10월 후암동 중앙루터교회에서
최주훈 목사

1
그리스도를 기다리며

대림절부터 주현절까지

대림:
주님 오심

마태복음 24:36-44

11월 넷째 주나 12월 첫째 주는 교회력으로 한 해의 시작을 알리는 대림절 첫째 주일입니다. '대림(待臨)'이라는 한자어는 '오심을 기다린다'라는 뜻으로, 이 땅에 오실 그리스도를 기다린다는 의미입니다. 그래서 성탄절부터 4주간을 거슬러 계산해서 대림의 절기로 지킵니다. 영어로는 Advent라고 하는데, '오심'의 뜻을 가진 라틴어 'Adventus'에서 유래했다고 알려져 있습니다.

　이 단어를 사용하게 된 것은 신약성경에 나오는 '파루시아'라는 헬라어 때문인데, '주님 오심'이라는 뜻이 있습니다. 우리는 이것을 '재림'이라고 번역하기도 합니다. 주님이 이 세상에 오시는 것은 성탄이기도 하지만, 시간의 끝에서 오신다는 사실을 고려하면 종말이며 심판이 되기도 합니다. 여기에는, 최후의 심판을 통해 새로운 세상이 다시 열린다는 새창조의 의미도 담겨 있습니다. 이처럼 오실 주님을 기다리며 자신의 삶을 돌아보는 절기가 바로 대림절입니다.

예로부터 이 절기는 사순절과 마찬가지로 금식 자선 기도로 자신의 삶을 절제하고 신앙을 점검하는 기간으로 삼았습니다. 성탄 전야인 12월 24일 해가 떨어지기 전까지의 교회력 색깔이 회개와 절제를 의미하는 보라색으로 장식되는 것은 이 때문입니다. 이시기에 각 교회들의 성찬대 위의 초, 드림천 그리고 배너, 심지어어떤 교회는 주보까지 모두 보라색 계열로 맞추는 것을 볼 수 있습니다. 우리의 삶을 돌아본다는 절제와 회개의 의미가 담겨 있는 것입니다. 그런데 보라색은 그런 암울한 이미지만 가진 게 아닙니다. 보라색은 '담담함과 조용함 속에 담긴 희망'의 이미지도 갖고있습니다. 그래서 그리스도의 오심을 소망하는 대림의 절기에 꼭맞는 색인 것 같습니다.

예배의 모든 것들이 바로 이 대림의 정신에 맞춰 있지요. 배너에는, 보라색 바탕 위에 사람들이 손을 잡고 하늘을 향해 환호하는 모습이 담겨 있고 그 밑에 초가 하나 있습니다. 성탄절이 되기까지 한 주에 하나씩 초를 더하게 되는데, 주님 오심이 가까워지고 있음을 보여 주는 것입니다.

또한 성가대도 대림절에 걸맞는, 주님 오심에 대한 곡을 찬양합니다. 유심히 관찰하시는 분들은 아시겠지만, 매 주일 제단 꽃꽂이는 교회력 말씀과 연관된 작품으로 만들어집니다. 대림절에는보랏빛 감도는 꽃꽂이외에도 '대림환'이라는 것을 장식하곤 하는데 거기에는 다섯 개의 초를 놓습니다.

대림절부터 성탄까지 네 번의 주일 예배를 지나면서 초를 하나씩 밝혀 가다가 성탄 때 마지막 가운데 초에 불을 붙이게 됩니다. 배너와 마찬가지지요. 이렇게 대림절에 초를 켜고 기다리는 전통은 이제 어느 교회에서나 볼 수 있게 되었지만, 그 기원은 19세기 초반 독일 루터교회의 요한 힌리히 비혜른(Johann Hinrich Wichern, 1808-1881) 목사에게로 거슬러 올라갑니다.

독일 함부르크에 있던 비혜른 목사는 어떻게 하면 아이들에게 소망을 줄 수 있을지 고민하다가, 11월 말부터 성탄 전야까지 매일 저녁 초 하나씩을 켜 나가며 아이들에게 성경 이야기를 들려주었습니다. 여기서 대림 절기에 초를 밝히는 전통이 유래되었다고 합니다.

매 주일 켜는 초와 교회력 본문은 조금씩 다른 의미를 갖고 있습니다. 대림절 첫째 주일에 켜는 첫 번째 초는, 멋지게 보이는 대림환 장식과 달리 종말과 심판의 의미를 담고 있습니다. 이 날의 교회력 본문들은 모두 종말이라는 매우 어둡고 무거운 주제를 다룹니다. 대림절 첫 번째 주일의 장식되지 않은 크리스마스 트리 역시 희망 없는 우리의 모습을 상징합니다. 초라하고 벌거벗은 모습입니다. 이게 우리의 현실이라는 것을 보여 줍니다.

대림절을 시작으로 이제부터 일 년 동안 마태복음을 중심으로 말씀을 나누고자 합니다.

글이란 것은 글쓴이의 시대와 정신을 반영하는데, 성경도 예외가 아닙니다. 마태복음은 마태라는 사람이 살던 1세기 교회 상황을 배경으로 예수님의 목소리를 전합니다. 물론 예수님은 이미 이 땅을 떠난 후입니다. 서기 70년경, 로마제국이 예루살렘을 습격하고 성전을 무너뜨린 다음 이스라엘을 초토화시키는 사건이 벌어집니다.

선민이라고 자부하던 유대인들은 충격을 받았습니다. 유대교인이나 예수 신앙을 가진 그리스도인이나 가릴 것 없이 모두 공황 상태에 빠지게 됩니다. 큰 환란이 닥칠 때는 너나없이 이렇게 묻습니다. "하나님, 도대체 어디 계십니까?" 선민이라고 다를 바 없습니다. 그리스도인이라고 다를 바 없습니다. 이런 일이 서기 70년에 벌어진 것입니다. 그때, 흔들리는 유대 그리스도인들에게 교회가 준 답이 바로 마태복음입니다. 마태복음 24장의 내용이 바로 그 답이라고 할 수 있습니다.

종말 신앙, 대림 신앙

24장 말씀을 읽어 보면 '날'과 '때'라는 말이 추임새처럼 반복되는 것을 확인할 수 있습니다. 예루살렘 멸망의 때와 그리스도가 오시는 때가 계속 중첩됩니다. 37-39절을 보면, "인자가 오는 때(파루시아)도 노아의 홍수 때와 같을 것"이라는 말로 시작(37절)해서 똑같은 말로 끝납니다(39절). 성경에서 노아의 이야기는 언제나 아직 오지 않은 환난의 때를 준비하는 그리스도인의 모델로 그려집니다.

이어지는 38-39절은 우리가 함께 깊이 새기고 묵상해야 할 구절인 것 같습니다. 38절을 보면, 홍수 이전에 사람들이 살던 모습이 나오지요. 먹고 마시고 결혼하는 일, 매우 일상적인 일들입니다. 뭐 하나 죄라고 말할 수 없는 것들입니다. 그런데 그 다음 39절은 이렇게 일상적인 삶을 살던 사람들을 갑자기 홍수로 멸하셨다는 끔찍한 이야기로 이어집니다.

왜 그랬을까요? 우리는 이 대목에서 왜 그런지 물어야 합니다. 그 이유가 중요하기 때문입니다. '먹고 마시고 장가들고 시집가고' 하는 일상생활이 죄로 여겨져 정죄된 것이 아니라, 그런 일상적인 일들 때문에 임박한 재난에 대해 아무런 관심도 기울이지 못하고 아무런 '준비'도 하지 않았기에 정죄된 것입니다. 쉽게 말해, 오늘 이 순간에 도취되어 미래를 준비하지 않았다는 것입니다.

건강이나 노후 자금 같은 것에 대한 준비를 말하는 게 아니지요. 복음서는 더 중요한 것을 경고합니다. 주님은 여기서 비유로 말씀을 이어 가십니다. 밭에서 일하던 두 사람 중 하나가 사라지고, 함께 맷돌 갈다가 한 사람이 사라집니다. 외적으로는 아무 차이 없던 사람들이지요. 주님의 말씀을 들어 보면, 오직 한 가지만이 다르다고 설명해 주십니다. 무엇입니까? '그때는 아무도 알 수 없으니, 깨어 준비한 사람인가 아닌가' 하는 점입니다.

43절도 같은 내용이지요. 도둑이 언제 들어올지 누가 알겠느냐는 것입니다. 그때는 아무도 알 수 없지만, 깨어 있다면 집을 지킬 수 있다는 말입니다. 24장 말씀을 가만 읽어 보면, 우리가 사는 세상은 환난 가득한 세상, 희망 없는 세상이라고 묘사하는 것 같습니다. 그러나 그런 세상 속에서도 깨어 있는 사람에게는 주님이 찾아오신다는 희망을 전해 줍니다. 시대는 다르지만 지금 우리의 세상도 다를 바 없습니다.

겉으로는 멀쩡합니다. 먹고 마시고 결혼하고, 밭을 갈고 맷돌 갈 듯 일터에 나가 정신없이 일합니다. 그러면서 그게 전부인 양 살아갑니다. 내 눈에 보이는 것, 내가 경험하는 것, 내가 아는 것, 그것만이 참 진리라고 믿고 살아갑니다. 그러나 성경은 매우 다른 방식으로 설명합니다. 눈에 보이는 세계가 전부가 아니라는 것입니다. 우리의 경험과 지식을 넘어서는 세계가 있고, 내 힘으로 어쩔 수 없는 세계가 있다고 가르칩니다. 그러면서 동시에, 그렇게 보이지 않는 세계, 내 힘으로 어쩔 수 없는 세계도 주님 손에 쥐어져 있다고 가르칩니다.

　겉으로는 모든 것이 평온하던 시대에 홍수를 대비했던 노아는 바로 그것을 본 사람입니다. 시대와 조류에 휩쓸려 살지 않고 보이는 세계 너머의 세계를 볼 수 있는 것, 그리고 그 세계를 준비하는 것, 그것이 바로 종말 신앙이고 주님 오심을 기다리는 대림의 신앙이라고 할 수 있습니다. 우리는 스스로에게, 종말을 준비하는 일상을 살고 있는지 물어봐야 합니다. 예수님이 오셨을 때 우리가 그분 앞에 내놓을 수 있는 말이 무엇이 있을까요?

비슷한 듯 다른 〈최후의 심판〉

　주제를 바꿔 보도록 하지요. 한스 멤링의 〈최후의 심판〉이라는 작품이 있습니다. 이 그림을, 16세기 독일 3대 화가 중 한 명으로 꼽히는 루카스 크라나흐의 〈최후의 심판〉과 비교해 보겠습니다. 두 작품의 제목은 같습니다. 하지만 크라나흐의 그림은, 1471년에 그려진 한스 멤링의 그림과 어딘가 비슷하면서도 다른 면모를 갖고 있습니다. 루카스 크라나흐는 종교개혁을 물심양면으로 지원했던 인물로, 루터와 한동네 살면서 루터의 아내인 카타리나 폰 보라를 루터에게 소개시켜 줬으며, 나중에 루터의 자녀들이 세례 받을 때 대부 역할을 자처했을 정도로 절친한 친구였습니다. 우리에게 익숙한 루터의 초상화는 십중팔구 이 사람이 직접 그린 작품들입니다.

　어쨌든 다시 그림 이야기로 돌아가지요. 멤링의 그림과 비교해 보면 유사한 것들이 많이 보이기도 합니다. 하늘과 땅을 나눈 구도, 날아다니는 천사들, 빛을 밟고 올라서 있는 예수님, 그 얼굴

천국의 문

심판 장면

지옥

한스 멤링, 〈최후의 심판〉, 1467-1471년,
161×221cm(중앙), 72.5×223.5cm(각 날개 부분)
그단스크 국립미술관 소장

루카스 크라나흐, 〈최후의 심판〉, 1525-1530년,
73.3×99.8cm, 넬슨 앳킨스 미술관 소장

양 옆에 놓인 백합과 불 칼, 예수님 주위에 펼쳐진 무지개, 마리아와 세례 요한이 양옆에 앉아 기도하고 있고, 주위에 사람들이 둘러 서 있는 모습 등등이 매우 비슷합니다.

그런데 자세히 보면, 큰 차이점들도 보입니다. 예를 들어 멤링의 그림에서는 무지개가 땅과 하늘을 잇고 있는데 크라나흐의 그림에서는 그냥 하늘에 있습니다. 또 멤링의 그림에서는 무지개 끝에 마리아와 요한이 걸려 있는 모습을 통해 하늘과 땅을 잇는 중보자로 그들이 등장하는데, 크라나흐의 그림에서는 전혀 다른 성격으로 등장합니다. 마리아와 요셉 뒤에 있는 사람들을 보십시오. 멤링의 그림에서는 정확히 열두 명이었는데, 크라나흐의 그림에서는 어림잡아도 열두 명은 족히 넘습니다. 열두 명은 사도를 뜻하지요. 성직자 그룹의 최고 권위를 나타낼 때 천상의 열두 사도를 그려 넣곤 합니다. 그런데 크라나흐의 그림에서는 열두 명이 아닙니다.

게다가 매우 특이한 점을 발견할 수 있습니다. 요셉의 뒤에 있는 이들은 모두 남자, 마리아의 뒤에 있는 이들은 모두 여자입니다. 멤링의 그림과 비교하면, 열둘이라는 숫자가 파괴됩니다. 그리고 남자들만 있던 자리에 여자들이 등장합니다. 그것도 천상의 자리, 사도급으로 그려집니다. 여기서 세례 요한과 마리아는 하늘과 땅을 중보하는 위대한 성인이 아니라, 세례 받은 남자와 여자 성도들의 상징으로 묘사됩니다. 이게 무슨 뜻일까요?

종교개혁자가 성경에서 발견한 복음이 이 그림에 담겨 있는 것입니다. 남자든 여자든, 세례 받은 모든 사람은 왕이요 제사장이요 성직자라는 뜻입니다. 이것을 우리는 '만인사제직'이라고 부릅니다.

이 그림이 그려진 시기가 1525년 직후라는 게 꽤 재미있습니다. 이때는 루터가 결혼하던 때입니다. 크라나흐가 중매를 섰고, 루터 부부는 곧 아이를 낳게 됩니다. 크라나흐가 옆집에 살면서 하루가 멀다 하고 루터의 가족과 만나 매우 많은 대화를 하던 시기입니다.

무슨 이야기를 나눴을까요? 별별 이야기 다 했겠지요. 그런데 중요한 것은 크라나흐가 이 만남과 대화를 통해 복음의 세계를 엿봤다는 것입니다. 그 복음이 바로 이 그림에 담겨 있습니다. 남자나 여자나 차별 없는 세계를 담았습니다. 게다가 여자들의 모습을 잘 보면, 귀족부터 종에 이르기까지 다양한 복장의 여성들이 천상의 자리에 함께한 것을 알 수 있습니다.

즉, 부와 계급, 차별과 구별의 담이 허물어진 세상이 그림에 담긴 것입니다. 이것은 정확히 반세기 전에 멤링이 그린 천상의 세계와 완전히 다른 세계입니다. 프로테스탄트라고 부르는 개신교회 교인들이 추구하는 세상이 바로 이런 세상이지요. 모두 평등하고 차별과 구분 없이 존중받는 세상, 정상과 비정상으로 구분되지 않고 살아 있다는 것 자체만으로 귀하게 존중받는 세상, 이것이 우리가 기도하는 하나님의 나라입니다.

다시 그림으로 돌아가지요. 멤링의 그림과 매우 다른 것 또 하나가 있다면, 심판을 실행하던 멋진 천사 미카엘이 보이지 않는다는 점입니다. 멤링의 그림에서는 정확하게 왼편과 오른편이 천국과 지옥으로 나뉘어 있지요. 그런데 크라나흐의 그림에서는 하늘 아래 거의 대부분이 지옥 같은 땅으로 묘사됩니다.

더 특이한 것은 무덤이 보이지 않는다는 점입니다. 멤링의 그림에서는 최후의 심판 때, 무덤에서 살아나 저울 위로 올라가는 사람들이 묘사되었는데 이제는 무덤이 보이지 않습니다.

왜 그럴까요? 지금 우리가 살아가는 세상 자체가 바로 이런 생지옥이기 때문에 이렇게 표현한 게 아닐까 생각해 봅니다. 실제로 그렇게 추측할 수 있는 이유는, 이 그림은 분명히 루터의 종말론을 담고 있기 때문입니다. 루터의 종말론은 미래의 어떤 시점에 도달할 종말이라기보다, 지금 이 순간, 우리가 살아가는 이 현장이 바로 종말이라는 사상이 강합니다.

그리고 우리의 세계는 내 뜻과 의지대로 움직일 수 있는 곳이 아니라, 의지의 노예가 되어 끌려다닐 수밖에 없는 곳으로 루터는 표현합니다. 그림을 보면, 마귀의 등에 업혀 있는 여인, 마귀에게 목마 타고 있는 남자, 마귀에게 끌려가는 사람들 천지입니다. 자기가 지금 마귀에게 끌려가고 있는지조차 모르는 사람도 보입니다.

하단에 보면, 스머프처럼 빨간 모자를 쓰고 수레에 앉아 손에 뭔가 들고 있는 사람이 있습니다. 그가 손에 든 것은 맥주잔인데, 거기서 검은 연기가 나옵니다. 쾌락과 욕망의 삶이 연기처럼 덧없음을 뜻합니다. 이 사람이 앉은 수레를 앞에서 끌어 주는 종도 보입니다. 그런데 자세히 보면, 그 종 앞이 지옥 입구인데 악마가 서서 손을 잡아당기고 있고 수레 뒤에서는 악마가 밀고 있습니다. 이 사람은 그런 사실을 까맣게 모르고 사는 것이지요. 수레에 올라앉아 편하게 있지만, 그 수레가 어디로 향하는지는 전혀 알지 못하고 살아갑니다. 사실 우리의 모습이 이렇지 않을까요?

그림을 좀 더 살펴보지요. 땅에 있는 사람들을 보면 모두 하나같이 벌거벗었습니다. 그런데 특이한 옷을 입은 딱 한 사람을 확인할 수 있을 것입니다. 오른쪽에 활을 들고 서 있는 사람인데, 갑옷을 입고 머리에는 보호 장구를 착용하고 있습니다. 이 사람의 정체는 무엇일까요? 중세말 기사입니다. 기사들은 명예를 위해 살겠다고 맹세하고 싸움도 마다하지 않던 사람들이지요. 전쟁이 나면 언제나 앞장서던 용맹한 사람들입니다. 그런데 이 기사가 무장하고 서 있는 위치를 잘 보세요. 그 밑은 끝없는 지옥 구덩이입니다. 무슨 뜻입니까? 우리 생각에는, 기사 정도 되면, 힘도 있고 의지도 분명하고 능력도 있는 사람입니다. 그러나 그런 것들이 아무 소용없다는 것을 이 그림은 보여 줍니다.

'우리의 능력, 지식, 경험, 선한 행위 등으로 천국을 보장받을 수 없다'고 말하는 것입니다. 이 그림은 미래의 세계가 아니라 우리의 현재 모습을 그려 놓은 것입니다. 우리가 사는 세계는 성전이 무너져 내린 1세기 예루살렘과 같은 혼돈의 세계요, 왕과 공직자와 교회가 무너져 내린 패악한 세대요, 큰 도둑들이 창궐하는 혼돈의 시대요, 희망이 보이지 않는 시대라는 것입니다. 매우 암울한 세상입니다. 그런데 이 그림은 여기서 끝나지 않습니다.

그림의 왼쪽 작은 구석에 구름으로 가려져 있는 세상이 보입니다. 우리의 눈으로부터 가려진 세상, 그러나 분명히 하늘이 땅에 임한 세상, 숨겨진 천국이 이 땅에 있다는 것을 이 그림이 보여 줍니다. 다시 말해, 시간의 끝에 종말이 임하는 것이 아니라 바로 지금 우리의 일상 속에 종말의 심판이 있습니다. 그리고 하늘의 뜻이 땅에 이루어지는 하나님의 나라가 이곳에 있다는 것을 이 그림이 보여 줍니다.

우리가 사는 세상은 이렇게 희망 없는 세상, 혼돈에 빠진 세상입니다. 그러나 이런 세상 한가운데에 숨겨진 천국이 있다고 성경은 가르칩니다. 그리고 우리에게 가려져 있지만, 숨겨진 천국이 우리의 삶 속에 반드시 임하게 된다고 성경은 가르칩니다. 그 때는 알 수 없으나, 숨겨진 천국을 우리에게 몰고 오시는 분은 우리의 그리스도라는 것을 또한 선포합니다.

끝으로 초대교회 교부 중 한 명인 오리게네스의 마태복음 강해 한 단락을 인용하면서 말씀을 마치겠습니다.

복음을 따라 사는 사람들은 종말의 때가 언제인지 알려고 하지 않습니다. 생기 넘치는 시절이든 가장 암울한 시절이든, 또는 수탉이 우는 완숙한 때든 노년의 주름이 깊숙이 들어선 때든, 끊임없이 깨어 있는 것이 중요합니다. 그러나 저는 또 다른 종류의 종말을 말해야겠습니다. 이는 곧 사도 바울이 가르쳐 준 종말입니다. 사도는 이렇게 말합니다. "나는 우리 주 예수 그리스도의 십자가 외에는 어떠한 것도 자랑하고 싶지 않습니다. 그리스도의 십자가 사건을 세상 쪽에서 보면, 내가 십자가에 못 박힌 것으로 보이지만, 내 쪽에서 보면 세상이 십자가에 못 박힌 것입니다"(갈 6:14). 이렇게 말할 수 있는 사람이야말로 참으로 의로운 사람들입니다. 이것이 의인들이 기다리는 종말입니다. 어떤 면에선, 십자가에 못 박힌 세상에게는 종말이 이미 왔습니다. 그리고 세상에 대해 죽은 사람에게도 주님의 날은 이미 왔습니다. 왜냐하면, 그리스도의 십자가 안에서 세상을 위해 살지 않는 사람들에게 사람의 아들인 그리스도가 (보이는 세계 안에, 보이지 않는 모습으로) 오시기 때문입니다.

— 오리게네스 '마태복음 24:37-39 주해'

모든 지각에 뛰어난 하나님의 평강이 그리스도 예수 안에서 우리의 마음과 생각을 지키실 것입니다. 아멘.

회개하라,
천국이 가까이 왔다

마태복음 3:1-12

이제 대림절 두 번째 초를 밝혔습니다. 대림초뿐만 아니라 배너의 초도 하나 더 달렸습니다. 그리고 아무 장식도 없던 성탄 트리에는 선악과를 상징하는 둥근 공들을 매답니다. 우리는 이렇게 초를 하나씩 밝히며 빛으로 오시는 성탄의 예수를 준비합니다.

대림절 두 번째 주일 복음서 말씀은 회개를 촉구하는 세례 요한의 이야기입니다(마 3:1-12). 이 본문을 우리 시대 눈으로 보면, 이해하기 어려운 구석이 한두 군데가 아닙니다. 세례 요한은 하나님의 소식을 알리는 사람입니다. 이런 사람이 교회에 나타나면 교인들은 어떻게 반응하고 어떻게 평가할까요? 이왕이면 다홍치마라고 말쑥한 차림새, 세련된 말투, 깔끔한 이미지의 목회자에게 점수를 더 주는 게 우리들입니다. 그런데 세례 요한은 어떤가요? 낙타 가죽옷을 입고, 보이는 대로 메뚜기와 석청을 먹어 댑니다. 말도 너무 거칠고 직설적입니다. 교인들이 상처 받기 딱 좋습니다.

오늘 우리 교회의 기준에서 본다면, 거지꼴 차림의 세례 요한은 교회 설교자로는 빵점입니다.

그가 천국을 선포하고 있지만, 그 장소가 광야라는 점도 걸립니다. 정말 사람들에게 알릴 만 하고 알려야 할 일이라면, 최대 홍보 효과를 고려해야 하는 게 상식입니다. 하지만 요한은 접근성이 가장 취약한 광야로 들어가 거기서 "천국이 가까이 왔다"고 외칩니다. 광화문이나 명동이 아니라 사람도 살지 않는 촌구석에 가서 전단을 뿌리는 꼴입니다. 아무리 봐도 다 빵점입니다.

그런데 더 이상한 것은 마태복음 3장 5절의 '예루살렘과 온 유대와 요단강 사방에서' 사람들이 몰려왔다는 대목입니다. 얼마나 많은 사람이 왔을까요? 정확히 알 수는 없습니다. 마가복음 1장 5절에도 똑같은 구절이 나오는데, 거기서 말하는 것처럼 정말 구름떼처럼 몰려왔는지, 아니면 과장한 것인지 알 길은 없습니다. 하지만 복음서 기자가 전하고자 하는 바는 분명한 것 같습니다. 이전에 없던 낯선 일이 일어났다는 것입니다.

예루살렘과 광야

모든 것이 부족하고 척박한 땅, 광야에 사람들이 모여듭니다. 온 유대와 예루살렘에서 사람들이 몰려왔다고 하는데 유대와 예루살렘은 어떤 곳인가요? 잘 정비된 지역, 인구 밀도가 높은 대도시지요. 여기서 복음서 기자는 정작 말하고 싶은 것을 살짝 숨겨 놓은 듯합니다. '유대, 예루살렘'이라는 말 속에, 제가 보기에는 '성전'이라는 단어를 숨겨 놓은 것 같습니다. 유대인들은 예루살렘을 중심으로 삽니다. 그곳에 '성전'이 있기 때문입니다. 성전이야말로 그들의 삶을 지탱하는 근간이요 생명의 원천이라고 할 수 있습니다.

유대인들의 통념상 성전으로 가기 위해서는 언제나 '시온의 대로'라는 탄탄한 길을 거쳐 갑니다. 그런 대로를 걸어가야 하나님을 만날 수 있고, 거기서 복을 받을 수 있다고 여겼습니다.

그런데 복음서 말씀은 이를 뒤집어 버립니다. 대도시, 성전, 탄탄대로로 가야 하는 사람들이 거기서 나와 길을 거슬러 갑니다. 유대 땅의 사람들, 예루살렘의 도시인들, 성전 안에 있던 사람들이 밖으로 나와 예측할 수 없는 땅, 황량한 광야로 걸어 들어갑니다. 이것은 복음의 대서사시입니다.

예루살렘과 광야는 천지 차이가 나는 곳입니다. 대도시와 시골 정도의 차이가 아닙니다. 하나님의 성전이 있는 곳, 거룩한 곳, 기도하러 찾아가는 곳, 왕과 귀족들, 고위 성직자들이 있는 곳, 안전과 평안이 보장된 곳, 그곳이 예루살렘입니다. 그러나 광야는 그무엇 하나 보장된 것이 없는 땅, 위험하기 그지없는 땅, 미래가 없는 땅입니다.

그런데 왜 사람들이 이곳으로 몰려왔을까요? 사실 아주 잠깐만 생각해도, 답을 쉽게 얻을 수 있는 질문이지요. 예루살렘이 예루살렘 구실을 못 하니 새로운 예루살렘을 찾아 나선 것이라는 설명밖에 할 수 없습니다. 하나님의 거룩한 냄새가 나는 곳이라면 그곳이 예루살렘이든 광야든 상관없고, 참으로 하나님의 말씀이라면 아브라함이 설교하든 돌멩이가 외치든 상관없습니다. 하나님의 음성이 들리느냐 안 들리느냐, 거룩한 냄새가 나느냐 안 나느냐, 이것이 중요한 관건입니다.

예루살렘에서 기대되는 하나님은 어떤 분이신가요? 이사야 11

장 3절 이하의 말씀으로 설명하자면, 하나님은 사람을 외모로 판단하지 않으시고, 귀에 들리는 대로 판단하지 않으시며, 공의로 가난한 자를 세우시고, 정직과 겸손한 자를 받아들이시며, 그의 입에서 나오는 엄위한 말씀과 성실함으로 악을 징계하시는 분입니다.

시편 72편 말씀으로 설명하자면, 그분은 공의와 정의의 하나님이시고, 세상 모든 만물에게 평강을 선물하시고, 가난한 백성의 억울함을 풀어 주시고, 궁핍한 자의 자손을 구원하시고, 힘으로 누르는 자를 꺾으시는 분입니다.

성전은 바로 이런 하나님의 집입니다. 이렇게 선하고 의로운 하나님이 성전에 계신다니, 사람들이 예루살렘을 찾을 희망이 있었던 것이지요. 하지만 요한 시대의 성전은 어떻습니까? 하나님 없는 하나님의 도성, 하나님 없는 성전, 거룩한 향기 대신 썩은 내가 진동하는 곳으로 변해 버렸습니다. 그러니 하나님의 백성은 갈 곳을 잃어버린 것입니다.

저는 교회력의 시편 말씀인 72편을 묵상할 때마다 6절에 나오는 '**벤 풀**'이라는 단어가 자꾸 맘에 걸립니다. 들에 자란 풀이 무슨 죄가 있기에 베임을 당했을까요. '날카롭게 베여 잘린 면은 얼마나 아프고 쓰릴까, 낫을 든 농부를 원망해야 할까 아니면 힘없는 풀로 태어난 것을 탓해야 할까, 뿌리는 땅에 박혀 움직일 수도 없고 바람 불면 흔들리는 것밖에 할 수 없는 그런 생명인데 무슨 죄가 있다고 짧은 생명의 계절 동안 평안할 수 없는 걸까⋯.' 이 벤 풀의 삶이 단지 하잘것없는 들풀 이야기로 들리지 않습니다.

그래서 '벤 풀'이라는 이 단어는 무척 비극적입니다. 하지만 성경은, 벤 풀 위에 내릴 '소낙비'를 통해 그 운명이 거기가 끝이 아니라는 것을 알려 줍니다. 벤 풀 같은 인생도 희망이 있다는 뜻입니다. 그런 사람들이 찾고 기댈 희망 공작소가 성전입니다. 그런데 성전에 은혜의 단비가 내리지 않는다면 들풀같이 살아가는 하나님의 백성은 어찌해야 할까요? 벤 풀같이 위태로운 삶을 살아가는 이들은 주저앉아 말라 죽기만을 기다려야 할까요?

평화의 도시, 하나님의 도성, 기도하는 집이 제구실을 하지 못할 때, 사람들이 가질 수 있는 선택지는 단 하나밖에 없습니다. 그곳을 떠나는 것이지요. 살아야 하기에 탈출해야 합니다. 그래야 삽니다. 절박하게 떠나는 사람이라면 예루살렘이든 광야든 문제 될 게 없습니다. 무엇 하나 얻을 것 없는 광야라도 내가 살 수 있는 소식만 있다면, 그곳이 어디든 달려갑니다. 나에게 살 길을 알려 주는 사람이 있다면, 그 사람의 외모가 어떻든 상관없습니다. 죽어가는 나를 다시 소생시킬 방법이 있다면, 그 말투가 거칠든 직설적이든 상관없습니다. 중요한 것은, 나를 살리는 하늘의 소식입니다. 세례 요한의 광야 이야기는 오늘 우리에게 교회의 이야기로 들립니다.

광야의 사람들

광야에 몰려든 사람들의 면면을 살펴봅시다. 성경은 이 사람들이 어떤 직업, 어떤 성향, 어떤 부류의 사람들이었는지 정보를 거의 제공하지 않습니다. 하지만 충분히 추측할 수 있지요. 병든 사람, 가난한 사람, 이런저런 이유로 도시에서 살 수 없는 사람, 성전에 가고 싶어도 성전세를 내지 못해 갈 수 없는 사람, 주류 사회에서 냉대받는 사람, 사람들에게 깊이 상처 입은 사람, 그런 사람들이 온 것이 아닐까 생각됩니다. 이렇듯 가슴 무너진 사람들이 이곳에 모여 들었을 것입니다.

광야까지 찾아온 것을 보면, 이 사람들은 아직 희망의 끈을 놓지 않은 게 분명합니다. 그리고 그들은 광야 한복판에서 요한을 만나게 된 것이지요.

종교와 경제의 중심지인 예루살렘을 떠난다는 것은 굉장한 용기를 요구하는 일입니다. 그런데 오죽 절박하면 이렇게 광야까지 나왔겠습니까? 예루살렘에 남은 사람들의 시선으로 보면, 예루살렘을 떠나 광야로 나간 사람들은 사회 부적응자들입니다. 주류 사회에 편입되지 못하는 루저들입니다. 사회에서 실패한 사람들이고, 선동꾼이며, 능력 없는 인생들로 보였을 게 분명합니다.

그런데 실제로 그럴까요? 성경은 이렇게 떠난 사람들을 어떻게 정의할까요? 성경이 가르치고 있는 구원 역사를 짚어 보면 특이한 점 하나를 발견하게 됩니다. 구원 역사의 주인공은 언제나 떠나는 사람들, 힘없는 사람들이었다는 점입니다. 아브라함과 그의 자손들, 모세와 출애굽한 백성, 사사들과 예언자들, 예수님과 그의 제자들, 오늘 본문에 등장하는 광야의 세례 요한, 바울에 이르기까지 누구 하나 세상 질서에 안주하여 눌러앉은 사람을 찾아볼 수 없습니다. 그들은 모두 위험을 감수하고 길을 나선 자들이었고, 광야로 나선 서러운 사람들이었습니다. 이 사람들을 통해 하나님은 당신의 나라를 세워 가십니다.

그러나 여기서 한 가지 유념할 것이 있습니다. 하나님의 음성이 들리는 광야로 떠났다고 해서 모두 구원의 주인공이 되는 건 아니라는 사실입니다. 그곳에는 진리를 찾아 나선 사람들 말고도 바리새인과 사두개인이 섞여 있다는 것을, 오늘 복음서 말씀에서 확인할 수 있습니다. 이들은 다른 사람들과 동일하게 하나님의 말씀을 듣고 싶어 했습니다. 이들은 동일하게 예루살렘에서 광야로 나선 사람들입니다. 이들은 동일하게 세례 요한 앞에 섭니다. 이들은 동일하게 세례 베푸는 장소까지 제 발로 걸어 나옵니다.

그러나 요한은 단박에 알아보지요. "독사의 자식들"이라며 그들에게 저주를 퍼붓습니다.

여기서 우리는 모두 멈춰서야 합니다. 왜냐하면, 복음서 기자는 여기 모인 우리 모두에게 우리가 교회에 나온 이유를 진지하게 묻기 때문입니다. 진실로 말과 행동, 생각을 돌이켜 참된 삶의 길을 가려고 하는 것인지, 아니면 구경꾼, 아니면 바리새인같이 겉만 번지르르한 독사의 자식인지 말입니다. 우리는 왜 지금 이 자리에 앉아 있나요? 스스로 진지하게 답을 구해야 합니다. 세례 요한은 그 답이 '회개'라고 우리에게 명시합니다.

회개란 하나님과 나 사이에 있는 온갖 장애물을 제거하는 것, 우리의 말과 행동을 비판적으로 돌아보고 바로잡는 것, 그리고 결국 마음까지 돌려세우는 것입니다. 그 회개를 통해 우리는 하나님의 나라를 만나게 됩니다. 하나님을 믿는다고 하면서도 회개하지 않는 이들을 향해 요한은 "독사의 자식"이라고 욕을 퍼붓습니다.

저와 여러분은 회개한 하나님의 자녀인가요? 아니면 욕먹을 독사의 자식인가요?

회개

오늘 말씀도 그렇고, 성경을 묵상할 때마다 항상 느끼는 바는, 성경의 말씀과 교회의 가르침은 늘 신앙과 관계되어 있다는 것입니다. 갑자기 떠오른 생각을 메모한 글이 있어 그것을 나누면서 오늘 설교를 마치겠습니다. "숨겨진 신앙"이라는 제목의 글입니다.

성경과 교회는 분명히 신앙과 관련되어 있습니다. 하나님이 말씀으로 세상을 창조하셨다는 것, 예수는 인간인 동시에 그리스도시라는 것, 십자가에 하나님의 능력이 있다는 것 등등을 어떤 사람은 모두 다 '개뻥'이라고 말하더군요. 맞습니다. 이성의 정합성을 최고로 여기는 사람이 보기에 이런 것은 완전히 '미련한 짓' (고전 1:18-2:16)입니다. 왜냐하면 그런 것들은 증명될 수도 없고 객관적으로 확인 불가하기 때문입니다.

그러나 신앙은 보이는 것들이 아니라 보이지 않는 것들과 연결되어 있습니다(히 11:1). 그렇게 신앙은 숨겨져 있고, 교회의 거룩성도 숨겨져 있습니다(Abscondita est ecclesia latent sancti). 거룩한 교회는 가판대 물건처럼 드러나거나 전시되지 않습니다. 교회의 거룩함은 광고한다고 돋보이거나 사람이 모여드는 게 아닙니다. 그런 것은 다 소용없습니다. 온갖 이성의 지혜를 모은다 해도 믿음의 눈이 없다면 이 사실을 알 수 없습니다. 그것 때문에 성경을 읽다가, 진심으로 기도하다가, 교회에서 봉사하다가, 갑자기 화가 치밀어 오를 수도 있습니다.

하나님은 십자가의 방법 그대로, 여러 결함과 잘못 뒤에 교회를 감추어 두십니다. 그 결과 우리는 바보가 되기도 하고, 오해하거나 잘못된 판단을 할 수도 있습니다. 누군가는 신앙을 '뇌피셜'이라고 합니다. 그래도 어떻게 하나요? 이 믿음은 우리에게 선물로 주어진 낯선 것이고 이 선물이 우리를 운명처럼 사로잡았으니, 우리로서는 어찌할 수 없습니다. 성경을 읽다가 이 말씀에 유독 마음이 사로잡힙니다. "누구든지 나를 인하여 실족하지 아니하는 자는 복이 있도다"(마 11:6, 개역한글).

신앙이 감추어져 있고 거룩한 교회가 감추어져 있다는 것은, 세례 받아 그리스도인이 된 나의 새로운 자아 역시 숨겨져 있다는 뜻도 됩니다. 내 안에 두 개의 내가 공존합니다. '자연인으로서의 나'는 드러나 있고 잘 보이지만, '그리스도인인 나'는 숨겨져 있습니다. 그래서 자연인인 나는 자신과 타인의 거룩함과 옳은 품성은 보지 못하고, 오직 거룩하지 못하고 악한 것만 보게 됩니다. 이 때문에 성경과 교회를 종종 순수하지 못한 눈으로 바라보고, 어설픈 궤변으로 하나님과 세상을 설명합니다. 그게 지금의 '나'입니다.

하지만, 내 안에 숨겨진 '그리스도인 나'는 다릅니다. 최악의 순간에도 그리스도가 우리와 함께 계심을 의심하지 않는다면, 주님은 약속대로 때가 되면 마침내 그분의 모습을 우리에게 드러내실 것입니다. 그것이 그리스도인 된 내가 성경을 읽고 교회 일을 하며 살아가는 삶의 방식이고, 신앙고백입니다. 때가 도래하지 않았기에 신앙의 신비는 아직 완전히 드러나지 않았습니다. 그래서 그리스도인 된 나는 다른 사람과 더불어 살아가면서 겸손히 경청하고 봉사하고 사랑함으로써 감춰진 그리스도와 교회를 드러낼 것입니다. 때가 되면, 우리의 주님은 사랑의 열매 한가운데서 우리를 기쁘게 맞아 주실 것입니다.

예루살렘에서 광야로 들어가는 것, 보잘것없는 요한을 찾아가는 것, 독설가의 외침을 경청하는 것, 심판의 소리를 받아들이는 것, 지금 삶을 회개하는 것, 오늘 읽은 복음서 말씀은 무엇 하나 부드러운 게 없습니다. 모두 거친 소리들입니다. 하지만 선하신 주님은 이 거친 목소리 가운데서도 벤 풀 같은 우리를 기쁘고 복되게 만나 주실 것입니다.

맑은 몸과 경건한 마음으로 성탄의 주님을 기다리는 우리 모두가 되길 주님의 이름으로 축원합니다.

모든 지각에 뛰어난 하나님의 평강이 그리스도 예수 안에서 우리의 마음과 생각을 지키실 것입니다. 아멘.

세례 요한과
기다리는 메시아

마태복음 11:2-19

대림절 세 번째 초가 밝았습니다. 대림절 세 번째 주일을 '장미주일'이라고 부르기도 합니다. 그래서 어떤 교회에서는 이날 초와 장식을 보라색 대신 연한 장밋빛으로 특별하게 꾸미기도 합니다. 로마 가톨릭에서는 사제들이 이날 하루 장밋빛 제의를 입습니다. 그렇게 하는 이유는, 성탄까지 총 네 번의 주일 동안 기도와 금식과 자선을 하는 신자들에게 희망의 날이 가까웠다는 것을 알려 주면서 지친 몸과 마음을 위로하고 힘을 주려는 의미라고 합니다.

그러니 대림 셋째 주일은 신앙 안에서 다짐했던 여러 결심을 다시 돌아보고 다잡는 시기인 동시에, 성탄의 기쁨을 좀 앞당겨 맛보는 시간이라 할 수 있습니다.

그런데 오늘 교회력 말씀들은 장미주일 분위기에 썩 어울리는 것 같지 않습니다. 본문인 마태복음 11장에는 옥에 갇힌 요한이 갈대처럼 흔들리는 장면이 그려집니다. 세상의 주인으로 오실 분을 기다려 왔는데, 소문을 듣고 보니 그분이 맞는지 의심이 된 것이지요. '정말 이분이 내가 기다리던 바로 그 메시아인가? 저 사람을 계속 믿어도 될까?' 등등. 그래서 옥에 갇혀 있던 요한이 제자들을 예수님께 보내 확인하는 내용이 오늘의 말씀입니다.

우리는 세례 요한의 의심 섞인 갈등을 어느 정도 이해할 수 있습니다. 요한은 광야에서 불같이 하나님의 심판을 선포하고 회개를 촉구합니다. 이제 곧 심판의 날이 올 것이고, 그때 오실 메시아는 도끼로 나무뿌리를 내려찍듯 세상을 심판할 무시무시한 분입니다.

요한은 바로 그분이 요단강에 걸어 들어와 자기 앞에서 세례받은 예수라고 믿어 왔습니다. 그런데 메시아라고 믿어 온 예수의 소문이 썩 좋지 않습니다. 자기는 죄에 대항해 싸우다 옥살이하고 있는데, 예수는 '먹보요 술꾼'이 되어(눅 7:34), 죄인들과 한 식탁에 앉아 먹고 마시고 놀거나, 여인들과 발을 씻으며 노닥거린다는 풍문이 들립니다. 세례 요한은 혼란에 빠집니다. '정말 그분이 맞나? 내가 잘못 짚은 건 아닐까?'

낯선 메시아

복음서를 보면 세례 요한과 예수님은 다른 점이 너무 많습니다. 요한은 평생 수도사처럼 살았지요. 마을을 피해 광야로 나갔고, 직물로 짠 옷 대신 낙타 가죽을 입었습니다. 게다가 사람 손으로 만든 빵이나 포도주는 손도 안 대고, 자연식 그대로 곤충이나 꿀 그리고 흐르는 강물을 마시며 살았습니다. 그는 그렇게 세상과 떨어져 밤낮 기도하면서 하나님의 진노를 선포하며 살았습니다.

그렇게 금욕적으로 살던 요한이다 보니, 자기가 기다리는 메시아는 최소한 자기보다 더 금욕적이고 더 경건하고 뭔가 다른 분일 거라고 기대했을지도 모르겠습니다. 세상을 구원하실 분이니, 적어도 자기보다 더 열심히 기도하고, 성전이나 회당에도 더 자주 가시고, 할렐루야를 열광적으로 외치면서 사람들을 모아 철야와 금식도 자주 하시고, 하나님 찬양하는 집회를 날마다 여실 것이라고 기대했을지도 모르겠습니다. 그런데 실상은 그렇지 않았던 것입니다.

요한이 볼 때 예수님은 너무 낯선 메시아, 너무 이상한 메시아, 이해할 수 없는 분이었습니다. 우리가 상식적으로 생각해도 그렇지 않습니까? 이 땅에 하나님 나라를 몰고 오실 분은 최소한 세례 요한보다 더 카리스마 넘치는 분이어야 하지 않을까요? 요한보다 더 강렬한 메시지를 선포해야 하나님의 아들답지 않을까요?

예수님 스타일 vs 요한 스타일

하지만 주님은 전혀 다른 방식으로 등장합니다. 마태복음 11장 16절은 예수님이 요한과 자기 자신을 절묘하게 비유하시는 구절입니다. 거기서 주님은 요한 스타일을 아이들의 장례식 놀이에 비유하시고, 자신의 스타일은 결혼식 놀이에 비유하십니다.

마태복음 11장 16절 이하를 보십시오. 이렇게 풀어 읽어도 좋을 것 같습니다. "이 세대를 무엇에 비유할까. 너희는 장터에서 노는 고집스러운 아이들과 같구나. 요한이 와서 장송곡을 불러도 가슴 치며 슬퍼하지도 않더니, 지금은 내가 피리 가락에 맞춰 결혼식 노래를 불러도 춤추려 하지 않는구나…."

이상하지 않습니까? 세례 요한도 하나님이 보내셨고 예수님도 하나님이 보내셨는데, 어찌 이리도 스타일이 다를 수 있을까요? 도대체 이 차이는 어디서 기인했고, 이것을 우리는 어떻게 받아들여야 할까요?

세례 요한은 분명 하나님의 보냄 받은 종입니다. 주님은 "여인이 낳은 자 중에 가장 큰 자"(마 11:11)라고 요한을 추켜세우십니다. 그리고는 13절에서 이렇게 말씀하십니다. "모든 선지자와 율법이 예언한 것은 요한까지니." 무슨 말인가요? 요한은 메시아 시대를 예고하는 구약의 마지막 인물, 마지막 예언자라는 뜻입니다. 물론 요한은 큰 인물입니다. 그러니 사람들이 그렇게 몰려들어 회개하고 삶을 돌이켰던 것이지요. 하지만 성경은 요한보다 큰 분, 메시아로 오신 예수를 보라고 가르칩니다.

요한보다 큰 분인 주님은 어떻게 일하시는지 머리에 한번 떠올려 보십시오. 그분이 지나시는 곳에는 전에 없던 새로운 일들이 일어납니다. 그분은 통념과 틀을 깨 버리는 파격 그 자체입니다. 그분은 남들이 다 꺼리는 병들고 죄 많은 사람을 찾아가십니다. 주님은 거기서 병을 치유하시고 죄를 용서하시며 슬픔을 기쁨으로 바꾸십니다. 그러면서 거기 있는 사람들에게 하나님 나라에 대한 증거를 확실히 보여 주십니다. 말하자면 '장례식의 우울한 시대'에서 '결혼식의 시대'로 바꿔 버린 것이지요. 이것이 바로 세례 요한과 예수님의 차이입니다.

요한은 통곡하지만 주님은 기뻐하십니다. 요한은 장송곡을 노래하지만 주님은 환희의 찬가를 노래하십니다. 요한은 빵을 입에 대지 않지만 주님은 친히 빵이 되어 스스로를 우리에게 나눠 주십니다. 요한은 포도주를 마시지 않지만 주님은 물로 포도주를 만들어 잔치가 계속되게 하십니다. 요한은 낙타 가죽옷을 입었지만 주님은 사랑과 평화의 옷을 입으십니다. 요한은 심판을 선포하고 죄인을 내쫓지만 주님은 기쁜 소식으로 죄인을 초대하십니다. 주님은 그렇게 주변인으로 내몰린 이들을 하나님 나라의 중심부로 부르십니다.

세례 요한과 그의 제자들은 이런 예수님을 도무지 이해할 수 없었던 것입니다. 그래서 요한이 자기 제자들을 예수님께 보내 물어봅니다. "당신이 정말 그분 맞습니까?"

이렇게 의심하는 요한의 제자들에게 예수님은 말씀하십니다. 마태복음 11장 4-5절을 봅시다. "예수께서 대답하여 이르시되, 너희가 가서 듣고 보는 것을 요한에게 알리되, 맹인이 보며 못 걷는 사람이 걸으며 나병 환자가 깨끗함을 받으며 못 듣는 자가 들으며 죽은 자가 살아나며 가난한 자에게 복음이 전파된다 하라."

그리고 이어지는 6절에서 아주 중요한 한마디를 덧붙이십니다. "누구든지 나로 말미암아 실족하지 아니하는 자는 복이 있도다 하시니라."

4-6절에 담긴 뜻은 무엇일까요? 예수님이 단지 육체의 장애를 고치신다는 이야기가 아닙니다. 눈먼 자가 본다는 말은 이전에 보지 못했던 진실들을 대낮같이 보게 된다는 뜻이고, 절름발이와 문둥병자가 일어나 걷는다는 말은 누구든 생명의 고귀함을 인정하고 존중하는 세상이 된다는 뜻이며, 듣지 못하는 자가 듣게 된다는 말은 그동안 악한 세상에서 비밀로 감춰진 진실들이 하나둘 드러나게 된다는 뜻입니다. 또 죽은 이가 일어난다는 말은 절망 속에 있던 만물이 희망의 시대를 맞이한다는 뜻이며, 가난한 이에게 복음이 전파된다는 말은 누구도 배고픔 없는 생명의 포만을 누

리게 된다는 뜻입니다. 예수님은 이 모든 것을 기쁜 소식, 즉 복음이라고 선언하십니다.

그러면서 이 소식을 전하는 이를 바로 알아야 세상에서 실족하지 않게 된다고 하시는데, 이런 깨달음이 곧 흔들림 없는 희망이 된다는 뜻입니다.

그런데 여러분! 이 말씀을 곰곰이 뜯어 보면, 우리는 여태껏 이런 세상에서 살아 본 적이 없다는 말이 됩니다. 선과 악의 진실은 언제나 모호하게 뒤엉켜 있고, 사람이 사람 대접받지 못했고, 빈부 격차는 하늘과 땅만큼 계속 벌어지고, 권력이 없으면 억울해도 입 뻥긋 못하는 그런 세상이 복음 없는 세상입니다. 그런 암울한 세상 한가운데 예수님이 복음으로 걸어 들어오십니다. 오늘의 복음서 말씀이 전하는 메시지가 바로 이것입니다.

능력주의 사회

최근에 아주 흥미로운 논문 한 편을 읽었습니다. 루터대학교 이지성 교수님이 쓴 글인데, 제목은 "능력주의 사회에 대한 기독교 사회 윤리적 제언", 부제가 "포도원 주인이 능력주의를 대처하는 법"이라는 16페이지 분량의 논문입니다.

내용을 다 설명할 필요는 없을 것 같고, 인상적인 대목 몇 군데만 소개해 보겠습니다. 첫 페이지가 이렇게 시작됩니다. "2021년 영국 레가툼 연구소가 발표한 '레가툼 번영 지수'에 따르면 우리나라는 167개국 중 29번째로 살기 좋은 나라이며, 교육과 건강 분야에서 최상위(2, 3위)를 차지했지만, 개인의 사회적 관계와 공적 제도의 신뢰를 측정하는 사회적 자본 분야에서는 147위로 매우 열악하다고 평가되었다. 이는 2020년 통계치인 139위보다 8단계 하락한 순위이다."

간단히 말해, 겉으로는 살기 좋은 것 같지만 서로를 믿지 못하는 불신 사회가 우리나라의 실제 모습이라는 뜻입니다. 이후에 여러 통계들을 보여 주면서 그 원인에 대해 '능력지상주의를 맹신한 결과'라고 분석합니다. 그런 다음, 일상이 전쟁터인 우리의 현실을 이런 능력주의 사회가 결코 해결할 수 없다는 사실을 조목조목 설명해 나갑니다. 이런 엘리트 사회 대신, 모두가 공동체의 일원, 서로의 진실한 동료가 되는 사회를 지향해야 한다는 논지를 펼칩니다. 글 중반에 이런 구절이 나오는데 퍽 인상적이었습니다.

> 기독교적 인간의 당연한 귀결은 강력한 평등의식이다. 평등은 모든 사람이 똑같이 키가 크고, 똑같이 살이 쪄야 한다는 말이 아닌 것처럼, 사람이 모두 동일하게 영민하거나 동일하게 덕스럽다는 의미가 아니다. … 기독교적 평등이란 모든 사람이 단지 사람이라는 이유만으로 동일한 가치를 지닌다는 의미이다. … 평등이란 부나 재화의 문제가 아니라 사회적 관계의 차원이다. 신이 보기에 인간은 모두 평등한 존재이기에 서로를 평가하거나 관계할 때 평등해야 하며, 서로에게 공정해야 한다. 신이 보기에 인간은 그저 한없이 위대하고, 한없이 취약하다. 그것 외에 인간이 공유하는 공통점은 없다. 그렇기에 인간을 계급으로 나누는 것은 하나님을 향한 모욕이다.

이지성 교수는 글 뒷부분에서, 우리가 목표로 삼아야 할 사회는 능력과 보상의 원리가 지배하는 곳이 아니라, '평등의 원리'에 기초하여 사람 자체로서의 존엄성이 보장되는 나라여야 한다는 말을 덧붙입니다.

저는 이 글을 읽으면서 '모든 사람은 하나님의 형상으로 지음 받은 존귀한 존재'라는 성경 말씀, 그리고 이 작은 진리에서 시작하여 '모든 세례 받은 사람은 하나님 앞에서 평등하다'라고 주장한 종교개혁의 만인사제직이 떠올랐습니다. 오늘의 복음서 말씀도 같은 맥락입니다.

우리는 모두 하나님의 형상입니다. 그래서 우리는 모두 평등하고 존귀합니다. 성경의 복음대로라면, 몸이 조금 불편하고, 돈이 없고, 배우지 못하고, 나와 다르고, 배경과 성별이 낯설어도 생명이 있다는 것만으로 충분히 존귀히 여김 받고 존중받아야 합니다. 그런데 우리가 살아가는 능력주의 사회, 보상의 논리가 가득한 엘리트 사회에서는, 이런 생각이 언제나 의심받고 서로의 관계에 갈등을 일으킵니다.

이런 의심과 갈등이 생길 때 오늘의 말씀을 기억해 봅시다. 주님은 예언자 요한에게조차 낯선 모습이셨지만, 그분은 모두가 존중받고 모두가 의미 있는 세상, 더불어 사는 게 기쁜 세상을 이 땅에 몰고 오셨다는 말씀 말입니다.

대림의 절기에 우리가 기다리는 예수가 바로 이런 분이십니다. 주님은 외딴 곳에 떨어져 있거나 하늘 한구석에 쭈그리고 앉아 계신 분이 아니라, 우리에게 찾아오셔서 함께 어울리고 더불어 사는 분이십니다. 우리와 같이 먹고 마시고, 우리와 같이 입고, 우리와 같이 노래하고, 우리와 같이 일하고, 우리와 함께 걸어가면서, 세상에서 가장 작고 보잘것없는 사람을 위로하시고 세워 주시며 존중받게 만드시는 분입니다.

우리가 기다리는 성탄의 주님은 진실을 마주할 지혜와 사람답게 살 용기를 북돋워 주시고, 닫힌 귀와 입을 열어 기쁘게 소통할 수 있도록 세상을 바꾸시는 분입니다. 우리는 지금 그런 주님을 기다립니다. 왜냐하면, 그분이 우리에게 오겠다고 약속하셨기 때문입니다.

의심과 갈등도 주님 앞에

본문 말씀을 묵상하면서, 이것만큼은 잊지 않길 바랍니다. 세례 요한이 의심했다는 사실 말입니다. 그는 마지막 예언자입니다. 예언자도 의심하고 갈등합니다. 이 모습을 보며 저는 당황스럽다기보다 안심이 되었습니다. 예언자도 의심하는 것을 보니, 제가 의심하고 갈등하면서 느꼈던 죄책감이 풀리는 것 같았습니다.

세례 요한처럼 누구에게나 의심과 갈등의 시간이 찾아옵니다. 혹시 이 시간 여러분도 신앙의 갈등을 겪고 있지는 않습니까? 지금 예수를 제대로 믿고 있는 것인지 자기 자신을 의심하고 있습니까? 요한을 보세요. 그것은 정상입니다. 왜냐하면 우리 역시 감옥처럼 갇힌 세상, 거룩함을 탈취당하는 세상에서 살고 있기 때문입니다.

지금 의심하고 있다면 요한에게서 배울 점이 있습니다. 갇힌 요한은 제자들을 예수님께 보내 자신의 의심을 있는 그대로 토로합니다. 이처럼 우리의 의심과 절망도 주님께 가져와 물어야 합니다. 그때 주님이 요한의 제자들에게 답변해 주신 것처럼, 우리에게도 그 답을 해 주실 것입니다. 다만 요한이 그 답을 기다렸던 것처럼 우리도 주님의 답을 기다리며 인내하는 시간이 필요합니다. 기다림의 시간이 지나면, 주님이 의심의 안개를 거두고 그 답을 주실 것입니다.

우리에게 오시는 성탄의 주님이 이렇게 말씀하십니다. "너희가 듣고 보는 것을 전하라! 눈먼 자가 보고, 절름발이들이 일어나 걷고, 문둥병자들이 깨끗해지고, 듣지 못하는 자가 들으며, 죽은 이들이 일어나고, 가난한 이들에게 복음이 전파되는 이것, 이것을 전하라!" 이것은 주님의 말씀입니다.

이 기쁜 소식이 우리 한가운데 이루어지길 주님의 이름으로 축원합니다.

모든 지각에 뛰어난 하나님의 평강이 그리스도 예수 안에서 우리의 마음과 생각을 지키실 것입니다. 아멘.

성탄하신
그리스도

누가복음 2:1-20, 요한복음 1:1-14

메리 크리스마스! 복된 성탄의 아침입니다. 우리는 성탄의 복음을 나누기 위해 모였습니다. 성탄절 아침 우리에게 들리는 성경의 메시지는 아주 분명합니다. 하나님의 아들이 이 땅에 오셨다는 것입니다.

성탄의 역설

성경에 나오는 성탄 이야기는 종교화를 그리는 화가들의 단골 메뉴라서 어린이도 대충 설명할 수 있을 정도로 익숙합니다. 사람들은 종종 예수님이 태어나시던 장면을 상상하며 마음의 쉼을 얻기도 합니다. 그날을 한번 머리에 그려 볼까요.

칠흑같이 어두운 밤입니다. 하지만 마리아와 요셉은 밝고 사랑 가득한 얼굴로 방금 태어난 아이를 바라보고 있고, 동물들은 축복하듯 주위에 둘러서 있습니다. 구유에 누운 아이는 빛을 뿜 듯 밝게 빛납니다. 거기서 한 걸음 뒤에는 천사의 소식을 듣고 달려온 목자들, 그리고 별을 보고 찾아온 동방박사들이 예의를 다해 경배하며 아이의 출생에 감격합니다.

어둠 가득한 밤이지만, 이 순간만큼은 세상 어디서도 볼 수 없는 평화의 빛이 감돕니다. 고요하고 거룩한 밤! 어디선가 조용한 찬송이 들리는 것 같습니다. 베들레헴 마구간은 그렇게 시간이 정지해 버립니다. 바로 그때 거기서부터, 세상을 변화시킬 위대한 일이 시작됩니다.

우리는 보통 그렇게 성탄의 밤을 머릿속에 그립니다. 평화롭고 낭만적이고 기쁨과 희망이 가득한 밤이라고 말입니다. 그런데 이런 상상이 정말 맞을까요? 상식적으로 생각하면, 아기의 부모는 무엇 하나 내세울 것 없는 가난하고 평범한 사람들입니다. 해산할 날이 가까운 줄 알고도 호적 신고를 하기 위해 길을 나설 수밖에 없었고, 심지어 진통이 극에 달한 날, 방 한 칸 구하지 못해 마구간에 유숙할 수밖에 없었습니다. 이것뿐이 아닙니다. 우리는 아이의 탄생을 마냥 기쁜 일로 상상하지만, 아직 소녀티도 벗지 못한 마리아는 엄마가 된다는 현실 때문에 마음이 몹시 무거운 밤이었을 것입니다.

남편 요셉은 또 어떤 마음이었을까요? 그는 이 아이가 자기 아이가 아니라는 사실을 알고 있었습니다. 성경에서는 천사가 나타나 '아이를 잉태하고 낳을 것'이라고 미리 말해 주었다고 하지만, 마태복음과 달리 누가복음에서는 요셉에게 천사가 와서 설명해 주었다는 구절을 찾아볼 수 없습니다(비교. 마 1:18-25). 요셉은 그저 정혼한 아내 마리아의 이야기만 듣고 불러오는 아내 배를 바라보다 출산을 맞게 됩니다.

　마리아의 말을 믿기 위해서 요셉에게는 얼마나 크고 깊은 믿음이 필요했을까요? 혹시 요셉이 이 아이의 아비가 아니라는 사실을 사람들이 알게 된다면 앞으로 어떻게 될까요? 마리아와 마찬가지로 요셉에게도, 이 아이를 키운다는 결심은 간단한 문제가 아니었을 것입니다. 어쩌면 요셉과 마리아에게 성탄의 밤은 우리가 상상하는 그런 거룩하고 기쁜 밤이 아니라 믿음과 의심, 염려와 소망 사이에서 극도로 갈등하는 시간이었을지도 모릅니다. 이렇듯 성탄의 이야기는 한 꺼풀 들춰 보면 찬란함만 담겨 있는 게 아닙니다.

　목자와 동방박사도 그래요. 성탄 이야기에서 목자와 동방박사가 등장하는 모습을 동화처럼 아름다운 장면으로 이해하지만, 현실은 그 반대입니다. 당시 유대 사회에서 목자는 안식일에도 일해야 끼니를 이어 갈 수 있는 가난한 사람들이었고, 동방박사는 유대인들이 그리도 혐오하는 이방인, 그것도 하늘의 별을 보고 점을 치는 점쟁이들입니다. 이들이 허허 벌판에서, 유대 땅 바깥에서 성탄의 소식을 들었다는 것은 여러모로 머리를 복잡하게 만듭니다.

　게다가, 특히 누가복음의 성탄 이야기를 읽다 보면, 여러 가지 특이한 점이 발견됩니다.

　예를 들어, 남자인 요셉과 사가랴보다 여자인 마리아와 엘리사벳이 더 부각되는 점, 부자나 왕족 지식인이 아니라 목자들이 성탄 소식을 들은 점, 하나님이 가난하고 힘없는 사람 편이시라는 마리아의 찬가 같은 것들이 그렇습니다. 사실 이런 성탄의 메시지는 동시대 사람들의 상식을 뛰어넘는 괴상한 소리입니다. 힘없고 가난한 자가 부자와 권세 있는 자를 이긴다는 것, 하나님이 들판으로 내몰린 사람들과 휴일에도 일해야 하는 사람들 편에 계신다는 것 등은 정말 상식을 뛰어넘는 소리들입니다. 성경은 도대체 어떤 말을 하고 싶은 것일까요?

약한 자의 성탄

앞서 마리아 이야기를 잠깐 했습니다. 앳된 모습이 가시지도 않은 마리아는 아이를 낳을 때 마음이 심히 복잡했을 것입니다. 가난한 형편에 아이를 어떻게 키울지 걱정하는 마음은 어느 부모나 마찬가지일 것입니다. 그런데 성탄의 이야기를 유심히 읽어 보면, 마리아가 가졌던 또 다른 염려와 책임감이 보입니다.

마리아의 염려는, 이 아이가 왕이 될 것이라는 천사의 예언(눅 1:32) 때문이었습니다. 왕이 될 것이라는 엄청난 예언을, 그것도 천사가 나타나 전해 주었기에 마리아는 그 사실을 믿지 않을 수 없었을 것입니다. 그런데 아이를 낳는 순간, 천사는 그 자리에 없습니다. 아이를 낳던 순간 마리아의 마음은 어떠했을까요? 예언했던 천사가 해산의 때에도 나타났으면 좋으련만, 그런 일은 벌어지지 않았습니다. 이제 모든 의심과 두려움을 뚫고 나가는 건 오롯이 마리아의 몫이 되어 버리고 맙니다.

그런데 다시 생각해 보면, 성탄 기사가 우리에게 들려주고 싶은 기쁜 소식, 즉 복음은 바로 이런 이야기인 것이 분명합니다. 왜냐하면, 가난하고 연약한 마리아, 아내와 가정의 미래를 걱정할 수밖에 없는 요셉, 휴일에도 쉼 없이 일해야 하는 목자들, 저주받은 이방인들, 홀대받는 여자들… 이들의 이야기, 이런 사람들과 함께 삶을 헤쳐 나가는 구원의 이야기가 성탄의 복음이기 때문입니다.

새로운 왕

복음서, 특별히 누가복음에 기록된 예수님의 이야기에는 유독 로마 황제를 떠올릴 만한 호칭들이 많은 것을 볼 수 있습니다. '구원자, 평화의 왕, 복음, 신의 아들' 등등. 이런 용어들은 우리에게 무척 익숙하지요. 예수님의 이름 앞에 붙는 이런 단어들을 들으면, 그저 성경에 나오는 흔한 신학 용어 아니면 상징이나 은유 정도로 여기거나 예수님의 높임말 정도라고 생각합니다.

하지만, 1세기 사람들에게 있어서 '구원자, 복음, 신의 아들, 평화의 왕'이라는 단어들은 오직 로마 황제에게만 사용되었습니다. 이런 용어를 다른 사람에게, 공적인 자리에서 사용한다면 어떻게 될까요? 당연히 반로마 제국주의자로 낙인찍혀 목숨을 걸어야 할 것입니다. 그런데 놀랍게도 복음서와 모든 신약성경에서는 앞서 말한 황제의 호칭을 예수님에게 공공연히 사용합니다. 이런 비유가 맞을지 모르겠지만, 평양 한복판에서 대한민국 만세를 외치는 것이나 다름없다고 할 수 있습니다.

신약성경과 1세기 그리스도인들은 위협을 무릅쓰면서까지 로마 황제를 압도할 새로운 왕이 나셨다고 선언합니다. 그리고 그 왕이 바로 베들레헴에서 나신 아기 예수입니다.

오늘 우리에게 '예수가 왕으로 나셨다'라는 말은 어떻게 들리나요? 사실 큰 충격은 없습니다. '왕으로 오신 예수님'을 정치적 구도나 경제적인 상황 속에서 이해하지 않고, 교회에서 사용하는 영적 은유 정도로 생각합니다. 하지만, 복음서의 기록자는 예수님을 실제적인 권력을 가진 분으로 확신하고, 그분을 실제 왕으로 묘사합니다. 반면 우리는 '예수는 왕'이라는 말을 너무 순진하게 생각합니다.

왕의 역할은 무엇일까요? 고대 사회에서 왕은 제국에 속한 백성의 생사를 결정하고, 권력과 부의 분배를 책임지는 절대 권력입니다. 로마의 황제였던 아우구스투스는 모든 전쟁에서 승리했고, 로마에 평화를 가져온 왕이라고 선전했습니다. 그렇게 로마 황제는 신의 아들이요, 제국에 기쁜 소식을 가져오는 평화의 왕으로 숭배되었습니다.

하지만 실상은 달랐습니다. 로마제국에서는 국민의 상위 3퍼센트만이 제국 전체 부의 90퍼센트 이상을 차지했을 만큼 빈부 격차가 심해서, 전쟁에서 승리했다거나 영토가 넓어졌다 해도 국민이 먹고사는 일은 전혀 나아지지 않았습니다. 오히려 세금은 늘었고 특히 현물로 납부하는 세금이 점점 늘었는데, 세리들의 횡포가 심해서 수확량의 75퍼센트까지 세금으로 부과되기도 했다고 합니다. 로마의 평화는 오직 전쟁과 폭력의 열매였기에, 황제의 힘은 얼마나 많은 이들을 희생시키느냐 따라 그 위용이 달라졌습니다.

제국에서 선전하는 대로라면, 로마에 사는 사람들은 모두 풍족하고 평안한 삶을 살아야 했습니다. 그러나 끝없는 전쟁과 정치 권력 싸움, 권력가들의 부정부패, 먹고살기 힘든 경제 상황 등이 로마 황제가 다스리는 제국의 현실이었습니다.

이런 시대에 새로운 왕이 출현합니다. 다윗의 자손인 예수는 전혀 다른 왕입니다. 그분은 대낮, 도심 한복판에서 팡파르를 울리며 태어나거나, 칼을 휘두르면서 개선문으로 등장하는 황제가 아닙니다. 그분의 탄생은 칠흑 같은 어둠 속, 도심에서 떨어진 들판 한가운데, 사람들의 관심이 끊어진 곳에서 이루어졌습니다. 그리고 권력가나 지식인, 영향력 있는 사회 지도층이 아니라 목자들에게 이 소식이 전해집니다. 그분은 폭력 없이 평화의 세상을 이루실 것이고, 그분께 순종하며 따르는 이들을 위로하고 참된 쉼과 회복을 주실 것입니다.

그분을 따르는 이들은 칼과 창, 갑옷으로 무장한 군인들이 아니라 가난하고 병들고 모진 생채기가 있는 사람, 자기 목소리를 빼앗긴 사람, 착취당하는 노동자와 여인, 어린이, 장애인같이 여린 사람들입니다. 그들 손에는 아무것도 없지만, 성령의 지혜와 복음의 말씀으로 중무장되어 있고, 강인한 근육 대신 온유한 성품과 서로를 이해하며 품는 따스한 마음을 가진 이들입니다.

성탄하신 새로운 왕은, 이렇게 가진 것 없고 약한 사람들을 모아 세상의 어떤 왕도 할 수 없던 불가능한 일, '땅에는 평화 하늘에는 영광'이라는 숙제를 해결해 나가십니다. 그분은 유대 땅을 넘어, 온 세계에 복음의 소식, 빛의 소식을 전하십니다. 성탄의 소식은 그동안 우리가 그어 놓은 모든 경계선을 허물고, 그 어떤 장벽도 뛰어넘으며, 그 어떤 어둠도 무너뜨립니다.

주님이 육신이 되어 오시는 그 자리에는 하늘과 땅, 높고 낮음, 내 것과 네 것, 거룩함과 속됨의 모든 경계가 무너지고, 참 평화와 생명이 깃듭니다.

땅에 임한 복음

하지만 우리가 살아가는 세상에는 여전히 시련과 아픔이 끊이지 않습니다. 세계 도처에서 전쟁, 기아, 테러, 폭력의 소식이 들립니다. 우리 사회는 여전히 빈부 격차가 심하고, 한탕주의가 만연해 있으며, 부정부패와 보복과 야합, 정치 이념의 양극화라는 깊은 병이 곳곳에 퍼져 있습니다. 일명 '권위 없는 사회', '탈취 사회', '야만의 시대'라고도 합니다.

우리는 서로 신뢰하지 못하고 자기주장만 외치며, 저마다의 해결법이 맞다고 아우성입니다. 누구 말을 믿어야 할지 어리둥절합니다. 이 상태라면 지구상에 희망이 있기나 한 것인지, 절망적입니다.

이런 현실을 성경 속 상황에 빗대어 말한다면, 유대인과 헬라인, 부한 자와 가난한 자, 지혜자와 미련한 자로 서로 분열되었던 초대교회, 왕이 있으나 왕이 없으며, 하늘 왕이 진심으로 필요했던 1세기 초대교회 상황과 그리 다르지 않은 것 같습니다.

그러나 성탄의 소식은 우리에게 큰 기쁨을 전합니다. 바로 하늘과 땅의 왕이신 그리스도 예수가 세상의 담과 벽을 허물고, 절망이 있는 곳에 희망의 빛을 몰고 우리에게 오셨다는 소식입니다. 요한복음 1장은 이런 성탄의 복음을 '빛이 어둠의 세상에 임했고, 그 빛이 각 사람을 비추며, 이 빛을 영접하는 자는 하나님의 자녀가 되는 권세를 주셨다'고 표현합니다. 하나님은 그렇게 그분의 자녀들을 통해 세상의 어둠을 빛으로 밝히십니다. 성경에서 선택한 하나님의 자녀가 바로 우리입니다.

소망을 가집시다. 복음서가 전하는 성탄의 이야기를 곱씹고 또 곱씹어 봅시다. 주님이 작은 마을 베들레헴에서 나시던 그 암울한 시간을 깊이 묵상해 봅시다. 주님은 어두운 밤에 오셔서, 걱정 많고 평범한 부부와 함께 온 세계를 희망으로 바꾸십니다. 그렇기에 성탄은 참으로 신비입니다. 이해할 수 없고 해결책이 보이지 않는 그 자리에서 주님의 성탄은 시작됩니다.

성탄의 예수는 이렇게 우리에게 오셔서 우리의 모든 삶을 살리십니다. 이 회복의 기쁨이 이 자리의 우리 모두에게 가득하길, 그리고 온 세계에 가득하길 주님의 이름으로 축원합니다.

모든 지각에 뛰어난 하나님의 평강이 그리스도 예수 안에서 우리의 마음과 생각을 지키실 것입니다. 아멘.

깨어 있으라

누가복음 12:35-40

매년 12월 31일 자정, 우리는 새해를 맞게 됩니다. 한 해의 매듭을 짓는 이 시간은 모든 사람을 설레게 합니다. 늘 그렇듯 TV에서는 보신각 타종과 함께 환호하는 군중을 앞다투어 보여 줄 것입니다. 지금 이 시간 거기 모인 사람들은 특별한 소원, 간절한 기도를 품은 마음으로 새해 카운트다운을 기다립니다. 옛것은 보내고 새로운 것을 맞아들이는 이 특별한 시간에 그리스도인인 우리는 불빛이 휘황찬란한 시내 한복판 대신, 영혼의 등불을 밝히며 하나님 앞에 섭니다.

이 특별한 시간, 우리에게 주어진 복음서 본문은 '시간'에 대한 말씀입니다. 어쩌면 '송구영신'이라는 오늘 이 밤에 어울릴 수도 있고, 아니면 전혀 안 어울리는 말씀일 수도 있습니다. 왜냐하면 이 본문은 새로운 시작을 알리는 희망찬 내용이 아니라, 시간의 마지막인 종말을 배경으로 삼기 때문입니다.

그럼에도 불구하고 이 말씀이 오늘 우리에게 유익할 수 있는 이유는, 시간을 거스르지 못하고 사는 우리가 어떻게, 무엇을 위해 살아야 할지 진지하게 묵상하게 만들기 때문입니다.

종의 인생

오늘 본문 말씀은 '주인을 기다리는 종의 비유'입니다. 이 비유는, 지금 주인이 집에 없다는 사실로부터 출발합니다. 주인은 저 멀리 어딘가 잔치에 초대받았다가 돌아오는 중입니다. 언제 주인이 돌아올지 알 수는 없습니다. 그래서인지 종들의 관심은 주인이 돌아오는 시각에 온통 맞춰져 있습니다.

때가 되면, 종들은 여기저기 분주히 뛰어다닐 것입니다. 바지가 흘러내리지 않게 허리띠를 단단히 동여매고, 집안 곳곳 잠겨 있던 빗장을 연 다음, 온 집에 불을 밝힐 것입니다. 주인이 집 앞에 당도하면, 모든 것이 완벽히 준비된 모습으로 맞아 깍듯이 안으로 모셔 들여야 합니다. 그때까지 종들은 잠을 잘 수 없습니다. 이런 일은 당연히 종의 몫입니다.

한 해의 마지막 밤이 되면 우리는 지난 1년 동안 무엇을 하고 살았는지 돌아봅니다. 특별한 순간들을 떠올릴 것입니다. 누군가는 보신각 앞에서 회상할 것이고, 또 누군가는 집의 침실에서, 아니면 우리처럼 교회에서 한 해를 돌아봅니다. 만남과 헤어짐, 병으로 쓰러졌던 일, 군대 입대와 전역, 결혼과 임신, 가방 메고 집을 나서며 해맑게 웃던 아이의 모습, 취직과 실업 등등, 즐겁고 아픈 기억들을 새록새록 떠올릴 것입니다.

한 해의 마지막 날은 그렇게 돌아보는 시간입니다. 그러면서

'내가 이룬 일은 무엇이고, 못한 일은 무엇일까? 새해에는 또 어떤 계획, 어떤 목표를 세울까?' 등등 여러 생각이 뒤섞일 것입니다. 어떤 분은 한 해의 결산을 하다가 우울해질 수도 있습니다. '아, 이렇게 나이만 한 살 더 먹는구나' 또는 '난 왜 이렇게 살까? 도대체 무엇을 위해 산 것인가' 하면서 갑자기 심각해질지도 모릅니다.

그런데 오늘 예수님이 들려주시는 비유는 우리의 이런 고민과 관점이 다른 것 같습니다. 종들의 고민을 가만 살펴보면, 자기 자신에 대한 고민이 아니라는 것을 알게 됩니다. 관심은 주인에게 쏠려 있습니다. 주인이 오는 시간, 주인을 위해 무엇을 해야 하고 무엇을 하지 말아야 할지 등등, 모든 생각과 행동이 곧 돌아올 주인에게 맞춰집니다. 분명히 종의 삶은 주인에게 달려 있습니다. 주인이 하는 말 한마디에 종의 형편과 처지가 달라집니다.

사실 내 인생이 다른 누군가에게 달려 있다는 건, 그리 듣기 좋은 말이 아닙니다. 사람이라면 누구든지 스스로 주인 된 삶, 내 뜻대로 사는 거침없는 자유를 바라지, 누구 밑에 들어가 종살이하고픈 이는 아무도 없습니다.

생각해 보세요. 매일 남의 집에 가서 청소하고 빨래하고, 허리 굽실거리면서 주인 슬리퍼 들고 기다리고, 하고 싶은 말도 제대로 못하고, 기분 나빠도 내색 한 번 못하고, 시키는 일만 죽어라 하고… 그렇게 자기 뜻을 꺾으면서 살고 싶은 사람은 없습니다. 누구도 그런 삶을 원치 않습니다. 우리는 모두 자기 인생의 주인이 되고 싶어 합니다. 자기 인생의 주도권을 빼앗기는 삶은 불편하거나 치욕스럽게 느낍니다.

그런데 여러분, 정말일까요? 나는 내 인생의 주인이 맞을까요? 이 송구영신의 밤에 진지하게 물어보면 좋겠습니다. 지난 한 해를 돌아보면, 내가 주인 되어 산 것이 아니라 오히려 끌려 다닌 적이 훨씬 많았다는 사실을 발견하게 될 것입니다. 저도 마찬가지입니다. 연초에 야심찬 한 해 목표를 세웠지만, 그대로 된 일이 거의 없습니다. 대신, 다른 사람들의 기준과 기대에 맞춰 살았던 제 모습을 발견하고 놀라게 됩니다. 전혀 예상치 못했던 좋은 일로 흥분하고 기뻐했던 적도 있습니다. 그러고 보면 저는 주인 되는 삶을 꿈꾸면서 한 해를 시작했지만, 현실은 그렇지 않았다는 것을 고백하게 됩니다. 그러면 내 인생을 주도적으로 개척하며 살지 못한 인생은 실패한 인생일까요?

종을 섬기는 주인

여러분도 한번 돌아보십시오. 인생의 가장 아름다운 순간들을 떠올리면, 그 순간에 일어난 일들이 우리가 계획하지 않은 일이었다는 사실을 발견하게 될 것입니다. 우리 인생에서는 전혀 예상치 못했던 일들이 선물처럼 주어집니다. 그때마다 깜짝깜짝 놀랍니다.

종종 저에게 "어쩌다 목사가 되었냐?"고 묻는 분들이 있습니다. 그때마다 "저는 목사가 되려고 해서 된 게 아니라 어쩌다 그렇게 되었습니다"라고 답합니다. 그러면 저를 좀 이상하게 쳐다봅니다. 하지만 사실입니다. 저는 이런 사실이 하나도 부끄럽지 않습니다. '하나님의 발길에 채여 사는 인생이야말로 복된 인생'이라는 소박한 믿음이 있기 때문입니다.

어디 저뿐일까요? 예배의 자리에 나온 거의 모든 분이 같은 마음일 것입니다. 여러분의 직업이나 결혼 같은 중요한 일들을 돌아보면, 대부분 자신의 의도와 다른 길을 걷고 있다는 것을 깨닫게 됩니다. 이건 매우 중요한 발견입니다. 왜냐하면, 내가 중요하다고 생각하는 것들 대부분이 실제로는 그다지 중요하지 않은 일일 수 있다는 증거이기 때문입니다. 중요하지도 않은데 혼자 아등바등 붙잡고 있었던 것이지요. 정말 중요한 것은 따로 있는데도 말입니다.

송구영신의 밤에 우리가 함께 읽은 종의 비유는 바로 이 사실을 깨닫게 합니다. 이 말씀은, 우리 인생의 주인은 우리 자신이 아니라는 점, 그리고 그리스도인이라면 더더욱 '내가 주인 된 삶을 살 수 없다'는 점을 가르쳐 줍니다. 그리스도인으로 살아가는 인생의 목표와 과제는 늘 내가 아닌, 주님으로부터 시작됩니다.

그리스도인이 마음 굳게 먹고 해야 할 일은 분명합니다. 비유에 등장하는 성실한 종처럼 주님 오실 날을 준비하며 깨어 있고, 깨어 있고, 깨어 있어야 합니다. 이런 그리스도인의 삶은 때때로 피곤하게 보입니다. 하지만 오늘 묵상하는 종의 비유는 여기서 끝나지 않습니다.

예수님은 누가복음 12장 37-38절에서 이렇게 말씀하십니다. "주인이 와서 깨어 있는 것을 보면 그 종들은 복이 있으리로다. 내가 진실로 너희에게 이르노니 주인이 띠를 띠고 그 종들을 자리에 앉히고 나아와 수종들리라. 주인이 혹 이경에나 혹 삼경에 이르러서도 종들이 그같이 하고 있는 것을 보면 그 종들은 복이 있으리로다."

깨어 주인을 기다리는 종들에게 놀라운 일이 벌어집니다. 무슨 말씀인가요? 깨어 있는 종들을 위해 최고의 음식, 최고의 음료를 주인이 직접 식탁에 올리고 섬기겠다는 말씀입니다. 여기서 주인과 종의 역할 바꿈이 일어납니다. 주인은 종의 자리, 섬김의 자리로 내려가고, 종들은 주인의 자리로 오릅니다. 주인은 종으로 내려오지만, 매우 기쁜 마음으로 섬김의 자리로 달려갑니다. 주인의 자리로 올라서는 종들의 마음이야 말할 필요도 없습니다. '자리 바꿈'이 일어나는 그 순간, 주인과 종은 모두 기쁨 가운데 안식의 잔치를 누리게 됩니다.

우리에게는 언제 이런 기쁨과 안식이 찾아올까요? 분명한 것은 시간이 흐를수록 그 순간이 더욱 가까워진다는 사실입니다. 그러니 '깨어라, 준비하라!'는 이 말씀은 바로 우리를 향한 복음의 말씀이 됩니다.

그리스도인에게는 쉼을 제공하는 주인이 따로 있습니다. 우리는 그분을 믿고 기대며 살아갑니다. 주님은 우리에게 이렇게 말씀하십니다. "깨어 있는 자에게는 풍성한 식탁이 준비되어 있다." 그분이 우리에게 수고했다고 토닥여 주시고, 떡과 포도주가 가득한 하늘의 식탁으로 초대하십니다. 그리고 우리는 그 식탁에서 비로소 참된 쉼과 안식을 얻게 될 것입니다.

초대된 그리스도인

지금 이 시간, 우리는 이런 거룩한 쉼으로 초대되었습니다. 밖에는 축제의 음악과 환호가 가득하고 폭죽이 하늘을 수놓을 때, 우리는 조용히 하나님 앞에서 그리스도의 약속을 기억하며 기도와 찬송으로 새로운 시간을 맞습니다. 맞게 될 그 새로운 시간 속에서도 여전히 변함없는 그리스도를 만나게 될 것입니다. 그것은 시간의 끝에서만 일어날 사건이 아닙니다. 주인을 기다리는 종의 비유는, 이천 년 전 베들레헴에서 성탄하신 초림과 다가올 재림 사이를 살아가는 우리를 깨어 있게 만듭니다.

예배가 끝나고 돌아가면서 곰곰이 생각해 보길 바랍니다. 나는 정말 예수님을 기다리는 삶을 사는가? 지금 주님이 오신다면 나는 어떤 표정을 지을까? "내일 지구의 종말이 오더라도 나는 한 그루의 사과나무를 심겠다"는 멋진 말은 못하더라도, 종말을 앞에 두고 나는 내 가족, 내 사랑하는 이에게 무슨 말을 남길 것인가?

꼭 한번 스스로에게 물어보길 바랍니다. 지금 주님이 오신다면? 분명한 것은 그렇게 진지하게 종말을 질문하며 살아가는 이들에게 그리스도는 반드시 오실 것이고, 분명히 이렇게 말씀하실 것입니다. "내가 너에게 쉼을 주리라!"

모두 지난 한 해 동안 수고하셨습니다. 참으로 어려운 상황 가운데서도 우리는 말씀과 성찬, 거룩한 교제로 서로를 보듬고 기도했습니다. 서로를 위해 마음과 물질을 나누며 지냈습니다. 말 그대로 다사다난했고, 아쉬운 일도 기쁘고 감사한 일도 많았습니다. 그리고 이렇게 지나고 보니 우리의 힘과 의지로 그런 일들이 가능했던 게 아니라, 모두 하나님의 은혜였다는 것을 고백하게 됩니다.

그 고백 가운데 새해를 맞습니다. 한 해 열심히 사신 모든 분들, 수고하셨습니다. 주님이 우리를 그분의 식탁으로 초대하여 만찬의 기쁨을 나누는 그 날이 올 것입니다. 내가 주인 되길 고집하는 올 한 해가 아니라, 주님이 주인 되심을 믿는 믿음과 서로를 위한 사랑, 이웃을 기쁘게 섬기고 봉사하는 복된 기쁨과 안식이 가득한 새해가 될 주님의 이름으로 축원합니다.

모든 지각에 뛰어난 하나님의 평강이 그리스도 예수 안에서 우리의 마음과 생각을 지키실 것입니다. 아멘.

하나님이
돌보신다

마태복음 2:13-23
___

새해 첫날이자 교회력으로 성탄 후 첫 번째 주일입니다. 지난 주일 우리는 성탄의 기쁨과 감격을 노래했고, 이제 새해 아침을 맞습니다. 그래서 오늘의 말씀에는 희망찬 새해 감격과 성탄의 여운이 있어야 할 것 같습니다.

하지만 오늘 본문 말씀은 그런 들뜬 분위기에 찬물을 끼얹었습니다. 마태복음 2장 13-23절에서는 성탄절의 환호와 기대, 복된 약속을 찾아볼 수 없습니다. 반대로, 아기의 가족이 한밤중에 피신하는 당혹스러운 장면이 펼쳐집니다. 미래의 삶을 격려하거나 다독이는 거룩하고 세미한 음성이 아니라, 앞으로 다가올 위험을 경고하는 긴급한 목소리, 권력가의 음모, 죄 없는 영아들의 죽음, 부모들의 통곡이 들립니다.

요셉의 꿈

아기 예수의 아버지 요셉의 세 가지 꿈에 대해 살펴봅시다. 아기 예수의 탄생을 경배했던 동방박사들이 돌아가자 곧바로 천사가 요셉의 꿈에 나타났다는 이야기부터 시작합니다(마 2:13). 아기 예수를 찾아 죽이려는 헤롯의 계획을 천사가 알려 주었고, 요셉은 즉시 가족을 데리고 베들레헴에서 애굽으로 피신합니다. 이들이 애굽에 피신해 있는 동안, 베들레헴 지역에서 태어난 두 살 이하 영아들은 모조리 살해당합니다.

그리고 시간이 흘러 헤롯이 죽게 되지요. 그러자 천사가 다시 요셉의 꿈에 나타납니다. 천사는 요셉에게 이스라엘로 돌아가라고 알려 주었고, 이내 요셉은 가족과 함께 이스라엘로 길을 나섭니다. 그런데 가던 길에 천사가 요셉에게 다시 나타납니다. 그리고는 유대 땅이 아닌 갈릴리 나사렛으로 가라고 말합니다. 베들레헴에서 애굽으로, 애굽에서 갈릴리 나사렛으로, 그렇게 갓 태어난 아이의 가족은 살해 위협을 피해 강제 여행을 하게 됩니다.

이것이 오늘의 복음서 본문 말씀입니다. 방금까지 동방박사들의 경배를 받으며 황금, 유황, 몰약이라는 귀한 선물을 받고, 온갖 축복과 영광 속에 있던 가족이 한순간에 참혹한 시간을 맞게 됩니다. 본문 말씀은 분명히 예상치 못한 방향으로 아기 예수의 가족을 인도합니다. 그리고 복음서를 묵상하는 우리에게 성탄하신 그리스도의 성공과 영광을 보여 주는 대신, 쫓기며 피신하는 그리스도, 그리스도의 탄생 때문에 죽는 아이들의 참혹한 이야기를 들려줍니다.

만일 제가 복음서를 기록한다면, 이런 내용은 숨긴 채 즐겁고 찬란한 이야기로만 꾸몄을 것 같습니다. 그런데 성경은 이런 아픔과 치욕을 가감 없이 들려줍니다. 도대체 무슨 의도로 이런 어두운 인생의 단면을 보여 주는 것일까요?

하나님의 역설을 보여 주는 지명들

마태복음 2장은 하나님의 아들이 이 땅에 오셨을 때 일어난 사건을 성공 신화로 포장하지 않고 비극적 장면 그대로 보여 줍니다. 음모와 살해 위협, 피신, 영아 살해 같은 명백한 비극이 가득합니다. 하지만 오늘의 본문은 이런 비극 한가운데서 하나님이 일하시는 방식의 '모호함'을 드러내고 있습니다. 어쩌면 이런 모호함은 인간의 지혜를 뛰어넘는 하나님의 역설일 수도 있는데, 이 역설을 우리는 마태복음 2장에 나오는 지명들에서 만날 수 있을 것 같습니다.

베들레헴: 마태복음 2장 1절부터 봅시다. 가장 먼저 눈에 들어오는 지명은 '베들레헴'과 '예루살렘'입니다. '예루살렘'은 설명할 필요도 없이 이스라엘의 종교와 문화, 정치가 집중된 가장 중요한 대도시이지요. 무엇보다 성전이 있다는 사실은 '평화의 도시'라는 예루살렘의 이름값을 톡톡히 합니다. 멀리 동방에서 박사들이 예루살렘까지 찾아왔다는 것은, 이곳이 온 세상의 중심이라는 뜻을 암시합니다.

'베들레헴'이라는 지명도 우리에게 무척 중요합니다. 예수님이 태어나신 곳이 베들레헴이지요. 이름 그대로 풀면, '밥집', '떡집'이라는 뜻인데, 이곳은 이스라엘을 구원하시려는 하나님의 계획에 예고되었던 '다윗의 동네'입니다. 심지어 마태복음 2장 3절 이하를 참조해 보면, 아기 예수를 반대하고 죽이려던 사람들도 이 곳에서 메시아가 날 것이라는 예언을 알고 있을 만큼 잘 알려진 지역입니다. 그렇게 오래전부터 예언된 메시아가 예언대로 이곳에서 났지만, 그분은 예루살렘으로 가지 못하고 예상치 못한 엉뚱한 곳으로 이동하게 됩니다.

애굽: 꿈에 나타난 천사의 알림대로, 아기 예수의 가족은 '애굽'으로 몸을 피신하게 됩니다. 구약성경에서 애굽은 참 모호한 땅입니다. 모세의 때에 애굽은 하나님의 백성이 종살이하던 땅입니다. 불안하고 자유롭지 못한 땅, 노예의 땅, 탈출해야만 하는 저주받은 땅이 애굽입니다. 하지만, 이곳은 사람들의 피난처가 되기도 했습니다. 솔로몬을 피해 도주했던 여로보암이나, 예레미야 같은 선지자도 애굽을 피난처로 삼았습니다(왕상 11:40; 왕하 25:26; 렘 43:1-7).

실제로 오늘 복음서 말씀에서도 애굽은 예수님의 가족이 피신하는 장소로 나옵니다. 그리고 예수님의 가족이 애굽으로 피신할 때 끔찍한 사건이 벌어지지요. 헤롯의 영아 살해 명령이 떨어져 아이들이 목숨을 잃게 됩니다. 물론 이 사건은 다른 역사서에는 나오지 않고, 유일하게 성경에만 언급된 내용입니다.

간혹, 역사가들은 이 사건의 사실 여부를 회의적으로 보지만, 역사라는 기록은 언제나 일련의 충격과 변화가 있을 때 특별한 메시지를 전하기 위해 기록됩니다. 성경도 마찬가지입니다. 그래서 마태복음에서 이 사건을 굳이 언급하는 것에 대해 우리가 고민하면서 읽을 필요가 있습니다. 특별히 이 사건을 구약과 비교해서 읽으면 유익할 것 같습니다.

출애굽기에도 영아 살해 사건이 등장하지요. 애굽에서 히브리 백성의 숫자가 급속히 많아지자, 사악한 바로가 태어나는 히브리 남자아이들을 모조리 죽이라고 명령합니다. 모세는 이런 상황에서 출생합니다. 예수님의 성탄 기사에서도 비슷한 일이 나옵니다. 사악한 헤롯의 명령으로 무고한 아기들이 죽게 됩니다. 그리고 구약의 모세처럼 아기 예수도 살아남습니다.

애굽으로 들어가는 여행도 구약에서 찾을 수 있습니다. 창세기 37장 이하에 나오는 말씀을 읽어 보면, 또 다른 한 명의 요셉이 나옵니다. 야곱의 아들이지요. 이 요셉도 신약의 요셉처럼 꿈의 사람이었고, 그 꿈이 그를 애굽으로 인도했으며, 결국 온 가족을 애굽으로 데려와 살게 합니다.

물론 신약의 요셉도 꿈을 꾸고 자신의 가족을 애굽으로 데려가지만, 그곳에서의 생활은 그리 오래 지속되지 않았습니다. 헤롯이 죽자 천사가 다시 요셉의 꿈에 나타나, 이스라엘로 돌아가라고 했기 때문입니다.

갈릴리 나사렛: 그런데 문제가 하나 생깁니다. 마태복음 2장 22절 이하를 읽어 보면, 이때 상황이 헤롯 때보다 더 안 좋은 것 같습니다. 천사가 세 번째 꿈에 나타나 '갈릴리로 가라'고 말합니다. 그런데 갈릴리는 유대인이 기다리는 메시아가 살 만한 곳이 아닙니다. '갈릴리'라는 이름부터 그렇지요. 그 단어의 뜻은 '이방인의 땅'입니다. 원주민들이 힘이 없어 다 빼앗겨 버린 땅, 그래서 갈릴리입니다. 갈릴리는 앗수르에게 함락된 이래 단 한 번도 회복된 적이 없었고, 순수한 유대인 혈통보다 외국인이 더 많은 땅입니다.

그러니 이스라엘을 구원할 메시아가 정착할 명분이 전혀 보이지 않는 곳이 갈릴리입니다.

게다가 '나사렛'이라는 동네는 사정이 더 안 좋습니다. 인구라고 해 봐야 고작 오백 명 정도밖에 안 되는 촌구석이고, 너무 보잘것없어서 한동안 역사가들이 이런 동네가 존재했다는 사실을 부인할 정도로 영향력이 없는 땅입니다. 요한복음 1장 46절에서 복음을 전하는 빌립에게 나다나엘이 이런 말을 한 적이 있지요. "나사렛에서 무슨 선한 것이 날 수 있느냐?"고 말입니다. 그렇게 나사렛은 사람들에게 아무 의미 없는 땅을 의미합니다.

의미 없는 땅에서 의미 있는 땅으로

베들레헴에서 애굽으로, 애굽에서 갈릴리 나사렛으로. 마태복음에서 예수님 가족이 이동하는 경로를 따라가 보면, 참혹한 죽음과 파멸, 실패와 절망 같은 그림이 그려집니다. 예수님이 세상에 오신 성탄의 사건은 모든 사람이 환호하는 만장일치의 사건이 아닙니다. 혹시 이 아이가 나타나서 내가 가진 권력을 약하게 만들지나 않을까, 성공 신화와 세상 질서를 뒤엎지나 않을까 하는 두려움이 보입니다.

영아 살해를 명령하는 헤롯의 모습에서 권력을 빼앗기기 싫어하는 권력 지향형 인간들, 정적을 제거하고 복수하는 정치꾼들의 세상이 보입니다. 우리 사는 지금의 세상도 다를 것 없어 보입니다. 이런 세상을 살면서 우리는 종종 하나님을 의심합니다. 하나님의 아들이 이 땅에 오셨지만, 악과 불의는 이 땅에서 사라지지 않았습니다. 무고한 영아들이 살해당하고 힘없는 가족이 목숨 걸고 애굽으로 피신할 수밖에 없는 현실이, 얼굴만 바꾼 채 오늘까지 계속 이어지고 있습니다.

그 때문에 '하나님, 하나님은 그때 어디에 계셨습니까? 왜 이런 악을 허락하십니까? 왜 하나님의 자녀에게 이런 일이 일어나도 참고 계십니까?'라며 탄식하고 절망하기도 합니다. 저 역시 우리 가운데 일어나는 악의 현실을 속 시원히 설명할 수 없습니다. 지금 여기 있는 그 누구도 답을 알 수 없습니다. 다만 우리는 모든 해답이 주님의 날에 드러날 것이라는 믿음으로 살아갑니다.

이런 비극적인 사건의 답답함에도 불구하고 복음서를 읽으면서 분명해지는 것도 있습니다. 그것은 권력가가 지배하는 세상, 불의가 판치는 암울한 세상에 하나님이 오셨고, 그 자리를 떠나지 않으셨다는 대목입니다. 하나님은 그런 세상 한가운데로 오셔서, 예언하고 약속하신 대로 하늘의 일을 이루신다는 진리가 오늘 복음서에서 드러납니다.

마태복음 2장에서 성탄하신 예수님의 피난 경로를 보여 주는 이유가 바로 이것 아닐까요. 예수님의 가족이 피신하며 살았던 모습은, 이 땅의 모든 피난민과 억압받는 사람들의 끔찍한 현실을 보여 줍니다. 힘없는 사람들의 현실은, 정치꾼들의 정책이나 폭압, 또는 자연재해나 병과 가난에 의해 예수님의 가족처럼 이리저리 휘둘리기 쉽습니다. 오늘까지 살던 터전을 버리고 하루아침에 도망가듯 떠나야 하는 일도 생깁니다. 이렇듯 힘없는 이들의 삶은 한 치 앞을 예상하기 힘듭니다. 마태복음 2장에서 만나는 예수님의 가족은 바로 이런 사람들의 비참한 삶을 그대로 보여 줍니다.

동시에 이 말씀은 참으로 복음입니다. 왜냐하면 어떤 상황에서도 끊어지지 않는 '하나님의 섭리'와 사랑 가득한 '하나님의 돌봄'이 가장 큰 주제이기 때문입니다. 마태복음은 바로 이 사실을 우리에게 전합니다. 하나님의 돌봄은 우리가 제아무리 의미 없는 땅에 살더라도 끊어지지 않습니다. 하나님은 자녀들이 사는 의미 없는 땅을 의미 있게 만들어 가십니다. 피난민으로서 들어간 통곡의 애굽, 이방인의 땅이 되어 버린 갈릴리, 사람들이 관심도 없던 나사렛에서 하나님은 그분의 자녀를 위해 위대한 일을 만들어 가십니다.

하나님이 돌보신다

우리는 다사다난했던 한 해를 보내고 새로운 해를 하나님 앞에서 이렇게 시작합니다. 하나님이 우리를 돌보실 것입니다. 우리가 사는 삶의 자리가 빈곤하고 슬픔의 눈물이 넘쳐날지라도, 하나님은 우리를 포기하지 않으실 것입니다. 주님은 포악하고 불의한 세상, 염려 가득한 삶의 한복판에서도 우리를 향한 사랑의 돌봄을 그치지 않으실 것입니다. 왜냐하면 그것이 하나님의 약속이며, 자녀들을 향한 신실한 하나님의 은혜이기 때문입니다.

우리는 이 약속과 은혜를 매 순간 기억하며 거룩한 성도의 사귐을 이루며 살아가야 합니다. 새로운 한 해 동안도 말씀으로 빛나고 성찬으로 힘이 나는 복된 교회, 복된 성도들이 되길 주님의 이름으로 축원합니다.

모든 지각에 뛰어난 하나님의 평강이 그리스도 예수 안에서 우리의 마음과 생각을 지키실 것입니다. 아멘.

주님의 세례

마태복음 3:13-17

에피소드 1

"김 선생, 돌아오는 부활절에는 꼭 세례 받읍시다."

목사가 권합니다.

그러자 김 선생이라는 청년이 되묻습니다.

"목사님, 세례는 왜 받아야 하나요?"

질문받은 목사는 잠시 머리가 멍해집니다.

마땅한 답이 떠오르지 않습니다.

그래서 이렇게 말합니다.

"응? 그거?… 받으면 무조건 좋은 거야."*

★   조기연,《기독교세례의식》(서울: 대한기독교서회, 2012), 5(머리말).

에피소드 2

일전에 모 신학대학원에서 '세례론'을 가르칠 때의 일입니다. 세미나 수업이었는데 학생 15명 정도가 참석했습니다. 첫 수업 시작하자마자 "세례는 몇 번 받아야 할까요?"라고 질문했더니, 학생 가운데 늦깎이로 공부하시는 장로님이 있었는데 아주 자랑스럽게 "세 번 받았습니다"라고 말합니다.

웬일인가 물었습니다. 그분 말씀이 걸작입니다. 유아세례 한 번, 청년이 되어 예수를 제대로 알고 나서 다시 한번, 장로가 되어서 성지 순례를 갔는데 요단강을 보니 예수님 생각이 나서 거기서 또 한 번, 이렇게 총 세 번이라고 답합니다. 그러면서 덧붙이기를, 기회가 된다면 요단강에서 다시 받고 싶다고 합니다. 무슨 특별한 이유가 있냐고 물었더니 이렇게 말합니다. "세 번째 받을 때 가뭄 때문에 요단강 물이 별로 없기도 했고, 함께 갔던 사람들이 너무 많아서 물을 한 번밖에 적시지 못하고 나왔기 때문"이라고 합니다.

그러자 옆에 있던 학생 하나가 킥킥 거리면서 웃습니다. 왜 웃느냐고 물었더니, 자기는 다섯 번 받았답니다. 유아세례 한 번, 군대에서 네 번이랍니다. 군대에서 어떻게 네 번이나 받았냐고 하니까, 군 복무 시절에 초코파이를 가장 많이 먹을 수 있는 주일 종교 행사가 세례식이었기 때문에 세례식 한다는 소리만 들리면 초코파이 먹을 생각에 달려가 받았다고 합니다. 그래서 총 다섯 번 받은 것이지요.

여러분은 세례를 몇 번 받으셨나요?

세례 받으시는 주님

오늘은 성탄 절기의 마지막 날인 '주님의 세례일'입니다. 교회력 복음서 본문인 마태복음 3장은 요단강에서 세례 받으시는 예수님의 모습을 보여 줍니다. 우리에게 '세례'란 무엇일까요? 본문 말씀을 통해 세례가 무엇인지 그리고 그 유익이 무엇인지 함께 나눠 보고자 합니다.

복음서 말씀을 보면, 예수님이 요단강에 도착하셨을 때 그곳에서는 수많은 사람들이 요한 앞에 나와 조아려 회개하며 세례를 받고 있었습니다. 그때 예수님도 요한에게 세례를 받게 됩니다. 마태, 마가, 누가복음 모두에 나오는 이야기입니다. 그런데 특이한 게 하나 있습니다. 마가복음 1장(9-11절)과 누가복음 3장(21-22절)에도 세례 사건이 나오지만, 마태복음에만 나오는 장면이 있습니다.

다른 복음서에서는 그냥 예수님이 세례 받았다고만 전하는데, 유독 마태복음만 예수님이 요한 앞에 서자 요한이 말렸다고 전합니다(마 3:14). 요한이 "내가 당신에게서 세례를 받아야 할 터인데 당신이 내게로 오시나이까?"라면서 무척 당황하는 모습을 묘사합니다. 스스로 급이 다르다는 것을 알았다는 말이지요.

짧은 구절이지만, 요한이 말리는 이유를 한 번 더 생각해 볼 필요가 있습니다. 죄인들이나 받는 세례를, 죄 없는 하나님의 아들이 죄인 자리에 서서 받는다는 게 말이 안 됩니다. 이분은 고귀한 분입니다. 그러니 예수를 그 천한 자리에서 빼내야 합니다. 바로 이것이 요한이 적극적으로 예수를 말린 이유였을 것입니다.

그때 주님이 어떻게 답하시나요? "이제 허락하라. 우리가 이와 같이 하여 모든 의를 이루는 것이 합당하니라"(마 3:15). 이 구절이 명령형으로 되어 있지만, 권유형으로 번역해도 될 것 같습니다. 그러면 다음과 같이 읽을 수 있겠지요. "지금 이 일을 받아들입시다. 우리가 이렇게 해서 하나님의 모든 의를 이루는 것이 옳습니다." 이 말을 듣고서야 요한은 예수님에게 세례를 줍니다.

저는 이 구절을 읽고 또 읽게 됩니다. "지금 이 일을 받아들입시다. 이렇게 해서 우리가 하나님의 의를 이루는 것이 옳습니다." 예수님은 지금 무엇을 해라 마라 명령하시지 않고, 이 일을 '함께 받아들이자'고, 우리 밖에서 정하신 일을 함께 '허락하자'고 권유하십니다.

예수님은 권위를 앞세우시지 않고, 우리 밖에서 우리를 움직이시는 하늘 아버지의 뜻을 따르자고 요한을 설득하십니다. 요한은 예수님을 만나자 위아래 서열을 구분합니다. 그러나 예수님은 세례에 담긴 하나님의 뜻은 서로가 하나 되는 것이니, 그 일을 받아들이고 함께 이 일에 동참하자고 권유하십니다. 이 세례 장면에서 예수님의 전형적인 삶의 태도를 엿볼 수 있습니다.

예수님은 요한과 전혀 다른 태도를 보여 주십니다. 그분은 자기 자신을 사람들의 눈높이에 맞추십니다. 대도시에서 낙오한 사람들, 고향을 떠난 사람들, 떠돌이가 되어 광야로 흘러 들어온 사람들 속에서, 그들과 같은 행렬에 서십니다.

요한이 '당신은 고귀한 분이니 그렇게 하면 안 된다'고 애써 말리지만, 주님은 사람들 속에 들어가 그들과 함께 서는 것, 평범하고 평등하게 대우받는 것, 평등한 관계 맺는 것을 너무 당연한 일로 받아들이십니다. '그렇게 해야만 하나님의 모든 의를 이룰 수 있다'면서 요단강의 죄인들 행렬 속에 서십니다. 그리고는, "지금 이 일을 허락합시다. 받아들입시다"라며 겸손히 세례를 받으십니다.

군중 속의 예수

"지금 이 일을 허락합시다. 받아들입시다." 이 구절은 또한, 예수님은 세상 사람들이 그토록 갖고 싶어 하는 권력과 서열, 명성을 모두 거부하셨다는 뜻입니다. 이 말 한마디를 통해 예수님이 얼마나 자유로운 분인지 알게 됩니다. 무엇에도 매이지 않은 자유로운 영혼을 여기서 보게 됩니다. 그 자유 가운데 당당히 서신 그분이 예수입니다.

'예수'라는 이름은 '하나님이 도우신다, 하나님이 건지신다, 하나님이 구원하신다'는 뜻을 갖고 있습니다. 그 예수가 '하나님의 도움'을 구하며 겸손히 세례를 받으십니다. '하나님이 도우신다, 하나님이 건지신다, 하나님이 구원하신다'라는 그 이름과 함께 요단강 군중 속 예수님을 상상해 보십시오. 그곳에 예수님이 서 계신다는 것은 그곳에 '하나님의 도움이 시작되었다'는 말로도 바꿀 수 있습니다. 앞서도 언급했듯이, 요한이 말리는데도 불구하고 예수님이 세례 받겠다며 요한을 설득하시는 장면이 마태복음에만 나오는데, 그 의도하는 바가 바로 여기에 있습니다.

우리가 말하고 생각하는 '거룩'은 언제나 속된 것, 냄새나는 것, 거리끼는 것을 제거하는 데 목표가 있습니다. 그러나 보십시오. 복음서가 우리에게 가르치는 예수님의 '거룩'은 속된 것을 멀리하고 제거하는 것이 아니라, 그 속으로 들어가 하나님의 도움을 만들어 내는 데 있습니다. 세례 요한은 세례 받겠다는 예수님을 말립니다. 거룩한 것을 속된 것과 한자리에 둘 수 없다는 우리 생각과 똑같습니다. 이것을 요한은 좋은 신앙으로 알고 있습니다. 그러나 "이제 허락하라(지금 이 일을 해야 합니다). 우리가 함께 하나님의 뜻을 이룹시다"(마 3:15 참조)라는 예수님의 짧은 말씀을 듣고 요한의 생각은 산산이 깨집니다. 그 뜻을 알아들은 그는 예수님에게 세례를 베풀게 됩니다. 하나님의 도움이 필요한 사람들 한가운데로, 절망한 사람들 한가운데로, 집을 잃은 사람들 한가운데로, 새로운 시작을 갈망하는 사람들 한가운데로, 예수님은 비집고 들어와 세례를 받으셨습니다. 하나님의 아들 예수가 죄인들 한가운데서 세례 받았다는 것은 바로 이런 의미입니다.

하늘이 열리고 들리는 소리

이제 마태복음 3장 16절로 넘어갑시다. 예수님이 세례 받고 물에서 올라오실 때 무슨 일이 일어납니까? 하늘이 열리고 하나님의 성령이 비둘기같이 내려와 예수님의 머리 위에 임합니다. 이 장면은 예수를 바라보는 복음서 기자의 신앙고백이라 할 수 있고, 또 교회의 신앙고백이라고 할 수 있습니다.

이 대목을 끊어서 봅시다. '하늘이 열렸다'는 표현은 희망이 생겼다는 뜻입니다. 옛 과거, 암울한 시간이 끝나고 앞이 보이기 시작했다는 의미로 읽을 수 있습니다. 그리고 여기에 비둘기가 등장하는 것은, 구약에 나오는 노아의 홍수 사건을 떠올리게 하는 효과가 있습니다. 그때 무슨 일이 있었나요? 40일 밤낮으로 내린 비가 세상을 쓸어 버렸을 때, 나무 잎사귀를 물고 들어와 희망의 소식을 전한 동물이 비둘기지요. 그래서 비둘기는 하나님이 열어 주신 새로운 세상을 알리는 희망의 상징이 됩니다.

사도행전에 기록된 오순절 성령 사건도 같은 맥락에서 읽을 수 있습니다. 하늘이 열리고 성령이 비둘기같이 예수의 머리 위에 임했다는 것, 그것은 내몰린 사람들 한가운데서 하나님의 도움과 희망이 약속되었고 새 시대가 열렸다는 뜻입니다.

17절 말씀은 이렇게 이어집니다. "이는 내 사랑하는 아들이요 내 기뻐하는 자라 하시니라." 이 말씀을, 마가복음 1장 11절과 누가복음 3장 22절 말씀과 비교해서 읽어 보면 특이한 점이 발견됩니다. 다른 복음서에서는 하늘에서 나는 소리에 대해 이렇게만 서술합니다. "너는 내 사랑하는 아들이라. 내가 너를 기뻐하노라."

그런데 마태복음은 다릅니다. '너는'으로 시작하지 않고 '이는'으로 시작합니다. 무슨 차이가 있나요? '너는'으로 시작하는 마가복음과 누가복음 말씀은 하늘 아버지가 예수님에게만 말하는 비밀스러운 대화로 읽을 수 있습니다. 그런데 "이는 내 사랑하는 아들이다"라고 하는 마태복음 말씀은 일대일 비밀 대화가 아니라 거기 있는 모든 사람에게 선포하는 공적 선언입니다. 예수를 앞에 세워 놓고 하나님이 사람들에게 공개적으로 선언하시는 장면입니다. 이렇게 마태복음은 예수님의 세례를 비밀스러운 사건이 아니라, 하나님의 아들이 사람들 한가운데 서 있는 공적 사건으로 봅니다. 하나님의 아들이 사람들 한가운데서 도우시고 건지시고 구원하신다는 공식적인 선언을 들려줍니다. 마치 왕의 대관식 선언문처럼 말입니다. 예수님의 세례는, 이렇게 우리 가운데 들어오신 주님이 그분의 이름대로 우리를 돕고 구원하겠다는 하나님의 신실한 약속이라고 할 수 있습니다.

우리의 세례

그렇다면 우리가 세례를 받는 이유는 무엇일까요? 우리의 세례는 무엇이고, 세례 받은 사람은 무엇이 다를까요? 루터의 대교리문답(1529)에 나오는 내용으로 설명을 대신하고자 합니다.*

우리는 세례를 통해 그리스도인으로 받아들여집니다. 그렇다면 세례가 무엇인지, 그리고 왜 하나님께서 이런 외적 표지와 보이는 행동을 통해 성례전을 제정하셨는지를 반드시 알아야 합니다. 세례 때 행위는 이렇습니다. 물속에 완전히 잠긴 다음, 다시 그 위로 올라옵니다. 물속에 잠겼다가 다시 올라오는 이 두 가지 행위는 세례의 능력과 효과를 암시합니다. 이는 옛 아담이 죽고 새 사람으로 부활하는 것입니다. 이 두 가지는 우리의 전 생애에 걸쳐 계속되어야 할 일입니다. 그래서 그리스도인의 삶이란 '매일 세례'와 다르지 않습니다.

이것은 단 한 번의 세례로 시작되었고, 매일의 삶을 통해 계속 갱신되어야 하기 때문입니다. 즉 인간은 매번 옛 아담에 속한 것들을 끊임없이 제거해야 하고, 새 사람의 것으로 거듭나야 한다는 뜻입니다. 그렇다면 도대체 옛사람이란 무엇일까요? 옛사람이란 아담에게서 유전된 것입니다. 분노, 미움, 시기, 음탕, 탐욕, 게으름, 오만불손, 의심처럼 모든 악독함에 미쳐 있는 것이 옛사람입니다. 태생적으로 옛사람에게서 선한 것은 하나도 찾을 수 없습니다.

하지만 우리가 그리스도의 나라 안에 들어갈 때, 이런 악독함은 매일 작아집니다. 또한, 그분의 다스림 가운데 오래 머물수록 그 자리에 온유, 인내, 겸손이 채워집니다. 그리하여 미움, 시

---

*   마르틴 루터, 최주훈 역,《대교리문답》(서울: 복있는사람, 2017), pp. 315-322.

기, 탐욕, 오만불손 같은 것들이 무너져 버립니다. 이것이야말로 그리스도인 가운데 베풀어지는 물세례의 바른 용도이며, 물속에 잠겼다가 다시 올라오는 행위의 본래 뜻입니다.

이 일을 계속 수행하지 않고 옛사람에게 고삐를 넘겨주는 순간, 옛사람은 더욱 강한 모습으로 찾아옵니다. 즉 세례의 삶을 살지 않고 세례에 반하는 삶을 살게 된다는 뜻입니다. … 그러므로, 세례의 능력으로 제어하고 막지 않으면, 옛사람은 그 본성대로 거침없이 활개를 치게 됩니다.

반대로 그리스도인이 되면, 옛사람이 완전히 파멸될 때까지 매일매일 사그라들게 됩니다. 이것이 매일 세례의 물에 잠겼다가 다시 새롭게 되살아나는 뜻입니다. … 세례의 배는 절대 파선하지 않습니다. 왜냐하면, 이 배는 앞서 말했듯이 하나님께서 정하신 것이지, 우리가 만든 것이 아니기 때문입니다. 물론 우리가 그 배에서 미끄러지고 떨어질 수는 있습니다. 그러나 누구든지 이런 일이 생긴다면, 그 배를 똑바로 응시하고 헤엄쳐 그곳에 다시 올라선 다음, 항해를 계속할 수 있도록 세례라는 배의 한 귀퉁이에 자기 몸을 단단히 붙들어 매야 합니다. 처음 시작했던 때와 같이 말입니다.

자, 이제 우리는 세례가 얼마나 귀하고 탁월한 것인지 알았습니다. 세례는 악마의 목구멍 안에 있는 우리를 낚아챈 다음 하나님의 소유로 만듭니다. 죄를 제어하고 제거합니다. 세례는 날마다 우리를 강하고 새로운 인간으로 거듭나게 하여, 비참한 우리가 영원한 영광에 이를 때까지 계속 남아 있습니다. 그러므로 세례를 '매일 입고 살아갈 당신의 옷'으로 보시기 바랍니다. 믿음 안에서 항상 그 열매를 발견하십시오. 그 옷을 입고 옛사람을 누른 그 자리에서 새 사람이 자라나야 합니다.

　우리가 그리스도인이 되기를 원한다면, 반드시 그에 합당한 일에 힘을 쏟아야 합니다. 그것으로 그리스도인이 되는 것입니다. 혹시, 지금 그리스도의 일에서 낙오한 사람이 있다면, 다시 돌아오십시오. 바로 여기에 그리스도와 함께하는 은혜의 보좌가 있습니다. 우리가 죄인일지라도 그분은 우리를 피하지도 거절하지도 않습니다. 오히려 그분은 우리에게 들어오십니다. 그분은 모든 보화와 선물도 가져오십니다. 우리는 한 번의 세례로 죄를 용서받습니다. 그리고 그 사죄의 힘은 우리가 생명이 있는 한, 다시 말해 옛사람을 목에 걸고 있어도, 세례의 힘은 우리 가운데 매일 남아 우리를 지킬 것입니다.

한 가지 사실만은 잊지 맙시다. 우리는 예수님의 이름으로 세례받았다는 것입니다. "세례는 단순한 물이 아니라, 하나님의 약속과 명령을 담고 있고 그 말씀과 묶여 있는 물입니다."* 세례 받은 사람이라면 예수의 이름에 새겨진 약속, '하나님이 세례 받은 당신을 도우시고 건지시며 구원하신다!'는 약속을 기억합시다.

　세례를 통해 하나님은, 우리가 어떤 상황에 던져질지라도 신실하게 '도우시고 건지시며 구원하실 것'이라고 약속하셨습니다.

　모든 지각에 뛰어난 하나님의 평강이 그리스도 예수 안에서 우리의 마음과 생각을 지키실 것입니다. 아멘.

＊　마르틴 루터, 최주훈 역, 《소교리문답》(서울: 복있는사람, 2018), p. 274.

무엇을 구하느냐,
와서 보라

요한복음 1:29-42

요한복음 1장 29절 이하의 말씀은, 예수님이 세례 받으시고 난 다음에 곧바로 일어난 일들을 우리에게 소개합니다. 요한복음 1장을 빠르게 읽다 보면, 요한의 일기장을 급하게 읽는 느낌이 듭니다. '이튿날'(29절), '이튿날'(35절), '이튿날'(43절)이라는 단어가 반복됩니다. 예수님의 세례 이후 삼 일 동안 일어난 일을 들려주는데, 전체 내용은 예수님이 세례 받고 그 후에 여러 제자를 만나시는 이야기들입니다.

보라, 하나님의 어린양이로다

요한복음 1장 29절부터 살펴보겠습니다. 그 유명한 세례 요한이 황량한 광야를 가로지르는 요단강가에 있습니다. 거기서 요한은 몰려드는 사람들에게 세례를 주고 있는데, 멀리서 한 사람이 걸어옵니다. 예수입니다. 그는 요한의 사촌이지만, 요한은 '하나님의 어린양'이라고 부르며 '그가 세상 모든 죄를 지고 간다'고 말합니다.

요한의 이 말은 분명히 출애굽기 12장(1-13절)과 이사야 53장(1-13)을 떠올리게 합니다. 이 본문들에는 어린양에 대한 중요한 이야기가 나오지요. 출애굽기에는, 애굽의 노예였던 히브리 백성이 탈출할 때 문설주에 어린양의 피를 발라 죽음의 천사를 피할 수 있었던 일이 기록되어 있습니다. 이것을 유대인들은 유월절 사건이라고 부르며, 지금도 가장 큰 명절로 기념합니다. 이사야 53장에는 어린양이 속죄 제물이 되어 백성의 모든 죄를 뒤집어쓰고 결국 도살당하는 장면이 나옵니다.

종합해 보면, 구약에 익숙한 유대인들에게 '어린양'은 유월절 사건과 죄인을 대신해 죗값을 치르는 속죄 사건을 떠올리게 하는 이미지입니다. 요한이 '하나님의 어린양'이라고 표현하는 구절도 이런 맥락에서 이해하면 될 것 같습니다. 요한은 예수가 자기에게 걸어오시는 모습을, 하나님의 구원이 자기에게 다가오는 것으로 이해한 것이지요. 우리도 이런 선명한 그림을 눈앞에 그릴 수 있다면, 이보다 더 감격스러운 일은 없을 것 같습니다.

오늘 본문을 읽어 보면, 요한은 지금 감격하다 못해 신바람이 나 있는 것 같습니다. 보통 신난 게 아닙니다. 그분을 만난 것도 감동적인데, 신발 끈 풀기도 감당 못 할 만큼 큰 분에게 자기 손으로 세례를 베푼다는 사실에 어쩔 줄 몰라 합니다. 게다가 세례를 베푸는 순간, 하늘에서 성령이 비둘기같이 내려와 그분 위에 머무는 것을 자기 눈으로 보았으니, 그의 기쁨은 말로 다할 수 없었을 것입니다. 이것이 요한이 예수님에게 세례 베풀던 첫째 날 이야기입니다.

이제 곧바로 다음날로 이동합니다. 35절 이하를 보면, 요한의 감동이 아직 그대로인 것 같습니다. 지금 그는 제자 두 사람과 함께 있고, 어제 세례 받으신 예수가 저만치 걸어가는 모습이 보입니다. 그런 다음 36절로 넘어가는데 이 장면이 참 재미있습니다.

36절 하반절에 나오는 요한의 말을, 세례 요한의 목소리처럼 흉내 내어 한번 읽어 보시기 바랍니다. "보라, 하나님의 어린양이로다."

어떻게 읽으셨나요? 근엄한 목소리인가요? 요단강에 서 있는 요한은 한없이 불같고 카리스마 넘치는 예언자의 모습이었습니다. 그런데 저는 이 구절에서 갑자기 어린아이가 되어 버린 요한의 목소리가 들립니다. "보라, 하나님의 어린양이로다." 한글 성경은 이렇게 딱딱하게 번역되어 있지만, 두 제자에게 말하는 요한의 목소리는 분명히 급하고 아이처럼 들떠 있었을 것입니다. "봐봐… 하나님의 어린양이야!"

요한복음은 요한의 목소리를 이렇게 짧게 소개하지만 아마 요한은 두 제자 앞에서 체면이고 뭐고 다 내려놓고 휘둥그레진 눈으로, 저 사람이 얼마나 대단한 분인지 아냐고, 그 대단한 분에게 자기가 세례를 준 것이라고, 자랑을 늘어놓지 않았을까 싶습니다.

그래서 37절에 보면, 이런 요한의 수다를 듣고 내심 호기심이 생긴 두 제자가 예수를 따라갑니다. 요한 편에서 보면 좀 기분 나쁠 수도 있겠다 싶습니다. 자기 제자들을 빼앗겨 버린 것이니까요. 그런데 가만 생각해 보면, 요한이 자기 제자들에게 가르친 내용이 곧 예수였습니다. 자신이 가르친 대로 제자들이 예수를 따라갔으니, 학생이 잘 받아들인 것이므로 가르친 사람으로서 감사해야 할

지도 모르겠습니다.

무엇을 구하느냐

이제 38절로 넘어가 봅시다. 요한의 제자 두 사람이 예수님을 쫓아갑니다. 이 사실을 알아챈 예수님이 물으십니다. "무엇을 구하느냐?" 이 말은 '너희는 무엇을 찾아 나를 따라오느냐?'는 뜻입니다.

매우 특이한 것은, 요한복음에 나오는 예수님의 첫 번째 목소리가 바로 이 말이라는 사실입니다. "무엇을 구하느냐?" 이 질문은 예나 지금이나 예수를 찾아온 사람 누구에게나 매우 중요한 질문입니다. 요한복음 전체를 읽을 때, 사람들이 예수를 만나 구하는 것이 무엇인지 살피며 읽는 것도 좋은 독서법 가운데 하나입니다. 실제로 요한복음은 사람들이 예수께로 오는 다양한 이유를 찾아보라고 유도하는 것 같기도 합니다. 예를 들어 요한복음 6장에서는 군중이 떡을 먹으려고 예수를 찾고(6:26), 5장과 7장에서는 종교 지도자들이 예수를 죽이려고 찾습니다(5:18, 7:1). 한쪽은 생명을 얻기 위해 예수를 찾고, 다른 한쪽은 생명을 빼앗기 위해 예수를 찾습니다.

요한의 두 제자는 다른 이유로 예수를 찾습니다. 38절 후반부에서 이렇게 말합니다. "랍비여, 어디 계십니까?" '랍비'는 '선생님'이라는 뜻입니다. 지금은 선생과 학생의 관계가 매우 느슨하지만, 예수님 당시에 사제 간은 동고동락하면서 삶을 공유하는 생활 공동체였습니다. 선생이 가는 곳은 어디든 따라가고, 선생이 눕는 곳에 제자들도 눕고, 기쁨과 슬픔 같은 감정마저 공유하려 했던 게 고전적인 사제지간이었습니다. 그렇게 삶을 나눠야만 스승에게서 참된 가르침을 얻을 수 있다고 여긴 것이지요. 동서양을 막론하고 이런 사제 관계가 일반적이었다고 할 수 있습니다.

그러니 요한복음에서 "너희가 무엇을 원하느냐, 무엇 때문에 나를 찾아왔느냐"는 예수님의 질문에 "선생님, 어디 계십니까?"라고 물었다는 것은, 단순히 어떤 위치나 숙소 등을 찾는 게 아니라고 할 수 있습니다. 게다가 "어디 계십니까"라는 구절을 살펴보면, '머물다'라는 그리스어 '*meno*'가 사용되었는데, 단기간 머무는 숙소가 아니라 영원한 거처를 말할 때 사용하는 단어입니다. 그러니 "어디 계십니까?"라는 이 제자들의 물음은, "예수님의 영원한 집은 어디입니까? 그 영원한 집은 도대체 어떤 곳인지 알고 싶습니다. 당신 곁에 영원히 머물며 동행하고 싶습니다"라는 말이 됩니다. 이 구절은 유명한 영화 〈쿼바디스〉를 생각나게 합니다.

예수님과 이 두 제자의 대화를 오늘날 우리에게 그대로 적용할 수 있습니다. 주님은 오늘 자신을 찾아온 저와 여러분에게 묻습니다. "무엇을 구하느냐, 왜 나를 찾아왔느냐?" 그때 우리는 어떤 답을 주님 앞에 내놓을 수 있을까요? 각자 진지하게 생각해 보기 바랍니다. 그리고 예수님을 따라나선 이들의 말을 깊이 새겨봅시다. "주님, 우리는 당신과 동행하고 싶습니다. 당신은 어디 계십니까?"

와서 보라

이제 39절을 봅시다. 제자들의 이 질문에 예수님은 매우 담백하고 자신감 있게 답하십니다. "와서 보라!" 말씀이 육신이 되는 것을 보고 싶으면, 사랑이 무엇인지 알고 싶으면, 하나님의 영광을 보고 싶으면, 영원히 썩지 않을 빵과 영원히 목마르지 않는 생수를 먹고 싶으면, 거듭나고 싶으면, 길과 진리와 생명을 경험하고 싶으면, 하나님을 알고 싶으면, "와서 보라!"는 것이 주님의 대답입니다.

이 말씀을 들은 두 제자가 늦은 밤까지 주님과 함께 있게 됩니다. 그리고 그중 한 명인 안드레가 형제 베드로를 데리고 옵니다. 오늘의 교회력 복음서 말씀은 거기서 끝납니다. 그런데 요한복음 1장 마지막까지 읽어 보면 이런 일이 계속됩니다. 길을 가시던 예수님이 빌립을 만나 "나를 따르라"(요 1:43)고 하시자 제자가 되었다는 이야기, 그 빌립이 나다나엘을 만나 자기에게 일어난 일을 말해 주자 의심하던 나다나엘도 제자가 되었다는 그런 이야기가 계속 이어지지요.

요한복음 1장은 총 다섯 명이 예수님의 제자가 되는 과정을 보여 주는데, 그 과정이 다 제각각입니다. 누구는 예수를 찾아가 제자가 되고, 누구는 길거리에서 캐스팅되고, 누구는 친구 따라 제자가 되고, 또 누구는 의심이 확신으로 변해 제자가 되기도 합니다. 단 한 장의 복음서 안에 이런 다양한 길이 펼쳐지고 있습니다.

이것은 무엇을 말하고자 하는 것일까요? 예수를 만나는 길, 제자가 되는 길은 어떤 특정한 방법으로 제한되지 않았습니다. 그리스도인이 되는 길, 직분을 받아들이는 길도 어느 한 가지 방법으로 제한할 수 없습니다. 어떤 이는 자기 손을 높이 들고 교회를 찾아가 직분자가 되고, 어떤 이는 친구 따라갔다가 교회의 중요한 직분자가 되고, 또 어떤 이는 교회에 냉소적이었다 열정적으로 변하기도 합니다. 물론 그 반대가 될 수도 있습니다.

그러나 오늘의 복음서가 우리에게 말하고자 하는 핵심은 누구든지 예수의 제자가 될 수 있다는 것입니다. 다만 중요한 점은 요한복음에 등장하는 예수님의 첫 번째 목소리, "너는 나에게 무엇을 기대하고 구하느냐?"는 질문에 답할 준비가 되어 있느냐 하는 것입니다.

만일 우리가 주님의 질문에 귀 기울이고 반응할 준비만 되어 있다면, 주님은 선하신 계획과 방법대로 우리를 인도하실 것입니다. "와서 보라"는 주님의 말씀에 순종하고 그와 함께 살게 될 때, 그곳에서 체험하는 일도 사람마다 다를 것입니다. 어떤 이는 평안을, 어떤 이는 시련을 만날 것입니다. 어떤 이는 사랑과 위로의 음성을 듣고 마음이 녹아내리는 경험을 할 수도 있고, 또 어떤 이는 왜 이곳에 있어야 하는지 끝없이 고민하고 좌절할 수도 있습니다. 이렇듯 예수 안에서의 삶은 무엇 하나로 규정할 수 없습니다.

"나에게 무엇을 구하느냐?"라는 주님의 질문에 우리는 각자 다양한 답을 가지고 있고, 그 안에서 살아가는 신앙의 체험과 고백도 다양합니다. 사람마다 다르고, 교파마다 다르고, 시대와 문화에 따라 다를 수 있습니다. 중요한 것은 우리가 가진 답의 한계를 인정하고 주님께 맡기는 것입니다. 요한은 주님을 '세상 죄를 지고 가는 어린양'이라고 설명합니다. 바로 그 어린양이 우리의 모든 한계와 불완전을 짊어지고 지워 버리십니다.

부르심과 초대

본문 말씀을 통해 우리는 예수님을 만나 제자가 되는 사람들의 이야기를 나눴습니다. 그런데 잘 생각해 보면, 부름 받은 사람은 모두 '초대받은 사람'에 지나지 않습니다. 이 점을 명심해야 할 것 같습니다. 부름 받은 시점을 보면, 안드레나 베드로나 한 인간으로서 완성되었을 때가 아닙니다. 빌립이 빌립이 아니고, 나다나엘이 나다나엘이 아니었지요. 출발은 누구나 동일합니다. 살아가다가 하나님이 부르시는 날, 누구는 스데반으로, 누구는 바울로, 누구는 가룟 유다로 판별될 것이라는 점이 중요합니다.

그런데 간혹, 부름 받던 첫사랑 얘기만 늘어놓으면서 다른 사람의 신앙을 재고 하찮게 보는 이들이 있습니다. 바보 같은 짓입니다. 부름 받은 것만 놓고 보면, 베드로가 가룟 유다보다 나은 게 뭐가 있나요? 그런데도 우리는 늘 '얼마나 신비한 부름'을 받았는지, '얼마나 대단한 부름'을 받았는지에 온 마음을 빼앗깁니다. 신앙생활 하면서 자랑거리가 그것밖에 없다면 곤란합니다.

우리가 신앙의 출발점만 유일한 간증거리로 삼고 산다면, 초등학교 때 반장 했던 것만 평생 자랑삼아 사는 것과 별반 다를 바 없습니다. 반면, 다리 밑에서 주워 왔다고 해도 그 출발점을 한탄할 필요가 없습니다. 중요한 것은 **'지금, 누구와 함께, 어디를 향해 걷고 있는가'**에 달려 있습니다.

예수님의 첫 번째 질문과 두 제자의 답을 다시 곱씹어 봅시다. 주님이 묻습니다. "나에게 무엇을 구하느냐?" 이 질문은 과거의 출발에 관한 이야기가 아니지요. 지금 그리고 미래에 관한 질문입니다. 제자들이 답합니다. "랍비여, 어디에 계십니까?" 즉 "선생님, 당신의 영원한 거처는 어디입니까? 저도 당신과 동행하며 그곳에 들어가고 싶습니다"라는 말입니다. 이 대답은 주님과 함께 살아갈 세상의 미래를 향하고 있습니다.

우리는 예수님에게서, 그리고 그분의 몸인 교회에서 무엇을 구하고 있습니까? 지금 여기에서, 그리고 주어진 삶의 자리에서, 우리 모두 주님과 동행하며 일상을 복되게 일궈 나가는 주님의 제자들이 되길 축원합니다.

모든 지각에 뛰어난 하나님의 평강이 그리스도 예수 안에서 우리의 마음과 생각을 지키실 것입니다. 아멘.

기쁜 소식이
여기에

주현절 후 셋째 주일

마태복음 4:12-25

오늘 교회력 복음서 본문인 마태복음 4장 12-25절에는, 주님이 광야에서 시험 받으신 후의 행적이 기록되어 있습니다. 마태복음 4장에는 설교하기 아주 좋은 주제가 연달아 나옵니다. 예수님의 광야 시험, 해변에서 베드로와 안드레를 제자로 부르시는 모습, 갈릴리를 두루 다니면서 병든 사람들을 고치시는 모습, 그리고 그분을 따르는 수많은 무리 등등, 극적인 장면들이 여기에 담겨 있습니다.

그 외에 루터교회 교인이라면 솔깃할 구절도 있지요. 마태복음 4장 17절의 "회개하라. 천국이 가까이 왔느니라"는 말씀입니다. 이것은 종교개혁의 도화선이 되었던 말씀입니다. 1517년 10월 31일, 대학교수이자 목회자였던 마르틴 루터가 비텐베르크 성채교회 정문에 '사면증 효력에 관하여'라는 대자보를 붙이는데, 이것이 우리가 아는 일명 '95개조 면죄부 반박문'입니다. 그 첫 번째 조항이 이렇게 시작됩니다. "우리의 주요, 선생이신 그리스도 예수께서 회개하라 명하셨을 때 그 회개는 신자의 전 삶이 돌아서는 것이다." 교회의 새로운 역사인 종교개혁은, 마태복음 4장 17절을 풀어 쓴 바로 이 첫 번째 조항에서 시작합니다. 이 짧은 말씀이 역사의 골수를 쪼갠 것이지요.

이처럼, 오늘의 복음서 본문은 교회에서 설교하거나 묵상하기 좋은 굵직한 주제들로 꽉 차 있습니다. 하지만 오늘은 여러분에게 그렇게 익숙하거나 분명한 구절 대신, 그동안 스쳐 지나치던 성경 구절에서 시작해 보려고 합니다. 함께 눈여겨봐야 할 구절은 마태복음 4장 12-16절입니다.

이사야의 예언

12절 말씀은 세례 요한이 체포되었다는 소식을 예수님께 알립니다. 얼마 전까지 요한은 광야에서 밀려드는 사람들에게 회개하라고 외치며 세례를 주었습니다. 이 소문이 통치자에게는 무척 거슬렸고, 더이상 요한이 사회에 영향력을 행사할 수 없도록 단속하기 위해 그를 체포해 버립니다. 요한이 잡혔다는 것은, 그에게 세례 받고 같은 노선을 걷는 예수님에게도 부담이 됩니다. 그래서일까요? 이 소식은 표면상 예수님을 갈릴리로 움직이게 하는 단초가 됩니다. 요단강에서 갈릴리 나사렛으로, 그리고 거기서 다시 급히 스불론과 납달리 지역 가버나움으로 예수님의 자리가 옮겨집니다. 이것이 13절 말씀입니다.

여기서 우리는 생소한 지명을 만나는데, 그냥 여행의 한 경로일 뿐이라고 생각합니다. 때문에 별 신경 쓰지 않고 지나칩니다.

그런데 이어지는 14절을 보면, 마태복음서 기자는 이 여행 경로를 두고 이렇게 말합니다. "이는 선지자 이사야를 통하여 하신 말씀을 이루려 하심이라." 그러면서 이사야 9장에 나오는 구절을 들려줍니다. 마태복음 4장 15-16절을 봅시다. "스불론 땅과 납달리 땅과 요단강 저편 해변 길과 이방의 갈릴리여, 흑암에 앉은 백성이 큰 빛을 보았고 사망의 땅과 그늘에 앉은 자들에게 빛이 비치었도다 하였느니라." 이사야서의 말씀을 요약하면, 스불론과 납달리 그리고 이방인의 땅이 된 갈릴리는 사망과 그늘의 땅이지만, 바로 그곳에 빛이 비칠 것이라는 예언입니다. 마태복음서 기자는 오래된 이사야의 예언이 이제 예수님을 통해 이루어졌다고 선언합니다.

여기에 나오는 낯선 지명 '스불론'과 '납달리'에 대해 이야기를 좀 해야겠습니다. 이 지명은 사실, 창세기에 나오는 야곱의 아들들 이름입니다. 야곱의 인생을 생각해 보면, 이 두 아들은 좀 유별난 구석이 있습니다. 이삭의 아들 야곱은 원래 쌍둥이인데, 형제간에 유명한 사건이 하나 있었지요. 팥죽 한 그릇에 형 에서가 장자권을 동생 야곱에게 팔아 버린 것입니다. 이 일이 직접적인 원인이 되었는지는 모르겠지만, 엄마 리브가의 사랑을 독차지하고 있던 야곱이 모친의 도움을 받아 눈이 어두워진 아버지 이삭의 축복을 모조리 다 받아 버립니다.

그 후 야곱은 도망자 신세가 되어 저 멀리 밧단아람의 삼촌 라반 집으로 피신하게 됩니다. 그곳에서 라반의 둘째 딸 라헬에게 반하는데, 삼촌이 7년 머슴살이 잘하면 결혼시켜 주겠다고 약속합니다. 그래서 7년을 기다렸다가 결혼식을 올렸는데, 첫날밤을 지내고 아침에 눈떠 보니 라헬이 아니라 누구입니까? 언니 레아에요.

창세기 29장 17절을 보면, 라반의 두 딸에 대해 묘사하는 구절이 나옵니다. '레아는 시력이 약하고 라헬은 곱고 아리땁다.' 레아의 시력이 약하다는 말은 '총기가 떨어진다, 가냘프다, 몹시 지쳐 있다, 우울하다'라는 뜻입니다. 이에 비해 라헬은 이름부터 '암양'이라는 뜻으로, 레아와 비교할 수 없이 기품이 있고 우아하고 총명하다는 것을 의미합니다. 야곱은 레아가 아니라 라헬에게 마음을 품었는데, 첫 결혼을 레아와 하게 된 것입니다.

그러고 보면, 삼촌 라반이 큰딸을 시집보내려는 계략을 꾸민 것이지요. 아무리 봐도 큰딸 레아는 시집을 못 갈 것 같으니 그렇게 한 듯합니다. 레아를 시집보내 놓고 라반은 야곱에게 한 번 더 거래를 제안합니다. 다시 7년을 머슴살이하면 이번에는 진짜 라헬을 주겠다는 것이지요. 야곱도 참 대단합니다. 그것을 또 받아들여요. 그래서 7년이 더 지난 후에야 꿈에 그리던 라헬을 얻게 됩니다. 그렇게 꼬박 14년이 걸려 밧단아람 땅의 라반에게서 고향으로 돌아와 정착합니다. 이것이 야곱의 결혼 이야기입니다.

고대 사회에서는 일부다처제가 매우 흔한 일이었습니다. 야곱이 두 아내를 얻은 것은 이상한 일이 아니었고, 부자인 경우 아내의 몸종까지 신랑이 취할 수 있었습니다. 야곱도 레아와 라헬의 몸종까지 취해 모두 네 명의 아내에게서 열두 아들을 얻게 됩니다.

스불론과 납달리

그런데 이렇게 얻은 열두 아들이 모두 같은 건 아니지요. 우리가 사극에서 보듯, 누구는 주인집 아들이고 누구는 몸종 아들이므로 설움 당하는 자식도 있었을 것입니다. 이제 본문으로 돌아갑시다.

이사야의 예언과 복음서에 나온 예수님의 여행 경로에 스불론과 납달리가 나오는데, 스불론은 연약한 레아의 넷째 아들이고, 납달리는 14년 만에 얻은 아내 라헬의 몸종 빌하에게서 얻은 아들입니다. 이 둘은 야곱의 열두 아들이 땅을 기업으로 받을 때, 변방이던 갈릴리 지역 한구석을 얻게 됩니다. 하지만 앗수르에 침략당한 후 한 번도 수복되지 않은 이방인의 땅이 바로 스불론과 납달리의 땅입니다. 그래서 이사야는 이곳을 흑암이 깃든 곳, 사망과 그늘의 땅이라고 표현합니다. 이 땅은 역사적으로 비극적인 곳입니다. 유대인의 땅이었지만 유대인의 소유가 아닌 곳, 이방인이 점령해서 늘 외국 군인들로 북적이던 곳입니다. 그래서 흑암이 깃든 사망과 그늘의 땅입니다.

역사적으로 비극의 땅이기도 하지만, 그 유래도 슬픕니다. 스불론과 납달리, 이들은 모두 슬픈 운명의 아들들입니다. 야곱의 사랑과 선택을 받지 못한 레아의 아들이 스불론이고, 사랑받던 아내 라헬의 계보이지만 그것을 자랑할 수 없는 몸종 빌하의 아들이 납달리입니다. 그렇다고 이 모든 비극의 원인이 그들에게 있는 것은 아니지요.

그러고 보면, 마태복음과 이사야는 이 두 사람의 땅을 단지 지명으로만 사용하지 않은 것이 분명합니다. 갈릴리 스불론과 납달리 땅, 이곳은 슬픔과 억울함의 상징으로 보입니다. 그래서 성경은 여기 사는 이들을 "흑암에 앉은 백성"(마 4:16; 사 9:2)이라고 묘사합니다.

큰 빛, 희망의 복음

그런데 본문 말씀은 이런 암울한 현실 한가운데로 빛이 임했다고 선언합니다. 이것이 마태복음이 우리에게 전하는 가장 큰 메시지입니다. 복음서 기자는, 검게 물든 갈릴리 호수 한가운데에 찬란한 빛이 임하는 모습을 떠올리게 합니다. 얼마 전 동해에서 해돋이를 본 적이 있습니다. 검은 바다를 뚫고 서서히 오르는 붉은 해의 모습이 장관이었습니다. 해가 오르자 순식간에 어둠이 밀려나면서 사방천지가 밝아졌고, 해돋이를 기다리던 해변의 사람들은 순식간에 빛의 감동에 빠져들었습니다. 그 장면이 아직도 생생합니다. 마태복음 4장 16절이 바로 이때의 광경과 감동을 떠올리게 합니다.

이제 17절 말씀을 봅시다. 흑암, 사망과 그늘의 땅에 큰 빛이 들어옵니다. 마태복음서 기자는 이때부터 예수님이 천국 복음을 선포하시기 시작했다고 선언합니다. 주님의 선포는 간단합니다. "회개하라, 천국이 가까이 왔다." 그런데 뭔가 특별한 점이 있습니다. 어둠에 갇힌 사람들에게 희망의 빛을 비추며 회개하라고 하십니다.

이 구절은 구약의 예언이나 세례 요한의 외침과 결이 달라 보입니다. 이제껏 회개를 선포하던 예언자들은 '회개하지 않으면 심판이 임할 것'이라며, 하나님의 진노로 사람들을 위협했습니다. 마지막 예언자로 꼽히는 세례 요한과 예수님을 한번 비교해 봅시다. 마태복음에서 세례 요한과 예수님의 선포는 표면상 똑같습니다. 둘 다 "회개하라, 천국이 가까이 왔다"고 선포합니다. 요한은 3장 2절에서, 예수님은 4장 17절에서 같은 말을 외칩니다.

그런데 왜 회개해야 하는지, 그 내용을 가만 살펴보면 맥락이 완전히 다릅니다. 마태복음 3장에 나오는 요한의 말을 따라가 보면 '임박한 진노를 피하려면 회개에 합당한 열매를 맺어야 한다'는 의미입니다. 극단적으로 말해, '하나님한테 한 방 얻어맞지 않으려면 빨리 회개하라'는 것입니다. 마태복음 3장 7-12절을 보면, 도끼로 나무뿌리를 찍겠다는 둥, 불에 던져 버리겠다는 둥, 위협적인 말이 즐비합니다. 그런 꼴 안 당하려면 빨리 회개하라고 요한은 소리 높여 외칩니다.

그런데 예수님은 어떤가요? 마태복음 4장 17절에서 요한과 똑같이 "회개하라, 천국이 가까이 왔다"고 하시지만, 이 말씀 앞뒤로 어떤 위협도 보이지 않습니다. 오히려 이방인에게 빼앗긴 땅 갈릴리, 서럽고 억울한 사람들의 땅 스불론과 납달리에 큰 빛이 임했다는 희망찬 음성이 들립니다. 갈릴리 어부처럼 극빈층의 사람들을 제자로 삼으시고, 온 천지를 두루 다니시며 병든 자와 귀신 들린 자를 고치시며, 수많은 무리가 그 뒤를 따랐다는 기쁜 소식이 들립니다.

마태복음은 바로 이 이야기를 들려주고 싶었던 것입니다. 예수님이 들고 오신 천국 복음은 사람을 위협하는 무시무시한 하늘의 소리가 아니라, 희망과 위로와 회복의 힘을 불어넣는 기쁜 소식이라는 말입니다. 분명히 마태복음서 기자는 요한과 예수님을 비교합니다. 같은 내용의 말을 하더라도, 누가 말하느냐에 따라 그 힘과 능력이 다르다는 것을 강조합니다. 요한은 진노의 하나님을 전하며 이 땅을 위협하지만, 예수님은 은총의 하나님을 전하며 온 생명을 살리십니다.

이 말씀을 계속 묵상하다가, 누구나 아는 이솝우화 한 편이 떠올랐습니다. 어느 날 바람과 해님이, 지나가는 나그네의 외투 벗기기 내기를 합니다. 누가 이기나요? 바람이 온 힘을 다해 세차게 바람을 불어 대지만, 나그네는 외투를 더욱 단단히 붙잡고 여밉니다. 해님은 크게 용쓰지 않고도 따뜻한 온기 하나로 나그네의 외투를 금세 벗겨 버립니다.

이 우화가 주는 교훈은 공포나 위협보다 따스한 감화가 더 효과적이라는 것입니다. 물론, 세상살이는 이보다 더 복잡해서 고려해야 할 것이 하나둘이 아닙니다. 하지만 예수님과 요한의 선포에 담긴 가르침은 이 이솝우화의 가르침과 상당히 유사합니다. 구약의 모세나 선지자들, 세례 요한보다 예수님이 훨씬 더 효과적이라는 것입니다.

우리가 회개해야 하는 이유, 우리의 전 삶을 하나님께로 돌려세워야 하는 이유는 하나님의 심판이 무서워서가 아닙니다. 회개해야 하는 이유는, 오직 위로와 희망과 회복이 약속된 하나님의 나라가 우리에게 가까이 왔다는 설렘과 감동 때문입니다. 예수님은 우리를 그런 설렘과 기쁨으로 초대하십니다. 우리가 그분이 이루시는 희망찬 세계의 한 부분이 되길 원하시기에, 말씀과 성찬을 통해 우리를 부르십니다.

예수를 따른다는 것

주님의 복된 부름에 어부들이 바로 반응합니다. 베드로와 안드레가 "나를 따르라"는 주님 말씀에 생업을 버리고 그분 뒤를 따라갑니다. 사실 이해하기 힘든 구절입니다. 왜냐하면, 예수님이 베드로와 안드레를 만나시기 전부터 유명했다는 근거를 어디서도 찾을 수 없기 때문입니다. 병자를 고치고 귀신을 쫓았다는 이야기도, 권위 있게 말씀을 전했다는 이야기도 없을 뿐더러, 갈릴리의 어부들이 이전부터 예수님을 알았다는 단서도 복음서에서 찾을 수 없습니다.

그렇다면 복음서는 왜 이런 이야기를 우리에게 들려주는 것일까요? 분명한 의도가 있어 보입니다. 복음서 기자는 예수님의 권능으로 우리를 현혹하는 데는 관심이 없습니다. 하나님의 빛이 흑암 세상, 그늘진 세계에 임할 때 어떤 일이 벌어지는가에만 관심 있습니다.

그곳에 주님은 천국을 선포하십니다. 이 천국은 사람의 삶을 단번에 돌려세울 만한 가치가 있는 세계입니다. 그래서 마태복음 기자는 이 나라를 단순히 하나님의 나라라고 하지 않고, '땅에서는 보도 듣도 못할 하늘의 나라'라고 표현합니다. 땅의 생각, 땅의 수고, 땅의 설움이 더이상 미치지 못하는 세계, 그곳이 바로 하늘의 나라, 즉 마태복음에서 말하는 천국입니다.

이 천국이 얼마나 가치 있는 세계인지 보여 주는 대목은, 갈릴리 어부들이 배와 어구를 버리고 예수 뒤를 따라나선 부분입니다. 당시 갈릴리는 로마제국 소유였기에, 어부들은 제국과 계약을 해야만 고기잡이를 할 수 있었습니다. 그런데 벌어들인 수확의 70퍼센트를 세금으로 거둬들이는 일이 합법적으로 자행되었다고 합니다. 어부들은 이런 '땅의 계약'에 질렸겠지요.

이들이 예수님을 따라나선 이유가 바로 이런 냉혹한 현실 때문이라면, '쉬운 선택'으로 볼 수도 있습니다. 어차피 망할 인생, 저분 따라서 천국 한번 봐야겠다는 마음이었을까요? 하지만, 여기서 우리가 주목해야 할 대목은 다른 지점입니다. 중요하게 생각해 볼 점이 두 가지 정도 보입니다. 첫째, 어부들이 배와 그물, 그리고 아버지를 버리고 예수님을 따랐다는 것은 땅의 제국인 로마와 맺은 계약, 땅에 속한 모든 관계를 끊어 버리고, 희망과 위로와 회복의 계약에 몸을 던졌다는 뜻이기도 합니다. 이것이 바로 예수님이 말씀하신 마태복음 4장 17절에 나오는 '회개', 신자의 전 삶이 돌아서는 것입니다.

또 한 가지 정말 중요한 대목은 '빈곤한 자들이 빈곤한 자를 살리는 삶에 동참했다'라는 부분입니다. 예수님 본인도 가진 게 하나도 없으셨는데, 자기 땅 한 평 갖지 못한 어부들을 동료로 부르십니다. 가난하고 약한 자를 부르셨다는 뜻입니다. 그리고 그 부름에 가난하고 약한 사람들, 궁핍하고 절망한 사람들이 계속 모여듭니다. 그들이 함께 모인 그곳에서 하나님의 나라, 천국의 축복이 시작됩니다.

그리스도의 방식은 이렇듯 언제나 궁핍하고 연약한 사람들이 함께 모이고, 자신들처럼 연약한 사람을 위해 생명의 떡, 생명의 물고기를 나누며, 그 자리에서 기쁨을 만들어 내는 것입니다. 이것이 땅의 나라 방식과 다른 하나님의 나라, 천국의 방식입니다. 그리고 이런 모임을 우리는 이 땅에서 '교회'라고 부릅니다.

다시 말하자면, 어부들이 예수를 따라갔다는 것은 땅의 계약을 끊고 하늘과 계약을 맺었다는 뜻으로 읽을 수 있습니다. 그 계약이 삶을 전폭적으로 바꿔 버립니다. 그런데, 오늘의 복음서 말씀은 이런 희망의 복음이 어부들뿐 아니라 갈릴리 전역과 수리아, 그리고 이제는 데가볼리와 예루살렘, 그리고 요단강 너머에까지 확장되었다고 보도합니다. 유대인에게만 복이 임한다고 생각했는데, 그 복이 예수님을 통해 예루살렘 성전과 유대를 넘어, 온 세계로 퍼져 나갑니다. 천국의 기쁜 소식은 이렇게 사람들이 그어 놓은 경계선을 뛰어넘습니다. 이것이 바로 복음입니다.

이 복음이 오늘 우리에게까지 전해집니다. 우리 앞에 주님의 복음, 큰 빛이 임합니다. 절망과 탄식, 오욕과 설움의 자리에 주님이 임하십니다. 그리고 위로와 안식, 평화와 희망의 나라로 들어오라고 손을 내미십니다.

주님은 복음의 말씀과 거룩한 성찬으로 우리를 위로하고 힘을 주십니다. 이 거룩한 천국의 빛이, 우리가 어떤 환경에 있더라도 힘을 주고 일으켜 세울 것입니다. 이 복음이 우리 가운데 가득하길 주님의 이름으로 축원합니다.

모든 지각에 뛰어난 하나님의 평강이 그리스도 예수 안에서 우리의 마음과 생각을 지키실 것입니다. 아멘.

팔복

마태복음 5:1-12

마태복음 5장은 7장까지 이어지는 예수님의 산상설교 첫 부분입니다. 대부분 사람들은 이 장을 굉장한 호기심으로 읽기 시작합니다. 복에 대한 이야기가 나오기 때문이지요. '나는 이 팔복 가운데 몇 개나 해당할까' 생각하며 읽기 시작합니다. 사람들은 보통 성공, 인복, 건강하게 오래 사는 복, 여유롭게 즐기며 살 수 있는 돈복 등 외적인 조건을 복이라고 말합니다.

그런데 예수님이 느닷없이 풀어 놓으시는 복의 목록은 참 당황스럽습니다. 귀를 쫑긋 세우고 듣던 사람들도 '저게 대체 무슨 말인가' 하면서 실망했을 것 같습니다. 왜냐하면 예수님이 들려주시는 팔복은 돌연변이 같은 내용으로 가득하기 때문입니다.

주님은 세상 지식을 쫓고 유명세를 쌓아 가는 사람, 화목하고 멋진 가정을 꾸린 사람, 훌륭한 친구가 많은 사람, 지도자로서 명성 있는 사람 등에게 복이 있다고 하시지 않습니다. 주님이 들려

주시는 팔복을 살펴보면, 시대를 불문하고 손사래 칠 내용으로 가득합니다. 하지만 주님은 이 말씀을 들려주시면서 이전에 경험하지 못했던 세상, 전혀 다른 세상, 다른 가치 기준이 통하는 세상을 상상하도록 우리를 자극합니다. 우리가 생각하는 삶의 기준을 거꾸로 세우게 하신 후, 거기로부터 하나님 나라를 향해 출발하도록 이끄십니다. 팔복의 비범함은 바로 여기에 있습니다.

이제 팔복을 하나하나 묵상하면서 '나는 과연 이 목록에 포함되는 사람인가' 진지하게 돌아보시길 바랍니다.

심령이 가난한 자

첫 번째 복은 '심령이 가난한 자'에게 임하는 복입니다. **"심령이 가난한 자는 복이 있나니 천국이 그들의 것임이요"**(마 5:3). 이 구절을 읽으면서, 앞에 나온 '심령이'라는 말을 빼고 싶은 유혹이 자꾸 듭니다. 경제적으로 가난한 사람들에게 더 선명하게 들릴 것 같기 때문입니다. 실제로 똑같은 내용이 나오는 누가복음 6장 20절과 비교해 보면, '심령'이란 말을 빼고 '가난한 사람이 복이 있다'라고 선언합니다.

누가복음과 마태복음은 다른 뉘앙스로 말하지만, 근본적으로는 같은 이야기입니다. 분명한 것은, 어떤 시대, 어떤 문화권에서도 가난이 복의 덕목으로 권장되지 않는다는 사실입니다. 유대 문화에서도 이것은 마찬가지였는데, 예수님 당시에 그 누구도 가난한 것 자체를 '복되다'고 말하지 않았습니다. 그렇다고 심리적으로 문제 있는 사람, 영적으로 결핍된 사람을 두고 복이 있다고 말한 것도 아닙니다. 여기 나온 '심령이 가난한 사람'은 자기 자신 대신 하나님을 굳건히 의지하며 사는 사람들입니다. 실제로 우리는 이런 사람을 주위에서 어렵지 않게 볼 수 있습니다.

한 발 더 나아가 봅시다. 예수님이 말씀하신 심령이 가난한 사람이 누구인지는 유대 문화에서 더 쉽게 이해될 수 있을 것 같습니다. 유대인들에게는 '아나윔(Anawim)'이라 불리는 부류의 사람들이 있었습니다. 이 단어는 '엎드러진 사람들'이란 뜻입니다. 스스로 바닥에 엎드린 게 아니라, 모질게 가난해서 바닥에 패대기쳐진 사람들, 그래서 엎드러진 사람들이 아나윔입니다.

그런데 예수님 당시에 아나윔으로 불린 이들은 단지 가난하기만 한 것이 아니라, 세 가지 특징이 있었다고 합니다. 그들은 경제적으로 빈곤하나 하나님을 신뢰하는 삶을 살았습니다. 그래서 성전으로 나아가기를 힘썼습니다. 그리고 이 땅에서 정의를 실현할 메시아를 하나님이 보내시리라 믿고 간절히 기다렸습니다. 이들이 바로 심령이 가난한 사람, 아나윔입니다(시 149:4; 사 49:13, 61:1-2, 66:2).

복음서에도 종종 등장합니다. 아기 예수를 데리고 성전에 올라갔을 때 만난 시므온(눅 2:25-35)과 안나(눅 2:36-38), 그리고 예수의 모친인 마리아가 바로 전형적인 아나윔이라고 할 수 있습니다. 마리아가 아나윔이었다는 것은 마리아의 찬가를 통해 알 수 있습니다. 마리아는 가난한 여인이었지만, 하늘과 땅을 향한 소망을 강하게 노래했습니다(눅 1:46-55). 즉 "심령이 가난한 자에게 복이 있다"는 예수님의 선언은, 가난하지만 하나님을 신뢰하고 그분이 이루실 구원을 기다리는 사람들을 위한 하나님 나라의 축복을 뜻합니다.

"심령이 가난한 사람은 복이 있다." 우리는 이 구절을 읽으면서, 그 반대편에 서 있는 사람은 누구인지도 깊이 묵상해 봐야 합니다. 자유를 강탈하는 자들, 가난을 만들어 내는 포악자들이 누구인지, 그리고 어떤 사회 구조가 자유와 생명의 가치를 강탈하는지 냉정하게 생각해야 합니다. 아나윔을 착취하고 땅에 패대기치는 이들은 돈밖에 모르는 인간일 수도 있고, 물불 안 가리고 권력을 탐하는 정치인일 수도 있고, 불의한 사회제도나 법체계일 수도 있습니다. 이런 모든 것들은 하나님 나라와 전혀 어울리지 않습니다.

우리가 주목할 것은, 예수님이 말씀하신 첫 번째 복은 주님 앞에 모인 군중을 향한 위로라는 사실입니다. 가난하고 힘겨운 삶을 살아가면서도 산에 올라와 하늘의 위로를 기대하는 사람들, 그 사람들에게 천국이 주어집니다.

애통하는 자

두 번째, 애통하는 자에게 복이 있다고 말씀하십니다. **"애통하는 자는 복이 있나니 그들이 위로를 받을 것임이요"**(마 5:4).

슬픔의 원인은 다양합니다. 그러나 예수님이 여기서 언급하시는 슬픔은 한 개인이 겪는 슬픔과 부당함, 억울함, 그런 것을 훨씬 뛰어넘습니다. 지금 예수님 앞에 모인 유대인들의 가장 큰 슬픔은 바로 나라를 잃은 슬픔, 삶의 터전인 땅을 빼앗긴 슬픔입니다. 이것이 이사야 61장에 언급된 민족의 슬픔입니다.

나라를 잃고, 고향을 잃고, 삶의 터전을 잃어 슬픈 사람들이 지금 예수님을 따라와 산 위에 모여 있습니다. 가족과 친지, 억울함을 함께 당한 동료와 동네 사람들이 모여 있습니다. 하지만 이들은 희망의 끈을 놓지 않습니다. 지금 이 산 위에 앉아, 주님의 입에서 나오는 말씀에 귀를 기울이며 희망을 키웁니다.

'애통하는 자가 복이 있다'는 말씀은, 한 개인의 슬픔에 매몰되지 않고 타인의 비극에 공감하면서 슬픔의 틈바구니로 들어가는 사람에게 복이 임한다는 뜻으로 볼 수도 있습니다. 다른 사람의 슬픔에 다가서고 그 속에 들어가는 사람, 우는 자와 함께 우는 사람에게 하늘의 위로가 임하게 됩니다. 이것이 바로 '애통하는 자에게 복이 있다'는 주님의 가르침입니다.

이 구절 역시 아나윔들을 상기시킵니다. 이들은 "주님, 도대체 어느 때까지입니까?"라며 하늘을 향해 통곡합니다. 하나님이 안 계신 것 같은 세상 한가운데서도 울며 기도하는 사람들은 땅의 현실에 순응하거나 좌절하지 않습니다. 그 너머에 있는 하나님 나라를 대망합니다. 억울함과 슬픔을 하나님 앞으로 가져가, 하나님의 정의로운 조치를 기다립니다. 이렇게 슬픔의 짐을 지는 자에게 그리스도는 찾아와 위로하십니다. 이것은 주님의 약속입니다.

온유한 자

세 번째 복은 온유한 자에게 임하는 복입니다. **"온유한 자는 복이 있나니 그들이 땅을 기업으로 받을 것임이요"**(마 5:5).

여기서 온유하다는 말은 사람의 기질과 성격이 온순하다는 뜻이 아닙니다. '온유한 사람'이라는 말의 유래를 찾아보면, 아나윔과 같은 '*anav*'예요. 그렇다면 세 번째 복은 팔복의 첫 번째 복을 반복하는 것임을 알 수 있습니다. 다만 첫째 복이 '물질적 가난'에 방점을 두었다면, 세 번째 복인 '온유한 자'는 '마음의 가난'에 방점을 두었습니다. '마음의 가난'이란 자신의 권리와 욕망을 내려놓은 상태를 뜻합니다. 보통, 분노·화·폭력·욕심·탐욕·절도·강도·매정 등의 반대말이라고 보아도 좋을 것 같습니다.

예수님이 온유하셨다는 사실을 떠올리면 이해가 빠를 것입니다. 주님은 마태복음 11장 29절에서 이렇게 말씀하십니다. "나는 마음이 온유하고 겸손하니 나의 멍에를 매고 내게 배우라. 그리하면 너희 마음이 쉼을 얻으리라." 우리의 욕망을 비워 낸 자리에 하늘의 뜻을 채우고 그 뜻을 받들어 사는 사람이 온유한 사람입니다. 그런 사람에게 땅이 약속됩니다.

온유한 사람이 얻는 복이 땅이라는 말의 의미도 생각해 봅시다. 땅은 삶의 영역, 관계의 영역을 뜻합니다. 그러니 '땅을 얻는다'는 것은 사람의 마음을 얻는다는 말이 됩니다. 달리 말하면, 관계가 넓어진다는 뜻이지요. 살아 보니, 사람의 마음을 얻는 것만큼 힘든 일이 없습니다. 그것이 바로 온유한 자가 얻게 되는 복입니다.

의에 주린 자

이제 네 번째 복입니다. **"의에 주리고 목마른 자는 복이 있나니 그들이 배부를 것임이요"**(마 5:6). '배부르다'는 말은 '실컷 먹어서 배가 빵빵하다'는 뜻입니다. 그런데 주님은 여기에 '의에 주린 사람'이라는 단서를 붙여 놓으셨습니다. '의'가 '하나님의 의'라는 것은 확실하지요. 하나님의 의는 불의와 부정을 용납하지 않는 정의이고, 억울한 사람이 위로받고 회복되는 것이며, 하나님이 반드시 갚아 주신다는 약속입니다. 그러니 '의에 주린 사람'이란 정의와 회복이 이 땅에서 이루어지길 간절히 소망하며 사는 사람이라고 할 수 있습니다.

고향을 떠나 하나님이 지시하신 땅으로 길을 떠났던 아브라함, 광야에서 하나님을 만났던 모세, 그릇된 삶 속에서도 하나님을 향한 갈망을 보여 줬던 삼손, 하나님의 뜻을 따르기 위해 자신의 삶을 모조리 내려놓았던 베드로와 바울 같은 제자들, 이들이 바로 의에 주린 자들이라고 할 수 있습니다.

물론 성경의 위인들처럼 특별한 사람들만 '하나님의 의에 주린 자'가 되는 것은 아닙니다. 신앙인이라면 누구나 의에 주린 사람이어야 합니다. 하나님의 뜻이 우리 가운데 이루어지길 간절히 소망하면서 그 뜻대로 살아가는 사람 누구에게나, 하나님의 뜻으로 채워지는 배부름이 약속됩니다. 그러니 이것은 바로 우리를 위한 복의 선언입니다.

긍휼히 여기는 자

이어지는 말씀입니다. **"긍휼히 여기는 자는 복이 있나니 그들이 긍휼히 여김을 받을 것임이요"(마 5:7).** '긍휼(矜恤)'이란 말은 '불쌍하고 가엾게 여겨 도와준다'는 뜻입니다. 다른 사람의 처지를 내 것처럼 여기며 살아가는 사람이라는 말이지요. 소극적으로 보면 내가 하기 싫은 일이면 남에게도 시키지 않는 사람이라고 할 수 있는데, 예수님은 좀 더 적극적인 의미로 이 말씀을 하십니다.

긍휼한 사람은 선한 사마리아인과 같습니다. 도와 달라고 손 내미는 사람 손을 잡느라, 가던 길을 멈추고 자기 일도 멈추는 경우가 허다합니다(마 9:13, 12:7, 15:21-28). 이들은 위험에 빠진 사람을 돕다가 그 문제에 말려들기도 하고(요 7:53-8:11), 자기 일도 아닌데 약한 사람 대신해서 발언하다가 된통 곤욕을 치르기도 합니다.

잊지 말아야 할 것은, 여기서 말하는 '긍휼'이 겉으로 드러나는 친절과 아량을 말하는 게 아니라는 점입니다. 긍휼은 아픔을 공감하고 아픈 이들을 위해 앞에 나서는 사랑의 실천이고, 억울하게 버림 받는 사람들의 동무가 되어 주는 구체적인 행동을 뜻합니다. 주님은 긍휼한 사람들이 심판 때에 하나님의 긍휼을 얻게 될 것이라고 선언합니다.

마음이 청결한 자

여섯 번째 복은 청결한 사람에게 임하는 복입니다. **"마음이 청결한 자는 복이 있나니 그들이 하나님을 볼 것임이요"**(마 5:8). 마음이 청결한 자란, 양심이 깨끗한 사람, 하나님 앞에서 정결한 사람을 말합니다. 이런 사람은 돈이나 명예, 사람들의 평가에 연연하며 살지 않습니다. 오직 하늘을 우러러 한 점 부끄럼 없이 살고자 힘쓰는 사람이 마음이 청결한 사람입니다.

예수님은 그런 사람이 '하나님을 볼 수 있다'고 말씀하십니다. 그런데 이상한 점이 있습니다. 당시 유대인들은 사람이 하나님을 보면 죽는다고 가르쳤는데, 예수님은 오히려 하나님을 마주 보는 게 복이라고 하십니다. 그러니 이 말을 듣고 있던 유대인들은 갸우뚱했을 거에요. '어? 그러면 죽는데!'라고 생각하면서 말입니다(비교. 출 33:20, 19:21).

그럼 예수님이 이런 사실을 몰라서 이렇게 말씀하시는 것일까요? 구약에서 언급된 '하나님을 보면 죽는다'라는 구절을 살펴보면, 항상 하나님의 능력과 인간의 연약함이 대비되고 있습니다. 그만큼 하나님은 무한하시고 능력 있으신 분임을 드러내기 위해 그렇게 표현한 것이지요. 예수님은 그 사실을 몰라서가 아니라 다른 말을 하고 싶으셨던 것입니다. 매 순간 하나님 앞에 선 모습으로, 자신의 탐욕과 욕망을 죽이고 나 자신이 아닌 하나님의 모습이 드러나게 살아야 한다는 말을 하시는 것입니다. 그렇게 사는 사람은 일상에서 늘 동행하시는 하나님을 경험하게 될 것이라는 뜻입니다.

이런 사람은 모든 일에 거침없이 용감하고 자유롭습니다. 왜냐하면 자기가 생각하고 말하고 행동하는 모든 것 안에 하나님이 분명하게 서 계시기 때문입니다. 그러니 누군가를 속이며 살지도 않습니다.

화평케 하는 자

일곱째 복입니다. **"화평하게 하는 자는 복이 있나니 그들이 하나님의 아들이라 일컬음을 받을 것임이요"**(마 5:9). 여기 '화평하게 한다'는 말은 넓은 아량을 가졌다거나 화를 참는다는 뜻이 아닙니다. 유대인의 말로 바꿔 보면 '샬롬'이라는 단어와 일치합니다. 이 말은 인사말로도 쓰이지요. '샬롬'은 전쟁과 분쟁이 없는 상태, 모든 것이 온전한 상태, 문제 없는 상태, 진리 안에서 조화로운 상태를 뜻합니다. 샬롬은 일치를 추구하되, 서로의 차이를 무시하거나 억누르지 않습니다. 그런 방식으로 다양성과 차이를 무시하는 건 폭력의 또 다른 모습이기 때문입니다.

그렇다고 샬롬이 불의와 악에 대해서도 눈을 감는 것은 아닙니다. 그것은 하나님의 샬롬이 아닙니다. 오히려 문제 한가운데로 뛰어들고, 하나님의 의로움을 이루기 위해 거리낌 없이 몸을 던지는 것이 샬롬입니다. 따라서 화평케 하는 자는, 부정부패가 만연한 세상 속에서 이를 바로잡기 위해 움직이는 역동적인 사람입니다. 하나님의 뜻 때문에 모든 것을 던지는 사람이지요. 그러니 샬롬은 단순한 인사말이 아닙니다. 악의 세력에 저항하자는 적극적인 의사 표명이 샬롬이라는 인사말입니다.

예수님은 샬롬을 추구하는 사람들이 '하나님의 아들(자녀)'이란 호칭을 받을 것이라고 가르치십니다. 유대인들에게 이 표현은 '하나님 편에 서 있는 사람'이라는 뜻입니다. 하나님의 샬롬을 추구하며 문제 속으로 뛰어드는 사람이 하나님의 편에 선 사람이라는 말입니다. 그러니 화평케 하는 일도 앞서 나온 '의에 주린 자'의 반복적 표현이고, 하나님의 의(정의)와 연결되어 있다고 할 수 있습니다(시 85:10; 사 9:7, 32:17).

의를 위해 박해받는 자

드디어 대망의 마지막 여덟 번째 복입니다. **"의를 위하여 박해를 받은 자는 복이 있나니 천국이 그들의 것임이라.** 나로 말미암아 너희를 욕하고 박해하고 거짓으로 너희를 거슬러 모든 악한 말을 할 때에는 너희에게 복이 있나니 기뻐하고 즐거워하라. 하늘에서 너희의 상이 큼이라. 너희 전에 있던 선지자들도 이같이 박해하였느니라"(마 5:10-12).

여기 나온 박해는 이유 없이 당하는 박해가 아닙니다. 앞선 구절과 연결된 말씀입니다. 하나님의 정의와 평화를 추구하는 사람들이 받는 핍박, 옳은 일을 하다가 당하는 모욕과 수치를 뜻합니다. 그렇게 사는 자에게 이 땅의 어떤 것과도 비교할 수 없는 하늘의 나라가 임한다고 주님은 약속하십니다.

이제 팔복 전체 말씀을 한번 정리해 봅시다. 주님이 복을 선언하신 사람은 어떤 사람인가요. 겸손하고 가난한 사람, 의와 정의를 추구하는 사람, 샬롬을 추구하는 사람, 이런 사람이 복된 사람입니다. 이 가르침과 오늘 우리의 모습을 비교해 봅시다. 우리는, 그리고 우리의 교회는, 이런 복을 받을 수 있을까요? 예수님의 기준은 분명합니다. 이 땅에서 투명하고 진실하게 사는 사람, 가난하지만 희망을 잃지 않는 사람. 말과 행동이 정의로운 사람, 자신과 맞지 않는 이의 말도 경청하고 소통하려고 노력하는 사람, 평화를 위해 시련과 모욕을 감수하며 그 일 속으로 뛰어드는 사람⋯ 이것이 예수님이 제시하신 복의 기준입니다.

주님의 희망과 기대

그러나 이렇게 사는 게 참 어렵습니다. 하나라도 감당하기 힘든 게 사실입니다. 오죽하면, 중세 신학자들이 '팔복은 일반 평신도를 위한 말씀이 아니라 거룩한 사제들에게만 주신 말씀'이라고 했을까요. 정말 어려운 말씀입니다. 그러나 이것 하나만큼은 잊지 맙시다.

오늘 본문이 시작되는 마태복음 5장 1절과 산상설교가 끝나는 마태복음 7장 28절을 연결해서 읽어 보십시오. 주님이 이 말씀을 시작하실 때 제자들부터 나아왔는데, 이 말씀이 끝날 때쯤 거기 있는 모든 무리가 듣고 놀랐다고 보도합니다. 다시 말해, 주님의 산상설교는 제자들만 들은 이야기가 아니라 거기 모인 모든 사람을 위한 말씀이었습니다.

그러면 거기 어떤 사람들이 모였을까요? 산 위에 올라가 예수님의 말씀을 경청했던 사람들은, 정말 가난하고 힘없고 가능성 없는 사람들입니다. 주님은 바로 이런 사람들에게 복이 임하는 말씀을 들려주십니다. 주님은 이들을 형편없고 말귀 못 알아듣는다고 무시하지 않으십니다. "너희는 제자가 아니잖아"라면서 내쫓지도 않으십니다.

오히려 그 반대입니다. 주님은 산 위에 올라와 지친 사람들 모두에게 희망과 기대를 걸고 말씀하십니다. 매우 진지하게, 빛나는 눈동자로, 미소로 대하십니다. 주님의 희망 어린 눈동자, 확신에 찬 목소리가 이제는 우리를 향합니다. 우리가 주님을 믿는 것보다 더 확신 있게 주님이 우리를 믿어 주십니다. 이제 우리가 산 위에 서 있습니다. 주님의 이 복된 초대에 몸과 마음으로 경청하는 우리가 되길 주님의 이름으로 축원합니다.

모든 지각에 뛰어난 하나님의 평강이 그리스도 예수 안에서 우리의 마음과 생각을 지키실 것입니다. 아멘.

율법의
완성

마태복음 5:21-37

산 위에 오르신 예수님이 사람들의 눈을 바라보며 말씀을 시작하십니다. 잔잔한 그분의 목소리가 촘촘히 앉은 사람들의 땀내 사이로 파고듭니다. 심령이 가난한 자는 복이 있다는 선언으로 시작한 말씀은 빛과 소금의 비유로 이어집니다.

그런데 마태복음 5장 첫 부분의 이 복에 대한 말씀들은, 뭔가 석연찮습니다. 모두 성공하고 부자 되게 해 달라는 일상의 복과 다르기 때문입니다. 가난한 사람, 슬픈 사람, 옳은 일 하다가 욕먹는 사람, 소금 녹듯 사람들 속에서 사라지는 사람이 복이 있다는 가르침을 누가 수긍할 수 있을까요? 아무 의구심 없이 받아들이는 게 오히려 이상한 일일지도 모르겠습니다. 그런데 주님은 이렇게 이상하게 사는 것이 복되고 하늘 아버지께 영광 돌리는 일이라고 설명하십니다.

아마 거기 모인 군중은 "이게 정말 하나님의 뜻 맞아? 모세가 가르친 내용이랑 좀 다르잖아"라면서 수군거렸을 것 같습니다. 이런 사람들을 보고 하신 예수님의 말씀이 마태복음 5장 17절입니다. "내가 율법이나 선지자를 폐하러 온 줄로 생각하지 말라. 폐하러 온 것이 아니요 완전하게 하려 함이라."

당시 청중이 거의 모두 유대인이었다는 것을 고려하면, 여기서 말하는 율법은 십계명으로 대표되는 모세의 율법이 확실합니다. 그러니 17절 말씀을 풀어 보면 이 정도 될 것 같습니다. "방금 내가 가르친 복이라는 게 세상 복과 달라 이해되지 않지? 하지만 사실은 모세가 가르친 율법과 다르지 않다"는 뜻입니다. 그러니 안심하고 더 들어 보라는 말씀이지요.

예수님은 마태복음 5장 21절부터 살인, 간음, 맹세 금지처럼 십계명과 관련된 몇 가지 계명을 조목조목 설명해 주시기 시작합니다. 그 계명들에 담긴 원래 뜻이 무엇인지, 때로는 진지하게 때로는 유쾌하게 들려주십니다. 우리도 주님의 말씀을 따라가 봅시다.

살인하지 말라

21절부터 선포되는 말씀은 '살인하지 말라'는 계명으로 시작해서 '간음하지 말라'는 말씀으로 이어집니다. 그런데 좀 다르게 생각해 보면, 이 계명을 완벽하게 지키는 방법은 간단합니다. 무인도에 가서 혼자 살면 해결됩니다. 얼마나 쉬워요? 혼자 살면 살인할 일도 없고, 간음할 일도 없고, 거짓말하거나 도둑질할 일도 없습니다.

그러면 이렇게 하지 말라는 것만 안 하고 살면 복 받고 천국에 직행할 수 있을까요? 유감스럽게도 예수님은 그런 식으로 설명하시지 않습니다. 바리새인들은 율법을 그렇게 외적으로 지키기만 하면 된다고 가르쳤지만, 예수님은 다르십니다. 겉으로 드러나는 행위가 아니라 보이지 않는 우리의 마음에 관한 것을 문제 삼으십니다.

예수님은 가까운 사람에게 분을 품는 문제를 다루십니다. 사실 분노하지 않는 사람이 어디 있나요? 물론 모든 분노가 살인을 낳는 건 아니지만, 예수님은 '저 사람이 죽었으면 좋겠다'는 생각조차 허용되어서는 안 된다고 하십니다. 분노는 입으로 튀어나와 비열하고 난폭한 언어로 표출되고, 소송에 휘말리는 경우까지 발생하며, 결국 모든 것을 다 잃게 된다는 사실을 매우 구체적으로 설명해 주십니다.

우리는 여기서 한발 더 나아가야 합니다. 하나님이 주신 계명에서 무엇무엇 "하지 말라"는 금지 사항을, 그것에 반대되는 일을 "하라"는 적극적인 명령으로 받아들여야 합니다. 이것이 모세의 율법을 이해하는 예수님의 방식입니다.

생각해 봅시다. 살인의 반대는 무엇입니까? 모든 죽어 가는 것을 살리는 일입니다. 그러니 살인하지 말라는 계명은 단순한 살인 금지가 아니라, 모든 생명의 유익을 위해 적극적으로 살라는 뜻으로 받아들여야 마땅합니다. 그래서 이 계명은 '네 이웃을 네 몸과 같이 사랑하라'는 계명과 한 짝이라고도 할 수 있습니다.

그럼 어떻게 해야 합니까? 예수님은 놀랍도록 구체적인 두 가지 실천 강령을 주십니다. '화해하라.' '친구 삼아라.' 매우 간단한 지침 같지만, 이것처럼 어렵고 힘든 일이 또 있을까 싶습니다.

24절 말씀입니다. "예물을 제단 앞에 두고 먼저 가서 형제와 화목하고 그 후에 와서 예물을 드리라." 이 구절을 읽으면서 당시 상황을 상상해 봅시다. 양심을 불편하게 하는 말을 거침없이 하는 예수님 때문에 분위기가 가라앉았을 것입니다. 그런데 이런 분위기를 눈치채셨는지 예수님이 재치 있게 이야기를 이어 가십니다.

산에서 이 말씀을 듣고 있는 이들은 대부분 갈릴리 사람들입니다. 갈릴리에서 예루살렘 성전까지는 아무리 빨리 걸어도 꼬박 사흘 길을 가야 합니다. 그런데 예수님의 말씀과 같은 일이 벌어질 만도 합니다. 하나님께 제사 한번 제대로 드려 보겠다고 예물을 바리바리 싸 들고 양도 한 마리 끌고 왔는데, 그때 갑자기 옆집 김 아무개와 싸운 일이 생각나는 것입니다. 그렇다고 살아 있는 짐승을 성전 뜰에 놔두고 갈릴리 집으로 돌아가 화해하고 돌아올 사람이 있을까요?

예수님이 이 이야기를 진지하게 하셨을 리는 없습니다. 산 위에서 심각해진 사람들을 살피며 유쾌하게 이 이야기를 들려주셨던 게 아닐까 생각합니다. 하지만, 단순히 웃자고 한 말씀은 아니지요. 이 말씀의 요점은 분명합니다. 하나님의 집, 성전에 오는 사람은 이웃과 형제자매, 부모 자식 사이에 서로 힘써 이해하고 하루하루 사랑하며 살아야 한다는 것입니다.

여러분은 어떠십니까? 오늘 아침 교회 오면서 "왜 이렇게 매번 당신은 늦장부리냐"고 문 앞에서 배우자를 타박하고 화해 안 한 분 있으신가요? 갑자기 끼어드는 차를 향해 불같이 화를 내고서는 찾아가 화해하지 않으셨나요? 공부 안 하고 지겹도록 말 안 듣는 아이에게 "네가 웬수다!"라면서 등짝 스매싱 날리고는 아직 화해 안 하셨나요?

예수님 말씀대로 하면, 그런 사람은 오늘 예배에 오나 마나입니다. 주님 말씀에 따르면, 살인하지 말라는 계명을 위반한 것이나 다름없습니다. 그럼 우리는 모두 오늘 교회에 괜히 왔을까요? 주님이 가르치시고자 하는 바는, 우리의 하루하루, 순간순간을 어떻게 살고 있는지 돌아보라는 것입니다. 늘 하나님 앞에 서 있는 듯 서로를 존중하라는 것이지요.

간음하지 말라

이제 27절로 넘어가 보지요. 주님은 '간음하지 말라'는 계명도 앞선 계명과 같은 방식으로 풀어내십니다. 여기서도 단순히 간음하는 행위가 아니라 음욕을 품는 마음이 문제가 됩니다. 그리고는 곧장 눈을 빼 버리는 게 지옥에 던져지는 것보다 낫다고 설명하십니다. 위협적인 말씀입니다. 이런 예수님의 설명은 욕망을 제어하지 못하는 것이 얼마나 심각한 죄인지 알려 줍니다. 십계명의 간음하지 말라는 계명도 같은 맥락입니다.

하지만 이 말씀은, 욕망을 제어하라는 금지의 말씀인 동시에 '모든 사람을 욕망의 도구가 아닌 존귀한 존재로 여기고 살라'는 적극적인 의미로 해석할 수 있습니다.

이어지는 31절 말씀은 이혼 금지에 관한 내용입니다. 예수님 당시에 이혼은 오직 남자만 통보할 수 있었습니다. 남성 본위의 사회였기 때문이지요. 사람들 숫자를 셀 때도 여자와 아이들은 포함하지 않을 정도였습니다. 이 구절에서 '이혼 증서를 주라'는 말은, 혼자 살게 될 여성의 생계를 위한 최소한의 사회적 보장 장치를 해 주라는 뜻입니다. 예수님 말씀의 본뜻은 '모든 생명의 가치는 동등하다, 모든 사람은 살아 있는 것 자체로 존중받을 권리가 있다'는 것입니다.

예수님이 문제 삼으신 이혼 금지 계명은, 결국 모든 사람이 하나님의 형상으로 지음 받은 귀한 존재라는 의미를 담고 있습니다. 그러니 존중하면서 살라는 뜻입니다. 이것이 곧 율법의 완성이 됩니다.

맹세가 아닌 신뢰로

5장 33절에서는 "헛 맹세를 하지 말라"고 가르치십니다. 이 구절은 "하나님의 이름을 망령되이 일컫지 말라"는 십계명의 둘째 조항을 한 차원 더 깊이 해석한 말씀입니다. 예나 지금이나 믿는다는 사람들의 대화를 가만 들어 보면, 가벼운 대화에서 너무 쉽게, 아무 의미도 없이 하나님의 이름을 들먹거립니다. 우리도 그렇지 않나요? 아무 때나 공허한 추임새처럼 '하나님' 찾고, '은혜' 찾고, '성령'을 끼워 넣습니다. 이런 단어들이 실상은 말의 맥락에 전혀 어울리지 않을 때가 많습니다.

예수님은 우리가 말하기 전에 생각하고, 진실만을 말하며, 대화할 때는 적게 말하는 게 오히려 효과적이라고 가르치십니다. 저는 글을 쓰고 읽을 때 좋은 글과 나쁜 글을 구별하는 한 가지 기준이 있습니다. '과도한 형용사가 자주 나오는 글이나 말은 신뢰가 없다'는 것입니다. 그래서 글을 쓴 후 퇴고할 때, 형용사 지우는 작업을 합니다. 덧붙여진 형용사가 과도하게 많다는 것은 그만큼 그 말과 문장에 진실성이 없다는 증거이기 때문입니다.

맹세라는 것도 그렇지요. 맹세는 다른 사람을 믿도록 하는 것인데, 믿지 못할 사람일수록 맹세의 표현이 강해집니다. 내 성을 간다든지, 손가락에 장을 지진다든지 하는 말을 자주 사용하는 사람일수록 피하는 게 좋습니다.

예수님은 이런 헛 맹세를 하면서 사는 것 대신 다른 삶을 제시하십니다. "예" 할 것은 "예" 하고, "아니오" 할 것은 "아니오" 하는 담백한 삶이 그것입니다. 악한 삶이 별 게 아닙니다. '예'와 '아니오', 그 이상의 말을 해야만 신뢰를 얻을 수 있고, 잃어버린 신뢰를 위장하기 위해 맹세의 강도를 높여야 하는 삶은 이미 신뢰가 없는 악한 삶입니다. 신앙인이라면 모름지기 신뢰가 있어야 합니다. 사람 사이에 신뢰가 있어야 하고, 하나님 앞에서도 신뢰가 있어야 합니다. 그래야 신앙인입니다.

또 예수님은 오늘 말씀을 통해 하나님의 계명을 새롭게 가르쳐 주십니다. 문자 그대로 보면, 지금 우리 가운데 살인자가 없으니 이 말씀은 우리와 상관없을 수 있습니다. 이혼하지 않은 사람이나 서원하지 않은 사람도 본인과 상관없는 이야기라고 덮어 둘지 모릅니다. 하지만, 예수님의 메시지는 시대와 문화를 초월한 말씀입니다. 그것은 우리의 관계가 신뢰와 연민으로 이어져야 한다는 것입니다. 그것이 율법의 정신이며 복된 세계상입니다.

그런데 우리가 살고 있는 세상에서 신뢰와 사랑이 가득한 천국이 가능할까요? 낯설기도 하고 불가능해 보입니다. 그러나 마태복음 말씀을 따라가다 보면 '신뢰와 사랑 가득한 세상'을 묻는 우리 질문에 대한 해답을 결국 얻게 됩니다.

지금은 우리를 빛으로 초대하는 주현절기입니다. 이 기간 동안 말씀을 진지하게 묵상하면 할수록 더 무력한 우리의 모습을 발견하게 될지도 모르겠습니다. 하지만 오늘의 말씀이 우리를 빛의 자녀로 초대하는 빛의 절기, 주현절의 말씀이라는 사실을 기억하면 좋겠습니다.

십자가의 그리스도가, 하나님 앞에서 무력함을 깊이 체험하는 모든 이들을 새로운 빛의 세계로 인도하실 것입니다. 우리 모두 신뢰와 사랑 가득한 빛의 대로에 서길 주님의 이름으로 축원합니다.

모든 지각에 뛰어난 하나님의 평강이 그리스도 예수 안에서 우리의 마음과 생각을 지키실 것입니다. 아멘.

2

수난을 지나 부활로

✝

산상변모주일부터 부활절까지

산상변모

출애굽기 24:8-18, 마태복음 17:1-9

산상변모주일의 교회력 말씀 중 구약 말씀인 출애굽기 24장은 시내산 이야기이고, 복음서 말씀인 마태복음 17장은 변화산 사건으로 알려진 본문입니다. 모두 산에 관한 내용입니다.

모세의 시내산, 예수님의 변화산

힘들게 산에 올라 보신 분들은 그 기분을 잘 아실 것입니다. 산 정상에는 무언가 특별한 힘이 있습니다. 그래서 산 위의 경험은 일상을 치유하는 힘이 되기도 합니다. 하지만 그보다 더 분명한 것은, 올라가면 내려와야 한다는 사실이지요. 산꼭대기에서 어떤 감동을 했든지 그것은 순간일 뿐 영원하지는 않습니다. 본문의 산 이야기도 우리에게 이런 교훈을 줍니다.

출애굽기 24장을 보면, 모세가 시내산에 올라 하나님과 단둘이 40일간 독대하는 독특한 경험을 하게 됩니다. 그리고 하나님의 계명이 적힌 두 개의 돌판을 받습니다. 모세의 이 경험은 하나님의 약속과 보호하심이 얼마나 강력한지, 소름 돋을 정도로 느끼게 합니다. 그렇다고 모세가 평생 산꼭대기에서 보낼 수는 없습니다. 그의 소명은 산 위가 아니라 산 아래에 있기 때문입니다.

하나님을 만나고 계명을 받은 시내산이라 해도 그곳은 모세와 백성에게 여행의 종착지가 아니라 잠시 머무는 경유지일 뿐입니다. 산꼭대기의 경험은 전체 이야기의 한 부분일 뿐입니다. 올라가면 내려와야 합니다.

복음서 말씀인 마태복음 17장에도 주님이 세 제자와 함께 높은 산에 올라가시는 모습이 나옵니다. 흔히 '변화산'이라고 알고 있지만, 복음서 어디에도 이 산의 이름이 나오지는 않습니다. 그저 '높은 산'이라고만 되어 있습니다. 특이한 점은 예수님과 제자들이 왜 산에 올랐는지, 얼마나 걸렸는지, 올라가면서 어떤 대화를 했는지 등에 관한 아무런 설명이 안 나온다는 것입니다.

그리고는 대뜸, 산 정상에 오르자 예수님이 그들 앞에서 '변형'되었다고 묘사합니다. "그들 앞에 변형되사 그 얼굴이 해같이 빛나며 옷이 빛과 같이 희어졌더라"(마 17:2).

여기서 '변형(metamorphosis)'이라는 단어가 참 특별합니다. 원래의 뜻은 '맑아진다, 투명해진다'입니다. 예수님의 눈이 어떻게 되었고 코가 어떻게 되었고 이렇게 표현하지 않고, '투명하고 맑아졌다'라고 표현한 것입니다. 어떤 면에서 보면, 예수님의 변한 얼굴을 감히 묘사할 수 없어서, 아니면 인간의 말로는 표현할 수 없어서 '맑아졌다, 투명해졌다'라고 한 것이 아닌가 싶습니다. 그렇게 신비스러운 광경이 펼쳐졌다는 뜻이겠지요.

이렇게 눈이 부시게 변형된 것으로도 충분치 않았는지, 3절에서는 예수님 곁에 모세와 엘리야가 등장합니다. 모세는 율법의 수여자이고 엘리야는 선지자 중의 선지자로 꼽히는 인물로서, 이스라엘 백성에게 상징적인 사람들입니다. 이들을 보고 베드로가 흥분합니다. 그래서 뻔한 말을 불쑥 내뱉습니다. "우리가 여기 있는 것이 좋습니다." 그리고는 불필요한 사족을 덧붙이지요. "여기가 참 좋으니, 예수님 것 하나, 모세와 엘리야 것 각각 하나씩 초막 셋을 짓겠다"고 말합니다. 베드로는 이곳에 편안하게 자리 잡고 예수님, 모세, 엘리야와 살고 싶어 하는 것 같습니다. 이렇게 말하는 것만 봐도 산 위의 체험이 얼마나 감동적이고 신비스러웠는지 가늠할 수 있습니다.

그런데 별안간 분위기가 바뀝니다. 5절 이하를 보면, 베드로의 말이 끝나자마자 빛나는 구름이 이곳을 덮고 소리가 들리기 시작합니다. 두려움에 사로잡힌 제자들은 엎드려 떱니다. 이 두려움은 순전한 공포일 수도 있지만, 하나님을 향한 경외감으로 볼 수도 있을 것 같습니다.

하나님과 마귀의 산

여하튼 분명한 것은, 산 위에서 제자들은 신비한 체험을 했다는 점입니다. 오늘의 복음서 말씀은 그렇게 '산'을 신비하고 거룩한 장소로 묘사합니다. 하지만 마태복음 전체를 읽어 보면, '산'이 반드시 거룩하고 신비한 장소로만 등장하지는 않습니다.

마귀에게 시험받는 예수님의 이야기가 나오는 마태복음 4장을 떠올려 봅시다. 세 가지 시험이 나오는데, 마태복음 4장 8절 이

하를 보면, 마귀가 예수님을 데리고 높은 산에 올라가서 자기에게 절하면 천하 만물을 다 주겠다고 유혹하는 구절이 나옵니다.

보십시오. 예수님의 영광스러운 변모도 산에서 일어나고, 마귀의 유혹도 산에서 일어납니다. 마태복음에서 높은 산은 그렇게 하나님과 악마가 동시에 서 있는 장소입니다. 이 말은 곧, 악마 같은 현실 속에 하나님이 숨어 있을 수도 있고, 거룩하게 보이는 것 안에 마귀가 도사리고 있을 수도 있다는 뜻입니다. 그러니 눈에 보이는 것만으로 섣불리 판단할 수 없습니다. 이것이 우리의 현실입니다. 이렇게 끝나면 우리 세상은 참담하지요.

하지만 오늘의 복음서 말씀은 여기서 끝나지 않습니다. 구름 속에서 들리는 소리가 이런 혼돈 속에 놓인 제자들에게 방향을 제시합니다. 마태복음 17장 5절입니다. "말할 때에 홀연히 빛난 구름이 그들을 덮으며 구름 속에서 소리가 나서 이르시되 이는 내 사랑하는 아들이요 내 기뻐하는 자니 너희는 그의 말을 들으라 하시는지라."

이어지는 6-8절에는 제자들의 반응이 나옵니다. "제자들이 듣고 엎드려 심히 두려워하니 예수께서 나아와 그들에게 손을 대시며 이르시되 일어나라. 두려워하지 말라. 하시니 제자들이 눈을 들고 보매 오직 예수 외에는 아무도 보이지 아니하더라."

제자들은 지금 눈앞에 벌어진 상황이 혼란스럽고 두렵습니다. 주님은 그런 제자들에게 손을 대시면서 "일어나라. 두려워하지 말라"(7절)고 말씀하십니다. 그런데 이 말씀 이후에 더 이상한 일이 생깁니다. 8절을 보면, 이 말씀을 들은 제자들이 눈을 들자 '예수님 외에는 아무도 보이지 않았다'고 합니다. 모세와 엘리야는 사라졌고, 예수님의 모습이 여전히 빛났는지 아닌지, 하늘의 빛나는 구름은 어떻게 변했는지 아무 설명이 없습니다. 신비가 사라진 그 자리에 오직 예수님과 제자들만 남았습니다. 이 구절은 혼돈 속에 던져진 신앙인이 바라봐야 할 지향점이 어디인지 가르쳐 줍니다. 우리는 이리저리 흔들립니다. 돈, 명예, 권력, 신비 등이 눈앞에 펼쳐집니다. 그러나 결국 우리를 일으켜 세우시는 분은 예수님입니다.

오늘의 복음서 마지막 구절인 9절 말씀으로 넘어갑시다. "그들이 산에서 내려올 때에 예수께서 명하여 이르시되 인자가 죽은 자 가운데서 살아나기 전에는 본 것을 아무에게도 이르지 말라 하시니." 이 본문은 그들이 산에서 내려갔다고 매우 담담하게 말합니다. 예수님과 세 제자는 산에서 내려와 다음 목적지로 향합니다. 엘리야와 모세의 흔적이 있는 그곳에 미련을 두지 않습니다. 산에 초막을 짓고 거기 살겠다는 베드로의 귀여운 충동은 결국 옳지 않은 것으로 판명됩니다.

솔직히 말해 베드로의 생각은 우리와 거의 같습니다. 편안하고 안락한 장소에서 살고 싶고, 위대하고 유명한 인물 곁에 있고 싶고, 걱정 근심 없는 땅에 작은 초막이라도 짓고 소소하지만 확실한 행복을 누리며 살고 싶은 게 인지상정입니다. 이런 삶은 베드로만이 아니라 우리 모두의 꿈이기도 합니다.

우리가 살아가는 현실은 뭔가 정돈되어 있지 않고 소란하고 혼란스럽습니다. 그래서 주님이 계신 산 위에서 좀 더 높은 수준, 뭔가 다른 삶, 현실 너머의 신비한 체험을 누리며 살고 싶어 합니다. 신앙생활을 하다 보면 실제로 그런 신비한 체험을 할 수도 있습니다. 그러나 오늘 말씀은 거기 그대로 머물면 안 된다고 가르칩니다.

산상변모와 십자가

올라가면 반드시 내려와야 합니다. 산꼭대기 경험은 이야기 전체에서 한 부분일 뿐입니다. 우리는 종종 강력한 방식으로 하나님을 명료하게 느끼고 체험하는 순간을 가질 수 있습니다. 이보다 더 확실한 체험은 없을 것이라고 확신하는 순간도 있습니다. 하지만 예수님을 따르는 우리의 삶이 항상 그렇게 선명할 것이라고 기대해서는 안 됩니다. 모든 산꼭대기 경험은 반드시 평범한 일상으로, 화려한 조명과 특별한 소리가 없는 평범한 순간으로 돌아갈 것을 예상해야 합니다.

실제로 마태복음 17장은 산 위의 신비한 사건을 산 아래로 이어 갑니다. 산에서 내려온 예수님과 제자들은 원래 그랬던 대로 사람들 속으로 들어가고, 거기서 귀신 들린 아이를 낫게 합니다. 이렇듯 하나님의 일은 언제나 위에서 아래로 내려와 사람들 속으로, 특별한 순간에서 일상으로, 범상한 곳에서 평범한 곳으로 스며듭니다. 그리고 그곳에서 치유와 회복을 일으킵니다. 그렇지 않고서는 하나님의 일이 아닙니다.

우리가 교회에 다니고, 예배로 모이고, 성도의 교제를 나누는 일도 이와 같습니다. 이곳은 산 위와 같은 곳입니다. 하지만 교회는 여기 머물기 위해 존재하지 않고, 말씀과 성찬의 힘으로 세상에 들어가기 위해 존재합니다. 예배가 끝나면, 우리는 다시 일상이라는 삶의 터전으로 입당하게 됩니다. 주님은 우리에게 위로와 힘을 주시고, 산 밑으로 함께 내려가십니다. 이것이 신앙의 삶입니다.

오늘 복음서 말씀의 마지막 구절인 9절을 조금 더 살펴보고자 합니다. 이 구절이 이상하기 때문입니다. 예수님의 말씀이 너무 갑작스럽습니다. "인자가 죽은 자 가운데서 살아나기 전에는 본 것을 아무에게도 이르지 말라"(마 17:9). 변화산 사건과 예수님의 죽음이 무슨 관련이 있을까 싶지 않습니까? 그러나 마태복음 기자는 이 구절로 우리를 단박에 십자가 사건으로 돌려놓습니다. 변화산의 빛나고 영광스러운 사건을 반드시 십자가의 참혹한 사건과 함께 묵상하라는 것이지요. 이 두 사건은 동전의 양면과 같습니다. 톰 라이트라는 신학자는 이렇게 설명합니다.

변화산 사건이나 십자가 사건 중 하나를 묵상할 땐, 반드시 다른 한 사건을 염두에 두어야 합니다. 산에서 영광 받으신 예수님이, 저 예루살렘 밖 언덕에선 수치를 당하십니다. 여기 산에서 예수의 옷은 하얗게 빛나지만, 거기서 그분의 옷은 벗겨지고 찢겨 제비 뽑아 병사들이 나눠 가집니다. 이 산에서 예수의 양옆엔 율법과 예언을 대표하는 이스라엘의 가장 위대한 영웅 모세와 엘리야가 있지만, 저기 언덕 예수의 양옆엔 이스라엘이 얼마나 하나님께 반항했는지 보여 주는 두 명의 강도가 곁에 있습니다. 여기 산에선 밝고 신비로운 구름이 현장을 드리우지만, 거기선 땅에 어둠이 가득합니다. 여기서 베드로는 이 모든 것이 참으로 아름답고 놀랍다고 엉겁결에 고백하지만, 거기선 예수님을 모른다고 부인하곤 수치심에 숨어 버립니다. 여기 높은 산에선 하나님이 직접 '이는 내 사랑하는 아들'이라고 말씀하지만, 저기 십자가 언덕에선 이방인 병사가 '이 사람은 정말로 하나님의 아들'이었다고 놀라며 말합니다.

— 톰 라이트, 양혜원 옮김, 《마태복음 I》(서울: IVP, 2010), p.35.

산 위에서 신비롭게 변모하는 예수와 십자가에 달리신 예수. 우리는 과연 어떤 예수를 믿고 있나요?

갈등의 시간 그리고 끝

마지막으로 오늘 복음서 말씀의 맥락을 눈여겨보면 좋겠습니다. 예수님은 무작정 산에 오르신 게 아닙니다. 마태복음 17장은 '엿새 후 베드로 야고보와 요한을 데리고 산에 올랐다'는 구절로 산 이야기를 시작합니다(1절). 6일 동안의 예수님과 제자들의 행적에 대해 마태복음은 침묵합니다. 6일 동안 무슨 일이 있었던 걸까요?

마태복음 16장 21절부터 훑어보면, 예수님이 예루살렘에서 죽게 될 것을 처음으로 예고하시는 장면이 나오고, 제자들이 당황하는 모습, 베드로가 예수님을 붙잡고 그런 일이 일어나면 안 된다고 소리치는 모습이 나옵니다. '곧 죽게 될 저 예수 뒤를 계속 따라가야 하나, 아니면 갈아타야 하나? 줄을 잘못 선 건가?' 한편으로는 예수님을 따르려는 순수한 열망이 그들을 붙잡고, 다른 한편으로는 미래에 대한 걱정과 불안이 그들을 팽팽히 잡아당깁니다.

이런 혼란과 긴장 속에 시간이 흐릅니다. 그 사이 예수님은 아무 말씀도, 해명도 하시지 않습니다. 아무도 돕지 않는 깊고 무거운 시간이 제자들에게 찾아옵니다. 그렇게 6일이 지납니다. '엿새'라는 숫자는 유대인에게는 안식이 없는 노동의 날을 뜻하는데, 여기서 엿새는 자신의 미래를 심각하게 갈등하는 제자들의 시간을 뜻합니다.

6일은 갈등의 시간입니다. 그럼, 제자들만 갈등할까요? 신앙을 가진 사람이라면 누구나 순수한 신앙의 열정과 현실 사이에서 갈등합니다. 이 갈등은 끊임없이 찾아옵니다. 그리고 그런 갈등은 이상한 것이 아니라 정상입니다. 오늘 누군가 이런 갈등 속에 있다면, 그 사람은 지금 6일의 어디쯤 와 있는 것입니다.

주님은 우리의 이런 갈등과 염려를 잘 아십니다. 6일 후 제자들을 데리고 산으로 가신 예수님을 기억합시다. 우리의 주님은 6일간 답을 찾지 못해 갈등하던 제자들을 데리고 산으로 올라가셨고, 그곳에서 하늘의 음성을 들려주시면서 두려움을 거두십니다. 바로 그분이 갈등하며 염려하는 우리 모두를 산 위에서 산 아래의 일상으로, 십자가를 지나 부활의 시간으로 인도하실 것입니다.

모든 지각에 뛰어난 하나님의 평강이 그리스도 예수 안에서 우리의 마음과 생각을 지키실 것입니다. 아멘.

광야의
시험

마태복음 4장 1-11절

예수님의 십자가 여정을 함께 묵상하는 사순절 첫째 주일입니다. 사순절 첫날인 '재의 수요일' 예배 때는 우리가 흙에서 왔고 흙으로 돌아간다는 말씀을 중심으로 묵상했습니다. 우리는 비록 다 타버린 재와 먼지처럼 가벼운 존재이지만, 하나님은 그런 우리를 그리스도의 십자가와 부활 안에서 새로운 창조로 이끄십니다. 우리는 부활절에 이르기까지의 사순절 여정을 이러한 소망 가운데 이어 가게 될 것입니다.

음식, 안전, 권력

사순절 첫째 주일의 교회력 복음서 말씀은 항상 예수님의 40일 광야 금식과 마귀의 유혹에 관한 본문입니다. 마태, 마가, 누가복음 모두 거의 같은 내용이 기록되어 있습니다. 광야에서 예수님

133

은 세 가지 유혹을 받게 됩니다. 복음서마다 약간의 차이가 있는데, 오늘 본문인 마태복음 4장에서는 돌을 떡으로 만들어 보라는 것, 하나님의 아들이면 성전 꼭대기에서 뛰어내려 보라는 것, 절하면 온 천하를 다 주겠다는 것, 이 세 가지 시험이 나옵니다. 간단히 말하면, 음식, 안전, 권력에 대한 유혹입니다.

물론 예수님은 마귀의 이 세 가지 유혹을 아주 간단히 물리치시는 것 같습니다. 하지만 곰곰이 생각해 보면, 세 가지 유혹 모두 쉬운 문제가 아닙니다. 아무것도 없는 광야에서 음식, 안전, 권력에 대한 욕구는 정상적인 사람이라면 누구나 갖는 기본적인 욕구이기 때문입니다. 40일이나 금식한 상태에서는 거절하는 게 더욱 쉽지 않습니다.

'네가 하나님의 아들이면 하나님처럼 행동해 보라'는 것이 유혹의 골자이고, 이것을 예수님이 단호히 거절하셨다는 게 복음서 말씀입니다. 그런데 예수님의 반응에는 꽤 골치 아픈 부분이 있습니다. 돌을 떡으로 바꾸는 것, 하나님의 아들로 높은 곳에서 안전하게 뛰어내리는 것, 자존심 한번 꺾고 온 천하의 권력을 얻는 것, 이 세 가지 제안 어디에 악한 요소가 있을까요?

사실 이 세 가지는 유혹이 아니라, 하나님의 아들이라면 당연히 누릴 수 있는 권리이고, 세상을 구할 메시아에게 반드시 있어야 할 자질로 보입니다. 실제로 이 사건 이후 얼마 안 되어, 예수님은 배고픔을 호소하는 오천 명의 사람들을 오병이어로 먹이는 기적을 보여 주셨습니다. 이렇게 돌로 떡을 만드는 일보다 더한 기적도 보여 주신 분이기에 사탄의 이런 요구를 거절하는 모습이 이해되지 않습니다. 결정적으로, 죽음을 이기고 부활하신 것도 실은 하늘과 땅을 다스리는 완전하고 힘센 왕이 되기 위한 사건 아니었던가요?

　마귀의 말에 고개만 한 번 끄덕였더라면, 역사가 바뀌었을지도 모를 일입니다. 그랬다면 예수님은 '십자가에 못 박혀 실패한 사람'이라는 오명을 들으면서 하나님의 나라를 세우지 않아도 되었을 것입니다.

　오히려 마귀의 말을 따랐더라면, 건전한 사회, 튼튼한 경제, 확실한 미래 위에 기독교 국가를 건설했을지도 모릅니다. 그랬다면, 굳이 힘들여 전도와 선교를 하지 않아도 예수 따르겠다는 사람들이 구름 떼처럼 몰려왔을 것이고, 예수 믿으면 부자 되고 성공하는 공식이 완성되었을 것입니다. 그러면 교회는 미어터질 것이고, 사람들은 여기저기 예수님 동상을 세워 놓고 찬사를 보냈을 것입니다.

　그런데 예수님은 이런 기가 막힌 미래에 눈을 닫으시고, 마귀의 제안을 일축해 버리십니다.

십자가 없는 왕관

　사실 우리가 원하는 메시아, 우리가 원하는 지도자는 마귀가 말하는 그런 능력 있는 사람이 아닐까요? 아무리 생각해 봐도 마귀의 유혹은 대단히 매혹적입니다. 인간에게 매우 필수적인 부분들만 가지고 예수를 시험했지요. 땀 흘리고 수고하여 벌어들이는 노동의 과정을 거치지 않고도 음식을 맛볼 수 있게 해 주겠다는 것, 그 어떤 모험을 하더라도 위험에 빠지지 않을 것이라는 절대 안전 보장, 오해와 멸시와 거절이라는 뼈아픈 수모와 고통을 겪지 않아도 찬란한 명예와 권력을 가지게 해 주겠다는 것, 이것이 광야에서 마귀가 제시한 유혹입니다.

　마귀가 들고 나온 유혹이 워낙 매혹적이다 보니, 예수를 따르겠다고 나선 교회 안에서조차 작은 예수 대신 종종 끔찍한 마귀들이 길러지곤 합니다. 이들은 기적이나 신비주의나 권력에 민첩하게 반응합니다. 그런 사람들이 자리 잡은 교회는 무당의 신비와 정치가들의 수완, 경제전문가와 광고기획자들의 성공 기술을 완벽하게 베껴 낸 다음, 교회를 기업 논리로 운영하고 사람들의 욕망을 확실하게 충족시켜 줍니다. 신비를 원하는 사람은 신비를, 권력을 탐하는 사람은 권력을 얻을 수 있도록 교회 전체가 나서서 응원하고 기도해 줍니다. 그렇게 그런 사람들로 교회당이 넘쳐나면 그걸 성공한 목회, 성공한 교회라고 부릅니다.

　오늘 이 시간 우리가 깊이 묵상해야 할 것은 '이런 교회들을 보고 예수님이라면 어떻게 하셨을까'라는 질문입니다. 그리고 그 해답이 바로 오늘의 말씀 속에 아주 분명하게 담겨 있습니다. 변명의 여지없는 거절이지요! 그렇다면 광야에서 예수님이 마귀의 요구를 거부한 이유는 무엇일까요? 마귀의 유혹들을 아주 간단하게 정리하면, '십자가 없이도 왕관을 줄 수 있다'는 제안입니다.

　마귀와 예수님은 서로 다른 세계관을 보여 줍니다. 마귀는 예수님에게 속도와 능률 위주로 목표를 달성할 방법을 제안한 것 같습니다. 예수님은 그 요구대로 얼마든지 음식을 만들어 낸 다음 군중을 설복시킬 수 있었고, 그것으로 세상 왕국을 지배할 수 있었고, 모든 위험으로부터 내내 자신을 지켜 낼 수 있었습니다. 그러나 예수님은 이 제안을 단호히 거절하십니다.

하나님의 길, 마귀의 길

우리는 종종 하나님이 우리 사회와 역사에 좀 더 직접적이고 강력하게 개입해 주시길 기도합니다. 우리가 잘 때 슬그머니 내려와서 남과 북을 하나로 합쳐 달라고, 온 세상에 전쟁과 슬픔 없는 평화를 달라고, 이 혼탁한 정치판을 한번에 정리해 달라고 기도합니다. 하지만 하나님은 마치 우리의 기도가 들리지 않는 것처럼 응답이 없으셔서, 정말 기도할 필요가 있는 걸까 하는 의심마저 듭니다.

저도 마찬가지입니다. 하나님이 즉각적으로 응답하고 행동해 주시길 바라던 때가 한두 번이 아닙니다. 내가 아플 때 치유를 간절히 바라고, 내 가족이 위험할 때 안전과 보호를 바랍니다. 딸 이마에 열이 펄펄 날 때는 한시도 지체하시지 말고 즉각 열 떨어뜨려 달라고 기도합니다. 그렇게 우리는 막연함이 제거된 선명하고 분명한 하나님을 기대합니다.

그런데 오늘 말씀을 묵상하다 보니, 이런 우리의 생각 이면에 광야에서 들렸던 사탄의 음성이 깔려 있는 것 같습니다. 이 음성이 나를 움직이고 있던 게 아닌가 깜짝 놀라게 됩니다. 예수를 알아 가면서 더 확실히 깨닫게 되는 것이 있습니다. 하나님은 기적으로 세상을 제압하지 않으시며, 오히려 그 방법을 거절하신다는 점, 그리고 하나님은 우리가 살아가는 세상에서 하나님이 느껴지지 않는 것처럼 살아갈 자유까지 허용하셨으며, 심지어 그분에게 침 뱉고 십자가에 못 박을 권한까지 허용하셨다는 점입니다. 광야에서 마귀를 대면하신 예수님이 이 사실을 우리에게 보여 주십니다.

그럼에도 불구하고 한사코 하나님의 아들이 자신의 신비와 기적, 권력을 사용하지 않은 이유가 무엇일까 다시 한번 깊이 묵상해 보았습니다. 답은 간단했습니다. 그것은 주님이 전능한 힘을 아무리 화려하게 전시해 봤자, 정작 하나님이 원하시는 반응을 끌어낼 수 없기 때문일 것입니다.

권력은 복종을 강요할 수 있지만, 마음에서 우러나는 순종을 만들 수는 없습니다. 순종과 사랑의 반응을 끌어낼 수 있는 건 사랑뿐이며, 그 사랑만이 하나님이 우리에게 원하시는 유일한 것이고 우리를 자녀로 삼으신 이유입니다. 우리는 성경에서 남의 팔을 비틀어 쥐는 예수님의 모습을 단 한 번도 본 적이 없을 것입니다. 주님은 그저 선택의 결과가 어떠할 것이라는 그림만 남기고, 결정은 상대방 몫으로 남겨 놓으셨습니다.

우리는 이따금 다른 사람의 문제를 해결해 줘야 한다는 지나친 강박증을 가지고 있습니다. 일명 '구세주 콤플렉스'라고도 부르지요. 그러나 성경에서 만나는 구세주는 그런 강박증과 거리가 먼 것 같습니다. 주님은 지상에 있는 동안 '어떻게 해서라도 저 사람을 회심시키고야 말겠다' 또는 '저 사람을 반드시 치유하고야 말겠다'는 강박충동을 보이시지 않습니다. 다만 예수님은 어떤 것이 하늘의 뜻인지 설명하고 감동시키고 설득하여 마음을 열게 하십니다.

예수님의 태도는, 두려워해야 할 것을 두려워하는 마음과 기뻐해야 할 것을 기뻐하는 마음을 보여 줍니다. 우리는 이것을 복음이라고 부릅니다. 주님은 이렇게 우리에게 복음으로 오셔서 우리의 자유로운 결정을 조용히 기다리십니다. 마귀의 길로 갈 것인지, 아니면 하나님의 길로 갈 것인지 선택은 각자의 몫입니다.

그리스도의 길

우리 대부분은 "무조건 믿고 질문하지 말라"는 식의 교육을 어려서부터 받아 왔습니다. 특히 교회는 의심해서는 안 되는 곳이고, 신비와 기적, 권위를 침범할 수 없는 신성한 곳이라고 암암리에 배워 왔습니다. 거기서 더 나아가 전도 대상자와 새신자에게 자기 생각을 가장 효과적으로, 단기간에 이식시키는 사람을 좋은 교인이라고 여겨 왔습니다.

하지만 오늘 본문 말씀에서는 결코 그런 가르침을 볼 수 없습니다. 그럼에도 우리는 틀에 박힌 신앙과 세계관을 강요합니다. 은밀하게 천천히 움직이는 하나님을 참지 못합니다. 즉각적이고 확실한, 그리고 시련과 고난을 요리조리 피하면서 안전을 보장하는 그런 하나님만 보여 주려고 합니다. 우리 속에서 그런 유혹이 싹틀 때마다, 예수님과 마귀가 대결했던 광야로 되돌아가야 합니다. 마귀의 시험은 모두 '하나님과 같이 되라'는 명제로 시작하지만, 주님은 신비, 기적, 권력을 거부하고 오롯이 참사람으로서 그 길을 가십니다. 그렇게 걸어가는 십자가의 삶을 넉넉히 받아들이십니다. 바로 그 십자가 사랑 때문에 그분이 우리의 그리스도가 되셨고, 참으로 우리를 도우실 수 있다는 사실을 깨닫게 됩니다.

한 가지만 더 짚어 봅시다. 오늘 말씀은 매우 이상하게 시작합니다. 마태복음 4장 1절 말씀입니다. "그때에 예수께서 성령에게 이끌리어 마귀에게 시험받으러 광야로 가사."

누구에게 이끌려 시험받으러 가셨다고 하나요? '성령에 이끌려' 가셨다고 합니다. 왜 하필 성령이 마귀를 피하지 않고, 아예 마귀 앞으로 예수님을 끌고 갔을까요? 게다가 성령이 데리고 간 곳은 거룩한 성전이나 안락한 호텔이 아니라 척박한 광야입니다. 이곳은 불안한 곳, 안전이 담보되지 않은 불모지입니다. 무언가 일을 시작하는 출발지로는 얼토당토않은 장소입니다. 하나님의 아들 정도 되면, 하나님의 위대한 대업을 시작할 정도 되면 사람들이 부러워할 만한 멋진 입지 조건은 구비돼야 하지 않을까요? 여러분은 어떻게 생각하시나요?

마태복음 3장에 보면 예수님은 하나님의 사랑하는 아들로서 세례를 받고 성령의 이끌림으로 나아가십니다. 그런데 성령이 끌고 간 곳은 안전이 보장된 곳이 아니라 광야입니다. '성령이 마귀에게 끌고 갔다'는 구절은, 세례 받은 모든 이를 하나님의 자녀로 인증하는 결재 도장 같은 느낌으로 읽힙니다. 예수님이 그러셨듯, 세례 받은 사람은 아무것도 보장되지 않는 광야에서도 성령이 함께 동행하며 힘을 주십니다. 마귀가 유혹할 때도 우리를 향한 하나님의 계획과 미래는 흔들림 없다는 메시지로 보입니다.

누구나 신앙이 흔들리는 순간이 찾아옵니다. 바로 그때 광야로 끌려가신 예수님을 기억합시다. 그 모든 여정이 성령의 이끌림이었으며, 그 모든 유혹과 시련의 순간을 하나님의 말씀으로 이겼다는 사실을 잊지 맙시다. 기적이 없더라도, 굉장한 변화가 없더라도, 괜찮습니다. 시련의 시간을 믿음으로 인내하는 성도에게 주님의 선한 도우심이 함께할 것이기 때문입니다. 히브리서 4장 15절과 2장 18절 말씀으로 마무리하고자 합니다.

우리에게 있는 대제사장은 우리의 연약함을 체휼하지 아니하는 자가 아니요, 모든 일에 우리와 한결같이 시험을 받은 자로되 죄는 없으시니라. … 자기가 시험을 받아 고난을 당하셨은즉 시험

받는 자들을 능히 도우시느니라.

모든 지각에 뛰어난 하나님의 평강이 그리스도 예수 안에서 우리의 마음과 생각을 지키실 것입니다. 아멘.

예수와
니고데모

요한복음 3:1-17

사순절 둘째 주일 교회력 복음서 말씀은 요한복음 3장에 나오는 예수님과 니고데모의 대화입니다. 이 본문에는 우리에게 매우 익숙한 성구가 들어 있습니다. "하나님이 세상을 이처럼 사랑하사 독생자를 주셨으니 이는 그를 믿는 자마다 멸망하지 않고 영생을 얻게 하려 하심이라"(요 3:16). 워낙 유명한 성구라서 사람들은 이 말씀이 어떤 맥락에서 등장한 것인지 별로 관심을 두지 않습니다. 그런데 그렇게 하면 요한복음 3장 16절에 담긴 풍성한 뜻을 알아채기 어렵습니다.

사람의 성공, 하나님의 구원

요한복음 3장은 니고데모가 예수님을 찾아가는 장면으로 시작하는데, 이 두 인물을 한번 비교해 보면 대비되는 부분이 참 많습니다. 니고데모는 평생 하나님의 율법을 연구한 유대인 지도자이고, 지식과 권위를 모두 갖춘 인물입니다. 반면에 예수님은 니고데모 같은 양질의 교육을 받지도 않았고 성경을 전문적으로 배우지도 못했지요. 그저 비천한 출신에 가난한 삶을 사시던 분이었습니다. 그런데 그 비천한 예수님이, 하나님과 그분의 나라에 대한 진리를 묻는 니고데모에게 답을 알려 주십니다.

이 둘의 만남은 단순하거나 우연한 만남 이상으로 보입니다. 여러 면에서 니고데모는 지식, 권위, 권력을 중시하는 세계상을 대표하고, 예수님은 겸손과 섬김을 중시하는 하나님 나라를 대표합니다.

이런 대조는 이미 니고데모와 예수라는 이름 속에도 암시되어 있습니다. '예수'라는 이름의 뜻은 다 알고 있을 것입니다. '하나님이 구원하신다'는 뜻입니다. 니고데모는 정반대의 뜻을 갖고 있습니다. '니고데모'는 그리스어 이름인데, '승리'를 뜻하는 *νίκη*(nike)와 '사람'이라는 뜻의 *δῆμος*(demos)라는 단어를 합친 말입니다. 나이키는 다 아는 단어지요? 즉 '승리'라는 말과 '사람'이라는 말의 조합이 니고데모에요. 따라서 니고데모라는 이름은 '사람의 승리' 또는 '성공한 사람'으로 해석될 수 있을 것 같습니다.

예수님과 니고데모의 만남을 다시 떠올려 봅시다. 한쪽에는 하나님의 구원을 말하는 사람이 서 있고, 다른 한쪽에는 사람이 승리한다는 이가 서 있습니다. 하나님을 대표하는 예수님과 인간을 대표하는 니고데모가 대화를 시작합니다. 이 둘의 만남은 빛과 어둠, 하늘과 땅으로 대비되는 두 개의 세계가 만나는 것으로 읽힙니다.

요한복음은 1장에서부터 하늘과 땅, 빛과 어둠, 선과 악이라는 두 개의 세계를 날카롭게 대비시키면서 이야기를 풀어놓습니다. 마태, 마가, 누가복음에서는 거의 보기 힘든 이야기 전개 방식입니다. 그런데 이런 맥락으로만 보면, 오늘 본문은 소위 말하는 좋은 놈과 나쁜 놈이 대결하는 이원론에 빠지고 맙니다. 어쩌면 요한복음이 그런 해석을 의도하고 있는 것처럼 보일 수도 있습니다.

하지만 요한복음은 그렇게 단순하게 말하지 않습니다. 여기서 중요한 것은 '만남'입니다. 이 둘의 만남은 하늘과 땅, 어둠과 빛, 하나님과 세상이 만났다는 뜻으로 보입니다. 그리고 이 만남 뒤에 변화가 일어났다는 사실을 요한복음은 우리에게 전합니다.

밤에 찾아온 니고데모

니고데모가 한밤중에 예수님을 찾아와 이렇게 말합니다. "선생님, 당신은 진짜 하나님에게서 오신 분입니다. 하나님이 함께 하지 않았다면 그런 기적은 행할 수 없는 게 분명합니다"(2절 참고). 여기서 니고데모가 표적(기적)에 대해 얘기하는 것을 보면, 이전부터 예수님의 일거수일투족을 주의 깊게 봤던 것 같습니다. 바로 앞장인 요한복음 2장에도, 예수님이 성전 안에 들어가 부패한 종교 지도자와 대결하고 성전에서 나와 수많은 사람들에게 이적을 베푸는 장면이 나옵니다. 니고데모는 성전 안에서 예수님의 기백과 용기를 보았고, 성전 밖에서는 예수님의 자비와 기적을 보았던 것이지요. 이런 모습들을 보고 니고데모는 생각이 많아졌을 것입니다. 그리고는 예수님을 찾아옵니다.

참고로 니고데모는 요한복음에만 나오는 인물입니다. 오늘의 본문인 요한복음 3장에 처음 등장하고, 7장 50절에서 두 번째 등장하고, 세 번째로는 19장 39절에서 등장합니다. 요한복음 전체를 종합해서 보면, 니고데모는 유대인에게 존경받는 바리새파 국회 의원 정도 될 것 같습니다.

이렇게 유력한 인사가 한밤중에 예수님을 찾아오옵니다. '밤에 찾아왔다'는 말에 주목해 봅시다. 왜 밤에 찾아왔을까요? 여러 이유를 추측할 수 있습니다. 그래도 명색이 유대인 전체를 대표하는 사람인데, 성전 제사장들의 미움을 사는 사람을 대낮에 찾아가는 게 눈치 보였을 수 있습니다. 아니면 당시 바리새인들이 충실히 지키던 교육의 의무 때문에 일과 중에는 만날 수 없으니, 자투리 시간을 사용하느라 밤에 왔을지도 모르겠습니다.

그런데 이런 이유들보다는 요한복음서 기자가 의도적으로 밤에 찾아왔다고 말하는 게 아닐까 싶습니다. 앞서 언급한 대로, 요한복음은 상징과 비유를 탁월하게 사용하는데 3장을 읽어 보면 '빛과 어둠'이라는 말을 통해 두 개의 세계를 표현합니다. 빛은 구원의 세계, 어둠은 심판의 세계 또는 아직 진리에 도달하지 못한 불완전한 상태를 의미합니다.

이런 요한복음의 어법을 '밤에 니고데모가 찾아왔다'는 말과 연결해 보면, 니고데모의 상황이 어떤지 이해될 것입니다. 지금 니고데모는 불완전과 갈등, 흔들림, 즉 아직 구원의 진리에 들어가지 못한 상황이라는 것을 알 수 있습니다.

요한복음 3장 2절에 나오는 '표적을 보고 찾아왔다'는 니고데모의 말이 이런 상태를 보여 줍니다. 지금 니고데모는 불안하고 흔들립니다. 이런 니고데모의 심리 상태가 3절부터 시작되는 예수님과의 대화에서 더욱 선명하게 드러납니다. 그런데 이 대화를 잘 살펴보면 서로의 말이 헛도는 것 같은 느낌이 듭니다. 3절에서 예수님은 '거듭나야 하나님 나라를 볼 수 있다'고 말씀하시고, 니고데모는 '그럼 엄마 배 속에 다시 들어가야 하냐?'고 반문합니다. 여기에 대고 예수님은 '물과 성령으로 나야만 하나님 나라로 들어갈 수 있다'고 응수합니다.

　서로 이야기의 초점이 잘 안 맞아요. 어찌 보면 동문서답입니다. 지금 둘이 대화하고 있는데 서로 자기 하고 싶은 말만 하는 것처럼 들립니다. 우리가 이렇게 오해할 수밖에 없는 이유는 '거듭난다'는 한 단어 때문입니다. '거듭남'이라고 번역된 원어는 '아노텐(ἄνωθεν)'이라는 단어인데 두 가지 뜻을 가지고 있습니다. 첫째는 한글 번역 성경대로 '다시'라는 의미가 있고, 두 번째는 '위로부터' 또는 '하늘로부터'라는 뜻이 있습니다. 우리말에도 이런 중의어가 많지요. 예를 들어 '우리 엄마는 손이 크다'는 말은 손이 정말 크다는 뜻일 수도 있고, 씀씀이가 후하다는 표현일 수도 있습니다. 이런 중의어가 나오면 그 말을 하는 사람의 의도가 무엇인지 잘 파악해야 합니다.

　니고데모는 '아노텐'을 '다시' 태어나는 것으로 이해하고는 '그럼 엄마 배 속으로 다시 들어가야 하는 것이냐?'고 반문한 것입니다. 그런데 예수님은 그런 뜻이 아니라고, "사람이 위로부터, 하늘로부터 나지 않으면 하나님 나라를 볼 수 없다"는 뜻이라고 답하십니다. 위로부터 난다는 게 무슨 뜻일까요? 세상에서 일어나는 방법, 우리의 눈으로 확인하고 증명하는 그런 방법으로는 안 된다는 것입니다. 니고데모는 엄마 배 속에서 태어나는 땅의 방법을 말하고, 예수님은 하늘의 방법을 말씀하십니다.

놋뱀과 십자가

이어서 예수님은 '물과 성령으로 나야 한다'고 가르치십니다. 그런데 9절을 보면 니고데모는 아직도 그 뜻을 알아채지 못합니다. 그러자 예수님은 갑자기 민수기 21장에 나오는 이야기를 꺼내면서 "모세가 광야에서 뱀을 든 것같이 인자도 들려야 하리니 이는 그를 믿는 자마다 영생을 얻게 하려 하심이라"(요 3:14-15)고 말씀하십니다.

이것은 일명 '불뱀 사건'으로 불리는 이야기입니다. 광야로 나선 히브리 백성이 노예 시절의 처참한 과거를 깨끗하게 잊어버리고, 광야에서 그들을 안내하는 구름 기둥과 불기둥을 당연한 것으로 여기면서, 진주 같고 기름진 고기 같다던 만나를 하찮은 음식이라고 비웃는 지경에 이릅니다. 결국 하나님은 불뱀을 보내 이들을 징벌하셨고 모세의 놋뱀을 보는 사람만 살아남는 사건이 있었습니다. 니고데모에게 예수님이 그 이야기를 들려주십니다.

그런데 이 사건도 생각해 보면 참 이상합니다. 불뱀이 나타나 사람을 죽였는데, 뱀 형상을 만들어 장대에 달고 그것을 쳐다보는 사람마다 살았다는 내용도, 그들의 죽음과 치유의 원인이 모두 하나님이라는 사실도 참 이상합니다. 도대체 예수님은 이 이야기로 무엇을 말씀하시려는 것일까요?

민수기에 나오는 불뱀 사건의 결론만 말하자면, 하나님은 두려움과 공포의 근원인 동시에 '치유와 구원의 하나님'이란 사실을 보여 줍니다. 달리 표현하면, 우리의 공포와 두려움은 모두 하나님의 손안에 있고, 그렇기에 치유도 오직 하나님 손에 달려 있다는 사실을 우리에게 가르쳐 줍니다. 성공한 사람이었던 니고데모의 세계가 아니라, 하나님이 구원하신다는 예수의 세계에 모든 열쇠가 있음을 여기서 엿볼 수 있습니다.

우리는 인생을 살아가면서 예상치 못한 아픔과 괴로움을 만납니다. 도대체 이 시련과 두려움이 어디서 시작되었고, 어디서 끝날지 알 수 없을 때가 있습니다. 그때마다 어떤 이는 하늘의 심판이라고 생각하면서 하나님을 원망하고 자책합니다. 하지만 그보다 더 분명한 것은, 이 모든 시련을 끝내고 치유하실 분이 하나님이라는 점입니다. 이 일을 하시기 위해 모세로 하여금 놋뱀을 들어올리게 하셨습니다. 이것이 먼 훗날 니고데모에게 영생의 길을 알려 주시는 예수님의 대답 속에 다시 등장한 것입니다. 하나님은 모세가 놋뱀을 들어올린 것처럼 그분의 아들을 십자가에 올려 세우십니다. 그렇기에 십자가는 그분을 믿는 모든 사람에게 치유와 구원의 놋뱀이 됩니다.

"물과 성령으로 거듭나지 않으면 하나님 나라에 들어갈 수 없다"(5절 참고)는 예수님의 말씀으로 다시 돌아갑시다. 여기서 물은 요단강에서 세례를 주며 회개를 선포했던 세례 요한을 기억나게 합니다. 회개가 무엇입니까? 회개란 하나님 앞에 과거의 죄를 자백하고 청산하는 것입니다. 이웃을 비방했던 나의 입술, 이익만을 탐했던 나의 마음, 악한 것을 알고도 모른 채 침묵했던 나의 과거를 철저하게 책임지고 갚고 청산하는 것이 회개입니다. 과거를 잊은 백성은 미래가 없다는 말도 이런 맥락 아닐까요.

'성령으로 난다'는 말도 깊이 생각해 봐야 합니다. 성령은 무엇일까요? 성경에서 성령은 '우리를 거룩하게 만드는 영'입니다. 거룩하게 된다는 것은 하나님의 뜻에 맞게 매일 매일 변화된다는 의미입니다. 어제보다 오늘, 오늘보다 내일, 하나님 앞에 더 온전히 서도록 하는 게 성령입니다. 또한 성령은 내가 주인 되었던 내 입술, 내 눈과 귀, 내 마음의 주인이 하나님으로 바뀌도록 만드는 하늘의 선물입니다.

그래서 성령 받았다는 사람은 끊임없이 하나님의 저울 위에 자기 양심을 올려놓고 사는 사람입니다. 예수 믿는다고 하면서 어제나 오늘이 똑같으면 정말 성령 받은 것인지 의심하고 회개해야 합니다. 한번 우리의 삶을 냉정히 돌아봅시다. 예수 믿기 전과 지금을 비교해서 우리 마음과 말, 행동이 변하지 않았다면 그건 허투루 예수 믿은 것입니다.

여기서 '영성'이라는 말을 언급해야 할 것 같습니다. '영성'이라는 말이 요즘 여기저기 많이 사용되는데, 이 말의 기본적인 뜻은 '초월', 즉 '나를 넘어선다'입니다. 나를 넘어선다는 게 무슨 말인가요? 하늘로 올라간다는 말인가요? 아닙니다. 기독교가 생긴 이래 '영성'이라는 말은 언제나 나를 넘어 다른 사람에게로 이어진다는 뜻을 가지고 있어요. 그래서 기독교적 영성을 가지고 있다는 말은 측은지심의 마음, 즉 이웃을 내 몸과 같이 여기는 태도를 뜻합니다.

이것을 성경에서는 '성령의 능력' 또는 '성령의 은사'라고 부릅니다. 고린도전서 12장 4절에 보면 아홉 가지 성령의 은사가 나오는데, 모든 은사가 내가 아닌 다른 사람과 연결되어 있다는 사실을 알 수 있습니다. 그래서 영성 깊은 사람은 혼자서 신비한 체험을 많이 하는 사람이 아니라, 타인의 마음과 아픔에 공감하고 그를 위해 섬기고 봉사하는 사람입니다. 영성 깊은 기도도 마찬가지입니다. 기도하면서 신비한 체험을 많이 한다 해도, 그저 개인적인 체험으로만 끝나면 그리스도의 영과 아무런 상관이 없습니다.

예수님은 하나님 나라를 보고 들어가는 방법, 영생하는 방법은 물과 성령을 통해 거듭나는 것이라고 니고데모에게 가르치십니다. 물로 세례를 받는다는 것은 내가 주인 되어 사는 삶을 청산하고 하나님의 길에 나의 마음과 삶을 가지런히 놓는 것입니다. '성령으로 거듭난다'는 것은 나를 넘어 타인을 배려하고 이웃을 내 몸같이 여기며 사는 것입니다.

기다리는 예수

예수님은 니고데모에게 바로 이 말씀을 하시는 것입니다. 그런데 그는 이 뜻을 여전히 알아듣지 못합니다. 그는 아직 땅의 세계에서 어두운 밤을 살아가는 사람입니다. 그렇다면 니고데모, 그리고 니고데모처럼 불완전하고 흔들리는 땅의 사람은 가망이 없는 것일까요? 어둠에 속한 사람은 하나님의 심판을 받고 영원히 버림받고 말까요? 아닙니다. 요한복음은 그렇게 간단하게 이 이야기를 끝내지 않습니다. 요한복음 3장을 읽어 보면, 니고데모의 모습이 갑자기 사라집니다. 주님의 말씀을 듣고 그분을 따랐는지 아니면 떠났는지 전혀 알 수 없습니다. 그냥 소리 없이 사라집니다.

그리고 나중에 갑자기 나타나는데, 이미 말씀드린 대로 요한복음 7장 50절과 19장 39절에 다시 등장합니다. 그가 어떤 모습으로 다시 나타나는지 확인해 보십시오. 요한복음 7장 50절에서는, 예수를 잡으려는 제사장과 바리새인 무리 앞에 나타나 예수의 무죄를 변호합니다. 요한복음 19장 39절에서는 더 인상적입니다. 몰약과 침향이라는 귀한 기름을 100리트라, 오늘날로 환산하면 대략 32킬로그램 정도나 들고 예수가 매달려 죽은 십자가 앞에 찾아옵니다. 이건 대단한 용기입니다. 당시 문화에서는 십자가형으로 죽은 죄인의 시신은 수습할 수 없었습니다. 그런데 유대인의 지도자였던 니고데모는 이른 아침 기름을 들고 나타나 정성스레 수습합니다. 이것이 무슨 뜻일까요? 어둠 가운데 있던 그가 예수를 만나 변했다는 뜻 아닐까요!

요한복음에서 니고데모의 모습을 따라가 보면, 우리를 향한 하나님의 뜻을 발견하게 됩니다. 하나님의 관심은 우리를 저주하고 심판하는 데 있지 않습니다. 불완전하고 흔들리는 우리를 빛으로 인도하고 구원하시는 데 있습니다. 예수님은 요한복음 3장 16-17절에서 이렇게 설명하십니다.

하나님이 세상을 이처럼 사랑하사 독생자를 주셨으니, 이는 그를 믿는 자마다 멸망하지 않고 영생을 얻게 하려 하심이라. 하나님이 그 아들을 세상에 보내신 것은 심판하려 하심이 아니요, 그로 말미암아 구원을 받게 하려 하심이라.

이 구절은 니고데모에게만 주시는 말씀이 아닙니다. 불안의 밤을 걷는 땅의 사람들, 곧 우리 모두를 위한 주님의 약속이며 복음입니다. 이 복음을 믿는 자마다 구원을 얻을 것입니다.

모든 지각에 뛰어난 하나님의 평강이 그리스도 예수 안에서 우리의 마음과 생각을 지키실 것입니다. 아멘.

우물가의 여인과 예수

요한복음 4:5-30

사순절 셋째 주일 복음서 말씀은 요한복음 4장입니다. 예수님이 유대를 떠나 갈릴리로 돌아가시는 길에 수가성에 들어갔다가, 야곱의 우물에서 한 여인을 만나 대화를 나누시는 장면입니다. 성경에 나오는 예수님의 대화 가운데 가장 긴 본문이지요. 여기 나오는 내용은 여러모로 우리에게 익숙합니다. 어떤 이들은 '우물가의 여인'이라는 복음성가 때문에 익숙하고, 또 어떤 이들은 이 본문이 '예배'라는 단어가 성경에서 가장 많이 나오는 곳이기에 예배를 강조하는 설교에서 많이 들었을 것입니다.

　이외에도 전도를 독려하는 설교의 단골 본문으로 사용되곤 합니다. 죄 많고 무지한 이방 여인의 인생이 예수를 만나면서 뒤바뀌었고 곧장 마을로 달려가 사람들을 전도했으니, '우리도 이 여인을 본받아 예수님 만나고 전도 열심히 합시다'라는 식입니다. 물론, 이 본문은 예수를 만나 회심한 이야기가 맞습니다. 하지만 이런 식으로 이 본문을 읽어 버리면 여기 담겨 있는 풍성한 의미를 놓치게 됩니다. 예수님과 사마리아 여인의 만남을 조금 다른 각도에서 묵상해 봅시다.

니고데모와 사마리아 여인

먼저 고려해야 할 것은 이 이야기가 요한복음 전체의 한 부분이라는 사실입니다. 즉 예수님이 사마리아 여인과 만난 이야기는 요한복음 전체에서 뚝 떨어진 이야기가 아니라는 말입니다. 요한복음 3장에 나오는 니고데모 이야기와 이 사마리아 여인 이야기를 비교해 보면 좋겠습니다. 그러면 이 본문이 의도하는 메시지가 좀 더 명확하게 드러날 것입니다. 여기에는 여러모로 대조되는 부분이 있습니다.

니고데모는 유대인의 지도자요 남자입니다. 그는 지적으로, 도덕적으로 흠잡을 데 없는 사람입니다. 그런 그가 한밤중에 진지한 물음을 가지고 예수님을 찾아옵니다. 예수님은 하나님의 진리를 설명해 주시지만 그는 이해하지 못하고 돌아갑니다.

이에 비해 수가성 우물가에서 만난 사람은 유대인이 혐오하는 사마리아 사람이요 여자입니다. 이 여인은 결혼을 다섯 번이나 하고 지금 동거하는 남자도 있어서 사회적으로 눈총 받는 사람이지요. 그녀는 니고데모와 달리 한낮에 예수님을 만났고, 니고데모과 달리 계획된 만남이 아니라 우연한 만남이었습니다. 니고데모는 예수님을 찾아가 자기가 먼저 말을 걸었지만, 수가성에서는 예수님이 여인에게 먼저 말을 건네십니다. 대화가 끝났을 때 니고데모는 예수님의 말씀을 이해하지 못했지만, 수가성 여인은 그 말씀의 뜻을 바로 깨닫고 마을로 달려가 이 사실을 알립니다. 이렇게 니고데모의 만남과 이 여인의 만남은 천지 차이입니다.

요한복음은 이렇게 차이나는 만남을 연속적으로 우리에게 들려줍니다. 무슨 의도로 이 두 가지 만남을 들려주는 것일까요? 이 질문의 답을 찾아보고자 합니다.

오늘의 말씀이 특별한 이유는 유대인 예수가 사마리아 여인을 만났다는 데서부터 시작합니다. 역사적으로 유대인과 사마리아인 사이에는 깊고 오래된 반목의 역사가 있습니다. 수 세기 동안 사마리아인과 유대인은 서로에 대한 적대감을 공격적으로 표출하며 살아왔습니다. 적대 감정의 기원은 다양하겠지만, 그것이 절정에 달했던 때는 기원전 128년경 유대인이 사마리아 수도 세겜을 쑥대밭으로 만들고 그리심 산에 있던 사마리아인의 성전을 파괴하는 사건이 벌어졌을 때입니다.

그 후로 사마리아인은 유대인이라면 치를 떨었고, 유대인은 사마리아인을 향해 '하나님이 지옥 땔감으로 쓰려고 너희를 만들었다'고 조롱하며 그들을 부정하다고 여겨 왔습니다. 오죽하면, 신실한 유대인은 사마리아인을 쳐다보지도 말고 그 땅은 밟지도 말라고 가르쳤을까 싶습니다. 이런 역사가 적어도 1세기 말까지 이어져 왔고, 요한복음의 오늘 이야기는 이런 배경 아래 놓여 있습니다.

이런 역사적 배경을 생각하면서 '예수님이 사마리아 여인을 만났다'는 말을 읽어 보십시오. 예수님이 여인에게 물을 달라고 했을 때 여인의 반응을 한번 보세요. 4장 9절입니다. "당신은 유대인으로서 어찌하여 사마리아 여자인 나에게 물을 달라 하나이까?" 여인이 의아하게 여깁니다. 당연한 반응입니다. 앞서 말한 그런 반목의 역사가 있으니까요.

부정한 여인이 아닌 불쌍한 여인

이제는 만남의 장소를 한번 따져 봅시다. 처음에는 목이 마른 예수님이 여인에게 물을 달라고 요청하시는데, 이 둘의 대화가 12절에서 갑자기 우물 이야기로 바뀝니다. 여인이 이 우물은 '야곱의 우물'이라는 것을 설명하더니 대뜸 "당신이 야곱보다 크냐"고 묻습니다.

여기서 우리는 창세기 24장과 29장을 떠올릴 수 있어야 합니다. 아브라함의 종이 이삭의 아내를 물색하러 밧단아람에 간 일이 있지요. 그때 동네 우물에서 한 소녀에게 마실 물을 나눠 달라고 요청합니다(창 24:14). 그때 물을 준 소녀가 나중에 이삭의 아내가 되는데, 바로 리브가입니다. 창세기 29장에도 이와 비슷한 이야기가 나오지요. 이번에는 야곱이 우물에서 미래의 아내 라헬을 만납니다. 때는 정오입니다.

요한복음에서 예수님이 수가성 여인을 만난 시각이 정오라고 했을 때, 구약을 알고 있던 사람들은 즉시 창세기의 이 두 이야기를 떠올렸을 것입니다. 그리고는 즉시 '어? 이거 우물에서 남자와 여자가 한낮에 만나면 결혼 이야기인데!'라고 생각했을 것입니다. 실제로 예수님과 사마리아 여인의 대화는 결혼 이야기로 진행됩니다. 그런데 예상치 못한 방향으로 전개되지요. 여기 등장한 여인은 곧 결혼할 신부가 아니라 다섯 번이나 결혼했고, 지금은 또 다른 남자와 동거하는 사람, 즉 결혼에 희망을 둔 여인이 아니라 결혼에 지칠 대로 지친 여인이라는 사실입니다.

요한복음 4장 이야기를 듣는 사람들의 생각은, 이 여인이 야곱의 우물가에 서 있지만 위대한 결혼을 앞둔 사람이 아니라는 정도에서 끝나지 않습니다. 이 여자의 남편이 몇 명이었고, 얼마나 불량한 여자인지 떠올립니다. 그러면서 당시 결혼관습과 여성의 사회적 현실을 완전히 무시하고 여성 혐오성 추측을 하기 시작합니다. 그런데 분명한 것은, 이 여인이 왜 이렇게 여러 번 결혼했는지, 이혼 원인이 무엇인지에 대해 성경은 철저히 침묵하고 있다는 사실입니다. 그러나 우리가 추측할 수 있는 내용은 있습니다.

이 여인이 여러 번 결혼했던 이유가 이 여인의 잘못이 아닐 가능성이 훨씬 크다는 사실입니다. 왜냐하면 당시에는 여자가 남편에게 먼저 이혼을 통보할 수 없었기 때문입니다. 그러므로 우리는 그녀를 '다섯 명의 남편을 가진 부정한 여인'으로 읽을 게 아니라 '다섯 번이나 버림받은 불쌍한 여인'으로 읽어야 합니다. 이 여인의 삶을 극도로 불리하게 만드는 건 순전히 '여자'라는 사실입니다. 어떤 설명과 변명도 통하지 않는 1세기를 살아가는 여인이 바로 이 사마리아 여인입니다.

이 여인은 어떻게 해서라도 자신의 처지를 숨기고 싶었을 것입니다. 그런데 예수님이 대뜸 이런 말을 하십니다. "이르시되 가서 네 남편을 불러오라"(요 4:16). 예수님이 모르고 하시는 말이 아니라는 사실을 다음 대화에서 확인할 수 있습니다. 여자가 '나는 남편이 없습니다'라고 답하자, 예수님이 '그래 맞다. 너의 남편은 다섯이었고, 지금 살고 있는 사람도 남편이 아니다'(17-18절 참고)라고 말씀하시죠.

여인은 깜짝 놀랍니다. 숨기고 싶은 비밀을 누군가에게 들켜버리는 순간입니다. 어쩌면 이 순간 여인은 너무나 수치스러워서

화를 벌컥 내고 그 자리를 떠났을 수도 있습니다. 그런데 수치심을 대하는 이 여인의 반응이 놀랍습니다. 자신의 삶이 예수 앞에 훤히 드러나는 순간 여인은 도망가지 않고 용기를 냅니다. 이제껏 속에 품고 있던 가장 내밀한 자신의 질문을 꺼내 놓기 시작한 것입니다. 그리고는 예수가 누구인지 진심으로 깨닫고, 그 감격으로 자신이 살던 곳으로 돌아가 그 경험을 간증하며 살아갑니다.

그런데 여기서 한 가지 의문이 생깁니다. 예수님은 왜 이 여인의 사정을 다 알고 계시면서 가장 아픈 부분을 건드린 것일까요? 이 본문을 연구하는 성서학자들 가운데 어떤 이들은, 다섯 번의 결혼이 실제 결혼한 횟수일 수도 있지만 일종의 '역사적 암시'라고 보기도 합니다. 사마리아의 역사를 보면, 이 땅을 두고 여러 민족이 노략질하며 휩쓸고 간 과거가 있습니다. '다섯 번의 결혼'을, 사마리아를 지배했던 다섯 정치 세력 또는 초기 사마리아 혈통을 구성했던 다섯 집단으로 보는 것이지요.

이런 식으로 보자면, 이 여인과의 만남 이야기는 사마리아인들이 결혼하듯 하나님을 만나 새로운 삶을 살게 된다는 의미로도 볼 수 있을 것 같습니다. 결혼한다는 것은 사랑 안에서 둘이 하나 되어 새로운 삶을 산다는 뜻입니다. 이 대화는 20절에서부터 예배 장소에 대한 문답으로 이어집니다.

이 산도 저 산도 아니다

그런데 다음 구절들로 넘어가기 전에 우리의 오해부터 풀어야 합니다. 이제부터 '예배'라는 단어가 쏟아져 나옵니다. 앞서 말씀드린 대로, 요한복음 4장은 한국어 성경 중에서 '예배'라는 단어가 가장 많이 나오는 장입니다. 그래서 예배에 관한 설교를 할 때마다 등장하는 단골 본문이 요한복음 4장 24절입니다. "하나님은 영이시니 예배하는 자가 영과 진리로 예배할지니라."

이 구절을 읽을 때 우리는 주일 예배를 떠올립니다. 그런데 여기서 말하는 '예배'의 원어는 그런 뜻이 아닙니다. 요한복음 4장에 나오는 예배는 모두 헬라어 *προσκυνέω*로 '엎드려 절하다' '경배'라는 단어로, 유대인들은 이 말을 '기도'라고 이해합니다. 그러므로 한글 성경을 읽을 때도 예배라는 말 대신 '기도' 또는 '경배'라고 읽는 게 훨씬 더 정확하다고 할 수 있습니다. 참고로, 기도든 경배든 '하나님과 인간이 하나 되어 새로운 삶을 만들어 간다'는 뜻으로 이해한다면 결혼의 의미와 상통하겠지요.

이제 여인이 예수님께 용기 있게 꺼낸 질문이 무엇인지 확인해 봅시다. 20절 말씀을 한번 바꿔 읽어 보겠습니다. '우리 조상들은 이 산에서 하나님께 엎드려 기도했는데, 당신들 말로는 기도의 장소는 오직 예루살렘뿐이라고 하더군요.' 여기서 이 산은 사마리아인의 성전이 있던 그리심 산이지요. 이어지는 21절 이하에서 예수님이 어떻게 답하시는지 들어 보십시오. '여자여 내 말을 믿으라. 그리심 산도 아니고 예루살렘도 아니다. 너희가 하늘 아버지께 기도할 때가 오는데 그게 바로 이때라. 하나님 아버지는 참으로 기도하는 사람을 찾으신다.' 그리고 또 말씀하십니다. '하나님은 영이시니 기도하는 자는 영과 진리로 기도할지니라'(24절 참고).

'영과 진리로'라는 말은 일종의 숙어인데, '진심으로'라는 뜻입니다. 그러니 '기도하는 사람은 진심으로 기도해야 한다', '기도하는 사람은 진심으로 하나님과 하나 되어야 한다'는 뜻으로 읽을 수 있습니다. 이 구절에서 중요한 것은 '하나님은 영이시다'라는 말입니다. 하나님의 영은 성령입니다. 우리가 제아무리 진심을 다해 기도한들, 성령의 도움이 없으면 아무것도 아닙니다. 요한복음이 전하고자 하는 메시지가 이것입니다. 성령은 진심으로 기도하는 이에게 응답하신다는 약속입니다. 예배와 기도의 장소가 중요한 것이 아니라 어떤 마음으로, 누구의 도움을 구하며 기도하는가가 중요합니다.

예수님의 말씀에 감명 받은 여인이 그리스도가 오시길 기다린다고 말하자 예수님이 이렇게 말씀하십니다. "내가 그라"(26절), 성경 전체에서 예수님 자신이 그리스도라고 알려 주시는 대목은 딱 한 번 나오는데, 바로 이 장면입니다. 열두 제자에게가 아니라 유대인들이 그렇게 혐오하고 저주하고 경멸하는 사마리아 사람, 그것도 여자, 게다가 다섯 번이나 버림받은 불쌍한 여인에게 예수님은 자신이 그리스도라고 말씀해 주십니다. 이 깨달음과 만남이 이 여인을 새롭게 살게 합니다.

우리에게 오시는 그리스도

이제 한 가지 질문과 함께 말씀을 정리해 봅시다. 예수님은 항상 가난하고 약한 사람에게만 은혜를 주실까요? 니고데모 그리고 사마리아 여인과의 만남을 보십시오. 이 둘은 달라도 너무 다른데, 예수님은 이들을 만나 주십니다. 이 두 사람은 출신 성분부터 다른데, 이들을 대하는 예수님의 방식도 완전히 다릅니다. 유대인의 지도자이고 학식이 뛰어난 니고데모에게는 신학적인 개념을 사용해서 진리를 설명하셨고, 수가성 여인에게는 일상에서 경험하는 물과 우물, 기도 같은 평범한 이야기로 설명해 주셨습니다.

하나님은 그렇게 각자에게 맞는 방법으로 우리를 찾아오십니다. 수많은 사람이 수가성 여인처럼 인생의 밑바닥을 경험할 때, 그때 하나님을 만나곤 합니다. 이런 모습을 보면서 어떤 사람들은 기독교가 힘없는 자의 종교 또는 약자들의 자기 합리화라고 비판합니다. 그러나 자기비하와 겸손이 구분되어야 하듯, 약자의 자기 합리화와 약한 존재로서의 자기 발견은 구분되어야 합니다.

나 자신의 약한 모습을 직시하고 스스로에게 그리고 하나님 앞에 겸손히 모든 것을 열어 놓을 때, 그 순간을 주님은 은혜의 기회로 사용하십니다. 예수님이 사마리아의 이름 없는 불쌍한 여인에게 친절한 은혜를 베푸신 것처럼, 주님은 우리에게도 은혜를 베푸십니다. 그 은혜가 우리를 여기 있게 합니다. 그 은혜가 우리로 하여금 삶의 터전으로 용기 있게 나아가게 합니다. 이것은 신실한 주님의 약속입니다. 이 은혜의 감격이 우리 가운데 충만하길 주님의 이름으로 축원합니다.

모든 지각에 뛰어난 하나님의 평강이 그리스도 예수 안에서 우리의 마음과 생각을 지키실 것입니다. 아멘.

나사로를 살리신
그리스도

요한복음 11:1-53

요한복음을 10장까지 빠르게 읽어 보면 예수님은 참 다양한 사람들을 만나십니다. 그리고 그들에게 언제나 무언가를 주십니다. 요한복음 3장에서는 유대인 관리 니고데모를 만나 영생을, 4장에서는 사마리아 여인에게 생수를, 4-5장에서는 국가 관리와 오랜 병을 가진 사람에게 생명의 회복을, 6장에서는 굶주린 사람들에게 생명의 떡을, 7장에서는 예루살렘에서 만난 어떤 이에게 생수의 강을, 8-9장에서는 앞 못 보는 사람에게 빛을(8:12, 9:35-38), 10장에서는 그분을 따르는 양들에게 풍성한 생명을 주십니다. 오늘 본문 말씀인 11장에서는 죽은 자에게 생명을 주시는 예수님을 만나게 됩니다. 11장은 요한복음에 나오는 모든 만남들의 최종적인 목표가 무엇인지 보여 주는 중요한 장입니다.

죽음에서 생명으로

11장에는 죽은 나사로를 살리시는 예수님이 소개되는데, 죽은 자를 살리시는 사건은 다른 곳에서도 찾을 수 있습니다. 회당장 야이로의 딸을 살리신 사건(마 9:18-26; 막 5:41-42; 눅 8:40-56)은 마태, 마가, 누가복음에 모두 나오고, 누가복음 7장에는 홀로 된 여인의 아들을 살리신 일(눅 7:11-17)이 나옵니다. 그런데 여기서 다시 살아난 사람들이 어떤 사람들인지 주목해 볼 만합니다. 이들의 나이와 성별, 사회적 배경을 살펴보면, 예수님의 관심과 구원하고 살리시려는 대상이 어떠한지 드러납니다.

야이로의 딸은 열두 살 소녀, 오늘날로 치면 초등학교 6학년 정도 된 외동딸입니다. 한창 사랑받고 해맑게 웃어야 할 나이에 죽음을 맞은 것입니다. 누가복음 7장에서 다시 살아난 사람은 홀로 된 여인의 아들이고, 요한복음 11장의 나사로는 두 누이의 오빠입니다. 이들은 모두, 세상에 마지막 남은 버팀목처럼 가족끼리 서로 지탱하며 살았을 것입니다. 그런데 그중 한 명을 다시 볼 수 없는 길로 떠나보냅니다.

갑자기 죽은 것도 당황스러운 일이지만, 가족의 죽음으로 절망한 유족들의 슬픔은 말로 표현할 수 없습니다. 죽음은 곁에 있는 사람까지 무너지게 만드는 마성이 있습니다. 그 자리에 주님이 들어가셔서 죽은 자를 살려 내십니다. 여기서 죽은 자를 살리셨다는 것은, 단지 죽은 사람에게 생명을 주었다는 뜻만 있는 게 아닙니다. 죽음을 생명으로 바꾸는 주님의 능력은 절망에 빠진 모든 이들을 구하는 하나님의 선물입니다.

본문 말씀인 나사로 이야기에서 두드러지는 것은, 고통 받고 슬퍼하는 사람들을 향한 예수님의 사랑과 연민입니다. 마리아, 마르다, 나사로의 이야기는 여러모로 요한복음의 클라이맥스를 이루는 말씀입니다. 요한복음에서 가장 강조되는 주제가 '하나님은 사랑이시다'라는 것인데, 요한복음 전체에서 나사로의 이야기처럼 구절구절 끈끈한 사랑의 감정이 묻어나는 곳은 없어 보입니다.

"이에 그 누이들이 예수께 사람을 보내어 이르되 주여 보시옵소서. **사랑하시는 자**가 병들었나이다 하니"(요 11:3)라는 말씀은, 마리아 마르다 자매가 사람을 통해 '당신이 사랑하시는 사람을 봐달라'고 부탁했던 표현이지요. 5절 말씀인 "예수께서 본래 마르다와 그 동생과 나사로를 **사랑하시더니**"에서도 예수님과 이 가족 간의 끈끈한 관계가 보입니다. 11절에서는 예수님이 나사로에 대해 이렇게 말씀합니다. "**우리 친구** 나사로가 잠들었도다." 33절에는 이들이 우는 모습을 보시고 "심령에 비통히 여기시고 불쌍히 여기셨다"라고 묘사됩니다.

상식적으로 생각하면, 장례식장에 누군가 찾아와 함께 슬퍼하는 일은 그리 낯선 풍경이 아닙니다. 그러나 아직 상여가 나가지도 않은 자리에 찾아와 마음 아파하는 사람이라면, 단순한 조문객이 아니라 매우 가까운 사이라는 것을 어렵지 않게 추측할 수 있습니다.

요한복음은 나사로 사건을 통해 우리의 그리스도가 우리의 고통을 자신의 것으로 여기며 함께 아파하신다는 사실을 보여 줍니다. 우리 믿음과 이해가 부족하다고 책망하거나 정죄하지 않으십니다. 그분은 슬퍼하는 사람의 감정을 공유하십니다. 함께 울고 위로하며 돌보고 도와주십니다. 그리고 끝내 슬픔과 절망, 공포와 죽음을 생명과 평화, 희망과 환희로 바꾸십니다.

나사로를 살리셨다는 요한복음의 이 이야기는 오늘 우리에게도 희망을 줍니다. 우리도 언젠가는 자신이나 사랑하는 사람의 죽음에 직면하게 될 것입니다. 우리는 죽음이 슬픔과 두려움을 유발한다는 것을 알고 있습니다. 그러나 예수 그리스도의 이름으로 세례 받은 그리스도인은 거기서 끝나지 않습니다. 왜냐하면 마르다에게 말씀하신 것과 같이 "나는 부활이요 생명이니 나를 믿는 자는 죽어도 살겠고, 무릇 살아서 나를 믿는 자는 영원히 죽지 않는다"는 주님의 약속이 우리를 지키기 때문입니다. 그 약속이 저와 여러분을 지킬 것입니다.

죽음에 이르는 병

그런데 본문을 천천히 따라가다 보면, 예수님의 반응이 매우 이상하다는 것을 알 수 있습니다. 요한복음 11장 3절에서 마르다와 마리아 자매가 예수님에게 사람을 보내 오빠가 심각한 병에 걸렸다고 알린 것은 빨리 와 달라는 요청이었습니다. 그러면 눈치 있게 후다닥 달려가는 게 맞지 않을까요? 그런데 예수님은 이틀이나 뜸을 들입니다. 게다가 "이 병은 죽을 병이 아니라"(4절)는 말씀까지 하십니다.

그렇게 미루시는 동안 결국 나사로는 죽고 맙니다. 나사로가 죽은 지 이미 3일이나 지난 다음에야 예수님이 오셨으니, 마르다 자매의 마음은 어떠했을까요? 얼마나 원망스러웠을까요? '오라고 할 때 빨리 오시지… 그러면 임종이라도 보셨을 텐데'라는 생각이 떠나지 않았을 것입니다. 이런 상황에서 예수님은, 마치 잠자고 있던 사람 깨우듯 죽은 나사로를 일으켜 세우십니다.

이 이야기는 다양한 종류의 실의에 빠진 모든 사람에게 위로가 될 만한 복음의 말씀입니다. 여기서 키에르케고르라는 덴마크 철학자 이야기를 하는 것도 도움이 될 듯합니다. 그는 1849년에 《죽음에 이르는 병》이라는 책을 썼는데, 책의 첫머리에 요한복음 11장 말씀을 인용합니다. 그러면서 "절망은 죽음에 이르는 병이지만 죽지 않는다. 그러나 절망은 분명히 죽음에 이르는 병이다"라고 글을 시작합니다.

키에르케고르는 나사로의 죽음에서 절망을 읽어 냅니다. 나사로의 죽음은 한 개인의 죽음이 아니라 그 주변 사람 모두에게 절망이었다는 점을 짚어 냅니다. 자매들의 죽을 것 같은 절망, 그리고 나사로의 실제 죽음까지 요한복음 11장에 모두 그려지고 있습니다. 키에르케고르는 절망에서 꺼내 줄 구원자가 없다면, 절망은 실제로 죽음으로 이어질 수밖에 없다고 강조합니다. 이것이 '죽음에 이르는 병', 절망입니다.

절망하지 않는 사람은 없습니다. 그러니 죽음에 이르는 병은 우리 모두의 이야기가 됩니다. 문제는 이 병에 걸린 사람에게 내려지는 진단이 심상치 않다는 데 있습니다. 키에르케고르의 말이나 성경의 진단대로 하자면, 이 병을 치료할 해법이 우리 자신에게는 없습니다. 더욱 심각한 건, 죽을병에 걸렸는데 병에 걸린 사실조차 모른다는 점입니다.

우리의 현실은 마치 알콜 중독자의 세계 같아서, 술에 취하면 말짱한 것으로 착각하고 술이 깨면 오히려 고통스러워합니다. 그렇게 우리는 매 순간 허망한 것으로 배를 채우면서 죽음으로 달려갑니다. 희망이 보이지 않다 보니 절망은 계속 절망을 부르고, 점차 헤어날 수 없는 나락으로 빠져듭니다. 이 절망의 반복은 결국 죽음에 이르게 합니다. 오늘날 우리는 이런 절망에 둘러싸여 있습니다.

그럼 해결책은 없을까요? 절망의 증상은 항상 관계가 어긋나고 깨질 때 나타납니다. 제가 초등학교 때 주일학교 헌신예배 대표기도를 맡았었는데, 기도문을 아빠에게 부탁했었어요. 그래도 아빠가 목사이니 쉽게 해 주실 줄 알고 "기도문 좀 써 주세요" 했는데, "야, 임마! 네 기도를 내가 왜 써 주냐?" 하시는 겁니다. 믿고 있던 관계가 깨지는 순간, 절망했죠.

절망이란 그렇게 기댈 곳이 사라지거나 깨질 때 시작됩니다. 좀 바꿔서 말하자면 '절망은 곧 죄의 상태'라고 할 수 있습니다. 하나님과의 관계가 끊어진 우리 현실, 그래서 이 절망을 해결할 방법이 없는 우리 현실을 성경은 죄의 상태라고 표현합니다. 그러니 이 죄의 상태, 절망의 상황은 우리 밖에서 우리를 건져 낼 구원자를 통해서만 해결될 수 있습니다. 성경은 바로 그 구원자가 하나님의 아들 예수 그리스도라고 선언합니다. 이것이 성경이 끊임없이 강조하는 복음의 메시지입니다.

그런데, 의사 앞에 증상을 숨김없이 드러낸 후에야 온전한 치료가 가능하듯, 우리의 절망도 그리스도 앞에 투명하게 드러날 때 비로소 온전한 회복이 시작됩니다. 부활이요 생명이신 그리스도를 믿는다는 것은 그분 앞에 투명하게 서는 것, 투명하게 기도하는 것, 투명하게 외치는 것이기도 합니다. 그분 앞에서 참으로 절망하는 사람이라야 치료받을 수 있게 됩니다. '죄 많은 곳에 은혜가 많다'는 로마서 5장 20절 말씀이 바로 이런 뜻입니다.

우리의 절망을 그리스도 앞에 가져와야 합니다. 이것이 기도의 삶이 중요한 이유입니다. 인간이 하나님의 형상으로 창조된 존재라면, 돈과 음식에 뿌리내리고 사는 '땅의 존재'로 만족할 수 없습니다. 위를 바라보는 믿음으로 일어서야 합니다. 신앙인에게 주어진 절망의 해독제는 하나님으로부터 시작된 것입니다.

유디카

사순절 다섯 번째 주일은 별칭이 하나 있는데, '유디카(Judika)'입니다. 서방교회 전통에서 이날 예배 때 사용하는 시편이 통상 43편인데, 이 장의 라틴어 성경 첫 단어가 공의로운 심판을 뜻하는 '유디카'이기 때문에 붙은 별칭입니다. 한글 성경에는 "주여, 나를 판단하소서"라고 되어 있는데 "주님, 나에게 당신의 정의를 주소서"라고 번역할 수도 있습니다. 이 시편은 고통스러운 현실 한가운데에 있는 신앙인이 하나님의 동행과 도움을 갈망하며 드리는 기도입니다. 시편 43편뿐 아니라 오늘 본문인 시편 130편도 같은 맥락입니다.

유디카 주일이 되면, 어떤 교회는 십자가를 천으로 가리거나 숨겨 놓고 성도들에게 이런 메시지를 강조했다고 합니다. "여러분, 우리의 현실은 십자가가 보이지 않을 정도로 어둡고 절망적이지만 공의의 하나님은 우리 곁을 지키십니다. 그러니 주님께 우리의 필요와 염려를 거침없이 탄원하며 기도합시다."

오늘 우리가 사는 세계에는 밝은 빛만 있지 않습니다. 곳곳에 암울함이 깃들어 있습니다. 사회 전반에, 그리고 우리의 관계 곳곳에, 나사로의 죽음에 통곡하며 절망하던 사람들의 흔적이 보입니다. 그러나 나사로의 친구이신 우리 그리스도는, 그분과 친구 된 모든 이에게 생명의 빛으로 다가오십니다. 나사로를 살리신 주님이 부활을 기다리는 저와 여러분을 생명 빛으로 인도하시길 주님의 이름으로 축원합니다.

모든 지각에 뛰어난 하나님의 평강이 그리스도 예수 안에서 우리의 마음과 생각을 지키실 것입니다. 아멘.

수난사
봉독

종려주일

마태복음 26:1-27:66

우리는 군중의 호산나 환호와 함께 예수님이 예루살렘에 입성하신 것을 기억합니다. 그러나 이 환호는 곧 배신과 십자가의 저주로 변하고 맙니다. 주님은 그렇게 수난과 죽음의 길로 들어서십니다. 하지만 이게 끝이 아닙니다. 그 고통의 길 끝에 거룩한 부활의 영광이 기다리고 있다는 사실을 우리는 성경에서 배워 알고 있습니다. 그래서 우리는 이 사건이 벌어졌던 예루살렘의 일주일을 '고난주간' 또는 '성(聖)주간'이라고 부릅니다. 교회력으로는 사순절의 마지막 주간입니다.

성 주간이 되면 교회들은 저마다 특별새벽기도회나 아니면 다른 특별한 행사를 기획하곤 합니다. 이와 달리 오래된 교회의 전통에서는, 성 주간 전반부인 첫 3일(월화수) 동안은 교회의 공적 예배나 기타 모임을 중단합니다. 대신 신자 스스로 말씀을 깊게 묵상하고 하나님 앞에 홀로 나아가 기도하면서 자신이 살아온 삶을 다잡는 절제의 시간으로 삼습니다. 1년 중 개인 경건의 시간으로 가장 중요한 시기 가운데 하나가 바로 성 주간 전반부 3일이라고 할 수 있습니다.

성 주간 후반부인 이후 3일(목금토)을 '거룩한 3일(*Triduum Sacrum*)'이라고 부르는데, 그리스도가 수난 당하고 죽고 부활하신 사건의 의미가 이 3일에 담깁니다. 그래서 이 3일이 사순절의 정점이 됩니다. 이 기간 동안 교인들은 함께 모여 성찬을 나누고, 우리가 그리스도 안에 초대된 하나의 가족이라는 것을 기억하며, 새신자의 세례와 입교 견신을 준비하는 시간으로 꾸립니다. 그렇게 거룩한 3일은 교회가 하나 되어 부활의 아침을 준비하는 귀중한 시간입니다.

우리는 매년 거룩한 성 주간을 맞습니다. 매번 같은 이름의 시간을 만나지만 그때마다 우리는 늘 다른 시간과 상황에 던져집니다. 어떤 때는 기쁨과 환희 가득한 시간 속에 성 주간을 맞고, 또 어떤 때는 절망과 암울함 가운데 이 시간을 맞게 됩니다. 그렇게 조건과 환경은 시시각각 변할지라도 주님 부활의 시간은 어김없이 우리를 찾아옵니다.

어김없이 찾아오는 성 주간을 우리는 어떻게 맞아야 할까요? 무엇보다 중요한 것은 우리의 자세입니다. 하나 된 몸과 마음으로, 예루살렘에 입성하시는 주님의 뒤를 따라 천천히 그리고 의미 있게 걸어가는 게 중요합니다. 주님이 보여 주신 겸손, 시련을 통과해 나가는 경건한 용기, 하나님의 구원을 향한 꺾이지 않는 소망의 자세를 우리도 그대로 닮길 바랍니다. 그리고 그 자세로 그분 뒤를 따라갑시다. 그 길 끝에서, 우리를 위해 준비된 영광의 부활을 함께 보게 될 것입니다.

우리 교회는 종려주일이 되면 설교 대신 복음서에 나오는 수난 기사를 봉독합니다. 1년에 한 번이지만, 수려한 문장의 그 어떤 설교보다도 말씀 자체에서 나오는 거친 울림이 얼마나 장엄한지, 수난사 봉독을 통해 매번 체험합니다.

오늘도 저는 여러분에게 마태가 전하는 수난 사건 본문을 읽어 드리겠습니다. 종려주일에 수난사를 읽고 들으면서 특별히 기억해야 할 부분이 있습니다. 종려주일은 예수님이 예루살렘에 왕같이 입성하신 날입니다. 군중의 환호와 축하를 받으며 입성하셨지만, 얼마 지나지 않아 환호했던 사람들이 모두 예수님을 외면해 버립니다. 심지어 제자들도 주님을 외면합니다.

이 상황은 오늘날 우리에게 부메랑처럼 돌아옵니다. 혹시 우리도 분위기가 바뀌면 그리스도를 외면하지 않습니까? 열정적인 우리의 신앙은 일시적인 것 아닐까요? 우리는 신실한가요? 예수님을 정죄했던 바리새인, 서기관의 태도와 우리 교회의 태도가 다를 게 무엇일까요? 종려주일에 우리 스스로 깊이 생각해 볼 질문입니다.

이제 마태복음의 26-27장에 담긴 예수님의 수난 기사를 함께 읽어 봅시다. 우리 가운데 성령의 인도하심이 가득하길 주님의 이름으로 축원합니다.

모든 지각에 뛰어난 하나님의 평강이 그리스도 예수 안에서 우리의 마음과 생각을 지키실 것입니다. 아멘.

성찬의 밤

앞장에서도 언급했지만, 성 주간 첫 사흘은 개인의 경건을 돌아보는 시간이고 성 목요일부터 시작되는 나머지 사흘은 교회 공동체가 함께 우리의 신앙을 돌아보는 시간이라고 할 수 있습니다. 수난-죽음-부활로 이어지는 이 사흘은 기독교 신앙의 신비를 가장 잘 보여 주는 귀중한 시간입니다. 그 첫날인 성 목요일 저녁, 예수님은 제자들을 불러 최후의 만찬을 나누십니다.

주님과 제자들이 나눈 이 식탁은 교회와 우리 예배의 기초가 됩니다. 우리는 그리스도를 신뢰하며 기쁘게 사귐을 갖는 이들의 모임이 당연히 교회라고 여기는데, 교회의 기초가 된 성 목요일 밤 식탁은 우리의 이런 생각을 흔들어 버립니다.

오늘의 복음서 말씀은 교회가 생기기 전에 식탁이 먼저 있었다고 알립니다. 그리고 그 식탁은, 죄인과 성도, 제자와 버림받은 자, 신자와 배신자가 함께 모여 기억하고, 미래에 일어날 일을 기대하며, 하나님의 회복과 일치를 함께 구현하는 식탁 공동체, 즉 교회로 성장합니다. 주님의 만찬은 우리가 믿는 그리스도가 어떤 분인지 드러내고, 그분과 함께하는 이들이 어떻게 조화롭게 살아야 하는지를 보여 줍니다.

떡: 마태복음 26장 말씀에는 예수 공동체 안에서 일어난 배신과 심판, 약속과 용서. 절망과 희망이 뒤섞여 있습니다. 심지어 주님의 식탁에 마련된 떡과 잔은 심판과 구원을 모두 상징하는 양면적인 의미를 담고 있습니다. 예수님이 마련한 식탁에 마련된 빵은 유대인의 관습에 따른 유월절 무교병입니다. 이 떡은 이스라엘이 노예에서 해방된 출애굽 역사를 기억하게 합니다. 이와 더불어 우리는 이 떡을 통해 오병이어로 오천 명을 먹이신(14:13-21, 15:32-38) 하나님 나라 잔치의 풍요로움을 떠올릴 수 있습니다. 그러나 이 떡이 마냥 낭만적이지만은 않습니다. 예수님이 이 떡을 '떼어' 제자들에게 나눠 주는 순간, 우리는 예수님의 육체가 찢기고 단단해 보이던 제자들의 공동체가 깨어질 것을 예상합니다.

잔: 예수님은 이 식탁에서 잔도 나눠 주십니다. 그리고 이 잔을 '언약의 피'라고 표현하십니다. 이 말씀은 오늘의 구약 말씀인 출애굽기 24장 1-8절과 애굽을 탈출하기 직전 문설주에 발라 이스라엘 백성을 보호해 준 어린 양의 피를 연상시킵니다. 하지만 피에 대한 최초의 언급은, 가인의 아벨 살해 사건 때 땅이 아벨의 피를 삼키고 하나님께 부르짖었다는 이야기에서 찾아볼 수 있습니다. 예수님이 지금 제자들과 맺는 이 피의 언약은, 가인 세대부터 이어져 온 보복과 살인, 전쟁의 오랜 역사에서 비롯된 폭력의

저주에 대한 해독제가 됩니다. 예수님은 지금 그분이 사랑하시는 사람뿐 아니라 배신자들도 초대하여 피의 언약을 맺으십니다. 그리고 이 땅에서 폭력과 죽음의 노예로 살아가는 모든 이들을 하나님의 자녀로 구출해 내십니다.

배신과 포용

이렇게 떡과 잔을 함께 나누고 난 후, 끝까지 따르겠다던 제자들은 배신하고 분열하며 뿔뿔이 흩어지게 됩니다. 예수님은 제자들의 배신과 분열을 미리 알고 계셨습니다. 하지만 주님은 이런 제자들을 끝까지 믿어 주십니다. 마태복음 26장 20절의 "예수께서 열두 제자와 함께 앉으셨더니"라는 구절은 자신을 버리고 배신할 사람들도 끝까지 기다리며 포용하겠다는 주님의 신호입니다. 그렇다고 해서 제자의 배신과 그 죄를 간과하고 어물쩍 넘어가시지는 않습니다.

21절에서 예수님은 "내가 진실로 너희에게 이르노니 너희 중의 한 사람이 나를 팔리라"고 말씀하십니다. 그러자 제자들은 "주여, 나는 결코 아닙니다"라면서 차례로 부인합니다. 마지막으로 유다도 자신은 아니라고 부인합니다. 하지만 예수님을 팔지 않겠다는 제자들의 부인은, 만찬이 끝난 후 순식간에 변해 버립니다. 그들은 예수님을 외면하고 버리고 도망갑니다. 이렇게 하나님의 구원과 조상들과의 언약을 기억하는 식탁에서조차 제자들은 분열합니다. 그들은 예수를 팔지 않겠다는 굳은 신념으로 하나 되었었지만, 결국 서로의 관계는 깨지게 됩니다.

우리는 주님이 베푸신 최후의 만찬, 성찬의 이야기를 거룩하고 낭만적으로 이야기합니다. 그러나 식탁의 이야기는 주님에 대한 신뢰와 교제 한가운데서 일어나는 배신과 음모, 분열도 담고 있습니다. 우리는 종종 이 사실을 간과합니다.

오직 그리스도

그렇다면 마태복음은 이 마지막 식탁 이야기를 통해 무엇을 말하는 것일까요? 이 복음서 말씀을 반복해서 읽어 보면, 예수님 외에 그 어떤 영웅도, 거룩한 사람도, 의로운 특권도, 미리 선택된 민족이나 우월한 계급도 존재하지 않는다는 사실을 알게 됩니다. 주님이 마련하신 성 목요일의 식탁에는 그저 깨어지고 부서진 사람들만 모여 있습니다. 그리고 이들과 함께 앉아 죄와 악함을 품어 주고 화해시키시는 주님만이 보입니다. 식탁에 모인 제자들을 통해 우리는 우리 자신을 보게 됩니다. 제자들은 개인적인 공로나 의로움 때문이 아니라, 죄를 용서하고 화해로 인도하시는 주님의 초대 덕분에 이 식탁에 있습니다. 우리도 역시 그분의 자비로운 인도로 그 식탁에 초대됩니다.

복음의 말씀은 언제나 동일한 음성을 우리에게 들려줍니다. 유대인이나 이방인이나, 갈릴리 사람이나 예루살렘 사람이나, 여자나 남자나, 바리새인이나 제자나, 배운 자나 못 배운 자나, 부자나 가난한 자나, 그 어떤 누구, 그 어떤 집단도 하나님 앞에 합당한 존재로 서지 못한다는 사실을 계속 가르칩니다. 그럼에도 불구하고 하나님은 우리를 끝까지 사랑하시고 기다리십니다. 이 진리가 참으로 복된 소식입니다.

그 하나님의 사랑이 성 목요일 주님의 만찬에서 선명하게 펼쳐집니다. 예수님은 배신자들도 초대하여 떡을 떼 주십니다. 그리고 죄인들의 회복을 약속하고 기다리십니다. 오늘 우리는 다시 주님의 식탁을 나눕니다. 떡을 떼고 잔을 나눌 때, 우리를 위해 십자가에서 몸이 찔리고 찢기신 예수님을 기억합시다. 그리고 동시에, 떡이 찢어지는 것처럼 이 식탁을 나눈 우리의 영혼도 찢어져 우리 일상에서 작은 그리스도로 부활하길 바랍니다. 죽음에서 부활하신 그리스도 예수가 우리 모두를 성찬 밤의 약속대로 품어 주시고 회복시키실 것입니다.

성 목요일, 우리에게 주시는 성찬의 신비가 배신과 분열로 가득한 우리 삶을 살리는 하늘의 선물이 되길 주님의 이름으로 축원합니다.

모든 지각에 뛰어난 하나님의 평강이 그리스도 예수 안에서 우리의 마음과 생각을 지키실 것입니다. 아멘.

주님의 부활:

부활주일

기쁨과 두려움이 손을 잡을 때

마태복음 28:1-10

"주님이 부활하셨습니다!" "참으로 부활하셨습니다!" 교인들이 나누는 이 인사는 천 년이 넘도록 이어진 부활절 인사입니다. 죽음을 이기신 그리스도의 부활은 우리 모두에게 희망을 선물합니다. 오늘 우리는 그 감격으로 찬송하고 기뻐합니다. 하지만 마태복음 28장의 말씀은 기쁨과 환희 대신 당혹과 두려움을 전합니다.

전혀 예상치 못한 일이 무덤에서 펼쳐집니다. 돌문은 옮겨졌고, 시신은 사라졌으며, 굴려진 돌문 위에 빛나는 천사가 앉아 있습니다. 거기 있는 사람들은 모두 얼음장같이 굳어 버립니다. 마태복음은 이 상황을 두고 "무서워하여 떨며 죽은 사람과 같이 되었더라"(마 28:4)고 설명합니다.

복음서 말씀은 거기서 그치지 않고 더욱 빠르게 전개됩니다. 천사가 두려움에 떠는 그들에게 주님이 부활하셨다는 소식을 전

부활주일

177

합니다. 이 메시지를 들은 여인들은 다른 제자들에게 달려갑니다. 그런데 달려가던 여인들에게 더 큰 일이 생깁니다. 부활의 소식을 안고 발걸음을 재촉하는 여인들 앞에 부활하신 주님이 모습을 드러내신 것입니다. 그리고는 "무서워 말라. 가서 형제들에게 갈릴리로 가라 하라. 거기서 나를 보리라 전하라"(10절)고 말씀하십니다. 이제 이 여인들은 가야 할 곳, 말해야 할 내용이 더욱 확실해집니다.

성경을 계속 읽어 보면, 여인들이 제자들에게 전한 이 소식이 교회를 세우고 역사를 변혁시킵니다. 오늘 우리가 여기에 모여 있는 것도 이 소식 때문입니다.

기쁨과 두려움이 손을 잡을 때

본문 말씀은 두 명의 마리아를 소개하면서 이들의 감정에 대해 묘사합니다. 그들은 처음에 두려움에 떱니다. 그러나 부활의 소식을 들은 후에는 두 개의 감정이 공존합니다. 기쁨과 두려움, 일견 이 두 마음은 공존할 수 없는 물과 기름 같아 보입니다.

하지만 기쁨과 두려움이 손을 잡은 그 순간이 이 부활의 아침을 더욱 찬란하게 만듭니다. 이 순간을 여러분 모두 헤아려 보길 바랍니다. 놀랍게도 두 마리아가 다른 제자들에게 부활의 소식을 전하러 달려갔을 때는 두려움과 기쁨이 공존하던 순간입니다. 그 두려움과 기쁨이 두 마리아의 가슴을 가득 채우고 있을 때, 그 지점에서 이들은 부활하신 주님을 만나게 됩니다. 그리고 주님은 그녀들이 달려가야 할 곳과 그 내용을 더 확실하게 알려 주십니다.

여기서 기쁨은 주님의 부활 소식이 분명합니다. 그러면 여인들을 엄습한 두려움은 무엇일까요? 우리는 이 두려움을 단순한 공포가 아니라 하나님의 계명을 몸으로 살지 못한 양심의 소스라침으로 읽어야 합니다. 하나님과 이웃을 사랑하지 않은 우리의 마음이, 이웃에게 상처주고 강탈하는 우리의 말과 행동이, 하나님 앞에서 폭로되는 순간 생기는 공포와 두려움이 바로 이것입니다.

삶을 강탈당한 사람, 가난한 사람, 목소리를 빼앗긴 사람을 모른 척 하고 불의와 부정을 보고도 분노 없이 눈 감는 우리 모습이 하나님 앞에 폭로되는 순간, 우리의 양심은 죽음처럼 얼어붙어야 합니다. 오늘날 부활을 말하는 우리에게 소스라치는 양심의 두려움이 있는지요?

물론, 두려움만으로는 주님의 일을 할 수 없습니다. 두려움은 그저 빈약한 순종만 만들어 낼 뿐입니다. 기쁨만으로도 우리는 주님의 일을 할 수 없습니다. 기쁨만 있는 곳에는 자신의 무릎을 꺾는 갈망과 기도가 없기 때문입니다. 주님의 부활을 경험한다는 것, 그것은 두려움과 기쁨이 손을 잡는 순간과도 같습니다. 그것은 참으로 신비입니다. 우리가 그런 거룩한 신비 가운데 주의 일을 준행할 때 주님은 우리를 위로하고 도우십니다. 죽음을 이기고 생명으로 인도하는 부활의 능력이 우리 가운데, 그리고 온 세계에 가득하길 주님의 이름으로 축원합니다.

모든 지각에 뛰어난 하나님의 평강이 그리스도 예수 안에서 우리의 마음과 생각을 지키실 것입니다. 아멘.

3

성령을 기다리며

부활절 둘째 주일부터 성령강림절까지

우리의
부활

요한복음 20:19-31

부활절 둘째 주일입니다. 지난 주일 우리는 사망 권세 이기고 다시 사신 주님의 부활을 축하하며 찬송했습니다. 그리고 오늘 우리는 그분의 부활을 기억하며 감사의 마음으로 예배에 참여하고 있습니다. 죽음에서 생명으로, 어둠에서 빛으로 나아오신 그분의 부활은 오늘 우리의 예배 가운데 기쁨으로 가득합니다.

오늘의 세월호

하지만 우리가 살아가는 세상은 부활의 기쁨과 대비됩니다. 우리 세계는 여전히 고통과 슬픔, 갈등과 두려움으로 가득합니다. 2024년은 세월호 사건 10주년이 되는 해입니다. 2014년 4월 16일, 우리는 수백 명의 생명이 바다에 잠기는 참극을 목격했습니다. 그중 대부분은 어린 학생들이었고, 그들의 가족들과 친구들 그리고 그 소식으로 트라우마가 생긴 사람들은 아직도 상처와 슬픔을 넘어서지 못하고 있습니다. 우리 교회 교우들이나 친지 가운데에도 알게 모르게 이 아픔과 관련된 분들이 있습니다. 오늘도 그 슬픔을 동여매고 이 예배에 참여하고 계실 것입니다.

어둡고 생경한 이 아픔은 비단 세월호 사건으로만 그치지 않습니다. 불명예스럽게도 우리 대한민국은 자살률이 전 세계에서 언제나 1~2위를 다투고 있고, 어린이부터 노인에 이르기까지 우울·불안·고립이 심각하다는 사실도 아무렇지 않게 받아들이고 있습니다. 건강보험심사평가원 통계를 본 적이 있습니다. 코로나 이전인 2017년에 비해 2021년에는 우울증 환자 진료가 35퍼센트, 불안장애 환자 진료는 32.3퍼센트가 증가했는데, 더 충격적인 것은 20대 환자의 증가율입니다. 불과 4년 사이에 20대 우울증 환자 수는 127.1퍼센트, 불안장애 환자는 86.8퍼센트가 증가한 것으로 보고됩니다.

생로병사라는 필연적인 삶의 과정에서 벌어지는 고통 말고도, 숱한 어려움의 사연이 더욱 빈번하게 들립니다. 불과 몇 년 사이에 우리나라에 무슨 일이 벌어진 것일까요? 우리는 지금 판도라 상자에서 세상의 모든 불행이 쏟아져 나와 버린 것 같은 세계를 살아갑니다. 이런 현실에 대해서 사람들은 다양한 원인을 찾곤 합니다. 사회학자는 사회학자대로, 경제학자는 경제학자대로, 정치가들은 정치가대로, 저마다 원인을 찾아 해법을 마련합니다. 하지만 분명한 것은 오늘 우리가 이런 우울한 세계를 살고 있다는 사실입니다. 어떻게 하면 이런 세상에서 잘 살아갈 수 있을까요?

부활 후 제자들

복음서 본문인 요한복음 20장은 부활하신 예수님이 제자들에게 오시는 장면을 보여 줍니다. 여기서 우리는 제자들의 반응을 볼 수 있습니다. 빈 무덤을 목격한 막달라 마리아가 베드로와 요한에게 찾아와 이 일을 알렸을 때, 이들은 그저 어리둥절한 마음으로 무덤에 찾아옵니다. 하지만 어찌 된 영문인지 아무런 실마리도 얻지 못하고, 혼란스러운 마음만 가득한 채 집으로 돌아옵니다.

11절에서 장면은 다시 무덤으로 돌아갑니다. 거기서 마리아가 슬피 울고 있습니다. 주님의 시신이 없어진 것을 보고 하늘이 무너져 내린 것 같은 심정이기 때문입니다. 억울하게 십자가에서 돌아가신 것도 서러운데 시신까지 없어졌으니, 땅이 꺼져라 통곡할 수밖에 없습니다. 그때 부활하신 주님이 다가와 다정하게 그녀에게 말을 거십니다. 이제 마리아는 울음을 그치고 일어나 이 소식을 전하기 위해 달려갑니다.

19절에서는 남자 제자들이 등장합니다. 때는 주님이 부활하신 날 저녁입니다. 제자들은 주님이 십자가에서 처형되시자, 두려워 문을 잠근 채 숨죽여 모여 있습니다. 세상과 접촉해 봐야 답이 안 나올 것으로 생각했고, 자칫 자기들까지 위험해지리라 판단했을 것입니다. 극단적으로 추측해 보면, 십자가 처형을 본 제자들은 이제껏 주님이 약속하신 것들이 모두 거짓이었고 부질없는 것이었다고 생각했을 수 있습니다. 제자들이 문을 잠근 모습은, 믿음과 희망이 모두 무너지고 외부 소리에 귀를 막아 버린 그들의 상황을 그대로 보여 줍니다. 제자들은 누구와도 소통하지 않고 스스로 고립시켜 버립니다.

빈 무덤에서 그들이 막달라 마리아의 소식을 들었는지 아닌지, 요한복음에서는 확실히 알 수 없습니다. 다만 마가복음 16장을 참조해 보면, 문 틀어 잠그고 모인 이 제자들도 그 소식을 들었던 것 같습니다.

그럼, 거기 모인 사람들은 무슨 말을 나누고 있었을까요? 아마 여자 제자가 전한 부활 소식을 놓고 "정말인가? 믿을 수 있나?"라는 불안과 의심 가득한 대화가 오갔을 것입니다. 바로 그때, 제자들이 걸어 잠근 문 너머로 예수님이 들어오십니다. 그분의 첫마디는 "너희에게 평강이 있을지어다"였습니다. 그리고는 손과 옆구리를 보여 주십니다. 이 광경을 보고 제자들이 어떻게 반응했을까요? 성경에는 제자들이 어떻게 반응했는지에 대해 아무 언급이 없습니다. 그저 우리 상상력에 맡깁니다.

제8일

그리고는 24절로 갑자기 넘어갑니다. 시간은 그로부터 8일이 지났습니다. 이번에도 제자들이 모여 있습니다. 그런데 8일 전에는 없던 도마가 그 자리에 있습니다. 다른 제자들이 도마에게 부활하신 주님을 만났다고 말하지만, 그는 그 말을 믿지 못합니다. 아마 예수님이 부활하셨다는 이야기가 들릴 때마다 괴로웠을 것 같습니다. 죽은 사람이 살아난다는 게 도대체 말이 안 되기 때문입니다. 그래서 어쩌면 주님이 부활하셨다는 이야기를 들었을 때 미쳤다고 생각했을 수도 있고, 아니면 예수님에 대한 제자들의 갈망이 너무 큰 나머지 죽은 사람을 마음속에서 살아난 것으로 여기는 은유라고 생각했을 수도 있습니다. 여하튼 도마는 육체의 부활을 믿지 못하고 있습니다.

이렇게 믿지 못하는 도마 앞에 주님이 오셔서 다시 "너희에게 평강 있으리라"고 말씀하신 후, 십자가에서 얻은 손과 옆구리 상처를 보여 주십니다. 그리고 죄를 용서하는 성령을 제자들에게 불어넣어 주십니다. 이제 도마 차례입니다. 도마는 부활하신 주님 앞에서 "당신은 나의 주님, 나의 하나님"이라는 위대한 신앙 고백을 하게 됩니다. 이것으로 도마의 인생은 완전히 새롭게 태어나게 됩니다. 이것이 제8일에 일어난 일입니다.

오늘 보여 드리는 이 그림이 바로 이런 장면을 극적으로 담고 있습니다. 1600년 어간에 그려진 이탈리아 화가 카라바조의 유명한 그림 〈의심하는 도마〉입니다. 어둠 가득한 공간에 밝은 백색의 주님이 등장합니다. 마치 검은색 천을 배경에 두른 연극 무대 위에 예수님과 세 제자가 있는 것 같습니다. 도마가 예수님 옆구리에 손을 거침없이 넣습니다. 예수님의 상처와 고통은 아랑곳하지 않고, 마치 해부학 교수처럼 거침없이 상처를 후비고 있습니다. 나머지 두 제자의 눈빛도 예수님의 고통에는 전혀 관심 없고 그저 창 자국의 진위에만 관심을 둡니다. 제자들의 이런 태도는 불쾌하고 불경하게 보일 정도입니다. 이에 비해 주님의 태도는 매우 대조적입니다. 오른손으로 겉옷을 열어 상처가 잘 보이게 도와주시고, 도마의 팔을 잡아 상처 깊은 곳으로 넣도록 하십니다. 그분의 표정은 제자들의 호기심 어린 표정과 달리, 고통을 참아 내는 안쓰러운 모습입니다. 종교화에서 그리도 흔하게 보이는 예수님 머리의 후광도 그려 넣지 않은 모습이, 옆구리의 찢어지는 아픔을 더 심하게 전하는 것 같습니다.

카라바조, 〈의심하는 도마〉, 1601-1602년
107×146cm, 독일 포츠담 신궁전 소장

물론 이 작품은 성경의 내용과 차이가 있습니다. 성경 어디에도 도마가 예수님의 옆구리에 손을 넣었다는 이야기는 나오지 않습니다. 하지만 작가의 상상력이 도마 앞에 선 예수님의 모습을 더욱 의미 있게 만들고 있다는 사실은 부인할 수 없습니다.

다시 성경으로 돌아가 봅시다. 요한복음을 단숨에 읽어 보면 좀 이상한 게 있어요. 부활절 이야기를 다루는 대목에서 가장 정점이 되는 부분이 부활 사건 직후일 테고, 그러면 부활하신 예수, 풍성한 생명, 영원한 변화와 가능성이 열린 세상에 대한 벅찬 희망 같은 이야기가 나와야 하지 않습니까? 그런데 성경은 오히려 정반대 이야기를 들려줍니다. 요한복음 20장이 바로 그 내용입니다. 여기에는 부활 사건 직후의 불안한 여인과 고립된 제자들, 의심하는 도마 이야기가 나옵니다.

제자들은 불안하고 두려워 문을 걸어 잠근 채 어둠에 숨어 있습니다. 그 정점이 도마 이야기입니다. 성경은 대체 우리에게 무엇을 말하려고 도마를 부활 직후에 등장시키는 것일까요? 요한복음 20장은 분명히 그리스도의 부활과 믿음의 중요성을 다루고 있습니다.

그러면서 공포에 질리고 갈피를 못 잡는 제자들의 심경, 그리고 이들의 부족한 믿음을 보여 줍니다. 하지만 여기서 중요한 것은 예수님의 등장입니다. 부활하신 주님은 믿음이 적은 사람, 부활을 의심하는 사람, 불안한 사람, 고립된 사람, 공포에 질린 사람, 절망한 사람을 나무라거나 심판하시지 않습니다. 그 반대입니다. 주님은 가까이 다가오셔서 기댈 사람이 있다는 것을 알려 주시며, 평안을 전하고 미래를 보게 하십니다.

도마 주일

　부활절 둘째 주일에는 여러 이름이 붙습니다. 부활절의 환희와 기쁨을 상징하는 흰색 영대(stola)를 걸치는 날이라 해서 '백색 주일'이라고도 하고, 부활절을 포함해 여드레 지난 날이라고 해서 '제8일'이라고도 합니다. 또 복음서 본문으로 도마 이야기를 들려주는 주일이라고 해서 '도마 주일'이라고도 합니다.

　모든 주일이 다 특별하겠지만, 고대 교회에서는 부활절 당일부터 바로 다음 주일까지 이르는 8일 동안의 시간을 매우 귀하게 여기고 활용했다고 알려집니다. 2세기 교부인 히폴리투스의《사도 전승》(분도출판사)에 보면 세례 교육과 세례 받는 과정이 나오는데, 최소 3년을 교육받아야 하고 그동안 성경과 교리, 기도와 금식을 배우면서 세례를 준비합니다. 그리고 부활절에 세례를 받게 됩니다.

　세례 받으면 바로 달라지는 몇 가지가 있습니다. 예배 시간에 다른 교인들과 똑같이 '주기도'를 드릴 수 있고, '평화의 인사'도 할 수 있고, '성만찬'을 통해 떡과 포도주를 받을 수 있게 됩니다. 세례 받기 전에는 모두 금지되었던 것들이지요. 부활절에 세례를 받으면, 비로소 그날 처음으로 성찬에 참여하면서 다른 교인들과 동등한 권리를 누릴 수 있게 됩니다.

　하지만 세례 받았다고 해서 바로 성찬과 세례, 예배 순서에 담긴 의미와 신비를 완전히 이해할 수 있는 것은 아닙니다. 그래서 세례 받은 사람들은 부활절 저녁부터 토요일까지 7일 동안 성례전과 예배에 관한 교육을 받는데, 이것을 일명 '신비 교육(미스타고지: *Mystagogy*)'이라고 불렀습니다. 우리 식으로 하면, 견신례,

입교 교육, 혹은 예배 교육 정도 될 것 같습니다. 그러면서 자신이 받은 성례를 되새기고 그 안에 담긴 신비한 의미를 깨달은 후, 삶으로 살아내도록 안내받게 됩니다. 이것을 일 년에 한 번씩 했던 것이지요.

이런 정기교육이 나중에 자리를 잡고 교회의 전통이 되는데, 일종의 사경회 같은 것으로 이해해도 될 것 같습니다. 이런 배움의 시간을 통해 교인들은 다시 태어나는 경험을 했다고 합니다. 그렇게 일주일을 함께 공부한 다음 부활절 두 번째 주일을 맞습니다. 그리고 앞서 말씀드린 대로, 이날 요한복음 20장의 도마 이야기를 복음서 말씀으로 낭독하게 됩니다. 도마의 이야기에는 의심하고 흔들리던 제자의 믿음이 새롭게 거듭난다는 내용이 들어 있기 때문이지요. 그래서 부활절 둘째 주일의 라틴어 이름이 아이처럼 다시 태어난다는 뜻의 '콰지모도 주일(Quasimodo 또는 *Quasimodogeniti infantes*)'입니다. 부활절이 주님이 부활하신 날이라면, 부활절 둘째 주일은 우리가 부활하는 날이 됩니다.

우리의 부활

19세기 소설 《노트르담의 꼽추》를 많이 알고 있을 것입니다. 빅토르 위고의 명작인데 거기 나오는 주인공 이름이 콰지모도입니다. 장애를 안고 태어나 버려졌던 아이가 프랑스 노트르담 대성당의 종을 치는 일을 맡게 되고, 후에 에스메랄다와 사랑에 빠지지만 비극으로 끝난다는 소설입니다. 우연인지는 모르겠지만, 그 꼽추의 이름이 콰지모도라는 사실은 이 비극적인 소설을 통해 교회가 무엇인지, 그리스도인이 무엇인지, 거듭난 사람이 무엇인지에 대해 가슴 아프게 돌아보게 합니다.

부모와 사회, 심지어 교회에서도 버림받고 사랑하는 사람을 잃게 되는 콰지모도의 비극, 세월호 참사, 젊은이들의 우울과 정신 질환, 현실에 대한 공포, 고립감, 갑작스러운 재난, 미래에 대한 불안 등등, 이런 일들은 누구에게나 일어날 수 있는 삶의 어두운 그늘입니다. 그리고 이것은 남의 일이 아니라 바로 우리 자신의 일이기도 합니다.

그런 일을 갑자기 겪으면 누구나 비탄에 빠지고 흔들리기 마련입니다. 마치 빈 무덤 앞에서 통곡하던 마리아와 문을 잠가 버렸던 제자들, 그리고 의심하던 도마처럼 말입니다. 그러나 부활절 둘째 주일인 오늘, 우리가 다시 태어나는 이 날, 예배를 통해 소망을 가집시다.

세례 받아 교인이 되는 것, 그것은 십자가 사건 너머 아픈 기억을 되새기되 진실을 잊지 않겠다는 신념의 행동입니다. 떡과 잔을 받아 함께 나누는 것, 그것은 예수님이 우리에게 몸을 나눠 주셨듯 우리도 이웃의 떡과 잔이 되겠다는 희생과 섬김의 표시입니다. 평화의 인사를 나누는 것, 그것은 부활의 주님처럼 연약한 누군가의 친구가 되고 위로의 사람이 되겠다는 연대의 표시입니다. 주기도를 한목소리로 함께 드리는 것, 그것은 하늘 뜻이 우리 가운데 펼쳐지길 간절히 소망하는 교회의 탄원입니다. 우리의 주님은 이런 우리의 기도에 반드시 응답하십니다.

주님이 비탄의 장소에 찾아오셨고, 평안을 전하셨으며, 그 힘이 교회가 되었다는 사실을 잊지 맙시다. '이야기를 들어 주는 한 사람만 있으면 자살을 막을 수 있다'는 말이 있습니다. 그 말은 사실입니다. 세례 받은 그리스도인의 삶도 바로 이와 같습니다. 주님이 우리의 탄원에 귀를 기울이고 찾아오셨으니 이제 우리 차례입니다.

어린아이의 잡담에도 귀를 기울이고, 낯선 사람의 방문도 지나치지 말며, 꾹꾹 참아 내는 눈물도 외면하지 맙시다. 서로에 대한 사랑과 배려와 섬김으로 비극을 당한 이들, 약한 이들, 흔들리는 이들을 돌아보며 살아갑시다. 우리 주님은 그렇게 살아가는 이들의 삶 가운데 그분의 나라를 이루실 것입니다. 부활하신 주님의 빛나는 사랑이, 어둡고 불안한 세계 곳곳에서 참 소망이 되길 주님의 이름으로 축원합니다.

모든 지각에 뛰어난 하나님의 평강이 그리스도 예수 안에서 우리의 마음과 생각을 지키실 것입니다. 아멘.

선한
목자

요한복음 10:1-10

부활절 넷째 주일은 종종 '선한 목자 주일'이라고 불립니다. 해마다 이 날이면 교회력 복음서 말씀으로 요한복음 10장을 읽고 선한 목자이신 예수님을 묵상하기 때문입니다. '선한 목자'라는 말을 들을 때마다 우리는 푸른 초장 잔잔한 물가로 양을 인도하며 목숨 걸고 보호하시는 예수님을 떠올립니다. 로마의 지하 동굴이었던 카타콤베에 가면 가장 오래된 기독교 미술 작품을 하나 만날 수 있는데, 다친 양을 어깨에 메고 걸어가는 목자의 모습입니다. 우리도 이런 예수님이 우리 곁에 계시길 내심 기대합니다. 심신이 지쳐 기도할 때면, 그분이 길을 잃은 나, 상처 난 나, 죽을 것 같은 나를 번쩍 들어 안전한 곳으로 데려가 주시길 소원하곤 합니다. 오늘의 교회력 말씀들은 우리를 선한 목자이신 예수 그리스도 앞으로 초대합니다.

목자요 양의 문

요한복음 10장은 "내가 진실로 진실로 너희에게 이르노니"(1절)라는 말로 시작합니다. 원어 성경은 '아멘, 아멘'으로 시작하는데, 이것은 이제부터 나오는 내용은 절대 잊으면 안 된다는 신호입니다. 마치 황소 앞에 빨간 깃발을 드는 것과 같습니다. 정신 바짝 차려 듣지 않으면 순식간에 목숨이 위태로울 수도 있다는 뜻입니다. 이 신호 뒤에 예수님은 "문을 통하여 양의 우리에 들어가지 아니하고 다른 데로 넘어가는 자는 절도며 강도요, 문으로 들어가는 이는 양의 목자라"(1-2절)고 말씀을 이어 가십니다. 이어서 스스로를 "목자요, 양의 문"이라고 소개하십니다.

그런데 이 본문 말씀은 따로 뚝 떼어놓고 읽으면 안 되는 말씀입니다. 사실 오늘의 복음서 말씀은 중요한 두 개의 사건 사이에 끼어 있습니다. 앞 장인 요한복음 9장에는 날 때부터 시각 장애를 앓고 있던 사람을 치유하시는 이야기가 나오고, 11장에는 죽은 나사로를 살리시는 이야기가 나옵니다. 소경을 치유하고 죽은 사람을 살리는 이야기 사이에 선한 목자 비유가 끼어 있는 것이지요.

9장부터 읽어 보면, 예수님이 시각 장애인을 치유하셨는데 문제가 생깁니다. 바리새인들이 나타나 시비를 걸기 시작한 것입니다. 모두 쉬어야 하는 안식일에 사람을 치료했다면서 시비를 겁니다. 이렇게 시비 거는 사람들 들으라고 예수님이 하신 말씀이 요한복음 10장의 선한 목자 비유입니다. 그리고는 죽은 자를 살리시는 사건이 이어집니다.

9-11장까지 이야기를 이어 보면, 앞 못 보는 사람을 치료한 것은 대단한 일인데, 이것을 아니꼽게 보던 사람들이 시비를 겁니

다. 예수님의 사역과 가르침을 거절하고 꼬투리 잡는 이 사람들을 향해 예수님은 '강도와 절도'라고 하면서 힘주어 비판하십니다. 그리고는 자신의 음성을 따라오는 이들, 자신을 통해 들어오는 이들은 모두 구원을 받고 꼴을 얻게 하겠다고 하시면서 '나는 선한 목자'라고 선언합니다. 그런 다음 이어지는 11장에서 그 선한 목자는 죽은 자도 살리는 권세가 있다는 것을 보여 주십니다.

요한복음 전체에서 바리새인과 종교지도자들은 예수님의 사역과 가르침을 지겹도록 거절하고 딴지 거는 사람들로 소개됩니다. 예수님은 이들을 '강도와 도적'(절도요 강도)이라고 비유하시는데, 이들에게는 공통적인 특징이 있습니다. 이 사람들은 열린 문으로 들어오지 않고, 몰래 숨어들어 옵니다. 그리고는 양무리를 이간질하고 빼앗고 강탈하면서 자기 이익을 채웁니다. 이들은 언제나 본질은 내팽개치고 껍데기만 붙잡고 사는 사람들입니다.

이에 비해 예수님은 자신을 '목자와 양의 문'이라고 설명하십니다. 그분 안으로 들어가며 그분을 따르는 사람에게는 생명을 얻게 하고 더욱 풍성한 삶을 주겠다고 약속하십니다.

오늘의 복음서 말씀은 선한 목자가 양의 이름을 하나하나 부르고, 양은 주인의 음성을 알아듣고 따라온다는 비유입니다. 목자와 양은 그렇게 서로를 알고 음성을 알아듣습니다. 이런 관계가 구축되면 누구도 길을 잃거나 실족하지 않습니다. 교회가 된다는 것은 이렇게 목자와 양이 한 무리, 한 가족이 된다는 뜻입니다. 예수님의 설명을 들어 보면 양과 목자는 무엇보다 서로에 대한 애정이 끈끈합니다. "사람의 목소리는 그 사람의 두 번째 얼굴이다"(제라드 바우어)라는 말이 있습니다. 그만큼 음성에는 말하는 이의 삶과 성품, 인격이 지문처럼 묻어납니다.

저는 본문 가운데에서 특별히 3절 하반절 말씀이 묵직하게 읽힙니다. "양은 그의 음성을 듣나니 그가 자기 양의 이름을 **각각 불러** 인도하여 내느니라." 양무리가 있는 곳에 들어가 목자가 양의 이름을 하나하나 부르는 장면을 상상해 보세요. 양이 얼마나 조용한지는 모르겠지만, 양들이 모인 울타리 안은 여러 소음이 가득한 곳일 수 있습니다. 그런데 소음을 뚫고 양 한 마리에게만 들리는 소리가 있습니다. 양은 그 틀림없는 소리에 반응하고 따라갑니다. 하나님의 음성도 이런 식으로 일상의 소음을 뚫고 우리 마음에 꽂히고 스며듭니다. 우리는 그 음성에서 하나님의 얼굴을 만납니다.

예수님 말씀 중 정말 놀라운 복음은 마지막 10절입니다. "도둑이 오는 것은 도둑질하고 죽이고 멸망시키려는 것뿐이요, 내가 온 것은 양으로 생명을 얻게 하고 더 풍성히 얻게 하려는 것이라"(요 10:10).

예수님이 자신의 양을 부르시는 이유를 여기서 확인할 수 있습니다. '생명을 얻게 하고, 더 풍성히 얻게 하려는 것'입니다. 생명을 얻게 하는 것, 그리고 더 풍성하게 주시는 것, 이것이 예수님이 우리를 부르시는 이유입니다.

생명

여기서 한 가지 짚어 봐야 합니다. 예수님이 '생명을 주신다'고 할 때 우리는 종종 '영생'이라는 말로 바꿔 생각합니다. 그리고는 예수님이 약속하신 풍요로운 삶은 죽은 다음에나 누릴 수 있는 교회의 레토릭 정도로 여깁니다. 하지만 예수님이 생명을 주겠다고 하실 때, 원래 어떤 의미로 말씀하셨을지, 그리고 당시 청중은 어떻게 들었을지 관심 가져 볼 만합니다.

　　예수님이 살던 시대의 팔레스타인 사람들은 로마 황제라는 '제국의 통치'와 유대 종교 지도자라는 '종교의 통치'를 함께 받고 있었습니다. 하지만 로마의 지도자들도 유대인들을 풍성한 삶으로 인도하지 못했고, 유대의 종교 지도자들도 풍성한 삶을 보장하지 못했습니다. 두 통치자 모두 말로는 풍성한 삶을 약속했지만, 그 누구도 팔레스타인 땅의 뿌리 깊은 가난과 기근을 해결하지 못했습니다. 식량은 언제나 부족했고, 먹고 살기 힘들었고, 안전과 건강은 어디서도 보장받을 수 없었습니다. 지금 우리는 시편 23편과 요한복음 10장을 낭만 가득한 목가적 분위기로 읽어내려 가지만, 인구의 7-80퍼센트가 식량 부족에 시달리던 시대, 폭력과 절도, 강도가 난무하던 시대에는 '푸른 초장과 맑은 시냇물' 이미지가 가슴 아픈 하나님의 약속이나 다름없었을 것입니다.

　　이렇게 오늘 당장 사느냐 죽느냐 하는 판국에, 그럼 예수님이 말씀하신 '생명, 풍성한 삶'은 내세에나 이루어질 환상이었을까요? 아니면 할 수 있는 일이 없어서 단지 심리적 안정과 위로만 더 하려고 하신 말씀일까요? 물론 삶이 어렵고 괴로울 때 죽음 이후 세계를 바라보라고 하는 것은, 오늘의 고통을 잠시 잊게 하는 아편처럼 작동할 수 있을 것입니다. 하지만 그분이 약속하신 풍성한 생명은 죽은 다음 세계를 말하는 것으로 들리지 않습니다.

　　왜냐하면 예수님은 자신을 양의 문에 비유하시면서, 양들과 깊은 관계를 맺고 양들을 보호하며 인도하겠다고 거듭해서 말씀하시기 때문입니다. 그 보호와 동행의 관계는 죽음 이후가 아니라 '지금 여기서', 그분의 음성을 듣는 그 순간부터라는 것이 확실합니다. 그렇기에 10절에 나오는 '생명을 얻게 하겠다, 더 풍성한 삶을 주겠다'는 약속은 내세가 아니라 오늘 현세를 위한 약속으로 보아도 무방합니다. 물론 예수님은 우리에게 죽음 이후에도 영원한 생명을 주시는 분입니다. 그러나 요한복음 10장 10절에서 말씀하시는 생명은 '오늘, 여기, 지금부터' 시작됩니다.

저는 오늘의 말씀을 이렇게 읽습니다. 주님이 양의 문으로 들어온 모든 사람을 환영하고 보호하고 살피십니다. 그러면서 우리들 가운데 사회에서 생명의 기회를 거부당하고 박탈당한 사람을 찾아내시고, 그 사람에게 '오늘을 살아갈 생명'을 선물해 주십니다. 그분이 바로 선한 목자 예수입니다. 그리고 오늘을 살게 만드는 생명, 일용할 양식을 선물해 주는 울타리를 우리는 '교회'라고 부릅니다. 교회는 주님의 음성을 듣고 그분을 따라 살아갑니다. 그분의 말씀과 성찬을 나눌 때마다 우리는 선한 목자이신 그리스도 예수를 더욱 깊이 알게 되고, 생명의 기쁨은 더욱 풍성해집니다.

주님은 절대 그분의 자녀를 혼자 두지 않으시고, 교회라는 공동체로 인도하여 생명을 주십니다. 그리고 그곳에서 우리가 더욱 풍성한 삶을 살면서, 서로에게 생명을 나눠주는 선한 목자가 되길 원하십니다. 그런 곳이야말로 그리스도의 몸 된 교회입니다.

소명

선한 목자 주일과 관련해서 한 가지 더 말씀 드리고자 합니다. 앞서 언급했던 모든 것은 이번 주일의 두 번째 주제와 밀접한 관련이 있습니다. 부활절 넷째 주일을 선한 목자 주일이라고 소개했었는데, 가톨릭에서는 1964년부터 이날을 '거룩한 부르심'이라는 뜻을 담은 '성소(聖召)' 주일이라고도 부릅니다. 그래서 이날 온 세계 교회가 합심해서 복음 전파를 위해 부름 받은 모든 이들을 위해, 그리고 신실하고 바른 교회 지도자가 많이 배출되길 간절히 기도합니다. 이런 기도는 모든 교회에게 의미 있고 꼭 필요합니다.

전 세계적으로 보면 목사와 사제가 매우 부족한 것이 현실입니다. 이와 반대로 우리나라에는 '목사가 너무 많아서 탈'이라고 입을 모아 말하지요. 그런데 더 큰 문제는, 안수 받은 목사나 사제가 그렇게 남아도는데도 바르고 경건한 지도자는 소나무에서 사과 찾는 것마냥 찾아보기 힘들다는 점입니다. 이것은 이 시대 교회에서 공공연한 비밀입니다.

그래서 우리는 교회의 지도자를 달라고 주님께 기도할 때 바르고 신실한 지도자를 공급해 달라고 간절히 기도해야 합니다. 교단 총회에서 일할 바른 지도자들이 선출되길 기도하고, 교회에 진심인 목회자를 달라고 기도하고, 신학대학교에 학식과 인품을 겸비한 교수들이 공급되기를 기도해야 합니다.

그러나 문제는 여기서 그치지 않습니다. 우리는 종종 '성직'과 '소명'이라는 말을 너무 좁게 이해해 왔습니다. 그래서 성직자, 소명 받은 사람이라는 말을 할 때 종교 기관에 소속된 사람으로 한정하는 경향이 있습니다. 하지만 사실 우리 모두에게는 '거룩한 성직의 소명'이 있습니다. 오늘 이 자리의 우리는 모두 배우자, 부모, 교사, 의사, 공무원, 사업가, 학생, 사원 등등 현재 맡은 일이 있는데, 이것을 종교개혁자 마르틴 루터는 하나님이 주신 성직이요 소명이라고 부릅니다.

그래서 우리는 각자 스스로에게 물어봐야 합니다. 내가 매일 에너지를 쏟고 있는 일이 나의 진정한 소명인가? 이것이 하나님이 내 인생에서 정말 원하시는 일인가? 나는 내가 하고 있는 일로 그리스도 신앙을 어떻게 증거하고 있는가? 나는 이 세상을 사람들이 살기 좋은 곳으로 만드는 데 어떤 기여를 하고 있는가? 나는 진리, 사랑, 정의, 자유, 관용과 포용을 어느 정도 살아내고 있는가? 하나님은 내가 배우자나 부모로서 또는 특정 직업인으로서 교회와 사회에 어떤 일을 하도록 부르시는가? 나는 이웃에게 무엇을 공급하며 사는가? 혹시 내가 원하는 것을 얻으려고 사회와 교회를 이용하고 있는 건 아닌가? 등등.

주님은 세례 받은 우리 모두를 복음을 위해 부르십니다. 어떤 사람은 목사나 사제로 부르실 수도 있고, 그 부르심이 어느 날 갑자기 올 수도 있습니다. 하지만 성직의 거룩한 소명은 교회의 직분뿐 아니라 수백 가지 다른 길로 우리에게 주어집니다. 하나님은 우리 각자에게 특별한 재능과 달란트를 주셨습니다. 그렇다면 내가 하나님 나라를 위해 공헌하고 섬길 수 있는 소명의 자리, 거룩한 성직의 자리는 어디일까요?

우리 모두 이 질문에 진지하게 답하고 그에 따라 행동한다면, 우리 교회와 세상은 하나님의 복된 나라로 든든하게 세워져 갈 것입니다. 물론, 살다 보면 우리를 위협하고 흔드는 상황도 만나게 될 것입니다. 그러나 선한 목자 되신 그리스도 예수가 모든 것을 견디도록 우리에게 힘주시고, 푸른 초장 쉴 만한 물가로 인도하실 것입니다. 선한 주님의 부르심에 응답하여 그분을 닮아 가는 복되고 거룩한 교회, 모든 삶의 자리에서 성직의 소명을 이루는 교회의 지체가 되길 주님의 이름으로 축원합니다.

모든 지각에 뛰어난 하나님의 평강이 그리스도 예수 안에서 우리의 마음과 생각을 지키실 것입니다. 아멘.

주님의
가족

요한복음 14:1-14, 베드로전서 2:2-10

오늘 교회력 복음서 본문인 요한복음 14장은 장례식 단골 말씀입니다. 예수님이 잡히시기 전 제자들에게 들려주신 마지막 말씀이라서, 유족들을 위로하는 데 적절한 본문으로 꼽힙니다. 그렇다고 해서 이 본문을 장례식이나 죽음 이후 삶에 대한 주제로 제한할 필요는 없습니다. 오히려 이 말씀은 우리는 누구이고, 지금 이 순간, 오늘을 어떻게 살아야 할지 성찰하게 합니다.

불안한 제자들

복음서 말씀의 맥락을 잠깐 살펴봅시다. 요한복음 13장부터 보면, 때는 예수님이 잡히시기 전날 밤입니다. 주님은 제자들을 최후의 만찬으로 초대하시고 떡과 잔을 나누십니다. 제자들의 발도

씻겨 주시지요. 그러면서 왜 이런 낯선 행동을 보여 주시는지 그 의미도 설명해 주십니다(13:1-20). 그런데 아름다운 이야기는 딱 여기까지입니다.

같은 장인데도 21절부터는 슬픈 이야기가 시작됩니다. 함께 식사하시던 주님이, 괴로운 목소리로 제자 중 한 사람이 자신을 배신할 것이라고 예고하십니다. 그러자 유다가 슬그머니 빠져나 갑니다(13:21-30). 주님은 '이제 곧 제자들 곁을 떠날 것'이라고 또 예고하십니다(13:33). 주님의 폭탄 선언은 계속 이어집니다. 수제 자인 베드로가 그리할 수 없다고 예수님을 붙잡고 늘어지지만, 주 님은 그에게 '네가 새벽닭 울기 전 세 번이나 나를 모른다고 할 것' 이라는 가슴 아픈 예언도 하십니다(13:36-38).

동료 하나는 스승을 팔아먹는다 하시고, 수제자는 배신할 것 이라 하시고, 이제껏 따르던 선생님은 떠난다 하시니, 제자들은 이 게 다 무슨 소리인가 했을 것입니다. 설마 그런 일이 일어날까 싶 기도 하고, 당황스럽기도 하고, 정말 그런 일이 일어나면 어떻게 해야 하나 두려운 마음도 들었을 것입니다.

이렇게 뒤숭숭한 제자들에게 주님은 말씀하십니다. 요한복음 14장 1절입니다. "너희는 마음에 근심하지 말라. 하나님을 믿으니 또 나를 믿으라." 또 '내가 너희를 위해 거처를 예비할 것인데, 내 가 가는 길을 너희가 알고 있다'(요 14:2-4 참고)고 말씀하십니다.

이때 도마가 이렇게 치고 들어옵니다. '주님, 우리를 위해 아 버지 집으로 간다고 하시는데, 그곳이 어디인지 저희는 알지 못합 니다.' 도마의 목소리가 불안하게 들립니다. 주님이 다시 답해 주 시는데 이것은 유명한 구절입니다. "예수께서 이르시되 내가 곧 길이요 진리요 생명이니 나로 말미암지 않고는 아버지께로 올 자가 없느니라"(요 14:6).

이번에는 빌립이 나섭니다. "주님, 아버지를 보여 주세요"(14:8 참고). 하나님을 보여 달라는 빌립의 말을 문자 그대로 이해할 필요는 없습니다. 빌립이 바보가 아니라면, 하나님 아버지를 볼 수 없다는 것쯤 잘 알고 있었을 테니 말입니다. 이런 말을 하는 이유는 도마와 같습니다. 불안하기도 하고 갑작스레 떠나겠다는 스승이 야속하기도 해서 아버지를 보여 달라고 한 것입니다.

도마와 빌립의 불안, 우리도 마찬가지 아닌가요? '예수 믿는다'고 하면서도 우리는 쉽게 불안에 빠집니다. 게다가 주님이 어디로 가는지 알지 못한다고 했던 도마처럼 우리도 지금 올바른 길을 가고 있는 것인지, 참된 것을 향해 움직이고 있는 것인지 의심하며 살아갑니다.

너희는 마음에 근심하지 말라

우리는 이 말씀을 통해 제자들의 상황에 우리 자신을 비춰 봅니다. 내가 바로 저 자리에 있는 가룟 유다, 베드로, 도마, 빌립이라고 읽습니다. 그러면서 불안해하는 제자나 내가 다를 바 없다는 걸 깨닫고 위로받기도 하고, 길이요 진리요 생명이신 예수님을 굳게 믿으면서 살겠다고 다짐하기도 합니다.

그런데 이 본문을 묵상하다가 이전에 못 본 특이한 점을 하나 발견했습니다. 요한복음 14장 1절 첫 구절인 "너희는 마음에 근심하지 말라"라는 문장입니다. 그저 절망한 제자들과 우리를 위로하는 말씀으로만 읽었는데, 문법적으로 매우 이상합니다. 예수님이 제자'들'(복수)에게 말씀하시는데, 뒤에 따라붙은 '마음'은 '제자들의 마음(들)'이 아니라 그냥 '마음'(단수)입니다. ["너희는(복수) 마음에(단수) 근심하지 말라."]

왜 이런 표현을 했을까요? 예수님의 이 말씀은 서로 다른 모습, 서로 다른 처지의 제자들이 한 마음으로 묶인 단일 공동체임을 강조하는 것으로 보입니다. 사실 이런 생각은 바울 서신에서 매우 흔하게 볼 수 있습니다. 바울이 교회에 편지를 쓸 때 보면, 교회에 대해 늘 그리스도 안에서 한 몸, 한마음을 공유한 공동체라고 강조합니다. 마찬가지로 요한복음 14장 1절에서 예수님이 제자들을 향해 말씀하실 때도, 이들을 따로 떨어진 각각의 사람들이 아니라 하나의 마음으로 연결된 이들로 지칭한 것입니다.

여기서 이 '마음'의 정체는 무엇일까요? 요한복음을 가장 먼저 읽은 1세기의 요한 공동체, 즉 우리가 말하는 소위 '요한 교회'를 지칭하는 것입니다. 시기적으로 요한복음은 1세기 후반, 그러니까 서기 90년에서 100년 정도에 기록된 것으로 추정합니다. 다른 신약성경에 비해 비교적 늦은 시기입니다. 오순절 성령강림 사건으로 교회가 세워지던 초기만 하더라도 교회는 유대교의 한 분파 정도로 여겨졌습니다.

예를 들어, 사도행전에서 바울이 전도하는 모습을 보면 일정한 패턴이 있습니다. 도시 선교를 하기 위해 도시에 들어가면 그는 맨 먼저 유대인의 회당부터 들어갑니다. 즉, 바울이 선교하던 때만 하더라도 유대교와 기독교가 선명하게 구분되지 않았다는 간접 증거입니다. 그런데 서기 73년, 유대인과 로마인의 전쟁이 끝나고부터 상황이 달라집니다. 그때부터 그리스도인 공동체는 유대교와 완전히 갈라서기 시작합니다. 종교적 신념이 서로 달랐기에 더는 함께할 수 없었던 것이지요. 그래서 1세기 말, 유대교와 분리된 교회는 세상 속에서 자기 위치에 대한 불안과 절망을 경험하게 됩니다. 이것은 이전에는 전혀 경험하지 못한 분리불안입니다.

다른 복음서와 달리, 요한복음은 바로 이런 상황에서 그리스도인 공동체를 위해 기록됩니다. 그래서 "너희는 마음에 근심하지 말라"는 주님의 위로는, 각각의 제자에게 주신 말씀이 아니라 1세기 말 요한 공동체를 위로하는 말씀입니다. 다시 말해, 관계가 단절된 불안 속에서 다시 연결되고 회복되길 바라는 1세기 교회를 위한 복음의 말씀이 요한복음인 것이지요. 그래서 요한복음은 관계 단절을 경험하는 이 시대 모든 그리스도인을 위한 말씀으로 읽어도 충분히 의미 있습니다.

길이요 진리요 생명

오늘의 복음서 말씀에서 가장 유명한 구절은 요한복음 14장 6절 "내가 곧 길이요 진리요 생명이니 나로 말미암지 않고는 아버지께로 올 자가 없느니라"는 주님의 말씀입니다. 혹시 이 구절을 '예수천당 불신지옥', '교회 안 다니면 지옥 간다' 정도로 설명하는 분들이 있지는 않은지 궁금합니다. 실제로 교회 다니는 많은 분들이 이 구절을 그런 의미로 강조하기도 합니다. 하지만 이 본문의 맥락을 고려하면 그런 해석이 나오기 어렵습니다.

자세히 살펴봅시다. 예수님이 근심하는 제자들에게 '내가 곧 길, 진리, 생명'이라고 말씀하시는데, 이 문장에서 그리스어 '호도스(ὁδός)'라는 단어를 한국어로는 '길'이라고 번역했습니다. '호도스'는 성경 번역대로 '길' 혹은 '도로'이기도 하지만, 때로는 '여행'

을 뜻하기도 하고 은유적으로는 '삶의 방식과 태도'를 뜻하기도 합니다.

여기서 한 가지 오해에 대해 짚고 넘어가고자 합니다. 우리는 성경을 읽으면서 '예수를 따르던 1세기 사람들'을 '그리스도인'이라고 쉽게 지칭하지만, 그것은 상당히 나중에 생긴 이름입니다. 처음에 그리스도인들은 스스로를 다양한 이름으로 불렀는데, 그중 하나가 '길 위의 사람들'입니다. 사도행전 9장 2절에서는 "그 도를 따르는 사람"이라고도 되어 있습니다.

1세기 사람들은 '길'이라는 말을 '여행, 삶의 방식'으로 이해하기도 했다고 말씀드렸습니다. 그런데 이런 뜻만 있는 게 아닙니다. 1세기 그리스-로마 문화권에서는 플라톤과 아리스토텔레스 같은 철학자들이 철학 체계를 지칭할 때도 이 말을 사용했습니다. 철학을 '필로소피아'라고 하지요. 이 말을 풀면 '지혜를 사랑한다'는 뜻입니다. 그래서 철학자들은 참 지혜를 사랑하며 찾아가는 방법을 '길'이라고 불렀습니다.

요한복음에서 예수님이 "내가 곧 길이다"라고 말씀하시는 대목도 이렇게 이해할 수 있습니다. 참 지혜의 길이 예수에게 있고, 예수와 동행하는 삶에서 찾을 수 있다는 뜻이 됩니다. 그런 의미에서 본다면, 길·진리·생명은 따로 떨어진 세 단어가 아니라 같은 의미의 다른 표현이라고 봐도 됩니다. 예수님이 곧 길이요 진리요 생명이라는 말은 예수님이 꿈과 희망의 통로라는 말이 됩니다.

요한복음을 처음 들은 '요한 공동체'에게 이 말은 어떻게 들렸을까요? 모든 것이 단절된 시대에, 무언가 연결되길 간절히 소망하던 사람들의 모임이 요한복음을 듣던 1세기 사람들입니다. 불안한 이들에게 주님은 세상에서 볼 수 없는 아버지의 모습을 보여 주시고, 꿈과 희망을 약속하십니다. 그리고 성경은 주님의 이 약속이 '교회'라는 이름으로 세상에 모습을 드러낸다고 설명합니다.

교회

우리는 서로 처지가 다릅니다. 그러나 주님은 이런 우리를 하나로 모아 '교회'라는 이름으로 새 창조를 이루십니다. 주님은 그분의 교회를 한 몸 한마음으로 빚은 후, 여기에 길과 진리와 생명을 선물해 주십니다. 오늘의 사도서간으로 읽은 베드로전서 2장 말씀은 교회가 도대체 어떤 곳인지 우리에게 자세히 설명해 줍니다(벧전 2:1-10).

교회라는 곳은, 사람들이 갓난아기들같이 순전하게 다시 태어나는 곳이고, 젖과 꿀이 흐르는 땅을 찾아 나선 여행가들의 종착지이며, 사람들에게 버림당했지만 하나님께는 택하심을 입은 산 돌, 예수의 집입니다. 이곳은 건축자들이 버린 돌처럼 여기저기서 외면당하고, 버림받고, 깨진 사람들로 가득합니다. 그러나 교회라는 집의 주인이신 그리스도 예수님은 이렇게 부딪히고 깨지고 걸려 넘어질 돌들, 설득하거나 이해시키려 해도 바위처럼 꿈쩍 않던 문제 덩어리들을 여기에 모으셨고, 신령하고 튼튼한 집으로 만들어 가십니다. 이제 이 돌들은 한 몸 한마음의 집이 되어 갑니다.

그러므로 전에는 긍휼을 얻지 못했던 이 사람들이 이제는 긍휼을 얻었고, 전에는 하나님의 백성이 아니던 이 사람들이 이제는 하나님의 백성이 되었습니다. 교회에 속한 우리는 그리스도 예수 안에서 한 몸, 한마음, 한 가족입니다. 여기에서는 구별이나 차별이 없으며, 세상에서 끊어진 이들이 바로 하늘과 연결되는 거룩한 성도입니다.

이제 우리는 하나님이 택하신 족속이요 왕 같은 제사장들이며, 거룩한 나라요 그의 소유된 백성입니다. 주님이 우리를 교회로 만들어 가시는 목적이 있습니다. 그것은 이 어둡고 암울한 세계에서 우리를 따로 떼어 내 세상 밖으로 옮겨 놓으려는 게 아닙니다. 오히려 그 반대입니다. 주님은 우리를 세상을 위한 빛으로 부르셨습니다. 죽음도 이기신 아름다운 하나님의 복음이, 우리의 말과 행동, 우리의 예배와 일상을 통해, 하나님의 가족과 교회로 우리를 부르고 만들어 가십니다. 그것은 나 혼자만의 구원과 영생을 위해서가 아니라 모두의 구원과 영생을 위해서입니다.

닮은꼴

말씀을 듣고 떡과 잔을 나눌 때마다 우리는 더욱 선명하게 그분의 몸이 되어 갑니다. 우리가 주님을 얼마나 닮아 있는지 확인해 보십시오. 복음의 말씀을 듣는 우리 귀가 어찌 악독과 기만의 말을 들을 수 있을까요? 주님의 살과 피를 받기 위해 성찬대 앞으로 걸어 나오는 우리 발이 어찌 부정부패를 일삼는 사기꾼들과 동행할 수 있을까요? 주님의 살과 피를 받은 우리 손으로 어찌 폭력적이고 배타적이며 헛된 모사와 비방으로 가득한 기사와 칼럼을 써 내려갈 수 있을까요? 성찬을 모시는 우리 혀와 입으로 어찌 가볍고 난잡한 말, 시기와 권모술수와 무례와 거짓이 가득한 말을 서슴없이 내뱉을 수 있을까요?

우리의 몸이 주님의 몸이라는 사실을 조금이라도 묵상하는 사람이라면 결코 그리할 수 없습니다. 우리의 손과 발과 입, 그리고 우리의 몸과 마음은 주님을 닮아갑니다. 선함과 겸손, 온유와 인내, 평화와 절제, 섬김과 정의의 씨앗으로 열매 맺습니다. 이것이 세상 가운데 빛나는 교회입니다. 이렇게 주님의 몸으로 살다 보면 참지 못할 만큼 화가 나고 불안한 일도 생길 것입니다.

그런 우리에게 주님은 말씀하십니다. "너희는 마음에 근심하지 말라. 하나님을 믿으니 또 나를 믿으라. 내가 곧 길이요 진리요 생명이다."

오늘 우리는 가족 주일로 지킵니다. 5월이면 여기저기서 '가족'을 말하지만, 우리는 그리스도 안에서 한 몸 한마음 된 교회 가족을 말합니다. 주님은 우리를 거룩한 세례로 부르시고, 성찬의 가족으로 삼아 주셨습니다. 성별, 연령, 교육, 빈부 등의 차이는 우리에게 아무 문제가 아닙니다. 우리는 모두 그리스도와 함께 길을 걷는 여행의 동반자들입니다.

교회로 부름 받은 우리 모두가 세상에서는 볼 수 없는 가족, 세상 안에서 꿈과 희망을 제작해 내는 거룩한 그리스도의 가족이 되길 주님의 이름으로 축원합니다.

모든 지각에 뛰어난 하나님의 평강이 그리스도 예수 안에서 우리의 마음과 생각을 지키실 것입니다. 아멘.

제자들을 위한 주님의 기도

요한복음 17:1-11

오늘 복음서 말씀은 큰 위로와 도전이 될 것 같습니다. 요한복음 17장은 제자들을 위한 예수님의 기도가 담긴 장입니다. 주님의 이 기도는 이별과 죽음을 제자들에게 다 알린 후, 그들을 위해 하나님께 드리는 기도입니다. 때문에 하나님이 나에게서 멀리 떠나 있다고 느끼는 사람들, 미래가 막막해서 불안한 사람들, 사랑하는 사람을 떠나보내고 슬픔에 빠진 사람들에게 위로와 용기를 주는 말씀입니다.

하나 됨

본문에서 가장 두드러지는 메시지는 무엇보다도 '하나 됨'이라는 말입니다. 요한복음 1장 1절에서부터 복음서 기자는 하나님과 예수님이 하나로 연합되어 있다고 소개합니다. 요한복음은 하나님이 곧 말씀이고, 그 말씀이 그리스도 예수라는 것을 선언하면서 시작됩니다. 그런데 오늘 말씀이 특별한 것은, '그리스도가 하나님과 하나 되었다'라는 데서 끝나지 않고, 이 '하나 됨'에 제자들이 초대되었다는 대목 때문입니다. 주님의 이 기도를 통해 하나님과 예수님, 그리고 모든 믿는 사람이 하나가 됩니다. 지금 이 자리에 있는 우리도 이 하나 됨의 능력에 초대받습니다. 이것은 우리 모두에게 희망이 됩니다. 요한복음 17장 11절이 바로 그 말씀이지요.

이어지는 21절 말씀에서 주님은 이렇게 거듭 기도하십니다. "아버지여, 아버지께서 내 안에, 내가 아버지 안에 있는 것같이 그들도 다 하나가 되어 우리 안에 있게 하사 세상으로 아버지께서 나를 보내신 것을 믿게 하옵소서." 주님과 하나 되어 살아갈 장소는 하늘이 아니라 '세상'이라는 것을 염두에 두어야 할 것 같습니다. 요한복음에서 말하는 '세상'은 매우 복잡한 장소입니다. 우선, 세상은 하나님이 창조하셨기 때문에 그분이 일하시고 사랑하시는 대상으로 소개됩니다. 요한복음 3장 16절은 이렇게 시작됩니다. "하나님이 세상을 이처럼 사랑하사 독생자를 주셨으니…."

하나님에게 세상은 그런 곳입니다. 그런데 하나님은 세상을 이렇게 사랑하시지만, 세상은 하나님을 모른다고 반항하기도 하고 하나님 없이 살면서 반역하는 장소이기도 합니다. 예수님은 그런 세상을 위해 보냄 받으셨고, 세상을 위해 기도하시면서, 제자들도 그 임무에 동참하길 바라십니다. 목표는 하나님과 세상이 하나 되는 나라입니다(17:15-23).

그런데 문제는 '하나님을 볼 수 없다'는 것입니다. 그런 면에서 보면, 사도 요한은 매우 솔직한 것 같아요. 요한1서 4장 12절에서 '아무도 하나님을 본 적이 없다'라면서 그 사실을 있는 그대로 덤덤히 인정합니다. 그렇다고 '하나님을 볼 수 없으니 이제 모든 것이 끝장났다'라는 식으로 낙담하지는 않습니다. 사도들이 우리에게 전하는 중요한 메시지는 '눈에 보이지 않는 하나님을 우리가 만날 수 있고, 체험할 방법이 있다'는 것입니다. 주님은 이 열쇠를 새로운 계명, 즉 '사랑'이라고 설명하셨고, 잡히시기 전날 밤 여러 방법으로 제자들에게 이 이야기를 들려주셨습니다. 요한복음 14장에서부터 17장 전체 말씀이 바로 이것입니다.

요한복음에서 하나님은 '사랑'으로 표현됩니다. 그 사랑이 하늘 아버지와 세상 사이의 거리를 가깝게 만듭니다. 서로 믿고 신뢰하며 사랑하는 관계 안에서 하나님이 우리를 도우시고, 그 모습을 통해 세상은 하나님이 살아계심을 생생히 알게 됩니다. 우리가 서로를 신뢰하고 사랑할 때에만 이 모든 것들이 완전해집니다.

주님 안에 거하기

요한복음 17장 11절을 다시 주목해 봅시다. 주님은 지금, 세상과 제자들을 떠난다는 사실을 돌려 말씀하시지 않습니다. 냉정하게 있는 그대로 하나님께 말씀 드리면서, 세상에 남게 될 제자들을 위한 기도를 계속 이어 가십니다.

'하나님 아버지, 저는 세상을 떠납니다. 이제 아버지께로 가오니, 이 사람들만 세상에 남게 됩니다. 거룩하신 아버지께 간절히 기도합니다. 내게 주신 아버지의 이름으로 이 사람들을 지켜 주옵시고, 아버지와 내가 하나인 것처럼, 이들로 우리와 하나가 되게 하옵소서'(요 17:11 참고).

예수님이 떠나신다는 소식에 제자들은 당황하고 불안하여 말문이 막혀 버립니다. 예수님은 그렇게 말문이 막혀 버린 제자들을 하나님께 맡기며 기도하십니다. 이것이 바로 우리가 불안한 세상 속에서도 놓칠 수 없는 희망의 뿌리입니다. 주님은 저와 여러분을 하나님께 맡기셨습니다. 그러므로 모든 불안 속에서도 반드시 잊지 말아야 할 것은, 우리가 하나님과 연결되어 있다는 사실입니다.

예수님이 사랑하는 제자들을 두고 떠나시던 그 마지막 밤 같은 때가 우리에게 불현듯 찾아올 수도 있습니다. 살다 보면, 사랑하는 이를 갑자기 떠나보내거나 황망한 일을 당할 때가 있습니다. 그러나 그게 끝이 아니니 슬퍼하되 절망하지는 맙시다. 예수님이 제자들을 하나님 아버지께 맡기며 기도하실 때, 우리도 역시 하늘 아버지께 맡겨졌기 때문입니다. 이것이 제자들을 위한, 그리고 우리를 위한 주님의 기도입니다.

예수님은 분명히 말문이 막힌 제자들을 위해 기도하셨습니다. 불안했던 제자들은 예수님의 기도를 엿듣는 것만으로도 위로와 용기를 얻게 됩니다. 이 말은 곧 우리도 다른 이들, 불안하고 슬픔에 잠겨 있고 말문이 막힌 사람들을 위해 기도해야 한다는 뜻이기도 합니다. 이렇게 말씀 드리면 꼭 이런 질문이 따라 나옵니다. '그럼 어떻게 기도해야 합니까?'

이발사 페터에게 보낸 기도 편지

루터가 아주 오랫동안 벗으로 지낸 이발사 페터 이야기를 들어 보신 적이 있습니까? 시중에 《루터의 기도》라는 제목으로 여러 권의 책이 나와 있는데, 아이들을 위한 동화도 있습니다. 그 책의 주인공이 이발사 페터이고, 그에게 루터가 '단순하게 기도하는 법'을 편지로 써서 보낸 것이 책의 내용입니다[*Wie man beten soll:*

Für Meister Peter den Barbier, in: WA 38, 358ff.].

그런데 이 사람에게 편지를 보내게 된 사연이 좀 마음 아픕니다. 1535년 3월 27일, 부활절 전 토요일, 그러니까 종려주일 전날 밤에 페터의 딸 집에서 가족 파티가 열립니다. 사위인 디트리히는 돈을 받고 전쟁에 나가 싸우는 용병이었는데, 술을 잔뜩 먹더니 자기가 수많은 전쟁에서 아무 탈 없이 돌아온 이유는 칼에 맞아도 끄떡없는 자기만의 비법이 있어서 그렇다고 허풍을 떱니다. 그러면서 자기를 한번 찔러 보라며 칼을 장인인 페터에게 쥐여 주었고, 고의인지 실수인지 모르겠지만, 사위의 가슴에 칼이 꽂혀 버립니다. 이 일로 사위는 죽고, 페터는 집과 재산, 시민권을 모두 박탈당하고 법정에 서게 됩니다.

사형이 마땅했지만, 친구인 루터와 가족, 그리고 그를 잘 아는 시민들의 간청에 힘입어 이 노인은 사형 대신 추방령을 받게 되고, 데사우라는 시골로 유배당합니다. 페터는 모든 것이 끝난 것만 같았습니다. 그렇게 살인자가 되어 추방당한 자신이 여전히 하나님의 자녀인지, 아니면 버림받은 것인지, 절망적이고 불안한 마음이 끊이지 않았습니다. 갈등하며 하루하루를 살아가고 있을 때, 루터가 이런 편지를 보내게 됩니다.

사랑하는 벗 페터,

기도하는 방법을 알려 준다고 했는데, 이제야 글을 보내네. 이 편지는 내가 평소에 기도하는 방법을 쓴 것이니, 우리 주님께서 자네를 비롯한 모든 사람이 기도를 더 잘할 수 있도록 도우시길 바랄 뿐일세! 아멘.

가장 먼저 해 줄 이야기는 잡생각이 들고 심란해서 기도할 마음이 안 들 때도 기도해야 한다는 사실이네. 우리의 육신과 마귀는 온갖 방법을 동원해 기도를 방해한다네. 이럴 때가 오면, 난 그 즉시 간단한 시편이라도 집어 들고 골방으로 들어가든지, 교인들이 모인 교회당으로 뛰어가 시간이 허락하는 한 거기서 시간을 보낸다네. 그때, 십계명, 사도신조로 시작해서 주기도문을 구절구절 묵상한다네. 더 시간이 주어지면, 바울 서신과 시편을 읽는데, 이때 중요한 건, 어린아이처럼 또박또박 소리 내어 읽어야 한다는 점일세.

무엇보다 좋은 습관은 아침에 깨어나 기도로 하루를 시작하고, 밤에는 잠자리에 들면서 기도로 하루를 마무리하는 것이네. 이때 매우 조심해야 할 것이 있는데, 이런 잘못된 생각일세. '아, 이 일 마치는 데 한 시간도 안 걸릴 텐데, 이거 끝나고 기도할까!' 이런 생각이 결국은 다른 일에 정신을 쏟게 해서 기도를 멀리하게 만들고, 그날 기도를 아예 못하게 만든다네.

기도만큼 중요하거나 더 중요하다고 여기는 일이 갑자기 생길 수도 있겠지만, 사실 기도만큼 급하고 중요한 일이 또 어디 있겠는가? 라틴어로 성경을 번역했던 히에로니무스가 이런 말을 한 적이 있는데, 한번 들어 보게나. "신자가 하는 일은 뭐든지 기도다." 또 이런 말도 있지. "성실하게 일하는 사람은 기도를 두 배로 하는 것이다."

이 편지로 여러 가지 이야기를 할 수 있겠지만, 중요한 건, 불안하고 앞이 보이지 않을 때 가장 먼저 해야 할 일이 기도라는 것입니다. 여러분의 기도 생활은 안녕하신지요?

페터에게 보낸 편지에서 루터는 아침저녁으로 기도하는 습관, 그리고 일상에서 성실하게 살아가는 게 기도라고 설명합니다. 그러면서 세상에서 가장 중요한 일이 기도라고 말합니다. 기도도 안 하면서 가정과 교회와 국가의 미래를 걱정하고 이래저래 말하는 신앙인이 있다면, 그건 자기와 하나님을 속이는 위선입니다.

기도하는 장소

이 편지에는 기도에 대한 인상적인 가르침이 담겨 있는데, 루터가 가장 먼저 해 주는 조언은 "심란하고 기도할 마음이 안 날 때도 기도하라"는 것입니다. 심란할 때 어디를 가라고 합니까? '골방'으로 가든지, 아니면 '교회당'으로 가라고 합니다. 여러분의 기도 장소는 어디인가요? 어떤 이는 집에서 열심히 기도하고, 또 어떤 이는 교회를 찾아 기도합니다. 어디서 기도하든 기도한다는 게 중요합니다.

다만, 루터가 왜 불안한 페터에게 골방과 교회를 기도의 장소로 제안하는지는 알아야 할 것 같습니다. 골방은 산상설교가 나오는 마태복음 6장에서 예수님이 하나님과 만나는 내밀한 장소로 말씀하시는 곳이지요. 기도는 누구에게도, 어떤 것에도 방해받지 않고 하나님 앞에서 독대하는 행위입니다, 이것을 '골방으로 들어가라'는 말로 표현합니다. 누구 눈치 보면서 기도할 필요 없다는 말이지요. 그리고 기도하는 시간만큼은 하나님이 그 기도에 집중하고 들어 주신다고 마태복음 6장에서 예수님이 약속하셨습니다. 이것이 골방 기도의 축복입니다.

두 번째로 언급하는 장소가 '교회당'입니다. 루터가 교회당에 달려가 기도하라고 페터에게 말하는 이유가 있습니다. 교회당 건물이 거룩하니 그곳으로 달려가라는 게 아닙니다. 교회가 무엇인가요? 교회는 그리스도의 몸, 즉 사람의 모임입니다. 그 모임의 장소가 교회당입니다. 교회는 건물이 아니라 거룩한 공동체(Communio Sanctorum), 즉 신앙인들이 모인 곳이 교회입니다.

루터가 교회로 달려가라고 한 이유가 이것입니다. 기도하는 사람은 교회에 가서 자신이 홀로 된 신자가 아니라 함께 살아가는 공동체라는 것을 확인합니다. 우리는 교회에 와서 기도하는 사람들과 찬송하는 사람들을 만나고, 그 사람들이 사는 모습을 보면서 하나님이 계시다는 사실을 매번 확인합니다. 그리고 교회에서 선포되는 말씀과 다른 사람들의 기도 소리를 듣고 이웃의 구체적인 필요가 무엇인지 알게 됩니다.

페터에게 보내는 편지에는 이런 내용이 이어집니다. "친구여, 생각해 보게나. 자네 혼자 무릎 꿇거나 서서 기도하는 게 아니라네. 모든 경건한 그리스도인이 자네 곁에서, 그리고 자네 주위에서 위로하고 용기를 더하며 기도한다네. 하나님은 그런 기도를 절대 무시하시지 않는다네."

기도한다는 것

기도하는 장소로써 골방과 교회는 이렇게 중요합니다. 그런데 장소보다 더 중요한 게 있지요. 그것은 기도하는 삶입니다. 불안하고 막막할 때, 주님이 우리를 위해 기도하셨다는 것을 기억합시다. 우리의 삶, 미래, 어느 것 하나 확실한 건 없습니다. 그러나 요한복음 17장에 나온 주님의 기도대로, 우리가 기도로 주님과 하나 되면 거기서부터 새로운 변화가 시작됩니다. 교회의 시작이 바로 오순절 기도 모임이었다는 것이 이에 대한 중요한 근거가 됩니다.

골방으로 들어가든, 교회당을 찾든 기도해야 합니다. 규칙을 정해 놓고, 그리고 일상 속에서 끊임없이 기도해야 합니다. 우리는 서로 떨어져 살지만, 서로의 기도 소리가 무엇인지, 서로가 서로에게 귀를 기울여야 합니다. 그런 세밀한 관심과 귀 기울임 속에서 하나님은 우리를 향한 당신의 뜻을 가르치고 펼쳐 주실 것입니다.

"교회 없는 신앙은 불가능하다"는 말이 있습니다. 당연한 말이지요. 그런데 그 속뜻이 '교회 안 가면 지옥 간다'는 말은 아닙니다. '사랑 없는 신앙은 불가능하다', '홀로 된 신앙은 신앙이 아니다'라는 뜻입니다. 하나님에 대한 사랑, 그리고 사람과 사람 사이를 이어 주는 신뢰와 사랑이 없다면 어떤 신앙, 어떤 교회라도 모두 무용지물이고 헛것일 뿐입니다.

그 사랑을 어디서부터 시작해야 할지 몰라 난감할 때, 기도의 시간을 정하고 함께 기도하는 일부터 시작합시다. 왜냐하면 기도는 우리를 그리스도와 하나로 묶어 주고, 그분의 세미한 음성을 듣고 겸손히 그 뜻대로 나아가게 만드는 거룩한 출발점이기 때문입니다. 기도가 주님의 명령이라면, 선하게 응답하시겠다는 주님의 복된 약속도 한데 매여 있습니다. 우리 모두가 복된 기도의 사람이 되길 주님의 이름으로 축원합니다.

모든 지각에 뛰어난 하나님의 평강이 그리스도 예수 안에서 우리의 마음과 생각을 지키실 것입니다. 아멘.

성령
강림

창세기 11:1-9, 사도행전 2:1-21, 요한복음 14:23-31

사도행전 2장을 보면, 예수님이 승천하시고 열흘 후에 제자들이 모인 곳에 성령이 강림하는데, 그날이 오순절이었다고 설명합니다. 그래서 성령강림절을 '오순절 성령 강림'이라고도 합니다. 오순절은 유월절, 초막절과 함께 하나님이 꼭 지키라고 명령하신 유대인의 3대 절기 중 하나로 꼽힙니다.

출애굽 하던 날, 그 긴박하던 밤을 기억하며 하나님의 은혜에 감사하는 날이 유월절이라면, 오순절은 그로부터 49일이 지나 50일째 되는 날, 그러니까 시내산에 도착해서 모세가 십계명 받은 것을 기념하는 축제일입니다. 이날은 다른 이름으로도 불립니다. 7×7=49라서 간단하게 '칠칠절'이라고도 부르고, 유대인들이 처음 익은 열매를 하나님께 드리는 날이라고 해서 '맥추절'이라고도 부릅니다.

여하튼 오순절은 유대인에게 하나님이 돌판에 새긴 계명을

219

주신 날이요 첫 번째 수확물을 하나님께 드리는 축제의 날이지만, 그리스도인들에게 이날은 성령이 임한 사건을 기억하는 '성령강림절'입니다. 하나님의 계명이 돌판 대신 마음에 새롭게 새겨진 날이지요. 사도행전을 보면, 성령 강림 사건은 교회가 탄생하는 결정적인 출발점이 됩니다.

그러니까 성령강림절은 교회의 생일입니다. 그래서 사도행전 2장은 교회의 출생증명서나 마찬가지라고 할 수 있습니다. 출생증명서에는 부모가 누구인지, 출생 장소와 일시가 어떻게 되는지, 몸무게와 신장은 얼마인지, 건강 상황은 어떤지, 특이 사항은 없는지 등등이 기록됩니다. 오늘 우리도 교회의 출생 이력에 대해, 그리고 교회가 가진 사명에 대해 살펴보고자 합니다.

성령 강림 사건

사도행전 2장은 예수님이 승천하시고 열흘이 지났을 때 일을 기록하고 있습니다. 유대인의 명절인 오순절에 제자들이 예루살렘 어딘가에 모여 있습니다. 간혹 '마가의 집 다락방'이라고 하는 이가 있는데, 성경에서 그런 얘기를 하지는 않습니다. 사도행전 2장 1절부터 보면, 여하튼 어딘가에 제자들이 모여 있었고 신비한 일이 갑자기 벌어집니다. 하늘에서 급하고 강한 바람 소리가 들렸고, 불의 혀처럼 갈라지는 것이 제자들에게 임합니다.

여기서 사도들의 머리에 '불의 혀처럼 갈라진 것'이 임했다고 하는데 이것은 일종의 비유입니다. '불의 혀'라는 것은 제자들이 얻게 된 놀라운 언어 능력, 또는 복음 선포의 능력을 묘사합니다. 그런데 아주 특이한 것은, 그 설교의 능력을 제자들 마음대로 사용하는 게 아니라는 점입니다.

사도행전 2장 4절을 자세히 읽어 보면 "그들이 다 성령의 충만함을 받고 성령이 말하게 하심을 따라… 말하기를 시작하니라"고 되어 있습니다. 간단히 말해, 복음 전한답시고 하고 싶은 말 다 하는 게 아니라 제자들의 혀가 원격으로 제어된다는 뜻입니다. 중요한 것은 '성령이 말하게 하심을 따라'라는 문장에 있습니다.

간혹 성령 받았다면서 막말을 일삼는 사람들이 있는데, 그건 성령과 아무 상관이 없습니다. 그러니 혹 그런 사람 만나면 현혹되지 말고 그냥 무시하면 됩니다. 성령이 말하게 하고 움직이게 하는 증거를 갈라디아서 5장 22-23절에서는 '성령의 아홉 가지 열매'라고 하지요. 사랑과 희락과 화평과 오래 참음과 자비와 양선과 충성과 온유와 절제. 이것들은 모두 사람과의 관계에서 드러나는 성령의 열매에요. 이런 게 없다면, 성령과 아무 상관없습니다.

오순절에 제자들이 성령을 충만하게 받았고 그 성령이 말을 시작하게 했는데, 서로 다른 언어로 말하게 됩니다. 배우지도 않은 외국어로 말하는 것입니다. 이것도 신기한데, 더 이상한 일은 각국에서 몰려온 사람들이 자기 나라 언어로 듣고 무슨 말인지 다 이해했다는 점입니다.

바벨탑 사건

성경의 시작 부분인 창세기에서는 이와 정반대의 언어 사건 하나를 들려줍니다. 창세기 11장에 나오는 바벨탑 이야기입니다. 모든 사람이 하나의 언어를 사용하던 때였지요. 그런데 창세기 11장 4절을 보면, 사람들이 낮은 땅에 사는 게 무서웠나 봅니다. 그래서 하늘에 닿는 높은 탑을 세우고, 하늘로 오르기 시작합니다. 그런데 하나님이 그 꿈을 파괴하십니다. 언어를 다 흩어 버리셔서 서로 못 알아듣게 하신 것이지요. 왜 그렇게 하셨는지 정확한 이유는 모르겠지만, 하나님만큼 높아지려는 인간의 욕망을 꺾어 버리신 하나님의 심판이라고 볼 수 있습니다.

낮은 자리를 거절하고 높은 자리에 올라서려는 인간의 욕망은 서로 알아듣지 못할 '말의 장벽'을 만들었고, 결국 서로 말이 통하지 않아 흩어져 버립니다. 말이 통하지 않고 서로의 말을 이해하지 못하는 건 비극이에요.

제가 비행기를 처음 탔던 게 2001년입니다. 그날 인천공항에서 출국하던 모습이 아직도 생생합니다. 펑펑 우는 아내를 공항에 남겨 두고, 유학 간답시고 비장한 마음으로 비행기에 올랐습니다. 목적지는 독일이었는데, 비행기에서 내리자마자 그 비장하던 마음은 온데간데없고 순식간에 바보가 되더라고요.

독일어를 전혀 못 하던 때라서, 사람들 말이 들리기는 하는데 제 귀에는 이해할 수 없는 횡설수설 소음 아니면 무작정 화를 내는 것처럼 들렸습니다. 마치 소리의 바다에 던져진 것 같았지요. 그저 손짓, 발짓, 얼굴 표정, 눈치로 대충 이해해야 하니까 언어 공포가 극심하게 밀려오더라고요. 대부분의 유학생이나 이민자들이 그렇겠지만, 유학 초기에 독일어 때문에 생긴 웃지 못 할 에피소드가 참 많습니다.

독일 대학에서 입학이 거부된 줄도 모르고 용감무쌍하게 거기 갔는데, 다시 돌아오자니 항공권이 왕복이 아니라 편도였습니다. 독일어는 고사하고 영어도 잘 못하던 때라 항공권 변경도 못하는 등, 세상에 그런 바보가 없었습니다. 그래도 사람이란 게 다 살아지더라고요. 그렇게 얼마간 좌충우돌 지내던 어느 날 창문을 열었는데, 길 건너 저편으로부터 제 귀에 확 꽂히는 소리가 있었습니다. 큰소리도 아니고 특별한 소리도 아니었어요. 제가 살던 기숙사가 역 근처에 있어서 항상 사람도 많고 소음도 엄청났는데, 그 소리만큼은 신기하리만큼 아주 선명하게 들리더라고요.

그게 무언가 하면, 창문에서 약 50미터 떨어진 길 건너편에 지나가던 한국인 관광객 세 명이 서로 이야기하는 소리였어요. 한국어! 모국어가 귀로 들어오는 순간, 긴장했던 몸이 확 풀리고 집에 온 느낌이 들었습니다. 소름끼칠 정도였어요. 그때 '아, 한국어 참 좋다. 독일어가 이렇게 잘 들리면 얼마나 좋을까'라고 생각했던 적이 있습니다. 말을 알아듣고 이해한다는 것은 이렇게 중요합니다.

성경은 언어가 나뉘고 사람들이 흩어졌다는 바벨탑 사건에서 끝나지 않고, 모두가 거침없이 말하고 통했던 오순절 성령 강림 사건으로 우리를 인도합니다. 성령 강림의 장소에서는 긴장과 불안과 비극이 아니라, 위로와 회복이 깃든 복된 소식이 우리를 기다립니다. 오순절에 세계 곳곳에서 온 사람들이 자기 나라 말로 알아듣게 되었다는 사도행전의 말씀이 바로 이런 뜻입니다.

여기에는 단순히 갈렸던 언어, 갈렸던 사람들이 다시 하나 되어 소통했다는 이야기만 있지 않습니다. 우리가 살아가는 세상이 지금 얼마나 비극적인지 함께 고발합니다. 서로를 향해 말은 하고 있지만 서로 알아듣지 못하고, 한자리에 앉아 서로 바라보고 있지만 그 사이에 방음벽을 설치한 것 같은 단절의 현실을 말입니다.

우리나라 현실만 봐도, 정치는 극단으로 치닫고, 경제는 어렵다고 하지만 부자는 더 부자되고 빈곤층은 더욱 빈곤해집니다. 세대 간 갈등은 손을 댈 수 없을 정도로 심각합니다. 게다가 가족이나 동료 간에도 얼굴 맞대고 말하기보다는 카톡이나 컴퓨터 메신저로 소통하는 데 익숙해져 갑니다.

하지만 오순절 성령 강림 사건은 곳곳에서 단절된 우리의 관계가 다시 회복되고 소통할 수 있게 된다는 소망을 줍니다. 그래서 집에 온 것 같은 편안함을 사람과 사람 사이에서 누릴 수 있게 된다고 전합니다.

방언

성령 강림 사건에서 방언 이야기는 빠질 수 없겠지요. 성경에는 두 종류의 방언이 나옵니다. 사도행전 2장과 고린도전서에 언급된 방언인데, 이름은 모두 방언이지만 성격은 아주 다릅니다. 사도행전 2장에 나오는 방언은 아무리 봐도 참 특별해요. 세계 곳곳에서 온 외국인들, 그리고 '예수를 알지 못하는 사람들까지도'(교회 밖의 사람들마저도) 모두 다 알아듣고 소통하는 신비한 언어이기 때문입니다.

이에 반해 바울이 전하는 고린도교회 방언은 지금 우리가 알고 있는 그런 일반적인 방언입니다. 이 방언은 하나님과의 깊은 교제로 인도하는 성령의 은사라서 바울은 고린도전서 13장에서 이 방언을 '천사의 말'이라고 부르기도 했습니다. 사도행전과 고린도전서에 나오는 두 방언 모두 신비한 성령의 언어 사건입니다. 하지만 둘을 극단적으로 비교해 보면, 하나는 외국인도 알아듣게 만드는 언어, 다른 하나는 아무도 알아듣지 못하게 만드는 언어라는 차이가 있습니다. 주위 사람을 모두 외국인으로 만들어 버리는,

심지어 자기 자신도 무슨 말인지 모르는 언어가 고린도전서에 나오는 방언입니다.

그렇다고 바울이 이 방언을 금지한 것은 아닙니다. 다만 조건이 하나 붙어 있어요. 고린도전서 14장을 보면 '교회의 덕을 세울 수 있도록 해야 한다'는 조건을 강조합니다. 그래서 바울은 '방언에 통역이 필요하다'는 말을 한 것이죠. 만약 성도 간에 성령 받았네, 안 받았네, 하면서 싸우고 마음 상하는 일이 생겼다면 그건 성령과 아무 상관없다는 증거입니다. 왜냐하면 성령의 능력은, 서로 알아듣게 하고 이해하게 만들고 위로하고 보호하기 때문입니다. 그래서 예수님은 성령을 위로자, 상담자, 보호자라는 뜻의 보혜사라고 부르십니다.

성령 충만한 교회라면 구별하거나 가르지 말고 소통하고 하나 되는 것이 중요합니다. 그러고 보면, 알아듣지 못하는 방언만 문제가 아니에요. 알아듣지 못하는 설교, 알아듣지 못하는 예배, 알아듣지 못하는 말과 행동을 하는 성도와 목사, 모두 교회의 덕을 세울 리 없습니다. '교회의 덕을 세운다'는 것은 가르고 차별하는 것과 차원이 다릅니다.

덕을 세우는 성령의 열매는, 언제나 갈라진 틈과 사이를 예수님의 마음과 하나님의 뜻으로 메우고 하나 되게 만듭니다. 그렇지 않다면 그건 성령과 아무 상관없습니다. 그저 어디서나 볼 수 있는 흔한 종교 현상, 주술이나 미신일 뿐입니다. 그러니 혹 성령의 은사를 받은 분이 있다면 자기가 받은 은사가 교인과 교회를 위해 덕을 세우고 있는지 아닌지 시시때때로 돌아봐야 합니다.

보혜사 성령

　　오늘 복음서 본문인 요한복음 14장 말씀은 성령에 관한 말씀이긴 한데, 사도행전 2장의 역동적이고 희망찬 분위기와는 사뭇 다릅니다.

　　지금 주님은 제자들과 마지막 식탁을 나누고 계시고, 체포와 죽음의 올가미가 서서히 죄어오는 상황입니다. 제자 빌립이 이런 암울한 분위기를 감지한 것 같습니다. 그래서 빌립은 '아버지를 보여 달라'고 요청합니다(요 14:8 참고). 지금 두렵고 불안하니 뭐라도 해 달라는 것이지요. 그런 제자들에게 주님은 25절 이하에서 보혜사 성령을 보내겠다고 하시며 평안을 약속하십니다. 불안해하고 두려워하던 제자들에게 성령이 약속되었다는 것이 중요합니다.

　　성령은 비탄과 불안에 가득 찬 제자들에게 주어집니다. 그런 사람이 아닌 그 누구에게도 주어지지 않습니다. 하나님의 능력이 십자가에서 드러나듯, 비탄과 불안 가운데서 성령의 은사와 열매가 만들어집니다. 우리는 이 사실을 성경뿐 아니라 교회의 역사를 통해서도 확인할 수 있습니다.

　　요한복음에서 제자들은 주님을 잃어버리게 되었다는 두려움과 공포에 내몰립니다. 위로받을 길이 없고, 용기도 더 이상 낼 수 없는 지경에 이릅니다. 불신과 절망이 이들을 사로잡습니다. 지금 제자들은 하늘이 무너지는 듯한 두려움 가운데 마음의 힘을 잃었습니다. 이런 제자들에게 보혜사 성령을 약속해 주신 것입니다. 요한복음 14장 26-27을 보십시오.

　　보혜사 곧 아버지께서 내 이름으로 보내실 성령 그가 너희에게 모든 것을 가르치고 내가 너희에게 말한 모든 것을 생각나게 하리라. 평안을 너희에게 끼치노니 곧 나의 평안을 너희에게 주노라. 내가 너희에게 주는 것은 세상이 주는 것과 같지 아니하니라. 너희는 마음에 근심하지도 말고 두려워하지도 말라.

성령의 이 약속은 스스로 완전한 신앙인, 완벽한 예배자와 완벽한 기도자에게는 주어지지 않습니다. 혼돈과 두려움 가운데 있는, 그리고 말씀을 깨닫지 못하는 연약한 이들에게 주시는 주님의 초대이고 선물입니다. 우리가 삶을 감당하지 못하는 순간, 아버지와 아들의 사랑에서 나오는 성령이 지치고 상한 그분의 자녀들을 위로하고 상담하며 회복시킵니다. 이것이 바로 주님이 우리에게 약속하신 보혜사 성령의 능력입니다.

하나님의 영 만나기

주님이 약속하신 보혜사 성령은 분명히 비탄에 빠진 우리를 위로하고 회복시킵니다. 하지만 이 성령의 위로와 회복은 한 개인의 범위를 넘어섭니다. 성령은 서로 거침없이 소통하게 하면서 그리스도인과 교회가 새롭게 출발하도록 돕습니다.

마지막 식탁에서 약속하신 성령, 그리고 오순절에 임한 성령은 교회의 존재 이유와 사명과 본질을 가르칩니다. 주님은 성령을 통해, 같은 생각을 가진 사람들과 제자들만의 친교 모임을 흩으십니다. 심지어 가정교회의 돈독함도 깨 버리십니다. 성령은 끼리끼리만 모인 그들만의 장벽을 거침없이 부수고, 그리스도의 증인을 세상 저편 땅 끝까지 들어가게 만듭니다.

성령은 모두를 끌어안는 다채로움의 표시이기도 합니다. 오순절 성령이 강림했을 때 다양한 사람들이 다양한 언어로 말했는데, 누구도 이상하게 여기지 않았다는 사실이 바로 그 뜻입니다. 우리가 서로 다른 말과 다른 생각을 하고 있더라도 우리 이야기 가운데 그리스도의 사랑이 자리 잡고 있다면 그것으로 족합니다.

오늘 우리는 하나님의 영을 어디서 만날 수 있을까요? 서로를 이해하는 사람들 속에서, 서로를 용서하는 사람들 속에서, 서로 돕는 사람들 속에서, 서로의 것을 공유하는 사람들 속에서, 서로 사랑하는 사람들 속에서, 하나님의 영을 만날 수 있을 것입니다. 보혜사 성령의 능력이 오늘 우리 가운데 충만하길 주님의 이름으로 축원합니다.

모든 지각에 뛰어난 하나님의 평강이 그리스도 예수 안에서 우리의 마음과 생각을 지키실 것입니다. 아멘.

4
하나님의 나라가 이 땅에

삼위일체 주일부터 왕이신 그리스도의 날까지

하나님·교회·자연 :

묵은 땅을 갈아엎고
정의를 심으라

삼위일체 주일
환경 주일

호세아 10:1-12

오늘은 삼위일체 주일입니다. 교회력에서는 성령강림절 다음 첫 번째 주일을 삼위일체 주일이라고 부르는데, 사실 성경에는 '삼위일체'라는 단어가 한마디도 안 나옵니다. 삼위일체라는 말이 나온 배경은 따로 있습니다. 고대 교회에 이단이 들어오면서 교회를 흔들고 복음을 혼탁하게 만드는 일이 빈번하게 생깁니다. 그러자 교인들이 도대체 바른 교회, 바른 신앙이 무엇인지 물었고, 이에 대한 교회의 답변 가운데 하나가 삼위일체 사상이었습니다. 그래서 삼위일체는 교회를 보호하기 위한 교회의 신앙 고백이라고 할 수 있습니다.

우리가 '신조'라고 부르는 고대 교회의 신앙 고백은 모두 이런 삶의 자리에서 생겨났습니다. 특별히 교단과 교파를 넘어 모든 시대 모든 교회가 받아들이는 신앙 고백을 우리는 세계 교회의 '보편 신조'라고 부르는데, 루터교회 신앙고백서를 펼쳤을 때 맨 처음에 나오는 사도 신조, 니케아 신조, 아타나시우스 신조가 바로 대표적인 보편 신조입니다.

아타나시우스 신조

삼위일체 주일에 루터교회는 전통에 따라 세계 곳곳의 루터 교회들과 한목소리로 사도 신조 대신 니케아 신조나 아타나시우스 신조를 고백하게 됩니다. 오늘 우리는 아타나시우스 신조를 읽었는데, 여기에는 그 어떤 보편 신조보다 성부 성자 성령 하나님이 한 분이시라는 삼위일체 사상이 뚜렷하게 드러납니다. 아타나시우스라는 분은 원래 4세기 북아프리카에 있던 알렉산드리아 교회의 주교였는데, 그분의 이름을 따서 만들어진 교회의 신앙고백문이 아타나시우스 신조입니다.

이 신조를 읽을 때면 대부분 '길다, 어렵다, 생소하다' 등의 생각을 할 것입니다. 맞습니다. 아타나시우스 신조는 깁니다. 게다가 생소하고 낯설기까지 합니다. 거의 천오백 년 전의 글을 21세기에 읽으니 그런 생각이 드는 것도 무리는 아닙니다. 신학자가 아니고서는 이해하기 힘든 단어와 구절도 꽤 많이 들어 있습니다. 논리적으로도 쉬운 글이 아닙니다. '성부 성자 성령은 한 분이지만, 서로 혼합되거나 섞이지 않는다'라는 말을 그 누가 쉽게 이해할 수 있을까요? 실제로 삼위일체라는 단어 하나를 연구한 두꺼운 책들이 셀 수 없이 많습니다. 그럼, 설명하기도 어렵고 이해하기도 어려운 이런 글을 고대 교회 성도들은 왜 입을 모아 합창했을까요?

여러 이유가 있겠지만, 간단히 설명하자면 다음과 같습니다. 성경이 우리에게 가르치는 교회의 삼위일체 신앙은 '다양성 속에 조화와 일치를 추구하는 삶'입니다. 성부와 성자와 성령은 서로 다르지만, 하나입니다. 즉 서로 다름에도 불구하고 하나라는 것, 그러나 그 하나는 억지로 혼합하거나 섞이지 않고, 각각의 본질을 잃지 않으면서 충분히 서로의 본체를 드러냅니다. 이것이 아타나시우스 신조에 담긴 삼위일체 신앙입니다.

교회가 삼위일체 신앙을 갖는다는 것을 다르게 설명해 보겠습니다. 교회는 서로 다른 사람들이 하나 된 모임입니다. 다양한 사람들이 한곳에 모여 하나의 신앙을 추구하지요. 그러나 교회는 각 사람이 가진 색깔을 하나로 만들려고 억지로 혼합하거나 섞지 않고, 각자의 색깔을 유지하면서 서로의 인품과 성격을 빛나고 아름답게 빚어냅니다. 다시 말해 교회가 고백하는 삼위일체 신앙은, 하나님 닮은 우리가 조화와 질서 안에서 서로를 존중하며 겸손히 살아가겠다는 의지의 표현이요 삶의 실천이라고 할 수 있습니다.

삼위일체를 표현하는 말 가운데 교회가 아주 오래전부터 쓰는 용어가 있습니다. '페리코레시스(περιχώρησις)'라는 단어입니다. '페리'는 '원을 만들어 빙 둘러선다'는 뜻이고, '코레시스'는 보통 '넓은 공간' 또는 '움직이며 앞으로 간다'는 뜻으로 사용됩니다. 그러므로 '페리코레시스'라는 단어를 통해 우리는, 빙 둘러선 사람들이 손을 잡고 전진하며 더 넓은 공간을 만들어 가는 모습을 상상할 수 있습니다.

고대 교회가 이 단어를 쓸 때 중요시 한 점은, 서로가 서로에게 연결되어 있다는 것, 그리고 그 연결이 더 넓은 세계를 만들어 낸다는 생각입니다. 하나님과 성도, 성도와 성도가 연결되어 더 넓은 하나님의 세계를 만들어 갑니다. 이게 바로 교회가 고백한 삼위일체 신앙입니다.

하나님·인간·자연

삼위일체 주일은, 우리도 삼위일체 하나님처럼 조화롭게 하나 되겠다고 고백하는 날입니다. 그러나 우리는 이제껏 삼위일체를 말하면서 성부 성자 성령의 조화로운 관계, 하나님과 교회의 거룩한 관계, 성도와 성도의 아름다운 관계만을 말해 왔습니다. 이제는 사람과 교회를 넘어 하나님이 창조하신 자연과의 관계까지 포함해야 합니다. 이것은 교회를 향한 시대적 요청이기도 합니다.

우리 교회가 후원하고 있는 기관 중에 '기독교환경연대'라는 곳이 있습니다. 생태환경 교육을 비롯해서 교회들이 이런 일에 관심을 갖도록 힘쓰는 기관입니다. 이 기관에서 하는 여러 가지 일들 중 하나가, 한국 교회들이 일 년에 한 번 환경 주일을 지정하고 환경에 대한 경각심을 일깨워 주기를 요청한 것입니다. 그러면서 공동기도문과 설교문도 보내 줍니다. 2023년에는 환경 주일 주제가 "생태 정의를 일구는 교회―지금 당장 생명의 희망을!"입니다. 주제 성구는 호세아 10장이었고, 설교 제목은 "묵은 땅을 갈아엎고 정의를 심으라"로 되어 있습니다. 이 설교문의 앞부분 일부를 나누고자 합니다.

한국 교회가 환경 주일을 제정하고 함께 지켜 온 지 어느덧 40년이 되었습니다. 거꾸로 말하면 40년 전부터 한국 사회에 환경오염 경고가 이미 시작되었다는 의미입니다. 1960년대에는 수도권 중심으로 국가 계획 공단이 세워졌고 1970년대에는 울산과 창원 등 남부 지역에도 대규모 중화학 공업단지가 건설되면서 전 국가적으로 공업화가 시작되었습니다. 공장에서 환경오염 물질이 배출되기 시작했고, 그 양은 자연이 스스로 정화할 수 있는 능력을 초과하고 말았습니다. 농촌에서는 1960년대부터 생산량 증대를 위해 농약 사용이 매년 10-30% 증가하면서 농약에 중독되는 사례가 발생했고 소비자들에게는 잔류 농약에 대한 불안감이 커지기 시작했습니다.

40여 년 전부터 그리스도인들을 중심으로 환경운동이 지속돼 왔지만, 우리 사회와 교회가 환경문제에 본격적으로 관심을 두게 된 계기는 코로나19(covid-19)를 경험하면서부터입니다. 눈에 보이지도 않는 바이러스로 인해 전 세계가 멈추는 것을 경험했습니다. 하루에도 수없이 하늘을 날던 비행기들은 공항에 묶여 있었고 여행은 물론 사업을 위한 해외 방문과 물류 이동도 멈췄습니다. 해외에 거주하던 가족들도 왕래할 수 없었으며 명절에도 가족들을 만날 수 없었습니다. 가족이 아파서 병원에 입원해도 병문안을 하러 갈 수 없었고 심지어 우리 곁을 떠났어도 마음껏 애도할 수 없었습니다. 당연히 모여서 서로 얼굴을 보며 드렸던 예배가 비대면 방식으로 전환되면서 그때야 우리가 지금까지 잘못 살아왔음을 깨닫게 되었습니다.

학자들은 이구동성으로 지구는 자연과 인간이 함께 살아가는 터전임을 망각하고 자연의 영역을 침범하면서까지 성장만을 추구해 온 탐욕의 결과라고 말합니다. 살던 대로 살았을 뿐인데 탐욕이라니요. 그럼 이제 우리는 어떻게 살아야 할까요? 어떤 삶이 지속 가능한 삶이며 윤리적인 삶일까요? 특별히, 하나님의 백성은 어떻게 살아야 할까요? 오늘 본문은 호세아 선지자를 통해 이렇게 말합니다. "정의를 뿌리고 사랑의 열매를 거두어라. 지금은 너희가 주를 찾을 때이다. 묵은 땅을 갈아엎어라. 나 주가 너희에게 가서 정의를 비처럼 내려 주겠다"(호 10:12).

　　정의(Justice)란 바르고 옳은 것입니다. 하나님의 정의는 하나님과 바른 관계 속에서 타인, 특히 가난한 사람들과 약자들을 돌보는 관계로 이해될 수 있습니다. "의인은 가난한 자를 위한 공의에 마음을 쓰나 사악한 이는 그러한 관심을 갖지 않는다"(잠 29:7).

　　하나님은 바르고 옳은 일을 행하라고 하셨는데 생태위기 시대에 우리에게 요청하시는 하나님의 정의는 생태 정의(Eco-justice)입니다. 생태 정의는 인간과 자연이 조화롭게 공존하는 것을 말하는데 이는 인간이 물질적 풍요를 위해 자연을 무분별하게 이용하거나 파괴하지 않고 생태계의 다양성과 안정성을 유지하는 것을 말합니다.

이 설교문의 요지는 '신앙인이라면 하나님의 정의를 구하며 살아야 하고, 오늘 우리에게 하나님의 정의란 지구 생태계를 살리는 일'이라는 내용입니다.

교회 안팎에서 만나는 삼위일체

　　우리 교회 이야기를 한번 해 보겠습니다. 우리 교회는 삭막한 서울 한복판에 있지만, 생명의 아름다움을 품은 녹색 교회라고 자랑할 수 있습니다. 얼마 전부터 청년들이 나무계단 옆 작은 땅을 일구어 화단으로 가꾸었습니다. 그 땅은 사실 무엇을 심어도 안 되는 땅이었습니다. 커다란 목련, 단풍, 모과나무가 있지만, 그 밑은 온갖 건설 폐기물과 돌덩어리로 가득합니다. 이전에 몇 번이나 교인들이 정원으로 가꿔 보려고 꽃도 심고 갖은 정성을 쏟았는데, 다 실패했었지요.

그런데 어느 날 청년들이 작정하고 그 땅을 갈아엎더라고요. 처음에는 여자 청년들 몇 명이 시작하더니 나중에는 남자 청년들이 돕고, 심지어 교회 처음 나온 새신자 청년도 붙잡아 데리고 가서 땅 파는 일을 시키더라고요. 그렇게 몇 주일 수고를 더하더니 이제는 그곳이 완전히 변했습니다. 온갖 꽃이며 청보리, 머위까지 자라는 멋진 땅이 되었습니다. 버려진 땅을 청년들이 일구고 화단으로 바꾼 것을 알기에, 이제는 오가며 눈이 한 번 더 갑니다. 성경 공부 모임에서는 거기서 수확한 머위를 삶아서 쌈 채소로 만들어 나누기도 했습니다. '아, 저 땅도 변할 수 있구나' 하는 생각은 덤으로 갖게 되었습니다.

매주 예배하는 예배당 안에서도 생명이 만들어 내는 신비가 주일마다 갱신됩니다. 성찬대 앞 꽃꽂이를 하시는 권사님은 일주일 내내 교회력 말씀을 묵상하고 작품으로 빚어냅니다. 삼위일체 주일인 오늘은, 서로 다른 색의 장미와 꽃이 세 무더기로 나뉘어 있고 그곳을 나무가 통과하면서 서로 다른 꽃 무더기들을 하나로 이어 주고 있습니다. 이것으로 우리는 삼위일체 주일의 메시지를 풍성하게 묵상할 수 있습니다. 꽃 세 무더기는 성부 성자 성령을 의미할 수도 있고, 아니면 생각과 성격과 배경이 다른 우리를 의미할 수도 있고, 하나님·사람·자연 이 세 가지를 의미할 수도 있습니다. 그리고 이 모든 것을 이어 주는 마른 나무는 마라의 쓴 물에 던져진 나무, 골고다 언덕에 세워진 나무 십자가로 해석해도 될 것 같습니다.

더불어 사는 신앙으로

단순하게 생각하면, 그리스도인으로 살아간다는 것은 하나님을 마음에 모시고 그 뜻을 받들어 실천하며 사는 것입니다. 이것을 우리는 '신앙의 삶'이라고 말합니다. 나 혼자 잘 살겠다고 하는 것은 신앙의 삶이 아닙니다. 오늘 교회가 고백하는 삼위일체 신앙에서 배웠듯이, 계단 옆 버린 땅이 화단으로 바뀌는 것을 보았듯이, 예배당 꽃꽂이에서 보았듯이, 신앙이란 하나님·인간·자연이 더불어 풍성하게 사는 삶을 뜻합니다. 세상의 모든 것은 연결되어 있고, 서로에게 영향을 미칩니다.

우리는 모두 이어져 있습니다. 하나님과 이어져 있고, 자연과 이어져 있으며, 서로가 서로에게 이어져 있습니다. 우리는 서로 다르지만, 하나님 안에서 생명의 풍성함을 누리도록 부름 받았습니다. 이것은 그리스도인의 권리이자 의무입니다. 쓰레기 분리수거처럼 작고 하찮게 보이는 일일지라도, 창조세계를 살리는 일이라면 누구보다 앞장서는 교회가 되었으면 좋겠습니다.

더불어 살고자 하는 모든 교회와 여러분의 일상 가운데 복된 하늘의 손길이 이어지길 삼위일체 하나님의 이름으로 축원합니다.

모든 지각에 뛰어난 하나님의 평강이 그리스도 예수 안에서 우리의 마음과 생각을 지키실 것입니다. 아멘.

마태를
부르심

마태복음 9:9-13

저는 토요일 오후가 되면 본당에 살짝 올라가서 내부를 둘러봅니다. 그리고 성찬대 앞에 서서 꽃꽂이를 찬찬히 훑어보며 마음에 담습니다. 우리 교회 꽃꽂이는 단지 예쁘게 보이는 데 중점을 둔 것이 아닙니다. 지난번에도 잠깐 말씀드렸지만, 담당 권사님이 교회력 말씀을 일주일 동안 묵상한 후 만든 묵상의 열매입니다.

그래서 토요일 오후 본당에서 꽃꽂이를 보고 있노라면, 권사님의 손을 통해 하나님이 저에게 말을 걸어오시는 것 같습니다. 우리 교회는 이렇게 같은 교회력 말씀을 묵상하면서, 한 사람은 말로 설교하고 다른 사람은 꽃으로 설교합니다. 그런데 이번에는 권사님의 꽃꽂이 묵상 글을 통해 큰 감동을 받았습니다. 오늘 본문인 마태복음 9장 9-13절 말씀을 생각하면서, 다음 글을 보시기 바랍니다.

예수님은 죄인을 부르셨습니다. 마태를 제자 삼으시고 그의 집으로 들어가 죄인들과 함께 식사를 하셨습니다. 사람들은 그들을 죄인이라 낙인찍었지만, 예수님과 함께 식사를 나누면서 이들은 세상 그 누구보다 행복한 사람으로 다시 태어납니다. 이처럼 예수님은 우리를 각자의 모습 그대로 새롭게 태어나게 해 주시는 분입니다.

검은색 항아리는 죄인들의 모습을 보여 줍니다. 하지만 예수님의 나무 십자가는 우리 인간이 각자의 가장 아름다운 모습으로 다시 태어나게 해 주십니다. 예수님에게 붙어 있을 때 우리는 가장 아름답게 피어날 수 있습니다.

짧은 글이지만 이것으로 설교는 충분합니다. 꽃을 담은 검은 항아리가 죄인을 뜻한다고 했는데, 권사님은 검은 항아리를 여기저기 수소문해서 어렵사리 구했다고 합니다. 그리고 그 항아리에 향기로운 꽃들을 채워 아름다운 작품으로 만들었습니다.

하나님이 우리를 대하시는 방식도 이와 같습니다. 하나님은 죄인인 우리를 구하기 위해 이리저리 수소문하고 찾아다니십니다. 찾으시는 순간 품에 안아 그분의 나라로 데려오십니다. 그리고는 가장 거룩한 자리 한가운데에 우리를 세워 두시고, 검디검은 우리의 마음 밭에 아름답고 향기로운 꽃을 심어 고귀한 작품으로 다시 태어나게 하십니다. 우리는 비록 흙으로 빚은 투박한 질그릇 같지만, 하나님의 부름을 받아 거룩하게 변화됩니다.

제자로 부르심

세리 마태를 불러 죄인들과 함께 즐거이 식사하시는 주님의 모습에서 이 사실을 더욱 분명히 확인할 수 있습니다. 그런데 주님이 제자들을 부르시는 과정을 좀 더 깊이 묵상해 봅시다. 거기에는 몇 가지 공통점이 있습니다. 가장 눈에 띄는 점은 언제나 일상의 현장에서 부르셨다는 것입니다. 더 특이한 점은 게으른 사람이 아니라 바쁜 사람들을 부르셨다는 것입니다. 예수님은 항상 바쁜 일상의 현장에서 사람들을 만나셨고, 그 가운데서 제자들을 부르셨습니다. 게으르게 늘어져 있는 사람을 부르셨다는 이야기는 단 한 번도 찾아볼 수 없습니다. 우리는 늘 시간이 없다고 핑계 대지만, 주님은 오히려 바쁜 사람을 찾아내 위대한 일을 맡기십니다.

예수님이 첫 번째 제자들을 부르시는 장면을 보십시오. 마태복음 4장 18-20절에서 예수님은 베드로와 안드레, 야고보와 요한, 이렇게 네 명을 제자로 부르십니다. 그때 이 사람들은 무엇을 하고 있었습니까? 시간이 남아돌고 있었나요? 아닙니다. 정신없이 배에서 그물을 던지고 있었습니다.

오늘 복음서 말씀의 주인공인 마태는 어떻습니까? 마태복음 9장 13절에서 예수님은 마태를 제자로 부르십니다. 그를 만난 장소는, 갈릴리 어부들이 고기를 잡은 후 시장으로 가려면 꼭 통과해야 하는 길목 어디였을 것입니다. 마태는 전략적으로 그런 곳에 장부를 펼쳐놓고 어부들이 지나갈 때마다 세금을 징수하고 있었겠지요. 그 일에 열심히 집중하고 있던 세리 마태를 주님이 목격하십니다. 그리고 그 일상에서 그를 불러내십니다.

예수님은 할 일이 없거나 시간이 남아도는 사람을 제자로 부르신 게 아닙니다. 자기 일에 충실한 사람을 제자로 부르셨다는 대목에 의미가 있습니다. 그것은 바로 주님의 부르심을 듣고 따르는 것보다 더 중요한 일이 없음을 암시하기 때문입니다. 주님은 마태를 부르실 때 긴 설명을 하시지 않습니다. 그저 "나를 따르라"는 단 한마디를 하시지요. 이 짧은 문장은 사실상 '너에게 더 중요한 일이 있으니 하던 일을 멈추고 나를 따르라'는 뜻입니다. 이 짧은 주님의 부름은 마태를 설득하였고 그의 삶을 바꿔 버립니다.

여기서 중요한 것은, 마태가 예수님을 선택한 게 아니라 예수님이 마태를 선택했다는 점입니다. 예수님은 마태에게 '생각할 시간을 좀 더 줄까?'라고 묻지 않으십니다. '따르라'는 부르심은 분명 설득이나 권유가 아니라 명령이었고, 우리는 이것을 '소명'이라고 말합니다. 주님이 부르시는 소명에 마태는 일어나서 따르게 됩니다.

혜택과 부담

주님의 부르심에 순종하는 사람에게는 혜택과 부담이 있습니다. 성경에서 소명 받은 사람들을 찾아보면 반응이 제각각입니다. 이사야는 사명을 받아들이고 즉각 순종하여 응답하였고(사 6장), 예레미야는 못 하겠다면서 두려워하며 주저하였고(렘 1장), 모세는 항의하면서 하나님과 대화하는 방법을 선택했습니다(출 3-4장).

모든 부름에는 혜택과 부담이 있습니다. 그러니 부름 받는 사람도 잘 계산해야 합니다. 부름에 따른 대가가 너무 크다고 생각해서, 선뜻 응답 못 하고 얼굴이 붉어진 채 돌아서는 사람도 있습니다. 복음서에 나온 젊고 부유한 청년이 그 대표적인 사례입니다

(마 19:16-22; 막 10:17-31; 눅 18:18-30). 그는 예수님을 따르길 간절히 원했지만, 결국 '재산이 많아서 근심하며' 돌아갑니다(마 19:22).

이 청년과 정반대의 사람을 우리는 본문 말씀인 마태복음 9장에서 만납니다. 그는 사회적으로 용납할 수 없는 직업을 가진 사람입니다. 동족의 고혈을 빨아먹는 악독한 세리입니다. 그런데 주님은 그를 부르셨고, 그는 고민 없이 즉각 일어나 예수님을 따랐습니다. 마태가 예수님을 따랐다는 말에는, 그의 생계를 책임지는 직업의 상징이자 죄의 근원이었던 세리의 장부를 던져 버렸다는 뜻이 담겨 있습니다.

하나님의 부르심은 지금 우리 삶을 지탱하는 무언가를 포기하라는 말로도 들립니다. 내 것을 포기하는 게 어디 쉬운 일인가요? 위대한 선지자 이사야는 주님의 부르심에 즉각 순종하기는 했지만, 환상을 보여 주시며 예언자로 부르시는 하나님의 소명에 그가 내뱉은 첫마디가 무엇인지 아십니까? "화로다. 나여 망하게 되었도다"(사 6:5)입니다. 절대 쉬운 일이 아닙니다.

아브라함을 부르실 때를 생각해 보십시오. 하나님은 아브라함을 부르실 때 "너는 너의 고향과 친척과 아버지의 집을 떠나 내가 네게 보여 줄 땅으로 가라"(창 12:1)고 말씀하십니다. 이 부르심에 응답하려면 아브라함은 자신의 과거를 뒤로하고 한 치 앞도 가늠할 수 없는 미래에 몸을 던져야 합니다. 그런 결단과 포기 없이 가나안 땅으로 들어가는 건 불가능합니다.

주님의 부르심을 신뢰하고 순종하는 일이 무모한 일이라고 지레 겁먹을 필요는 없습니다. 성경이 우리에게 들려주는 소명의 사람들은 한결같이 주님의 자비하신 보호와 인도하심을 얻었기 때문입니다. 구약 본문인 호세아 6장 말씀이 주님의 부르심을 받는 사람 모두에게 힘이 됩니다. "오라, 우리가 여호와께로 돌아가자. 여호와께서 우리를 찢으셨으나 도로 낫게 하실 것이요 우리를 치셨으나 싸매어 주실 것임이라. 여호와께서 이틀 후에 우리를 살리시며 셋째 날에 우리를 일으키시리니 우리가 그의 앞에서 살리라"(호 6:1-2).

주님은 호세아의 입을 통해 선언하신 대로, 부르신 백성을 아프게도 하시지만 낫게도 하시며 죽음에서 살리시는 전능자이십니다. 시편의 시인들도 이런 진리를 잘 알고 노래합니다. 오늘 교독한 시편 119편이 바로 그런 신앙고백입니다. 종으로 부름 받은 사람에게는 고난도 유익이라고 합니다. 하나님을 더 잘 알게 되기 때문입니다. 그 하나님이 결국 모든 환난에서 구하여 자비로 지키신다고 찬송합니다(시 119:65-77).

성찬: 행동하는 은총의 통로

하나님의 부르심은 우리의 생각과 이해의 범위를 뛰어넘습니다. 세리를 제자로 부르신 것은 분명히 논란의 여지가 있습니다. 바리새인들이 예수님의 제자들에게 '너희 선생은 왜 저러느냐'며 비아냥대는 게 당연하게 보이기도 합니다. 세리를 제자로 부르고 그의 집에 들어가시더니, 세리와 죄인들을 불러 한상에 둘러앉아 먹고 마십니다. 그 모습이 정상으로 보일 리 없습니다. 사실 우리 가운데도, 누구는 하나님의 자녀로 부름 받을 수 있고 누구는 안 된다면서 자격을 따지는 사람들이 있습니다.

그런데 우리도 예수님과 같은 식탁으로 부름 받습니다. 어떤 신학자들은 성찬에 대해 '은총의 도구(Means of Grace)'라고 말합니다. 성찬은 '하나님의 은총을 받는 길'이라는 뜻이지요. 보통 성찬을 '보이는 말씀'이라고도 하는데, 제가 좋아하는 루터교회 신학자 중 파울 알트하우스(Paul Althaus)라는 분은 성찬을 '행동하는 은총의 통로'라고 부릅니다. 하나님의 은혜는 단순히 귀로 듣기만 하고 끝나지 않습니다.

우리는 성찬 시간에, 나를 부르시는 하나님의 은혜를 기억하고 "아멘" 하며 일어나 찬송하고 기도합니다. 그리고 말씀을 듣고 서로의 평화를 빌며 인사를 나눕니다. 우리는 각자 성찬대 앞으로 걸어 나옴으로써, '숨은 교인'이 아니라 교회 공동체 앞과 하나님 앞에서 누구라도 나를 볼 수 있도록 '드러난 교인'으로 내 모습을 공개합니다. 떡과 잔을 받기 위해 기다리는 잠시 동안, 나를 위한 주님의 은총을 간절히 구하면서 마음으로 기도합니다. 두 손을 가지런히 펴고, 두 눈은 주님의 살과 피를 바라보고, 두 귀는 "이것은 나를 위한 주님의 살과 피"라는 말씀을 또렷이 들으며, 입안에 그 은혜를 채웁니다.

성찬을 받기 위해 일어선 우리의 다리, 주님의 살을 만진 우리의 손, 주님의 피를 마신 우리의 입과 몸은 이제 주님이 거하시는 거룩한 성전이 됩니다. 예배를 마치고 일상으로 돌아갈 때 우리는 주님의 임재와 동행을 약속받고 그 힘과 위로로 살게 됩니다. 그렇다면 주님을 모셨던 손과 발, 그리고 우리의 입과 마음을 통해 어떤 말과 행동이 일상의 열매로 맺혀야 할까요?

도전적인 부르심

한편 우리는 오늘을 '청년 주일'이라 부르면서, 청년들을 귀하게 기억하고 응원합니다. 특별히 마태 소명 기사는 이 시대 청년들에게 거룩한 도전이 되는 말씀입니다. 주님의 부르심은 때로 예상치 못한 순간에 찾아옵니다. 예수님의 부르심은 분명 마태에게 도전적인 부르심이었고, 이 부르심에 그는 응답하고 자기 삶의 길을 완전히 바꾸어 버립니다. 주님의 부르심은 그렇게 순종하는 사람의 삶의 궤도를 결정할 뿐만 아니라, 정체성을 변경시키는 힘이 있습니다.

신앙으로 이끄는 소명의 신비와 힘은 특히 청년 시기에 뚜렷하게 드러납니다. 청년의 때에 직업을 선택하고 경력을 쌓아 가는 일이 매우 중요한데, 주님의 소명은 그보다 더 중요한 일로 청년들을 부릅니다. 우리 인생을 향한 하나님의 뜻하심이 무엇인지 알아채는 노력이 요구됩니다.

주님의 부르심은 어떤 특정한 직업을 갖거나 결혼을 선택하는 문제와는 확연히 다릅니다. 주님의 부르심은, 우리가 어떤 일을 하든지 삶의 참된 의미와 목적을 알게 하는 힘이 있습니다. 예수님의 부르심은 제자들과 마태가 그랬던 것처럼 지금의 우리 일상을 다 버리라는 게 아닙니다. 그것이 목표가 아닙니다. 주님의 부르심의 목표는, 지금 우리 삶의 자리를 깊이 성찰하고, 무엇이 옳고 가치 있는 삶인지 돌아보며, 그 길을 용감히 걸어가게 만드는 것입니다.

우리의 주님은 자비로 우리를 부르시고 말씀과 성찬으로 힘주시며 동행하십니다. 비록 검은 항아리 같은 우리지만, 그런 우리를 불러 가장 깊은 곳부터 아름답고 거룩한 꽃으로 채워 빛나게 해 주십니다. 주님은 그렇게 우리를 그분의 나무 십자가에 접붙이며 아름답게 만들어 가십니다. 이것이 하나님의 긍휼하신 사랑이며 능력입니다. 우리는 바로 이 부르심을 듣고 있습니다. 이 부르심에는 구별이나 차별이 없으며 흔들림도 없습니다. 복된 주님의 부르심이 우리의 말과 행동, 그리고 우리의 전 삶을 아름답게 채워 나가길 주님의 이름으로 축원합니다.

모든 지각에 뛰어난 하나님의 평강이 그리스도 예수 안에서 우리의 마음과 생각을 지키실 것입니다. 아멘.

너희를 업어
인도하리라

출애굽기 19:1-8, 마태복음 9:35-10:8

성령강림일 후 셋째 주일의 교회력 구약 말씀은 출애굽기 19장 1-8절입니다. 애굽을 탈출한 이스라엘 백성은 시내 광야에 장막을 치고 한숨을 돌립니다. 그때 모세는 홀로 산에 오르고, 거기서 하나님의 음성을 들은 후 내려와 그 말씀을 백성에게 전합니다. 이때 모세가 전한 말씀은 모세 한 개인이 아니라 가나안 땅을 향해 행진하는 백성 전체에게 주신 축복의 말씀이라는 것이 중요합니다. 그래서 이 본문을 시내산 언약이라고도 부릅니다.

독수리 날개로 업다

그중에서 가장 인상적인 말씀이 있습니다. 출애굽기 19장 4절입니다. "내가 애굽 사람에게 어떻게 행하였음과 내가 어떻게 독수리 날개로 너희를 업어 내게로 인도하였음을 너희가 보았느니라." 듣기만 해도 가슴이 뛰는 멋진 구절이지요. 많은 이들이 이 말씀에서 위로와 힘을 얻곤 합니다.

종종 이 구절에 나오는 독수리 이야기가, 이스라엘 백성을 훈련시키시는 하나님의 방식이라고 말하기도 합니다. 상상해 보십시오. 어미 독수리가 높은 곳에 올라가 새끼를 떨어뜨리면, 날개에 힘이 없는 새끼는 곤두박질치면서 파닥거리겠지요. 땅에 가까워질 때쯤 어미가 휙 날아가 등으로 받아 업고, 하늘로 높이 올라가 다시 떨어뜨려요. 이런 방식으로 계속 훈련하다 보면 결국 새끼 독수리가 창공을 스스로 날아오를 수 있게 된다고 합니다. 그러므로 출애굽기 19장 4절은 하나님이 이스라엘을 이런 방식으로 강하게 만드신다는 말씀이라는 것입니다. 하지만 이런 설명은 상식에 어긋나는 허구입니다. 독수리는 새끼를 그렇게 키우지도 않고, 출애굽기의 말씀도 그런 뜻이 아니기 때문입니다.

그렇다면 '독수리 날개로 업어 인도한다'는 이 멋진 구절은 무슨 뜻일까요? 우선 고려해야 할 것은, 모세와 함께 광야로 나온 백성은 고대 이집트 문화에서 살았다는 점입니다. 자기가 사는 사회와 문화의 영향을 받지 않는 사람은 없습니다. 출애굽한 이스라엘 백성도 마찬가지였습니다. 그래서 출애굽기는 '애굽'이라 불린 이집트의 종교 문화와 연결해서 읽을 필요가 있습니다.

여러분 대부분이 이집트 벽화나 그림을 본 적이 있을 것입니다. 거기에 보면 개, 고양이, 부엉이 등 여러 동물이 나오는데, 독수리도 빠지지 않고 나오는 동물이에요. 그런데 독수리는 좀 특별합니다. 이집트의 수호신 네크베트(Nekhebet)를 상징하는 동물로 그려지기 때문입니다. 이 독수리 신이 하는 일은 두 가지입니다. 하나는 나일강을 다스리면서 사막을 비옥하게 만드는 것이고, 다른 하나는 이집트의 왕 파라오(바로)를 수호하는 것입니다.

이제, 이집트에서 탈출한 이스라엘 백성 입장에서 한번 생각해 봅시다. 이집트 문명 속에서 살다 광야로 나온 그들은, 이 세상의 최고 권력자가 바로라고 생각했습니다. 그런데 이집트 사람들 말로는 '그 바로를 지키는 신이 따로 있다'고 합니다. 바로 네크베트라는 독수리 신입니다. 출애굽기 19장 4절에서 말하는 게 바로 이것입니다. 애굽에서 생활하던 이스라엘 백성이 광야로 나온 지 딱 삼 개월 되었는데, 그 시간 동안 넌더리 날 정도로 모진 경험을 많이 했습니다. 젖과 꿀이 흐르는 땅으로 간다고 해서 죽을 힘 다해 탈출했는데, 애굽 군대가 목덜미까지 추격해 들어오기도 했고, 마실 물이 없어 사막 한가운데서 죽을 뻔한 일도 있었고, 사막 부족들에게 습격 받아 전쟁을 벌이기도 했습니다.

'하나님의 종'이라는 모세는 또 어떻습니까? 이 사람을 따라나선 후로 죽을 뻔한 일을 계속 겪는 것 같습니다. 저 사람이 정말 하나님의 종인지 의심도 생기고, 앞날이 막막하기만 합니다. 그러니 옛날 생각이 간절해집니다. 차라리 이 지겨운 광야 생활을 청산하고 애굽으로 다시 돌아가는 게 낫겠다는 생각이 드는 건 어쩌면 당연합니다.

여기까지가 출애굽기 19장 이전의 삼 개월 동안 일어난 일입니다. 백성은 지칠 대로 지쳤고, 지도자인 모세도 다 그만두고 싶을 만큼 진이 빠져 있습니다. 바로 그때 하나님이 모세를 산으로 부르신 것입니다. 그리고 '내가 너희를 독수리의 날개로 업어 인도하였다'고 선언하십니다.

이 선언은 애굽에서 나온 사람들에게 놀라운 이야기입니다. 애굽 생활이 그리운 백성에게 있어서 독수리는, 풍요와 안전을 지키는 왕의 수호신이기 때문입니다. 그런데 하나님이 지금 하시는 말씀은, 그 독수리가 애굽의 왕을 보호하고 지키는 게 아니라 광야로 나온 하나님의 백성을 등에 업어 보호하고 인도한다는 것입니다.

생각해 보십시오. 애굽의 왕은 바로이고, 이 왕을 지키는 수호신은 독수리에요. 애굽에서는 독수리가 왕보다 높고 힘이 셉니다. 그런데 지금 하나님의 말씀을 잘 보면, 그 독수리를 부리는 이가 바로 하나님 자신이라고 하십니다. 그리고 그 독수리가 애굽 왕을 지키는 게 아니라 지칠 대로 지친 광야의 백성, 위험을 감수하고 하나님의 종을 따라 나온 백성을 보호하고 인도한다고 선언하십니다. 이 말씀 속에는 이런 뜻이 있습니다. '애굽의 왕 위에는 독수리 신이 있고, 독수리 신 위에는 하나님이 있다. 그 하나님이 너희를 보호하고 인도하신다.' 하나님의 대담한 선언은 여기서 그치지 않습니다.

너희를 보물로 삼겠다

이어지는 5절의 "너희는 모든 민족 중에서 내 소유가 되겠고"라는 구절을 눈여겨봐야 합니다. 여기서 '소유'라는 단어의 본래 뜻은 '나의 보물'입니다. 백성은 지금 현실을 원망하고 자기 자신들을 평가절하하며 불평하지만, 하나님의 판단은 다릅니다. 바로 너희들이야말로 나의 가장 값진 보물이기에, 독수리 등에 업어서라도 약속의 땅으로 인도하는 것이라고 하십니다. 모세에게 이 말씀을 주시면서 '백성에게 전하라'고 하십니다. 어디 하나 희망 둘 곳 없는 광야 생활 중에, 너무나 기쁘고 놀라운 소식입니다. 그리고 하나님은 광야로 나온 이 백성을 특별하게 보살피십니다.

그런데 이 본문을 잘 보면 조건이 하나 붙어 있습니다. "세계가 다 내게 속하였나니 너희가 내 말을 잘 듣고 내 언약을 지키면 너희는 모든 민족 중에서 내 소유(보물)가 되겠고, 너희가 내게 대하여 제사장 나라가 되며 거룩한 백성이 되리라"(출 19:5-6a). 이 구절을 율법이나 복음과 연결지어서 복잡하게 생각할 이유는 없습니다. 모세에게 주시는 하나님의 약속은 단순합니다. '너희가 내 말을 듣고 내가 세운 약속을 잘 지키면, 모든 민족 가운데 가장 빛나는 보물로 삼겠다'는 약속입니다. 어찌 보면 번영과 성공을 약속하는 설교로 들리겠지만, 이 내용은 사실입니다. 하나님은 매우 대담한 약속을 하십니다.

여기서 기억해야 할 것은, 이 축복과 번영을 특정한 개인에게 약속하신 게 아니라는 점입니다. 지금 하나님은 '너희'라고 하십니다. 어떤 한 사람을 지칭하는 게 아니라 광야 한가운데 장막을 치고 있는 '너희들', 약속의 땅을 가슴에 품고 소망하는 '너희들', 즉 한 사람이 아니라 '공동체'에게 주시는 약속입니다. 그래서 성공하더라도 함께 성공하고, 번영하더라도 함께 번영하게 됩니다.

또 하나 중요한 것은, 지금 하나님이 백성에게 주시는 보물은 물질이나 세상의 성공이 아니라는 점입니다. 6절을 보면 '제사장 나라', '거룩한 백성으로 삼겠다'는 설명이 나오는데, 둘 다 같은 말이지요. 제사장이 하는 일이 무엇입니까? 성전에 오는 사람들은 감사와 소원의 제물을 하나씩 들고 오는데, 그 제물을 잡아 하나님께 바치는 일이 제사장의 직무입니다. 곧 중보 사역, 중간 다리 역할입니다. 사람과 사람을 이어 주고, 사람과 하나님을 이어 주는 사람이 제사장입니다. 제사장의 이 중보 사역은, 노예의 땅에서 자유의 땅으로 인도하시는 하나님의 사랑에 기초합니다.

우리도 지금 광야같이 메마르고 불안한 세계 위에 장막을 치고 살아갑니다. 정치·경제·환경·국제 정세 등등, 무엇 하나 만만한 게 없습니다. 하나님의 자녀들만 모였다는 교회도 불안하기는 마찬가지입니다. 교회 밖 사람들이 오히려 교회를 걱정할 정도로 상황이 심각합니다. 지난 몇 년 사이, 우리나라는 종교인보다 무종교인이 많은 무종교 사회로 진입했다고 합니다. 기독교인들 숫자가 가장 크게 급감했고, 교회에 대한 사회적 인식은 날로 추락하고 있습니다. 더 큰 문제는 교회의 미래인 10-30대 청소년·청년 기독교인 비율이 암울할 정도로 낮다는 사실입니다. 오늘의 교회는 앞이 안 보입니다. 홍해가 갈라지는 기적, 구름기둥과 불기둥을 만나는 기적을 체험했음에도 장막 안에 들어가 절망하고 염려하는 이스라엘 백성과 너무 닮은꼴입니다. 오늘 우리의 교회에는 희망이 없는 것일까요?

선교, 주님 닮은 일상을 사는 것

교회력 복음서 본문으로 눈을 돌려 봅시다. 예수님이 병자들을 고치신 다음 열두 제자들을 불러 세상으로 파송하시는 내용입니다(마 9:35 이하). 여기에 유명한 성구가 나오지요. "추수할 것은 많은데 추수할 일꾼이 없다"는 예수님의 탄식입니다. 주로 부흥회나 전도 집회에서 사람 많이 불러오라고 할 때 인용되는 단골 성구인데, 사실 그렇게 쓰일 구절이 아닙니다.

이 구절은 예수님과 함께 모든 병과 모든 약한 것들을 치유하고 살릴 사람들을 부르는 대목입니다. 마태는 이 구절을 통해 이 땅의 비참한 현실을 고발합니다. 실제로 마태복음 10장에는 열두 제자들을 불러 이 일을 시작하는 이야기가 펼쳐집니다. 그런데, 잘 보십시오. 주님은 제자들을 자신의 호위병으로 세우시지 않고 세상으로 흩어 보내십니다.

마태복음 9-10장은 치유와 제자 파송을 다루고 있습니다. 9장은 불쌍한 사람들을 치유하는 내용입니다. 중풍 병자, 시각장애인, 언어장애인 등 당시 사회에서는 치료할 수 없고 도움 얻기도 힘든 사람들, 희망을 상실한 사람들 이야기가 마태복음 9장에 가득합니다. 그런 사람들을 예수님이 찾아 고치시다가, 마지막에 하신 말씀이 추수할 것은 많은데 일꾼이 부족하다는 말씀입니다.

이들을 광야에서 장막 치고 있던 사람들과 견주어 볼 수 있습니다. 마태복음 9장에 나온 사람들과 출애굽해서 광야에 있는 백성 사이에는 공통점이 있어요. 희망이 없다는 사실입니다. 그런데 광야에서는 모세가, 유대땅에서는 예수님이, 하나님의 복음을 들고 찾아갑니다. 그 일이 열두 제자들에게, 그리고 지금은 예수님의 나무 십자가에 접붙인 바 된 우리에게 맡겨집니다.

여기서 우리는 선교, 전도에 대한 중요한 의미를 하나 얻을 수 있습니다. 선교란 교회 안으로 사람을 불러 모으는 게 아니라, 마태복음 10장 6절 말씀대로 '이스라엘의 잃어버린 양에게로 흩어지는 것'입니다. 또 8절 말씀대로 '주님으로부터 거저 받은 사랑을 거저 주며 사는 삶', 주님 닮은 일상을 살아가는 게 선교의 본래 뜻이고 참된 전도입니다.

우리의 주님이신 예수 그리스도는 희망 없고 불안한 이들을 찾아가 독수리 날개로 보호하듯 치료하고 인도하십니다. 이것이 선교입니다. 예수님이 열두 제자들을 세상에 파송하신 그 선교는,

희망 없는 세상에 소망을 심고 불안한 세상에 안전을 만드는 소명으로 우리를 부르셨다는 뜻입니다. 그리고 예수님이 하셨던 그 일이 이제 우리의 일이 됩니다.

주님이 지키신다

마태복음이 언제 기록되었는지는 확실치 않습니다. 하지만 그리스도인들이 이 복음서를 읽고 가장 큰 위로와 용기를 얻었던 시대가 있는데, 바로 서기 70년경 로마제국이 예루살렘에 침략해서 성전이 무너진 직후였다고 합니다. 역설이지요. 성전은 하나님이 계신 집인데, 하나님의 집이 무너졌을 때 용기를 얻고 위로를 받았다는 것. 저는 이것이 오히려 우리에게 복음이라고 믿습니다.

우리는 지금 교회의 미래를 걱정하며 성전이 무너지는 시대를 살고 있습니다. 그러나 모세를 통해 광야 백성에게 주셨던 하나님의 복음, 제자들을 불러 흩어 보내시며 세상을 치유하셨던 주님의 복음이 오늘 우리에게 동일하게 선포됩니다.

여러분, 우리의 구원을 위해 거저 주신 주님의 생명을 기억합시다. 그리고 우리가 어디에 있든지, 그곳이 광야든 산이든 절벽이든, 그곳에서 주님 닮은 사랑과 섬김의 삶을 살아가길 바랍니다. 분명한 것은 주님이 장막이나 건물에 갇혀 계시지 않다는 사실입니다.

주님이 우리를 그분의 가족으로 부른 이상, 우리를 책임지십니다. 그리고 우리는 그 힘으로 기도하며 하루하루 살아갑니다. 우리 인생의 여정이 비록 모세 시대의 광야처럼 모든 것이 불안하고 의심스럽지만, 우리의 주님은 독수리 날개로 저와 여러분을 업어 인도하겠다고 약속하십니다.

이 복된 약속이 하나님의 자녀인 우리 모두를 지금부터 영원토록 지키길 주님의 이름으로 축원합니다.

모든 지각에 뛰어난 하나님의 평강이 그리스도 예수 안에서 우리의 마음과 생각을 지키실 것입니다. 아멘.

보내진
사람

성령강림일 후
다섯째 주일

마태복음 10:34-42, 고린도전서 4:1-2, 9

"세례는 교회의 시작을 알리고, 성찬은 교회의 방향을 알린다"(칼바르트)는 말이 있습니다. 오늘 우리는 세례식을 진행할 텐데, 세례는 단지 새로운 가족 한 사람이 늘었다는 뜻이 아닙니다. 교회는 한 사람 한 사람의 세례를 통해 세워지고, 우리는 세례를 통해 하나님의 뜻이 하늘에서 이루어진 것같이 땅에서도 이루어지는 것을 확인합니다. 그리고 세례 교인이 된 우리는 하나님이 세상에 보내신 사람으로, 사도로, 제자로 살게 됩니다.

하나님 보시기에 세례는 기쁘고 감격스러운 일이 분명합니다. 하지만 다른 눈으로 보면, 세례 받는다는 건 불구덩이에 스스로 뛰어드는 무모하고 바보 같은 일입니다.

제자들에게 일어날 일

오늘의 복음서 본문은 마태복음 10장입니다. 예수님은 세상에 흩어지는 제자들에게 닥칠 환난을 예고하십니다. 물론 주님은 제자들을 파송하실 때, 더러운 귀신을 쫓아내고 모든 병과 모든 약한 것을 고치는 권세를 주셨습니다. 제자들은 당당함과 능력으로 예수님이 하셨던 그 모든 일을 해야 합니다. 예수님과 똑같이 천국 복음을 선포하고, 똑같이 치유 사역을 수행해야 합니다.

그런데 마태복음 10장 9절부터 예수님이 추가로 하시는 말씀을 들어 보면, 돈이나 여벌 옷도 없이 그저 만나는 사람의 환대에만 의지해서 의식주를 해결하라고 하십니다. 심지어 가난과 노숙도 예정되어 있는 듯합니다. 게다가 이들은 환영받지 못할 것이고(10:14-15), 이리 속에 들어가는 양처럼 위험에 노출될 수도 있다고 하십니다. 예수님 말씀대로 하자면, 예수쟁이가 되는 순간 가족 간 충돌과 분열은 물론 목숨을 잃는 상황도 발생할 것입니다.

예수님은 이런 당황스러운 일이 제자가 된 사람들에게 일어날 것이라고 아무렇지도 않게 말씀하십니다. 세례 받고 하나님의 자녀, 예수님의 제자가 되면 정말 끔찍한 일이 계속 일어날까요?

고린도전서 4장으로 잠깐 넘어가 봅시다. "사람이 마땅히 우리를 그리스도의 일꾼이요 하나님의 비밀을 맡은 자로 여길지니라. 그리고 맡은 자들에게 구할 것은 충성이니라"(고전 4:1-2). 여기 나온 '충성'이라는 단어는 당사자가 어디에 속해 있느냐에 따라서 성격이 많이 달라집니다. 회사 사장에게는, 사장 말 잘 따르고 밤새워서라도 주어진 일을 완수해 내는 직원이 충성스러운 사람일 것입니다. 조직폭력배 두목에게는, 두목 말이라면 경찰이나 보복을 두려워하지 않고 군말 없이 나서서 싸움 잘하는 부하가 충성스러운 사람일 것입니다.

이렇듯 충성이라는 말은 '누구에 대한 충성인가'가 더 중요합니다. 교회 안에서의 충성도 상황에 따라 다르게 해석될 수 있습니다. 간혹 교회 안에서 분쟁이 생기면 서로 거짓말하고 욕설을 퍼붓고 때로는 폭력을 행사하기도 합니다. 교회를 지키겠다고 몽둥이 들고 교회 입구를 막아서는 이들도 있습니다. 그런 사람들조차 '나는 교회에 충성한다'고 말합니다. 과연 그런 게 성경이 말하는 '충성', 세례 받은 그리스도인들에게 요구되는 충성일까요?

누구에 대한 충성인가가 중요합니다. 우리는 누구에게 충성하는 사람인지 분명히 알아야 합니다.

일꾼, 종, 노예

사도 바울은 고린도전서에서 "마땅히 우리를 그리스도의 일꾼이요 하나님의 비밀을 맡은 자"(고전 4:1)라고 말합니다. 이 말을 복음서의 언어로 바꾸면, 사도요 제자, 세례 받은 모든 그리스도인이 됩니다. 성경에는 '일꾼' 또는 '종'이라는 말이 자주 나오는데, 신약성경에서 이 단어들을 다 찾아보면 대략 일곱 개 정도의 다른 헬라어가 사용되었습니다. 그중 사용 빈도가 아주 낮은 것을 솎아 내면 세 개 정도 남는다고 합니다. 디아코노스(διάκονος), 둘로스(δοῦλος), 휘페레테스(ὑπηρέτης), 이 세 단어입니다. 모두 종, 일꾼이라는 말인데, 종들이 가진 자유와 권리의 정도에 따라 구분이 됩니다.

우리가 1세기에 사는 것이 아니라서 정확하게 구분하기는 어렵지만, 배에서 일하는 사람들을 예로 들면 어느 정도 맞을 것 같습니다. 옛날 노 젓는 배나 고대 무역 상선을 떠올려 보십시오. 맨 위의 조타수, 갑판 위의 일꾼, 그리고 갑판 밑에서 노만 젓는 노예. 모두 배 주인이 고용한 일꾼들입니다. 조타수는 선박 주인의 명령을 받고 자신의 경험과 지식을 동원해 바다를 항해하며 어장을 찾는 일꾼입니다. 그에게는 충분한 자유가 주어졌고, 이 자유의 힘으로 해류를 판단하면서 어디든 갈 수 있습니다.

갑판 위의 일꾼들은 조타수가 운전하는 배 위에서 각자 맡은 일에 전념합니다. 이 사람들에게는 어느 정도의 시간과 자유가 허용됩니다. 하지만 물건을 내리거나 파도가 갑판 위를 덮칠 때는 능동적으로 움직이면서 배의 안전을 위해 힘써야 합니다.

갑판 밑의 노 젓는 노예는 어떤가요? 이들에게는 어떤 자유도 허락되지 않습니다. 오직 노 젓는 일 외에는 아무것도 허용되지 않습니다. 심지어 배 밖에 펼쳐진 바다 풍경을 볼 자유도 허락되지 않습니다. 조타수, 갑판 위 일꾼, 노 젓는 노예, 이 셋을 디아코노스, 둘로스, 휘페레테스로 구분해도 좋을 것 같습니다.

고린도전서 4장 1절에 나오는 '그리스도의 일꾼'에 해당하는 단어는 휘페레테스입니다. 바울은 사도와 말씀 맡은 자를 '휘페레테스', 즉 충성스럽게 배 밑에서 노를 저어야 할 휘페레테스라고 설명합니다. 현실적으로 생각하면 이처럼 비참한 직업도 없습니다. 그리스도의 복음을 전하는 사람은 자유 없는 노예라는 말인데, 바울은 그 사실을 너무 잘 알고 있었던 것 같습니다.

끄트머리 구경거리

그래서 고린도전서 4장 9절에서는 이렇게 말합니다. "내가 생각하건대 하나님이 사도인 우리를 죽이기로 작정된 자같이 끄트머리에 두셨으매 우리는 세계 곧 천사와 사람에게 구경거리가 되었노라"(고전 4:9).

고린도전서 4장은 그리스도의 일꾼으로 부름 받은 모든 성도에게 도전적인 말씀입니다. 특히 9절 말씀은 1세기의 고린도 교인들뿐 아니라 슬픔 중에 있는 한국의 모든 교인이 곱씹을 만한 귀한 말씀입니다. 바울 사도는, 복음 전파 일을 맡은 성도들에 대해 '하나님이 죽이기로 작정한 끄트머리 구경거리'라고 설명합니다.

수수께끼 같은 말입니다만, 1세기 교인들이라면 이 구절을 들은 즉시 소스라치듯 놀랐을 것입니다. 1세기 로마제국에서 구경거리가 될 만한 일은 그리 많지 않았지만, 두 가지가 늘 사람들의 이목을 끌었다고 합니다. 하나는 원형경기장의 구경거리이고 다른 하나는 개선문 행진 퍼레이드인데, 원형경기장에서는 피비린내나는 검투사들의 경기가 부유한 로마인들의 구경거리였다면, 황제가 승전보를 갖고 들어오는 개선문 행진은 로마에 사는 사람 모두의 큰 구경거리가 되었습니다.

전쟁에서 돌아오는 로마 황제가 개선문을 통과할 때 행렬 순서가 정해져 있었다고 합니다. 선두에는 나팔수와 악대가 승리의 찬가를 드높이고, 그 뒤에 황제가 말을 타고 당당한 모습으로 등장합니다. 그 뒤에는 장군과 병사들이 뒤따릅니다. 그리고 그 뒤에 여러 대의 수레가 따르는데 그 안에는 온갖 보석과 장신구 등 전쟁에서 탈취한 전리품들이 가득합니다. 이때 개선문 양쪽에 도

열한 로마 시민들은 큰 소리로 "주여, 나를 불쌍히 여기소서!"라고 외칩니다. 이 뜻은 황제가 전쟁에서 가져온 전리품들을 나눠 달라는 요청이며 기쁨의 환호입니다. 이 군중의 함성에 수레 옆 병사들은 전리품을 던져 주며 응답합니다.

이 기쁨의 수레 뒤에 분위기가 전혀 다른 긴 행렬이 하나 더 따라옵니다. 전쟁 포로들입니다. 적국의 왕과 왕비, 귀족들, 군인, 그리고 여인과 아이들이 줄줄이 묶여 걸어갑니다. 이들은 모두 노예로 팔릴 운명입니다.

나팔수부터 포로에 이르는 긴 개선 행렬은 팡파르와 함께 로마 시내를 한 바퀴 돌며 승리를 자축합니다. 그리고는 로마의 신전에 이릅니다. 거기서 이 행사의 마지막 순서가 진행됩니다. 끌려온 포로 중 한두 명이 신전의 제물로 바쳐진 다음 처참하게 살해되는데, 이때 바쳐지는 사람이 바로 개선 행렬의 맨 끄트머리에 세워졌던 사람이라고 합니다. 이들은 왕족이거나 로마군에게 가장 골칫덩어리였던 인물이라서, 로마제국이 제거해야 할 제1순위였던 사람들입니다.

교회의 운명

개선 행렬 끄트머리에 세워진 사람, 그가 이 장대한 행진 끝에 죽게 된다는 것을 환호하는 로마 시민들은 다 알고 있습니다. 그렇기에 끄트머리에 선 사람, 곧 제물로 바쳐질 사람의 표정과 걸음 등 그의 일거수일투족 모든 것이 사람들의 관심사가 됩니다. 그가 곧 죽을 운명이라는 것을 알기에 그 사람의 모든 것에 사람들이 주목합니다.

바울은 고린도전서 4장 9절에서 복음 맡은 자의 운명을 그렇게 설명합니다. 좀 더 확대 해석해 보면, 사도뿐 아니라 모든 세례 받은 그리스도인과 모든 교회의 운명이라고도 할 수 있습니다. 끄트머리에 세워져 구경거리가 되고 마침내 죽게 될 운명! 비참하고 황망한 운명입니다. 오늘 저와 여러분, 그리고 우리 교회의 운명도 이와 다르지 않습니다. 우리는 그렇게 끄트머리에 세워져 세상의 구경거리가 됩니다.

이것만 생각하면, 끄트머리 구경거리가 된 사람은 기회를 틈타 행렬에서 도망가는 게 약삭빠른 일일 것입니다. 그래야 목숨을 챙길 수 있으니까요. 사도 바울은 여기서 그리스도인과 교회의 현실을 들려줍니다. 교회는 어리석고 약하고 비천하고 모욕당하고 만물의 찌꺼기 같은 취급을 당합니다. 세상천지에 바보도 이런 천치 바보가 없습니다.

그러나 사도와 그리스도인, 교회의 운명은 거기서 끝나지 않습니다. 보내진 사람들의 운명은 죽음을 생명으로 바꾸시는 하나님의 능력, 십자가 복음 안에 있다고 바울 사도는 힘주어 선언합니다. 오늘 우리 눈에 보이는 교회의 현실은 부서지고 깨지고 망해 가고 있습니다. 이렇게 세상의 구경거리가 된 교회의 현실을 보면 절망적입니다. 그러나 우리의 충성이 그리스도에 온전히 매달려 있다면, 우리는 그리스도와 함께 죽고 그리스도 함께 살아날 것입니다. 이것이 우리의 세례 신앙입니다.

환대 안에 담긴 복

복음서 말씀으로 돌아가 봅시다. 주님은 제자들을 세상에 보내시면서 온갖 시련과 위험을 당하고 미움 받을 것이라고 말씀하십니다. 주님은 결코 '좋은 게 좋은 거다'라며 얼렁뚱땅 또는 대충 넘어가라고 말씀하시지 않습니다. 오히려 주님은 마태복음 10장 34절에서 이렇게 말씀하십니다. "내가 세상에 화평을 주러 온 줄로 생각하지 말라. 화평이 아니요 검을 주러 왔노라."

주님이 보내신 사람들은 주님과 똑같은 삶을 살게 됩니다. 그들은 혼자 의식주 생계를 유지할 수도 없이 그저 다른 사람들의 환대에 의존하는 고단한 삶을 살아야 합니다. 그런데 주님은 놀라운 비밀 한 가지를 들려주시기 시작합니다. "너희를 영접하는 자는 나를 영접하는 것이요 나를 영접하는 자는 나를 보내신 이를 영접하는 것이니라"(마 10:40). 무슨 말인가요? 주님이 보내신 일꾼을 환대하면 곧 주님을 환대하는 것이라는 말입니다. 말씀의 종, 보내진 사람을 대접하는 사람에게 복이 임한다는 말입니다.

예수님은 여기서 한발 더 나아가십니다. "또 누구든지 제자의 이름으로 이 작은 자 중 하나에게 냉수 한 그릇이라도 주는 자는 내가 진실로 너희에게 이르노니 그 사람이 결단코 상을 잃지 아니하리라 하시니라"(42절). 여기 '작은 자'는 흔히 어린이를 가리키는 말입니다. 그런데 이 구절의 '작은 자'는 믿음이 어리거나 연약한 사람, 사회적 취약계층을 모두 지칭합니다. 그런 사람을 돌볼 때 상을 받게 될 것이라는 말씀이지요. 이 구절이 마태복음 25장 40절에 다시 한번 등장하는데, 거기서 주님은 그렇게 어리고 힘없고 연약한 사람이 바로 예수님 자신이라고 설명하십니다. 그리고는 '지극히 작은 자'의 필요를 돌보는 사람은 종말의 때에 하나님 나라의 유업을 받게 될 것이라고 약속해 주십니다(마 25:34).

일상의 선교사

마태복음 전체를 보면, 주님은 제자들을 세상에 보내시면서 그분의 말과 행동을 그대로 행하길 바라십니다. 우리를 통해 하나님의 나라가 가까이 왔음을 알리고 싶으신 거지요. 이게 교회의 일입니다. 그래서 마태복음에서 교회는 한 자리에 정주하지 않고, 항상 세상으로 보냄 받는다고 합니다. 세상에 보내지지 않는 교회는 교회가 아닙니다. 다른 말로 하면 선교하지 않는 교회는 교회가 아니라는 말입니다.

선교는 분명히 사람을 보내는 일입니다. 하지만 이 자리에 있는 모든 사람이 다른 사람의 환대에 생계를 의존하는 떠돌이 선교사로 살 수는 없습니다. 그런 선교사는 특별한 소명으로 부름 받습니다. 물론 모든 사람이 그런 선교사로 부름 받은 것은 아닙니다. 그렇다고 우리가 이 책임에서 벗어난 것은 아니지요. 세례 받은 모든 사람은 예수 그리스도의 복음을 전하고 구현하기 위해 세상에 보내집니다. 우리 모두는 겸손한 말과 섬김의 행동으로 작고 연약한 이들을 돌보며 그리스도를 전해야 합니다. 거절당하고 모욕당할 위험도 기꺼이 감수하도록 주님은 우리를 부르셨습니다.

이런 선교적 사명을 진지하게 받아들인다면 우리 일상에 어떤 일이 벌어질까요? 어린이와 병든 사람과 장애인을 만날 때, 그리고 가정과 직장과 이웃 안으로 들어갈 때, 모든 대화를 은혜의 말씀을 전할 기회로 여기고 모든 관계를 그리스도의 사랑을 실천할 기회로 여긴다면, 우리에게 어떤 일이 일어날까요?

우리가 그런 소명의 마음으로 살아간다 해도 매번 긍정적인 반응이 돌아오지는 않을 것입니다. 그러나 사람들이 겸손하고 친절한 태도, 올곧은 말과 경건한 삶의 태도를 경청하고 받아들일 준비가 되어 있다는 사실에 우리가 되려 놀랄 수도 있을 것입니다.

우리가 일상의 선교사로 살아갈 때 우리에게 주신 주님의 이 복된 약속을 잊지 맙시다. "너희를 영접하는 자는 나를 영접하는 것이요"(마 10:40). 이 복된 주님의 말씀이 일상의 선교사로 살아가려는 우리 모두에게, 그리고 오늘 세례 받은 교우들에게 가득하길 주님의 이름으로 축원합니다.

모든 지각에 뛰어난 하나님의 평강이 그리스도 예수 안에서 우리의 마음과 생각을 지키실 것입니다. 아멘.

내가 너희를 쉬게 하리라

스가랴 9:9-12, 마태복음 11:25-30
_____

성경에는 희망의 언어가 가득합니다. 오늘의 교회력 본문인 스가랴 9장과 마태복음 11장도 희망을 외칩니다. 모두 절망에 빠진 하나님의 자녀들을 희망의 빛으로 건져 내는 말씀입니다.

절망 속 희망, 스가랴 시대

구약의 말씀인 스가랴 9장(9-12절)부터 살펴보지요. 스가랴 선지자는 기원전 520년경 예루살렘에서 활동하던 선지자입니다. 학개 선지자와 동시대 인물입니다. 본문 말씀은 바벨론 포로 생활 후 돌아온 이스라엘 사람들에게 희망을 선언하는 예언인데, 신약 성경에서도 인용된 유명한 구절(슥 9:9)이 이 장에 있습니다. 이 말씀은 고난주간이 시작되는 종려주일에 많이 들어 본 성구입니다.

공의롭고 의로운 왕이 당당히 오시는데, 그분은 멋진 말을 타시지 않았습니다. 어린 나귀를 타고 겸손한 모습으로 오십니다. 스가랴 9장 9절 말씀은 정의로운 세상을 꿈꾸며 살아가는 사람들에게, 우리가 믿는 하나님이 도대체 어떤 분이신지 선명하게 보여줍니다. 역사를 좀 훑어봅시다. 구약성경에서 가장 중요한 사건으로 보통 두 가지를 꼽는데, 모세의 출애굽 사건과 바벨론 포로 사건이 그것입니다. 출애굽 사건은 노예의 땅 이집트에서 자유의 땅 가나안으로 하나님이 인도하신 사건이지요. 이에 비해 바벨론 사건은 하나님의 땅 예루살렘이 망하고, 이스라엘 사람들이 제국의 땅 바벨론으로 끌려간 처참하고 수치스러운 사건입니다.

이스라엘이 바벨론 제국에게 완전히 패망한 때가 기원전 587년입니다. 그냥 도시만 박살 난 게 아닙니다. 예루살렘에 살던 수많은 지식인들과 기술자들이 가족과 생이별하고 바벨론으로 끌려갑니다. 거기서 약 70년을 살게 되는데, 그동안 포로 1세대는 다 죽고 사라집니다. 2세대, 3세대들은 고향 예루살렘이 어떤 곳인지도 모른 채 그저 이야기로만 고국의 역사와 신앙을 전해 듣습니다.

그렇게 70년이 지날 무렵, 신흥 제국인 페르시아가 일어나 바벨론을 쳐버리고 새로운 강자로 등극합니다. 그리고 페르시아 왕인 고레스가, 바벨론에 포로로 잡혀 있던 사람들에게 귀환령을 내립니다. 그래서 포로의 후손들은 조상의 고향으로 돌아가게 됩니다.

스가랴서는 이런 상황을 배경으로 소망을 담아냅니다. 전체 14장인데, 1-8장은 포로 귀환 직후 꿈에 부풀어 있던 수십 년을 반영합니다. 하지만 그 꿈은 현실 앞에서 산산이 무너지게 되지요. 바벨론 제국에서 벗어났지만, 페르시아라는 제국이 그들의 새로운 주인으로 등장합니다. 독립이라는 희망은 뿌리째 뽑혀 버리고 탄식과 좌절감만 커집니다.

비참하게 탄압받는 주님

9-14장은 바로 이런 좌절 위에 새긴 희망의 말씀입니다. 그 시작인 스가랴 9장 9절은 마치 군악대가 만방에 팡파르를 울리듯 희망을 선언합니다. "시온의 딸아, 크게 기뻐할지어다. 예루살렘의 딸아, 즐거이 부를지어다. 보라, 네 왕이 네게 임하시나니 그는 공의로우시며 구원을 베푸시며 **겸손하여서** 나귀를 타시나니, 나귀의 작은 것 곧 나귀 새끼니라"(슥 9:9).

이 장을 읽어 보면, 예루살렘에 오실 왕은 원수들을 완벽하게 제압하고 입성하는 승리의 왕으로 그려집니다. 그분은 무기를 모두 평화로 바꿀 정도로 힘센 분입니다. 그런데 무척 역설적인 대목은 그분이 입성하시는 모습입니다. 그렇게 힘 있는 왕이 늠름하고 건장한 말을 타지 않고, 겸손한 모습으로 어린 나귀를 타고 나타납니다.

앞서 언급한 대로, 예루살렘에 입성하시는 예수님도 똑같은 모습으로 표현됩니다(마 21:4-5; 요 12:15). 어린 나귀를 타고 오시는 예수님은 어떤 분일 것 같습니까? 사람들은 종종 나귀를 타고 오시는 것은 겸손한 분이라서 그렇다고, 그래서 예수님은 어린이들에게도 칭찬받을 정도로 배려심 넘치고 겸손하고 온화한 분, 게다가 위트도 있는 분이라고 생각합니다. 우리는 이런 식으로 예수님을 대중적인 관심과 찬사를 받는 왕으로 생각하곤 합니다.

그런데 스가랴 9장 9절에 사용된 '**겸손하다**'라는 단어는 우리가 상상하는 그런 의미가 아닙니다. 여기 쓰인 히브리어가 '아니

(עָנִי)'인데, 그 뜻은 '가난하다, 비참하다, 슬프다, 탄압받는다' 입니다(신 15:11; 사 10:2; 시 140:12). 스가랴는 지금 이 단어를 쓰면서 우리의 왕은 대중의 찬사를 받는 왕, 온유하고 배려심 넘치는 왕이 아니라고 단언합니다. 오히려 우리의 왕은 가난하고 슬프고 비참하게 탄압받는, 그렇게 우울하고 처참한 모습으로 오신다고 예언합니다. 십자가에 달리신 그리스도가 바로 그런 모습이지요.

이 구절은 한번 깊이 묵상해 볼 만 합니다. 우리는 하나님을 언제나 여유 있는 승리자의 모습으로 상상합니다. 넘치는 여유로움으로 모든 환란을 거뜬히 이기시고, 그분의 남아도는 넉넉함을 우리에게 선물하시는 분으로 생각합니다. 그러면서 그런 분이 우리 주님이고 하나님이시니 세상만사 골치 아픈 일에 우리가 마음 쓸 필요 없다고 말합니다. 뭐 하러 거리에 나가서 정의를 외치고, 차별과 소외의 벽을 부수라고 목소리를 높이고, 부당한 권력에 맞서 싸우냐고 합니다. 어차피 하나님이 다 이기실 테니 그런 걱정 하지 말고, 그저 종교답게 세상과 구별된 종교 일에만 신경 쓰면 되지 않느냐고 말합니다.

그럴싸합니다. 그런데 정말 그럴까요? 이 말씀을 '우리의 왕이 겸손하고 부드러운 모습으로 나귀 타고 오신다'라고 읽으면 그럴 수 있습니다. 그러나 원어의 의미대로 읽으면 '우리의 주님은 억압받는 이의 비참하고 슬픈 모습으로 우리 앞에 오시는 분'입니다. 그렇다면 우리 신앙의 태도는 달라져야 합니다. 세상 가운데서 고난 받는 하나님이 우리가 믿고 의지하는 하나님이라면, 부드럽고 문제없는 신앙, 개인 영혼을 구원하는 데만 몰두하는 신앙은 교정돼야 마땅합니다. 종교개혁자 루터의 말대로, 우리의 그리스도는 하늘이 아니라 사람들 속에서, 세상의 비탄 속에서 발견됩니다.

복음의 반응

구약의 선지자는 그렇다 치고, 그럼 예수님은 뭐라고 설명하실까요? 복음서 말씀인 마태복음 11장으로 가 봅시다. 이 장은 하나님 나라 복음을 전하러 나서신 예수님의 모습을 보여 줍니다. 주님이 복음을 들고 나타나시자 사람들의 반응은 두 가지로 나뉩니다. 하나는 반대와 비난이고, 다른 하나는 하늘이 정한 일에 동의하고 그 안에 거하는 것입니다. 마태복음 11장은 우리에게 이 두 가지 반응 가운데 어느 쪽을 택할 것인지 진지하게 묻습니다.

2절부터 확인해 봅시다. 옥에 갇힌 세례 요한이 제자들을 예수께 보냅니다. 그리고는 그가 진짜 메시아인지 묻습니다. 세례 요한에게 의심이 생겼던 것입니다. 이어지는 말씀을 보면, 요한만 이렇게 흔들린 게 아닙니다. "너희가 무엇을 보려고 광야에 나왔더냐?"라는 예수님의 말씀을 따져 보면, 하나님 일을 한다고 나선 사람이면 누구라도 흔들릴 수 있는 현실이었습니다. 주목할 점은, 이렇게 신앙이 흔들리는 것에 대해 예수님이 큰일 난 거라고 호들갑 떨면서 심판하거나 정죄하시지 않는다는 사실입니다.

11장 12절에서 주님이 이렇게 설명하십니다. "세례 요한의 때부터 지금까지 천국은 침노를 당하나니 침노하는 자는 빼앗느니라." 교회에서 아주 많이 곡해되는 구절입니다. 많은 이들이 이 구절에 대해 '열심을 가진 사람만이 천국을 차지한다'고 해석하지만, 전혀 그런 뜻이 아닙니다. 예수님의 말씀 그대로 '하나님의 나라는 계속해서 침략당하고 빼앗길 위기에 놓여 있다'는 뜻입니다. 다른 말로 하면, 진리를 찾아 광야로 나온 사람들의 신앙이 흔들린다고 이상하게 생각하지 말라는 뜻이기도 합니다.

그런데 중요한 것은 이제부터입니다. 예수님은 자기 자신과 요한의 이야기를 들려주십니다. 이 두 사람은 당시 사람들에게 어떻게 비쳤을까요? 금욕 생활을 하던 요한은 귀신 들렸다고 소문났고(18절), 예수님은 먹보에 술꾼, 게다가 죄인과 세리의 친구로 소문났습니다(19절). 소문만 들어 보면, 요한과 예수님은 절대 관계를 맺어서는 안 될 몹쓸 인간들입니다.

예수님이 발바닥에 불날 정도로 온 이스라엘을 다니시며 복음을 전했건만, 사람들은 비난과 저주로 반응합니다. 요한도 그렇지요. 그도 역시 하나님 나라를 열심히 전했지만, 옥에 갇혀 죽음을 앞둔 운명입니다. 예수님은 이런 참담한 현실을 16-17절에서 이렇게 비유하십니다. "이 세대를 무엇으로 비유할까. 비유하건대 아이들이 장터에 앉아 제 동무를 불러 이르되 우리가 너희를 향하여 피리를 불어도 너희가 춤추지 않고, 우리가 슬피 울어도 너희가 가슴을 치지 아니하였다 함과 같도다."

장터에 아이들이 모여 있는데, 이들 중 결혼 축제처럼 피리 불며 춤추는 아이들은 기쁨의 복음을 전하는 예수님을 암시합니다. 장례식처럼 슬피 울며 애곡하는 아이들은 회개와 심판을 선언했던 세례 요한을 상징합니다. 그리고 춤추지도 울지도 않는 장터의 사람들은 두 설교자에게 눈길조차 주지 않는 무감각한 사람들을 뜻합니다. 주님은 이 비유를 통해, 하나님 일을 하는 사람은 사람들의 칭찬을 기대도 하지 말라고 하시는 것 같습니다. 세상은 하나님의 일에 관심도 없고, 부정적인 반응을 보인다고 하십니다. 심지어 20절에서는 '권능을 가장 많이 행한 마을들이 더 회개하지 않았다'고 합니다. 이 정도면 배신감도 클 것 같아요. 예수님이 바른 말을 하면 바른 말 한다고 뭐라 하고, 가만있으면 가만있는다고 뭐라 하는 형국입니다. 이게 세상의 반응입니다. 그런데 예수님은 이런 반응이 오히려 정상이라는 듯 말씀하십니다.

다 내게로 오라

이런 설명 끝에 예수님은 우리에게 다음과 같이 말씀하십니다. "그때에 예수께서 대답하여 이르시되 천지의 주재이신 아버지여 이것을 지혜롭고 슬기 있는 자들에게는 숨기시고 어린아이들에게는 나타내심을 감사하나이다. 옳소이다. 이렇게 된 것이 아버지의 뜻이니이다"(마 11:25-26).

이 모든 일이 '하늘 아버지의 뜻'이라고 하십니다. 그러니 우리가 신앙인으로서 살다가 부정적인 반응을 만난다 해도 낙망하지 말아야 합니다. 주님은 세상에서 지혜롭고 슬기롭다는 사람들에게는 자신의 뜻을 숨기시고, 어린아이들에게 나타내신다고 말씀합니다.

아버지의 뜻을 '어린아이들에게는 나타내신다'는 구절도 의미가 있습니다. 복음서에서 어린아이는 어린이를 뜻하기도 하지만, 보통 약하고 힘없는 사람, 희망이 꺾인 사람, 슬픈 사람, 비참한 상황에 내몰린 사람을 뜻합니다. 이 구절은 스가랴 9장 9절에 나온 히브리어 '아니'를 떠오르게 합니다. 하나님은 그렇게 세상의 지혜와 반대되는 곳에 하늘 뜻을 숨기십니다.

우리의 주님도 온갖 오해와 비난, 반대와 배신을 겪으셨고 끝내 십자가에서 아무런 저항도 없이 돌아가셨습니다. 우리가 믿고 따르는 그리스도는 스가랴 선지자의 예언대로 멋진 말 대신 나귀를 타고 오셨습니다. 가난하고 비참하고 슬프고 외로운 모습, 힘없는 분으로 세상에 모습을 드러내셨습니다. 세상의 지혜로 판단한다면, 이런 분을 믿고 따른다는 것은 생각 없는 사람이나 할 일입니다. 그러나 성경의 복음은 전혀 다른 말씀을 들려줍니다. 구약의 사람들에게 보인 비참한 하나님의 모습이 그리스도 예수를 통해 참된 하나님의 모습으로 드러납니다.

그래서 주님은 마태복음 11장 29절에서 자신 있게 권하십니다. "내게 배우라." '배우라'는 말은 그분의 제자가 되라는 뜻입니다. 그분 곁에서, 그분의 입에서 나오는 말을 경청하고, 그분의 표정을 살피고, 그분이 가는 곳이 어디인지, 만나는 사람이 누구인지, 어떻게 사람을 대하고, 세상을 어떻게 바라보는지, 비탄 너머 숨겨진 희망이 어디에 있는지 배우라고 하십니다. 우리가 믿음을 갖는다는 것은, 주님과 더불어 살면서 거룩한 경험을 점점 더 돈독히 쌓아 가는 것을 뜻합니다. 그런 믿음의 삶 속에서 참으로 온유하고 참으로 겸손한 하나님을 만나게 될 것입니다.

스승 없이 제자는 존재할 수 없습니다. 스승이 없는데 모방할 것이 어디 있겠습니까. "내게 배우라"는 주님의 말씀은 '우리와 항상 함께 하겠다'는 임마누엘의 약속입니다. 제자의 길을 가는 사람들에게 이 약속은 축복이 됩니다. 어떤 상황에서도 하나님은 우리와 함께 하십니다!

제자의 길을 가다 보면 짊어져야 하는 멍에를 만나게 됩니다. 그리고 그 멍에는 분명히 감당하기 힘겨워 보일 것입니다. 그러나 성경은 우리에게, 우리 곁을 지키며 동행하시는 임마누엘의 주님은 하늘과 땅의 모든 권세를 손에 쥐신 분이라고 선언합니다(마 28:18). 이런 능력의 주님이 우리 곁을 지키십니다. 그리고 자기 길을 묵묵히 걸어가는 제자들에게 "내 멍에는 쉽고 내 짐은 가벼움이라"(마 11:30)고 말씀해 주십니다.

우리가 주님의 일, 하나님의 의를 구하는 선한 일을 할 때, 난데없는 비난과 악담과 반대에 부딪힐 수 있습니다. 그러나 잊지 맙시다. 우리 주님도 이런 일을 예상하셨고, 이 모든 일이 하나님의 계획 안에 있다는 사실을. 그리고 더 중요한 진리가 있습니다. 주님은 제자의 길을 걷는 이들과 동행하시는 임마누엘의 하나님이라는 것입니다. 바로 그 주님이 그분의 일을 하다 지치고 낙담한 모든 이를 이렇게 초대하십니다. "수고하고 무거운 짐 진 자들아, 다 내게로 오라. 내가 너희를 쉬게 하리라"(마 11:28). 이 복된 약속이 저와 여러분에게 가득하길 주님의 이름으로 축원합니다.

모든 지각에 뛰어난 하나님의 평강이 그리스도 예수 안에서 우리의 마음과 생각을 지키실 것입니다. 아멘.

씨 뿌리는
비유

마태복음 13:1-9, 18-23

마태복음 13장에는 예수님이 들려주시는 일곱 개의 천국 비유가 연이어 나옵니다. 그중 첫 번째 비유가 오늘 본문인 '씨 뿌리는 비유'입니다. 이 비유는 대부분 다 아실 것입니다. 농부가 씨를 뿌리는데, 씨앗이 네 군데에 떨어지게 됩니다. 길가, 돌밭, 가시덤불, 그리고 좋은 땅이죠.

마태복음 13장 18절 이하에 나오는 설명을 보면, 길가는 복음의 메시지를 노골적으로 거부하거나 전혀 들으려 하지 않는 사람들이라고 말씀해 주십니다. 이런 사람들에게는 악한 사람이 와서 있는 것도 빼앗아 간다고 하십니다. 두 번째, 돌밭은 햇볕이 잘 들기에 뿌려진 씨앗이 빨리 발아됩니다. 하지만 땅이 깊지 않고 돌밭인 탓에 정오가 되면 이내 말라 버립니다. 즉 "말씀을 듣고 즉시 기쁨으로 받되 그 속에 뿌리가 없어 잠시 견디다가 … 환난이나 박해가 일어날 때에는 곧 넘어지는 자"(20-21절)를 뜻한다고 하십니다.

우리말로 '냄비근성'이라고 바꿀 수 있을 것 같습니다. 이런 사람들은 신앙의 뿌리가 깊지 않기 때문에 감정에 따라서 뜨거워졌다가 차가워졌다가, 친절하다가 짜증냈다가, 종잡을 수가 없습니다. 그러니 시련이 찾아와 정작 신앙이 필요할 때, 인내하지 못하고 안절부절하면서 이리저리 흔들립니다.

세 번째, 가시덤불 밑 땅은 토질이 나쁘지 않아서 뿌리 내리기는 좋습니다. 그러나 덤불 탓에 일조량이 충분치 않아 열매 맺기가 쉽지 않습니다. 주님은 이런 사람을 "말씀을 들으나 세상의 염려와 재물의 유혹에 말씀이 막혀 결실하지 못하는 자"(22절)라고 하십니다. 신앙생활도 오래 했고 아는 것도 많지만, 매 순간 하나님과 세상 사이에서 저울질하고 우선순위를 바꾸면서 사는 사람을 뜻합니다. 네 번째는 옥토에 뿌려진 씨앗 이야기지요. 옥토는 당연히 많은 열매를 맺게 되는 땅이고, 주님이 우리를 향해 요청하시는 땅입니다. 이곳에서는 삼십 배, 육십 배, 백 배의 결실을 맺게 됩니다.

이 비유는 그 의미가 너무나 명확합니다. 우리는 이 비유를 들으면서 늘 '나는 도대체 어떤 땅일까, 나는 옥토일까, 가시덤불, 돌밭 아니면 길가 같은 사람일까, 나는 몇 배로 결실하는 삶을 살고 있나' 자책하며 돌아보곤 합니다.

농부, 씨앗, 땅

그런데 이 비유를 다시 생각해 볼 필요가 있을 것 같습니다. 항상 우리의 관심은 옥토, 그리고 삼십 배, 육십 배, 백 배의 결실에만 있습니다. 마치 고리대금업자가 이자 수금하듯, 그렇게 결실에만 큰 관심을 갖고 이 비유를 읽곤 합니다. 하지만 다른 각도에서 이 비유를 읽어 봅시다.

이 비유에 제목을 붙인다면 '씨앗 비유'일지, '땅 비유'일지, 아니면 '씨앗 뿌리는 사람' 비유일지, 한번 생각해 보세요. 셋 다 아니면 열매 비유일까요? 이 비유는 분명히 주님을 따라나선 사람들에게 들려주신 천국 비유입니다. 그러니 어떤 식으로든 이 비유에는 주님을 따라나선 사람이 대입될 수밖에 없는데, 농부, 씨앗, 땅 중 하나가 될 가능성이 높습니다.

주님을 따라나선 그 사람이 바로 우리라면, 우리는 이 비유에서 씨 뿌리는 농부입니까, 씨앗입니까, 땅입니까? 한 가지씩 살펴 봅시다. 만일 우리가 씨 뿌리는 농부라면, 그것도 참 복입니다. 왜냐하면 농부에게는 성실히 씨를 뿌려야 할 책임만 있을 뿐, 정작 결실에 대한 책임은 하늘에 있기 때문입니다. 농부는 그저 때에 맞춰 성실하게 일할 뿐입니다. 그렇게 보면, 이 비유는 주님을 따르며 복음의 씨앗을 뿌리는 제자들은 상황에 굴하거나 염려하지 않아도 된다는 위로의 말씀으로 받아들일 수 있습니다.

두 번째로 우리가 씨앗이라면 어떨까요? 씨앗이야말로 결실에 대한 책임에서 자유롭습니다. 씨앗이 혼자 굴러다니며 좋을 땅을 골라 들어갈 수 없기 때문에 책임은 농부와 땅에 있다고 봐야 합니다. 씨앗은 '그 안에 생명이 있는가, 없는가?' 그것만이 중요합니다. 그렇게 보면, 이 비유는 주님을 따라나선 사람들에게 '너희 안에 생명이 있는가?'라고 묻는 묵직한 질문으로 들립니다.

세 번째로 우리가 땅이라면 어떨까요? 땅이라고 해도 문제가 좀 있습니다. 왜냐하면, 본문을 보면 농부가 좋은 땅을 골라가면서 씨앗을 심는 게 아니라 위에서 흩뿌리기 때문입니다. 그래서 운

좋은 씨앗은 옥토에 들어가고 운 나쁜 씨앗은 길가나 돌밭에 떨어집니다. 실제로 예수님 당시에 농사지을 때 이렇게 씨앗을 뿌리는 경우가 있었는데, 땅을 경작해서 골라 뿌리는 게 아니라 좋은 토지와 안 좋은 토지가 섞여 있는 땅에 씨앗을 뿌리는 모양새라고 할 수 있습니다. 따라서 예수님이 네 가지 땅을 구별해 설명하시지만, 사실 이 땅들은 모두 한 곳에 모여 있다고 할 수 있습니다.

그렇다면 이 비유는 우리 안에 있는 복잡한 심성을 표현한 것으로 읽을 수 있습니다. 복음의 말씀을 들을 때, 어떤 때는 순종하며 잘 듣고, 또 어떤 때는 거부하고 받아들이지 못하는 우리네 심성을 이렇게 비유한 것이지요. 즉 네 종류의 땅과 씨앗에 대한 이 말씀은, 변덕스럽게 흔들리며 사는 우리를 다독여 주고 옥토 같은 사람이 되길 권면하는 사랑의 말씀으로 읽을 수 있습니다.

뒤이어 가라지 비유가 나오는데, 37-38절에 보면 "좋은 씨를 뿌리는 이는 인자(주님)요 … 밭은 세상"이라는 말씀이 나옵니다. 물론 가라지 비유가 씨 뿌리는 비유와 같은 것은 아니지만, 우리가 농부든 씨앗이든 땅이든 간에 주님은 그 결실로 우리를 탓하시지 않는다는 것만은 확실합니다. 주님이 이 비유들을 통해 건네시는 메시지는 "괜찮다"입니다. 일이 잘되든 잘못되든 네 책임이 아니라며 다독이는 말씀으로 들립니다. 마지막 판관의 자리, 결실의 몫은 주님께 맡겨도 됩니다. 다른 말로 설명하면 '네게 맡겨진 일에 최선을 다하며 살되, 너 스스로의 판관이 되지 말라'는 뜻이고, 루터의 말로 하자면 "용감히 죄를 지어라. 그러나 더 용감히 그리스도를 신뢰하라"(1521)는 문장으로 바꿀 수 있을 것 같습니다.

우리가 이 비유 속의 농부 자리에 서게 되면, 농부로서 열심히 살면 됩니다. 땅이라면, 가진 땅의 기력만큼 내어주며 살면 됩니다. 씨앗이라면, 주신 달란트와 소명대로 최선을 다해 살면 됩니다. 삼십 배, 육십 배, 백 배의 결실로 비유된 최종 결정과 최종 심판은 우리의 몫이 아니고, 결실의 많고 적음으로 우리 삶을 평가받는 것도 아닙니다. 만물의 주인이시며, 넉넉하게 우리를 받아 주시는 주님께 맡기면 그것으로 족합니다.

무리를 불쌍히 여기심

마태복음 13장 1절에 보면, 예수님이 바닷가에 앉아 계실 때 무리가 따라옵니다. 그러자 배에 올라가 말씀을 전하셨다고 되어 있는데, 어떤 마음으로 이 말씀을 하셨을지 상상해 봅시다. 배에 오르자마자 무리를 내려다보시며 '너는 옥토, 너는 돌밭, 너는 길가구나. 너는 삼십 배, 너는 육십 배, 응, 너는 말 잘 들으니까 백 배 결실을 맺게 될 거야!' 모인 사람들을 이렇게 구분하고 위화감을 조성하며 말씀하셨을까요? 아니면 연병장에 모인 군인들에게 훈시하는 연대장처럼 말씀하셨을까요?

아닙니다. 제가 성경에서 만난 주님은 그런 식으로 말씀하시는 분이 아닙니다. 지금 바닷가까지 쫓아 나온 사람들은 모두 위로와 격려가 필요한 사람들입니다. 하소연할 곳이 필요하고, 울며 기댈 곳이 필요한 사람들입니다. 그런 사람들을 앞에 두고, 주님이 등급 매기듯 사람들을 대하시지는 않았을 것입니다. 저는 이 비유가 오히려 이렇게 들립니다.

너희는 씨를 뿌리는 농부다. 그러니 씨앗 들고 밭에 나가되 염려하지 말라.

너희는 씨앗이다. 그러니 어떤 상황이든, 주님이 네 안에 주신 생명을 감사하고 그 생명에 싹이 움트길 기도해라.

너희는 땅이다. 그 땅이 어떠하든지 너희 안에 천국이라는 희망의 씨앗이 뿌려질 것이다.

천국의 씨앗

사람은 누구나 행복한 삶을 꿈꾸며 살아갑니다. 어떤 것이 행복한 삶이냐고 물어보면, 매우 다양한 답이 돌아옵니다. 아이들의 소박한 꿈부터 야망가의 거대하고 이상적인 꿈까지, 저마다 다른 행복에 대한 꿈을 갖고 있습니다. 이것을 성경적으로 표현하면 '천국'이라고 할 수 있을 것입니다.

우리가 상상하는 것 이상으로 가장 크고 아름다운 행복이 실현되는 곳, 그곳이 바로 천국입니다. 그래서 천국이라는 말은 이 땅이건 저세상이건 모두 통용할 수 있는 말입니다. 예수님이 마태복음 13장에서 들려주시는 일곱 개의 비유는 바로 '최고의 행복, 천국을 어디서 어떻게 찾을 수 있는가' 하는 내용입니다. 염두에 두어야 할 것은 이 말씀의 대상이 바닷가까지 예수님을 따라온 사람들이라는 점입니다.

행복을 이루려면 어떻게 해야 하나요? 세상 사람들은 "헛된 것을 쫓지 말고 열심히 살아야 해." "무엇을 하더라도 이성적으로 냉철하게 생각하고, 합리적인 것이 무엇인지 늘 생각하면서 살아야 해"라고 말합니다. 열심히 살아야 한다는 것까지는 알겠는데, 그 열심의 방향을 결정하는 '이성적', '합리적'이란 말의 기준은 무엇일까요?

이야기 하나 들려 드리겠습니다. 어느 집안에서 자식을 결혼시키게 되었는데, 뽑을 기둥이 있기는커녕 당장 생계를 잇기도 어려운 형편입니다. 그런데 문제는 이 집이 유명한 집안의 종갓집이라는 것입니다. 그러다 보니 화려하고 성대한 결혼식을 해야 한다는 생각에, 빚을 잔뜩 내서 결혼식을 치르게 됩니다. 어떤 면에서 생각하면, 이렇게 분에 넘치는 결혼 잔치는 터무니없이 비합리적인 일입니다. 하지만 사회적 평판과 가문의 체면을 가장 중요한 가치라고 철석같이 믿는 집안 어른 입장에서는, 이런 결혼식은 얼마든지 합리적인 일입니다.

미국에서 있었던 한 유명한 사건도 말씀드리겠습니다. 1970년대 미국에서 가장 잘 팔린 자동차가 포드사의 '핀토'라는 소형 자동차인데, 이 차의 결정적인 결함이 하나 발견되었다고 합니다. 다른 차가 이 차를 뒤에서 들이받으면 후면 트렁크 쪽에 있는 연료탱크가 쉽게 폭발하는 것이었는데, 이 결함으로 인해 당시 오백 명 이상이 목숨을 잃었다고 합니다. 설계상의 심각한 결함이지요. 회사의 기술진과 경영진은, 연료탱크를 바꾸고 안전장치를 보강하는 데 드는 비용과 그런 것 없이 각각의 사고를 처리하는 데 드는 비용이 얼마인지 계산해 보았다고 합니다.

자동차 연료탱크를 고치는 비용은 기껏해야 한 대당 11달러밖에 들지 않았지만, 아무 조치도 취하지 않을 경우 한 해 180명이 죽고 180명의 화상 환자가 나온다는 결과가 나왔습니다. 사망은 1인당 20만 달러, 화상은 6만 7,000달러의 배상액으로 계산하고, 고장 난 차량을 수리해 주는 비용까지 합산하니 총비용 4,950만 달러가 예상되었다고 합니다. 그런데 1,250만 대의 핀토에 11달러짜리 안전장치를 부착하는 데 드는 총비용은 1억 3,750만 달러라는 연구 결과가 나오자, 경영진은 연료탱크를 고치는 대신 각각의 사고 처리 비용을 부담하는 게 더 이익이라고 판단했습니다.

그래서 포드사에서는 차체 결함을 알고도 이를 생산 설비에 반영하지 않게 됩니다. 어떤 희생을 치르더라도 사람의 생명은 안전하게 지켜야 한다는 사람들 기준에서 보면 매우 어처구니없는 결정이지요. 하지만 이윤 추구와 자기 이익의 극대화라는 측면에서 보면, 이 결정은 매우 '합리적'이고 '이성적'(?)이라고 할 수 있습니다. 여러분은 어떻게 생각하십니까? 이 두 이야기의 문제는 어디에 있을까요? 사람들은 모두 이성적이고 합리적으로 세상을 살라고 하지만, 그 의미와 기준이 모호하지 않습니까?

옹골찬 씨앗

사람들은 저마다 다양한 가치 기준에 따라 움직입니다. 그리고 우리가 살아가는 세상도 세상이 필요한 가치를 우리에게 요구합니다. 문제는 우리 자신입니다. '그리스도인'이라는 명찰을 달고 있는 우리는 어떤 기준을 시금석 삼아 매 순간 판단하고 행동하며 살아야 할까요?

주님은 바닷가까지 쫓아 나온 불쌍한 사람들을 위로하고 권면하시면서 씨앗 뿌리는 비유를 전하셨습니다. 분명한 것은, '몇 배의 결실을 맺을 수 있는가'라는 합리적이고 이성적인 계산법에 주님은 관심이 없으시다는 사실입니다. 그리고 그 결실은 우리의 몫이 아니라 마지막 때에 주님이 셈할 몫입니다. 그때까지 우리는 넉넉히 주어진 삶을 받아들이며 살면 됩니다. 다만, 생각 없이 살라는 말은 아닙니다.

주님이 자신을 따라나선 사람들, 즉 '그리스도인'에게 주신 기준을 생각해 보면, 최소한 이것만큼은 분명해집니다. 몇 배의 열매를 맺을지 계산하기보다, 내 안에 심겨 자라는 씨앗이 도대체 무엇인지부터 돌아봐야 합니다. 누구나 행복을 꿈꾸며 각자의 씨앗을 품고 살아갑니다. 그리고 때가 이르면, 삶의 열매로 각자 품고 있던 그 씨앗의 정체가 드러나게 될 것입니다. 씨앗은 그렇게 내일의 우리 모습을 결정합니다. 그렇다면 내 안에 받아들인 그 씨앗은 어떤 것이 되어야 할까요? 우리 모습 그대로, 그러나 주님 주신 천국의 옹골찬 씨앗을 품고 사는 그리스도인이 되길 주님의 이름으로 축원합니다.

모든 지각에 뛰어난 하나님의 평강이 그리스도 예수 안에서 우리의 마음과 생각을 지키실 것입니다. 아멘.

가라지
비유

마태복음 13:24-30, 36-43

오늘 교회력 복음서 말씀은 마태복음 13장에 나오는 가라지 비유입니다. 좋은 씨를 밭에 뿌렸는데, 밤이 되자 기다렸다는 듯이 원수가 나타납니다. 그리고는 그 자리에 가라지를 뿌리고 가 버립니다. 처음에는 몰랐다가, 계절이 바뀌고 알곡이 맺힐 때가 돼서야 거기에 가라지가 있다는 사실을 모두가 알게 됩니다.

그래서 종들이 주인에게 이 사실을 말하지요. 그러면서 "밭에 들어가 가라지를 골라내겠다"고 합니다. 그런데 주인이 말립니다. 그렇게 밭에 들어갔다가는 성한 곡식까지 다 상하게 된다면서, "추수 때가 오면 곡식은 창고에 들이고 가라지는 골라내 태워 버리겠다"고 합니다. 주님은 36절부터 이 비유를 설명해 주십니다. 좋은 씨를 뿌리는 이는 인자고, 밭은 세상이고, 좋은 씨는 천국 아들, 가라지는 악한 자의 아들, 추수 때는 종말이고, 추수꾼은 천사라고 하십니다. 그리고 종말의 때에 영원한 심판이 있을 것이라고 말씀하십니다.

가라지와 함께 사는 현실

좋든 싫든 가라지와 함께 살 수밖에 없는 우리의 현실을 주님은 이런 식으로 표현하시는데, 뭔가 찝찝하고 성에 안 찹니다. 왜 그런가 생각해 보니, 악한 놈이 뻔히 보이는데 주님이 종말까지 기다리라고 하시기 때문입니다. 악한 놈들은 당장 눈앞에서 쓸어버리는 게 나을 것 같은데, 왜 심판 때까지 두고 봐야 하는지 답답한 노릇입니다. 그런데 이 말씀을 묵상할수록 주님의 생각은 우리와 조금 다르다는 것을 깨닫게 됩니다.

분명 이 비유는 죄와 악행을 일삼는 사람들을 향한 심판에 초점이 맞춰져 있습니다. 실제로 우리 현실에는 선한 사람과 구역질날 정도로 얄밉게 악행을 일삼는 사람들이 뒤섞여 있습니다. 그러다 보니 이 비유를 읽을 때 한 가지 유혹에 빠집니다. 머릿속으로 주변 사람들을 떠올리면서 '내가 아는 누구누구는 좋은 씨앗이고, 누구누구는 가라지야'라고 생각하는 것입니다. 이 본문은 우리를 그렇게 자극합니다. 그러나 그렇게 우리 스스로 재판관이 되는 심판은 오늘 말씀과 아무런 상관이 없습니다.

살아가면서 이런 함정에 수도 없이 빠집니다. 코로나만 해도 그렇지요. 코로나 감염자가 나올 때마다 '도대체 저 나라는, 도대체 저 사람은, 도대체 저 직장은, 도대체 저 교회는' 하면서 비난하고 손가락질했습니다. 그뿐 아니지요. 연일 보도되는 사건 사고 뉴스의 큰 제목만 읽고, 스스로 경찰도 되었다가 재판관도 되었다가 그러는 이들의 날 선 입담을 도처에서 너무 쉽게 들을 수 있습니다.

누가 가라지인가

그런데 이 가라지 비유를 찬찬히 읽어 보면, 곡식과 가라지의 구분이 그리 쉽지 않다는 것을 확인하게 됩니다. 이게 이 비유에서 매우 중요한 대목입니다. 주인은 곡식과 가라지의 모양이 너무 비슷해서, 가라지를 뽑으려는 열정 때문에 자칫 정상적인 곡식까지 해를 입을까 걱정합니다.

여기서 우리는 무척 어려운 문제에 직면합니다. 주인과 종, 모두 밭에 가라지가 자라고 있다는 것을 알고 있습니다. 심지어 멀리서도 밭에 자라는 가라지가 보일 정도입니다. 하지만 가라지를 뽑아내려고 밭에 들어가는 순간, 문제가 생깁니다. 가까이 가서 보면 어떤 게 알곡이고, 어떤 게 가라지인지 분간이 잘 안 가기 때문입니다. 그래서 주인은 "너무 서둘러 가라지를 뽑지 마라. 그렇지 않으면 밭에 들어간 너희들이 가라지와 함께 곡식에도 해를 입히게 될 것이다"라고 말합니다. 이 말이 무슨 뜻입니까? 정상적인 곡식과 가라지를 완벽하게 구별할 수 없다는 뜻일까요?

가라지가 있다는 것도 사실이고, 구별할 수 없는 것도 현실입니다. 이 상황이 무척 곤란합니다. 물론 큰 틀에서 보자면, 알곡과 가라지를 구분하는 것은 가능합니다. 성경 말씀에 따르면, 거룩한 씨앗은 튼실한 열매로 알 수 있습니다. 좋은 나무에서 좋은 열매가 열리는 것이지요. 그러나 그건 어디까지나 열매가 맺혔을 때 이야기입니다. 그러니 미리 판단하기 어렵습니다.

그럼에도 불구하고, 이런 일이 벌어졌을 때 우리가 어물쩍한 태도를 취하거나 모른 척 무관심해도 된다는 것은 아닙니다. 주님의 입장은 넋 놓고 흐리멍덩하게 모든 것을 허용하자는 포용주의 입장이 아닙니다. 주님은 분명히 튼실한 알곡과 가라지를 가르시기 때문입니다.

그러나 대부분의 경우에는, 이런 구별이 말처럼 쉽지 않습니다. 밭에 분명 가라지가 있는 것을 봤는데 가까이 가서 살펴보면 어떤 것이 가라지인지 분간하기 어려운 것처럼, 사람도 똑같습니다. 그 어떤 사람도 완벽한 죄인, 완벽한 무신론자, 완벽한 허무주의자는 없습니다. 성경에서는 모든 사람이 죄인인 동시에 불쌍한 사람이요, 신성모독자인 동시에 하나님의 아픈 손가락 같은 그분의 자녀라고 말합니다. 다시 말해서 하나님이 창조하신 모든 사람은 참으로 선과 악, 죄와 허무가 섞여 있는 존재입니다.

예수님 손에 못을 박고 비웃던 로마 병정들을 떠올려 보십시오. 그들을 모두 극악무도한 마귀의 종이라고 매도할 수 없습니다. 오히려 하늘에 계신 아버지는 그들로 인해 가슴 아파하셨을 것입니다. 왜냐하면 주님의 눈으로 볼 때 그들은 사탄에게 매여 있었고, 그래서 비극적이게도 그 악한 힘에 사로잡혀 있다는 것을 주님은 아셨기 때문입니다. 그들은 자신들이 그런 무서운 일을 하고 있다는 사실을 전혀 인지하지 못했던 것이지요. 그만큼 인간은 넘어지기 쉬운 존재입니다.

하지만 동시에 이것도 분명합니다. 우리는 살면서 아주 악랄하고, 타락하고, 신앙도 없고, 부도덕하고, 심술궂고, 쌈꾼이고, 여기저기 말을 붙여 옮기고, 교활하고, 악질인 인간을 만납니다. 그런데 정말 그런 사람은 완벽한 가라지, 완벽한 독초, 완벽한 악인일까요?

원수

이 비유에서 주님은, 한밤중에 가라지를 뿌리고 간 사람을 '원수'라고 부릅니다. 마태복음 전체를 읽어 보면 '원수'라는 말이 여기 말고도 여러 곳에서 나오는데, 그중 몇 구절을 살펴봅시다. 가장 먼저 나오는 본문은 예수님의 산상설교인 마태복음 5장 43-44절입니다. "또 네 이웃을 사랑하고 네 원수를 미워하라 하였다는 것을 너희가 들었으나 나는 너희에게 이르노니 너희 원수를 사랑하며 너희를 박해하는 자를 위하여 기도하라."

이 말씀을 13장의 가라지 비유와 연결해서 생각해 보면, 이해하기 힘든 점이 하나 있습니다. 마태복음 5장에서는 하나님을 태양으로 비유하면서 선한 사람과 악한 사람 모두에게 차별 없이 빛을 비추시는 분이라고 설명합니다. 그러면서 "원수를 사랑하라"고 가르치십니다. 그렇게 차별 없는 사랑을 말씀하신 분이, 마태복음 13장 42절에서는 가라지를 뿌리고 간 원수가 풀무불에 던져질 것이라고 하십니다. 그렇다면 악행을 저질러 결국 심판받아 죽을 인간을 왜 우리가 사랑해야 할까요? 이 두 장만 비교해 보면, 예수님은 한입으로 두말하는 분이 되어 버립니다.

마태복음 10장 36절도 한번 보십시오. "사람의 원수가 자기 집안 식구리라." 이것은 주님이 제자들을 세상에 파송하면서 당부하시는 말씀입니다. 주의 말씀을 전하고 구현할 삶의 자리로 나가는 제자들에게 "양을 이리 가운데로 보냄과 같도다"(마 10:16)라고 하십니다. 동시에 이렇게 척박하고 비정한 상황에 대해 '가족이 원수다'라는 식으로까지 표현하십니다. 가장 친밀한 친구와 가족, 그리고 교회 식구 사이에서도 이런 깊은 분열이 일어날 수 있다는 말이지요. 그렇게 본다면, 우리가 살아가면서 네 편 내 편 가르는 것 자체가 무의미할 수도 있습니다. 그 결정권은, 최후의 순간에 최후의 판단을 내리실 이에게 주어진 최종 권한입니다.

다른 구절을 하나 더 봅시다. "주께서 내 주께 이르시되 내가 네 원수를 네 발 아래에 둘 때까지 내 우편에 앉아 있으리라 하셨 도다 하였느냐"(마 22:44). 예수님이 메시아에 대한 다윗의 예언을 바리새인들에게 말씀하시는 장면입니다. 원수는 지금 주님 곁에 있지만 결국 발밑에 깔리게 될 것이라고 설명하십니다. 그러고 보면 가라지 비유의 결론과 동일합니다. 반드시 때가 온다는 것 이지요.

때가 되면 가라지는 불속에 들어갈 것이고, 어둠의 시기에 몰 래 들어온 원수는 결국 천국 문 앞에서 이를 갈며 눈물을 흘리게 될 것입니다. 다만 문제는 여전합니다. 성경 전체를 읽어 보면, 여 전히 원수를 구별하기가 어렵습니다. 내 맘에 안 든다고 지옥불에 들어갈 원수가 되는 게 아닙니다. 그런 사실이 우리를 헷갈리게 만듭니다. 어쩌면 원수가 저 건너편에 있는 저 인간이 아니라, 내 친구, 내 가족, 어쩌면 나 자신으로 판명 날지도 모를 일입니다. 그 러니 쉽게 '저 사람이 가라지'라고 말할 수 없습니다.

마귀

마태복음 13장 36절 이하에서 예수님이 가라지 비유를 설명 해 주시는 내용을 다시 봅시다. 38절 하반절부터 보면, 가라지는 악한 자들의 아들들이고 가라지를 뿌린 원수는 '마귀'라고 풀어 주십니다. 마귀라는 말은 마태복음에서 종종 사용되는데, 첫 번째 등장은 예수님이 광야에서 40일 금식하실 때입니다(4장). 복음서에서 이 장면은 우리에게 매우 결정적인 장면으로 꼽힙니다. 마귀가 예수님께 던진 세 가지 질문을 통해 우리는 마귀의 세계에 속해 살 것인지, 아니면 그리스도의 세계에 속해 그분의 통치를 따라 살 것인지 각자 엄중한 선택을 하게 되기 때문입니다.

16장 23절에도 이런 장면이 나옵니다. 베드로가 주님의 십자가 길을 막아섰을 때, 주님은 그를 향해 "사탄아, 내 뒤로 물러가라. 너는 나를 넘어지게 하는 자로다. 네가 하나님의 일은 생각하지 아니하고 도리어 사람의 일을 생각하는도다"라고 단호하게 경고하십니다.

주님은 '원수, 마귀'라는 말을 꺼내는 동시에 우리가 유혹에 저항하는 삶을 살아야 한다는 것을 가르치십니다. 마귀에 대한 마지막 언급은 최후의 심판을 말씀하시는 마태복음 25장 41절에 나옵니다. 그 맥락을 거슬러 올라가 보면, 주님이 낯선 자의 모습, 나그네의 모습으로 나타나 헐벗고 주리고 목마르고 옥에 갇혔을 때 어떻게 대했는가에 따라 마지막 날에 양과 염소로 가른다고 합니다. 그런데 기가 막힌 것은 37-38절 말씀이에요. 주님의 말씀에 '의인'들이 대답하는데 '우리가 어느 때에 주님이 헐벗고 굶주리고 목마른 것을 보았냐'고 반문합니다. 여기 나온 의인은 사실 '자칭' 의인입니다. 스스로 의인이라고 착각하며 사는 사람이지요. 그런 착각 속에서 선한 행동 없이 사는 사람이 바로 '악한 자들의 자녀'(마 7:21-23 참고)입니다.

복음서 곳곳에는 악한 자들의 자녀가 자기 정체를 스스로 드러내는 장면이 나옵니다. 악한 자들의 특징 중 하나가 마태복음 5장 37절에 분명히 제시됩니다. 악한 자는 "예"와 "아니오"가 모호합니다. "예"와 "아니오"가 분명하지 않고, 그 입에 너무 많은 변명과 설명이 붙습니다. 그렇게 말만 무성한 사람의 마음에는 악한 의도와 살인, 간음, 음행, 절도, 거짓과 중상모략 등이 가득합니다. 그런 사람의 최후는 하늘이 이미 정해 놓았고, 그때가 반드시 도래한다고 성경은 전합니다.

문제는 우리 자신

문제는 우리 자신입니다. 우리는 늘 곡식과 가라지가 명백히 구분될 것이라고 생각합니다. 가라지 비유에 나온 종들도 그렇게 생각했지요. 그런데 주인은 그런 구분을 지체합니다. 주인은 왜 그렇게 기다리라고 했을까요?

혹시 우리의 판단이 너무 성급해서 틀릴 수도 있어서일까요? 아니면 우리는 판단할 위치에 있지 않아서일까요? 그것도 아니면, 가라지 같은 우리에게 회개하고 돌아설 은혜의 시간을 주기 위해서일까요? 혹은 각자 스스로 알곡을 맺을 곡식인지 독을 품은 가라지인지 깊이 성찰할 기회를 주기 위한 것일까요?

이 비유는 듣는 사람에 따라 전혀 다른 결론을 성령이 들려주실 것입니다. 분명한 것은, 곡식과 가라지가 분리되는 때가 올 것이고, 그렇게 분리되는 순간 우리에게는 되돌릴 수 없는 종말의 심판이 임한다는 사실입니다. '그때까지 기다리라'는 이 비유의 말씀은 누군가에게는 불편한 결론일 수 있고, 또 누군가에게는 희망 가득한 결론이 될 수도 있습니다. '악한 현실을 참고 견뎌 내라'는 이 말씀 앞에서 어쩌면 불같은 분노가 일어날 수도 있습니다. 그러나 그 분노의 불이 우리 안에 있는 선한 열매의 성장을 중

단시키고 우리를 서로 원수 되게 만들어서, 결국 하나님의 원수가 되게 할 수도 있음을 명심할 필요가 있습니다.

여러분은 이 비유를 묵상하며 어떤 결론을 얻었습니까? 여러분의 삶은 평안합니까? 평안치 못하다면, 평안을 막는 여러분의 원수는 누구인가요? 가라지 비유를 읽을 때 우리는 늘 우리 자신을 알곡이라고 생각하고, 가라지는 나와 상관없는 극악무도한 사람이라고 상상합니다. 그러나 그리스도의 십자가 사건과 하나님의 나라를 생각해 보면, 분명히 주님의 나라는 알곡들의 나라가 아니라 가라지들을 위한 나라입니다. 가라지는 뽑혀 내다 버릴 존재들이고 불에 태워 버릴 하잘것없는 죄인들입니다. 주님의 복음은 바로 이들을 위한 것이지요.

혹시 이 비유가 가라지 같은 사람들을 위한 비유라면 어떨까요? 그렇다면, 주님은 지금 가라지 같은 우리를 위해 하나님이 기다리고 계심을 알려 주시는 것이 아닐까 싶습니다. 우리가 알곡이든 가라지든, 그것은 지금 중요하지 않습니다. 그러나 성령이 저와 여러분을 은혜 가운데 지켜 주셔서, 주의 나라가 임하는 그 순간까지 선하고 튼실한 열매를 맺게 하시길 주님의 이름으로 축원합니다.

모든 지각에 뛰어난 하나님의 평강이 그리스도 예수 안에서 우리의 마음과 생각을 지키실 것입니다. 아멘.

세 가지
천국 비유

마태복음 13:44-52

가라지 비유에 이어 나오는 천국 비유가 오늘의 복음서 말씀입니다. 마태복음 13장 36절부터 보면, 주님은 한 집에 들어가셔서 가장 가까운 제자들과 마주 앉아 이 비유를 들려주십니다. 오늘 본문에는 밭에 감춰진 보배, 진주를 찾는 상인, 물고기 그물 비유가 나옵니다.

우선 첫 번째, 두 번째 비유는 비슷하면서도 약간의 차이가 있습니다. 밭에 감춰진 보화와 진주는 모두 매우 귀하다는 공통점이 있습니다. 천국은 이렇게 귀하기 때문에 자기가 가진 모든 것을 다 팔아서라도 소유할 만한 가치가 있다는 의미입니다. 이 둘의 차이는, 밭에 감춰진 보화는 우연히 발견된다는 것이고, 진주는 최선의 노력을 다해 얻어낸다는 것입니다.

세 번째 비유인 물고기 이야기는 가라지 비유와 똑같습니다. 마지막 때에 의인과 악인을 가르는 최후의 심판에 대해 경고하는 것 같습니다. 주님은 이 세 가지 비유를 통해, 천국이란 우리 삶에 아주 가까이 있어서 우연한 기회에 발견될 수도 있고, 때로는 힘써 찾아야 할 수도 있다고 말씀하십니다. 다만, 천국을 한 번 발견했다고 그냥 마음 놓고 있어서는 안 되는 이유도 말씀해 주십니다. 물고기 비유가 바로 그런 경고인데, 완전하고 영원한 천국을 누릴 사람을 선별할 때가 올 것이니, 그때까지 인내하고 흔들리지 말며 신앙을 지키면서 살라는 말씀으로 이 비유를 읽을 수 있습니다. 매우 분명하고 지당한 메시지입니다.

밭에 숨겨진 보화

오늘은 좀 다른 관점에서 이 비유를 살펴보려고 합니다. 솔직히 첫 번째 비유부터 뭔가 찜찜했습니다. 여러분도 밭에 감춰진 보화 비유를 읽으면서 혹시 이상한 점을 발견하지 않았나요? 예수님은 천국을 밭에 감춰진 보화라고 비유하시는데, 보화를 발견했으면 그 보물만 가지고 가면 되지 보물은 숨겨 두고 굳이 재산을 털어 그 땅을 매입하는 이유는 무엇일까요? 왜 예수님은 이런 바보 같고 엉뚱한 방식을 이야기하실까요?

게다가 13장 51절에 보면, 예수님이 이 비유를 다 말씀하신 후 제자들에게 물어보십니다. "이 모든 것을 깨달았느냐"라고 말입니다. 그러자 제자들이 "그걸 질문이라고 하세요?"라고 말하는 것같이 "그러하오이다"라고 합니다. 아주 당연하다는 듯 답하는 이 구절을 보면서, 뭔가 이상하다는 생각이 들었습니다. 제자들에게는 너무 쉽고 당연한 이야기인데, 제가 이해 못 하는 이유는 하나밖에 없을 것입니다. 예수님이 살던 시대에는 당연한 이야기가 오늘 우리에게는 당연하지 않을 수 있는, 시대적 차이 때문입니다.

성경을 읽다 보면 이런 상황을 종종 만납니다. 그래서 성경을 읽을 때 성령의 조명을 받아 그 의미를 깨닫는 것도 중요하지만, 시대와 문화를 파악해서 당시의 의미를 밝히는 것도 매우 중요합니다. 이 비유에 대해서도, 1세기의 중요한 사회상을 몇 가지 알고 나면 깨달음이 좀 더 넓어질 것입니다.

우선 '밭에 숨겨진 보물을 발견하고, 그 토지를 매입했다'는 말이 무슨 뜻인지 밝혀 봅시다. 이 구절에 대해서는 매우 다양한 설명들이 있습니다. 당시는 전쟁이 수시로 발발하던 흉흉한 시절이었기 때문에 땅에 보물을 묻어 두는 일이 잦았는데, 주인이 전쟁에 나갔다가 죽거나 숨긴 장소를 잊어서 이런 일이 종종 발생했다고 설명하는 이들이 있습니다. 또는 당시 로마법이나 유대법에 따르면, 매장된 보물은 원래 토지의 주인에게 그 소유권이 있었기 때문에 발견한 사람은 취득할 권리가 없었다는 식으로 설명하기도 합니다.

그런데 이런 설명들은 모두 설득력이 떨어집니다. 시대상으로 따져 보면, 전쟁 때문에 보물을 땅에 묻어 두었다가 발견되는 일이 그렇게 많았는지 확인할 길이 없습니다. 법적으로 보면, 매장된 보물과 토지 소유인의 관계에 대한 로마법은 2세기에나 나오고, 1세기 유대 랍비들도 이런 문제를 해결하지 못했다는 기록들이 아직도 남아 있기 때문입니다.

여하튼 예수님이 사시던 1세기 팔레스타인은 오늘 우리가 사는 시대와 전혀 다른 가치관을 갖고 살던 세계였다는 점을 일단 염두에 두면 될 것 같습니다. 우선 '보물을 어떻게 처리했는가'라는 문제부터 생각해 봅시다. 여러분이 시골에 여행을 갔는데, 어느 이름 모를 들판 땅 밑에서 보물단지를 발견했다면 어떻게 하시겠습니까? 대부분 그저 경찰서에 신고하든지 아니면 팔아서 환전한다고 하겠지요.

그런데 예수님이 살던 시대의 처리 방법은 조금 다릅니다. 당시 농부들에게는, 보물은 파는 게 아니라 간직하는 게 맞았습니다. 우리라면 이걸 시장에 내다 팔아서 돈으로 바꿔야 직성이 풀릴 것 같은데, 그때는 그런 시장을 팔레스타인 시골에서 아직 볼 수 없던 때입니다. 게다가 값이 나갈 만한 물건을 밖에 들고 나가는 건 매우 위험해질 수 있었기 때문에 차라리 안전하게 자기가 가지고 있다가, 나중에 이런 보물이 있다는 것을 이웃에게 자랑할 수 있으면 그만이던 시대입니다.

우리 경제 논리대로 하자면 아주 바보 같은 방식처럼 생각되겠지만, 그때는 그게 가장 안전하고 일반적인 방식이었다고 합니다. 그럴 수밖에 없는 것이, 당시 사회는 오늘날처럼 자유시장 경제체제가 아니라 가족 중심의 자급자족 시스템(oikonomia)이었기 때문에, 돈 벌어 부자 되겠다는 욕심보다는 가족들이 굶지 않고 먹고 살기만 하면 그것으로 족하던 시대입니다. 상황이 이렇다 보니, 토지를 매입한다는 것은 예수님 당시 평민들에게는 먼 나라 이야기였습니다. 안전한 시장이 없었으므로 무언가 사고판다는 것은 늘 위험한 일이었고, 그런 상거래 행위로 이윤을 추구하고 부자가 된다는 것은 통념상 이웃을 속여 피해를 주는 일 정도로 여겼다고 합니다.

오늘날에는 수요와 공급이 물건의 가격을 결정합니다. 그런데 고대사회에서는 그런 생각 자체가 없었기 때문에 무조건 상인의 입담에 의해 가격이 결정되었을 것입니다. 게다가 구약 율법에 이자 금지법이 있어서, 상거래를 통해 이득 보는 것을 그리 좋게 보지 않는 분위기였습니다. 심하게는 상인을 사기꾼으로 천대하는 분위기가 역력했던 시대가 예수님 당시 사회였습니다.

참고로, 이런 사회적 상황에서 보면 예수님의 그 유명한 달란트 비유는 그 당시 사람들의 가치관을 완전히 뭉개 버리는 도발적인 이야기가 됩니다. 다섯 달란트로 이윤을 남겼다는 것은, 당시 사회적 통념으로 보자면 매우 이상한 이야기이기 때문입니다. 여하튼 당시에는 토지를 매입한다는 것은 다른 사람을 마음대로 통치할 수 있는 권력자에게만 해당되는 일로 여겨졌습니다.

그러니 밭에 감춰진 보화를 천국에 비유한 마태복음 13장 44절은, 당시 청중이었던 제자와 농부들로 하여금 좀 더 높은 세계를 바라보게 하는 매우 현실적인 설교였을 것입니다. 집에 가져다 놓고 기뻐하며 이웃에게 자랑할 수 있는 게 천국이고, 매번 권력자에게 부당하게 치이는 삶에서 해방되는 것을 천국이라고 설명했으니, 이 첫 번째 비유는 당시 사람들의 가려운 곳을 긁어 준 예수님의 눈높이 설교라고 할 만합니다.

진주를 구한 상인

두 번째 비유는 진주를 구하는 상인 이야기지요. 사실 이 비유는 매우 도발적인 비유라고 할 수 있습니다. 지금은 기업인이나 물건을 사고파는 직업에 종사하는 분들을 전혀 이상하게 보지 않지만, 예수님이 사시던 1세기 팔레스타인에서 상인은 매우 드문 직업이었고, 앞서 말씀드린 대로 사회적으로 신뢰할 수 없는 부류로 꼽혔습니다. 이것은 비단 유대인들에게만 해당된 것이 아니고,

그리스 로마 문명권에 살던 사람들이 갖고 있던 일반적인 통념이었습니다. 그리스의 유명한 철학자 아리스토텔레스도 상인들이나 이자로 재산을 불리는 사람들을 매우 천하게 여겼는데, 그 이유가 매우 흥미롭습니다.

그리스어로 '새끼'라는 단어와 '이자'라는 단어가 똑같습니다. 'tokos'인데, 새끼는 생명을 가진 생물이 생식을 통해 낳으므로 자연스럽습니다. 그런데 이자는 어떤가요? 돈은 생명도 없고 암수가 있어서 생식을 하는 것도 아니잖아요. 그런데 돈을 굴리면 거기서 이자라는 '새끼(tokos)'가 생깁니다. 이것을 보고 고대인들은 '자연스런 일이 아니다. 하늘이 정한 창조질서를 거스르는 행위다'라고 생각했던 것입니다. 무생물에서 새끼가 나오는 것을 보고 고대인들은 그 행위를 천대하고 혐오했던 것이지요. 중세 유럽에서 유대인들이 은행업을 했었는데, 보통 유럽 사람들이 유대인들을 '사악한 고리대금업자'라고 부른 이유도 바로 이런 배경 때문입니다.

다시 성경으로 돌아가서, 전 재산을 들여 진주를 구하는 상인 이야기가 매우 도발적이라고 말씀드렸습니다. 이유는 간단합니다. 천국은 착한 사람, 선한 사람만 발견할 수 있고 누릴 수 있다고 우리는 생각합니다. 하지만 예수님은 이 비유를 통해 그런 생각을 여지없이 깨뜨리십니다. "아니야, 천국은 저런 악한 사람도 가질 수 있고, 들어갈 수 있고, 누릴 수 있어!"라고 말씀하십니다. 다르게 표현하자면 '천국은 불완전한 사람들, 그리고 죄인들을 위한 곳'이라고 할 수 있습니다. 이 두 번째 비유는 모든 사람을 위해 열려 있는 천국을 우리에게 알려 줍니다.

그물에 걸린 물고기

세 번째 비유는 그물에 걸린 물고기들을 어부들이 좋은 것과 못된 것으로 선별하는 이야기지요. 이 비유에 대해서는 예수님이 너무 명확하게 해석해 주십니다. 다음 구절을 보십시오. "세상 끝에도 이러하리라. 천사들이 와서 의인 중에서 악인을 갈라내어 풀무불에 던져 넣으리니 거기서 울며 이를 갈리라"(49-50절).

우선 이 구절 가운데 두 단어에 대해 자세히 설명하겠습니다. 마태복음에 '천국'이라는 말이 자주 나오는데, 유대인들에게 이 단어는 어떤 장소나 나라를 지칭하는 것이 아닙니다. 그들에게 '천국'이라는 말은 '하나님이 다스리신다'는 뜻입니다. 그리고 '의인'이라는 말도 자주 나오는데, 유대인들에게 '의인'은 선행을 많이 하는 사람을 말하는 게 아니라 '하나님의 다스리심 안에서 살아가는 사람'이라는 뜻입니다.

이와 같은 풀이대로 위 세 개의 비유를 다시 읽어 보기 바랍니다. 그러면 하나님의 다스리시는 손길은 밭에 감춰진 보화를 발견하는 것처럼 매우 가깝고 우연한 곳, 평범한 일상 속에서 체험할 수도 있고, 그 반대로 진주를 찾아 나선 상인처럼 노력해서 체험할 수도 있다는 말이 됩니다. 마지막 물고기 비유까지 연결해서 생각해 보면, '지금 하나님의 다스리심 가운데 있다고 안심하지 말아야 한다. 마지막 때 네가 어떤 곳에 서게 될지 두려운 마음으로 늘 깨어 살아야 한다'는 메시지가 됩니다.

가난한 자

이 세 가지 비유에 등장하는 사람들의 직업을 한번 보십시오. 농부, 상인, 어부라는 다양한 직종의 사람들입니다. 이 셋의 공통점이 있는데, 1세기 팔레스타인에서 지지리도 가난한 사람들이라는 것입니다.

주님이 이 비유를 들려주실 때, 그 앞에 가난한 제자들이 있었습니다. 마태복음을 들은 최초의 청중이 바로 이런 사람들이 아니었을까 생각해 봅니다. 당시 가난하다는 의미는 가족을 잃었거나 가족의 지지 기반이 약해서 기댈 곳이 없는 사람을 뜻합니다. 이런 사람들이 예수님의 비유와 말씀에 등장합니다. 품삯 노동자, 어부, 소작농, 세리, 상인, 몸을 파는 여인, 병든 사람, 목자, 홀로 된 여인, 고아들입니다.

예수님 당시, 특정한 계층에 속한 권력자들을 제외하고 일반인들의 삶은 그야말로 지옥 같은 삶이었다고 학자들은 말합니다. 세금만 해도 그 종류와 세액 자체가 어마어마합니다. 로마제국에 내야 하는 각종 세금, 분봉왕에게 내야 하는 세금, 성전에 내야 하는 세금 등 각종 항목의 세금을 합쳐 보면, 일반인들은 총수입의 약 70퍼센트까지 세금으로 수탈당하는 삶을 살았다고 전해집니다. 이것이 예수님 당시 상황입니다. 현실은 조금도 나아지지 않고, 삶은 더욱 팍팍해져 가고, 삶의 가장 근간이 되는 가정은 내몰리고 파괴되어 갑니다. 그 속에서 사람들은 점점 희망을 잃어 갑니다.

그렇게 희망을 잃은 사람들, 생계가 어려운 사람들, 지지 기반이 없는 사람들이 예수님을 찾아옵니다. 그리고 그런 사람들에게 주님은 이 천국 비유를 들려주십니다. 자기 땅을 갖고 싶어 하는 소작농, 사기꾼이라는 욕을 듣는 상인, 절대 빈곤의 삶을 사는 어부들. 이들로 대표되는 모든 가난한 사람들, 삶의 지지 기반을 잃어버린 모든 사람에게 주님이 이렇게 말씀하십니다.

"하나님의 어루만지심이 당신에게 있을 것입니다. 당신이 매일 걸어가는 그 일상의 밭에서 하나님의 손길을 보화처럼 만날 수도 있고, 하나님의 도움을 힘써 찾는 사람도 분명히 만날 수 있습니다. 다만, 지금 만난 하나님의 손길과 도움에 만족하지 마십시오. 우리가 사는 바다 같은 세상과 교회 안에는 선한 자와 악한 자가 뒤섞여 있습니다. 세상 끝 날에 바로 당신이 하나님의 선택을 받는 복된 사람이 되길 바랍니다." 주님의 이 복된 위로가 우리 모두의 것이 되길 주님의 이름으로 축원합니다.

모든 지각에 뛰어난 하나님의 평강이 그리스도 예수 안에서 우리의 마음과 생각을 지키실 것입니다. 아멘.

오병이어

마태복음 14:13-21

마태복음 14장의 오병이어 사건은 사복음서에 모두 나오는 기적 이야기입니다. 떡 다섯 개와 물고기 두 마리로 오천 명을 먹인 사건은 누가 들어도 굉장한 이야기입니다. 도대체 이런 일이 어떻게 가능했는지 무척 궁금했던 때가 있었습니다.

오래 전 학교 다닐 때, 친구들에게 어떻게 이런 일이 가능했을까 물어보자 한 친구가 이렇게 답해 준 기억이 있습니다. 그 물고기는 고래고기였고, 떡은 기네스북에 나오는 가장 큰 피자라서 오천 명이 먹고도 남을 양이었을 것이라고 말입니다. 굉장한 답이라고 하면서 친구들과 함께 깔깔 웃었었지요. 그런데 사복음서 어디를 보아도 그에 관한 실마리도 나오지 않고, 어떻게 그런 기적이 일어났는지 복음서 기자들은 관심조차 없어 보입니다. 그럼 그냥 우리와 상관없는 '기적'으로 남겨 놓아야 할까요? 그렇지는 않습니다. 오병이어 사건은 매우 다양하고 풍성한 방식으로 해석되는 본문이고, 초대교회에 매우 강력한 메시지를 남긴 예수님의 일화입니다.

유대인의 오병이어

먼저 알아야 할 것은, 오병이어 사건이 단순한 기적을 말하려는 게 아니라는 것입니다. 마태복음 14장에서 오병이어로 오천 명을 먹이신 예수님이, 마태복음 15장에서는 칠병이어로 음식이 늘어났음에도 사천 명밖에 못 먹이셨다는 것부터 논리상 맞지 않습니다. 주님의 능력이라면 분명 더 많은 사람들이 기적의 혜택을 봐야 맞는데, 복음서는 의도적으로 칠병이어 사건을 오병이어 사건 뒤에 배치하면서 음식이 늘었는데도 기적의 수혜자는 줄었다고 명시합니다. 마가복음에서도 똑같은 사실을 확인할 수 있는데, 그렇게 한 이유가 무엇일까요? 이에 관해서는 여러 설명이 있지만, 저는 '기적에 관심을 빼앗기지 말라'는 메시지가 아닐까 생각합니다.

우리는 늘 신비한 사건에 혹하여 눈길을 빼앗기며 삽니다. 그런데 복음서는 늘 그렇게 살지 말라고 말하는 것 같습니다. 오병이어 기사는 기적이나 신비를 말하는 게 아니라 그 반대로 우리에게 늘 주어지는 것들의 소중함을 깨우치게 합니다. 오병이어는 특별할 것 없는 평범한 사람들의 도시락이었습니다. 그 평범한 도시락, 아무도 주목하지 않았던 일상이 어느 순간 범상하고 비범한 것으로 드러납니다. 복음서 기자가 예수님의 이 사건을 들려줄 때 말하고 싶었던 메시지는 바로 이것이 아닐까 싶습니다.

물론 또 다른 해석도 가능합니다. 다른 해석의 출발점은, 마태복음의 최초 청중이 누구일까 생각하면서 읽는 것입니다. 마태복음의 가장 큰 특징 중 하나는 유대인에게 익숙한 절기와 율법들이 자주 등장한다는 점입니다. 유대인들이 청중이었다는 뜻이지요. 그러니 오병이어 사건도 철저하게 유대인의 시각으로 읽어 보면 매우 특별한 관점을 엿볼 수 있습니다.

빈 들에서 오천 명을 먹이신 오병이어 사건 다음에 이어지는 사건은, 예수님이 물 위로 걷는 또 하나의 기적 이야기입니다. 유대인 입장에서 한번 생각해 봅시다. '빈 들, 빵, 물 위로 걸음.' 무엇이 연상되었을까요? 유대인이라면 이 대목에서 모세와 출애굽 하던 백성이 떠오를 것입니다. 홍해를 마른 땅처럼 건너갔던 출애굽 사건, 광야에서 만나를 먹던 날들… 유대인들에게 가장 선명한 역사의 한 단면을, 지금 복음서 기자는 예수님의 이야기로 바꿔 놓은 것입니다.

마태복음을 듣던 최초의 청중이 유대인들이었으니 이만큼 생생한 이야깃거리도 찾기 힘들었을 것입니다. 오병이어의 기적을 듣던 사람들은 곧장 예수님을 모세와 연결시켰을 것입니다. 또한 잘 들어 보면, 여기서 5라는 숫자가 반복됩니다. 오병이어, 그리고 오천 명. 이것은 유대인 청중을 의식한 매우 의도적인 숫자로 보입니다. 유대인에게 5라는 숫자는 하나님의 말씀을 뜻하는 모세 오경을 상징합니다. 그러니 예수님은 하나님의 말씀을 떡 다섯 개의 형태로 백성에게 먹이신 분이 됩니다.

여기서 유대인들은 모세와 예수를 비교하기 시작하겠지요. 누가 큰 분일까 하고 말입니다. 마태복음은 당연히 예수 그리스도가 모세보다 훨씬 큰 분이라는 사실을 유대인 청중에게 들려줄 것입니다. 마태, 마가, 누가, 요한복음에서 모두 오병이어 사건을 다루는데, 비교하면서 읽어 보면 미세한 차이점이 보입니다. 같은 사건인데, 네 개의 복음서가 조금씩 다른 뉘앙스, 다른 강조점을 보여 줍니다. 왜 그랬을까요? 청중이 달랐고 하고 싶은 이야기가 달랐기 때문입니다.

청중이 유대인인 경우, 마가복음과 마태복음처럼 유대인의 눈높이에 맞게 썼습니다. 이방인 청중이 많았던 누가복음은 이방인에게 익숙한 지명을 언급했고, 요한복음 역시 요한 공동체라는 독특한 삶의 자리를 염두에 두고 오병이어 사건을 기록했습니다.

여하튼 유대인들이 오병이어 사건에서 5라는 숫자를 듣고 연상하게 되는 것은, 그들에게 가장 권위 있는 하나님 말씀인 모세오경이라고 말할 수 있습니다.

물고기 미스터리

그럼, 유대인에게 '물고기 두 마리'는 무엇을 뜻하는 것일까요? 초대 교부였던 푸아티에의 힐라리우스는 예언자와 세례 요한의 가르침이라고 풀이했지만, 구약에 익숙한 유대인이라면 요나의 물고기부터 떠올리지 않았을까 싶습니다. 구약에서 물고기가 등장하는 구절들을 찾아보면, 심판과 죽음에 대한 이미지가 강합니다. 그런데 물고기 안에 들어갔던 요나가 살아 나온 것을 보면, 정반대인 '생명'의 이미지도 가능합니다. 그러니 물고기 두 마리는 죽음과 생명을 상징하는 것으로 보아도 될 것 같습니다. 물고기는 나중에 구원자 그리스도(익투스)를 뜻하게 되지요.

마태복음의 오병이어 기적 기록이 특이한 점은, 떡은 나눠 준다는 말이 나오는데 물고기는 나눠 준다는 말이 나오지 않습니다.

다른 복음서에서는 떡 다섯 개와 물고기 두 마리를 모두 무리에게 나눠 줬다고 합니다. 한번 비교해 보시길 바랍니다. 마태복음서 기자가 깜빡하고 빠뜨렸을 수도 있겠지만, 만일 의도적으로 그렇게 한 것이라면 뭔가 중요한 메시지가 담겨 있을 것입니다. 이것은 순전히 제 추론입니다.

유대인 청중에게 떡 다섯 개는 하나님의 말씀인 오경이라고 했었지요. 말씀은 하나님의 백성에게 나눠 주시는 선물입니다. 그런데 물고기 두 마리가 죽음의 심판과 생명을 뜻하는 것이라면, 백성에게 주어야 할 것이 아니라 하나님께 속한 고유한 주권이지요. 삶과 죽음이 하나님께 달려 있다는 것은 성경이 가르치는 가장 큰 주제입니다. 게다가 유대인에게 이것은 더욱 확실한 진리입니다. 마태복음서 기자는 유대인 청중에게 이 말을 하고 싶었던 것 같습니다. 그래서 주님의 손에 들려진 떡, 곧 하나님의 말씀은 백성에게 주시고, 물고기는 여전히 최후 심판주인 그리스도의 손에 들려 있는 것으로 처리했다고 생각됩니다. 마태복음을 유대인의 관점에서 읽는다면 이런 식의 해석도 가능합니다.

제자들의 관점

또한 이 오병이어 사건을 본문에 나온 사람들의 마음을 헤아리면서 살펴보겠습니다. 우선 13장을 보십시오. 주님은 여기서 천국 비유를 말씀해 주시는데, 그 말씀과 달리 주님은 이제부터 지옥 같은 경험을 시작하시게 됩니다. 가장 지지받고 응원받아야 할 가족과 친지에게 주님은 철저히 무시당하고 배척당하십니다 (13:57). 그런데 엎친 데 덮친 격으로 하나님 나라를 함께 외치던 동역자 세례 요한이 무참히 살해당했다는 소식을 듣게 됩니다.

예수님의 마음이 어떠했을까요? 가족에게서 버림받고 동료를 잃어버린 것이 복음을 전한 대가였습니다. 이런 상황에 정신 온전할 사람은 없습니다. 이어지는 말씀이 바로 오병이어 기적의 시작인 마태복음 14장 13절입니다. 첫 구절이 "예수께서 들으시고"라는 말로 시작하는데, 요한이 죽었다는 무거운 소식입니다.

이어지는 말씀에서 주님이 무리를 떠나 배를 타고 따로 사람 없는 빈 들을 찾아가셨다고 하는데, 이 분위기는 무척이나 암울해 보입니다. 주님의 마음은 지금 지옥이지 않을까요?

이런 사정을 까맣게 모르는 무리가 또 예수를 찾아 그 앞에 나옵니다. 예수님 입장이 되어 본다면, 아무도 만나고 싶지 않다고 손사래 칠 상황입니다. 그렇게 멘탈이 완전히 붕괴될 상황인데도, 주님은 당신 앞에 몰려온 사람들을 보고 "불쌍히 여기사"(14:14) 고쳐 주셨다고 합니다. 여기서 '불쌍히 여겼다'는 말은 '창자가 끊어지는 아픔으로 받아들였다'는 뜻입니다.

사실 내가 괴로워 죽을 지경인데, 남의 사정을 돌보는 것은 거의 불가능합니다. 지금 주님은 삶의 에너지가 바닥났음에도 누군가의 슬픔 속에 들어가시고 그 사람의 깨진 조각이 되어 주십니다. 15절을 보면, 그렇게 아픈 사람들을 고쳐 주시다가 저녁이 되어 버립니다. 장소는 '빈 들'이고 먹을 것이 필요한 상황이 됩니다. 이 상황은, 광야처럼 막막한 처지에 있는 사람들, 희망을 잃고 깊은 탄식 가운데 있는 사람들로 이해해도 됩니다.

이제 제자들 처지에서 생각해 봅시다. 전 재산을 버리고 예수라는 사람 하나 믿고 고향을 떠나왔습니다. 이후 타향살이, 그것도 나그네 인생이 되었습니다. 처음에는 저분만 따라가면 뭐라도 될 것처럼 보였습니다. 말도 잘하고, 병도 고치고, 귀신도 쫓고, 사람들을 몰고 다니는 것도 이분만 한 분이 없습니다. 그런데 마태복음 13장에서부터 보면, 점점 이분에 대한 의심이 생기기 시작할 만합니다.

그렇게 믿었던 스승인데, 정작 고향에서는 쫓겨나는 것을 눈앞에서 보았고, 같은 노선이던 세례 요한이 참수당하니까 이전의 그 호기로움은 어디 갔는지 침울해진 모습으로 사람들 눈을 피해 외딴곳을 찾아가는 모습을 보입니다. 제자들 생각에는 뭔가 이상합니다. 저 양반 따라다니다가 인생 꼬였다는 생각이 들었을 수도 있습니다.

게다가 빈 들에 오천 명 넘는 군중이 가득한데, 해넘이가 되도록 대책 없이 있다가 느닷없이 "너희들이 이 사람들에게 먹을 것을 주라"고 하니 기가 막힐 노릇입니다. 이성적으로 보면 제자들 말이 하나 틀린 게 없습니다. "여기는 빈 들이고, 저녁이 되어서 먹을 게 없습니다."

그래서 제자들은 계속 이렇게 말합니다. "아니오, 안 됩니다." "그것은 잘못 생각한 겁니다." 14장 17절을 보면 '떡 다섯 개와 물고기 두 마리밖에 없다'고 제자들이 말하는데, 사실 관계를 말하거나 순종의 마음으로 보고하는 게 아니라 짜증이 난 게 분명합니다.

"아니요, 주님. 그거 아닙니다. 못 합니다. 할 수 없습니다. 한 번 보세요. 선생님도 참 답답합니다." 이게 제자들의 입장입니다.

예수님의 반응

그런데 이런 제자들에 대한 주님의 반응을 잘 보십시오. 주님은 "아니요, 안 됩니다. 불가능합니다"라고 말하는 제자들을 나무라거나 탓하시지 않습니다. 그저 이렇게 말씀하십니다. "그것을 내게 가져오라"(14:18). 무엇을 가져오라는 것입니까? 제자들이 앞에서 짜증내며 말하던 그것, 오병이어입니다.

이어지는 19절 말씀은 우리에게 매우 익숙한 구절이지요. 주님은 그 가져온 떡과 물고기를 '가지고, 축사하시고, 떼어, 주십니다.' 이 한 구절에 네 개의 동사가 연달아 나옵니다. 가지다(take), 축사하다(bless), 떼다(break), 주다(give).

'가진다'는 말은 '무언가를 손에 움켜잡다, 손안에 취하다'는 뜻입니다. 축사한다는 말은 '축복한다, 감사한다, 또는 감사기도한다'는 뜻입니다. '떼다'라는 말은 '손에 들고 있는 나의 소유에서 일정 부분 떼어 놓는다'는 뜻이고, '주다'라는 말은 '내가 아닌 누군가에게 넘겨주다'는 뜻입니다. 이 네 개의 단어를 다시 풀어 보면, 나에게 주어진 것에 대해 하나님께 감사하며 거기서 일정 부분 떼어 내가 아닌 누군가를 위해 내어 놓는다는 말이 됩니다. 그대로 하자, 오천 명이 먹고도 열두 광주리가 남습니다.

이 네 개의 동사는 오병이어 기적이 기록된 사복음서에 똑같이 나오는 동사들입니다. 그리고 이 단어들은, 우리가 성만찬을 함께 나눌 때 반드시 기억해야 할 가장 중요한 주님의 말씀이기도 합니다. 이 네 단어를 실행할 때 기적이 일어납니다.

영웅이 아니어도 충분하다

오늘 복음서 말씀을 통해, 우리가 영웅적이지 않더라도 누군가에게 도움이 될 수 있다는 사실을 기억하면 좋겠습니다. 우리는 늘, 어떤 일을 훌륭히 수행하거나 누군가를 돕기 위해서는 그만한 자격 조건이 있어야 한다고 생각합니다. 돈과 시간과 건강의 여유가 좀 있어야 한다고, 어떤 분야에서건 성공하고 넉넉하고 배운 사람이어야 한다고, 그래야 누군가의 지지대가 될 수 있다고 말합니다.

반대로 삶에서 실패한 사람, 눈에 띄지 않는 사람, 별로 특별할 것 없는 사람, 걱정거리 가득한 사람, 돈 없는 사람은 누군가를 돕거나 누군가의 지지대가 될 수 없다고 쉽게 생각합니다. 그런데 본문 말씀은 그렇지 않다는 것을 깨닫게 해 줍니다. 이렇게 생각하고 있던 제자들과 우리의 편견을 정확히 다루고 있습니다.

가장 작은 것, 가장 익숙한 일상, 누구도 주목하지 않는 그런 도시락이 오천 명을 먹일 수 있다는 것을 주님은 가르치셨습니다. 작고 하찮은 것이라도 손에 들고 감사의 기도를 올린 후 떼어 내 주는 곳, 거기서 기적은 시작됩니다. 이 기적은 무엇으로도 측정할 수 없고, 돈으로도 이룰 수 없는 그런 위대한 사건을 만들어 냅니다. 복음서 기자는 바로 그런 기적이 교회를 통해 체험될 수 있다는 것을 우리에게 알려 줍니다.

실제로 우리는 이런 마중물 같은 일을 교회에서 자주 체험합니다. 누군가가 가져다 놓은 빨간 벽돌 하나가 나중에 온 교인들의 벽돌로 모아진다는 것을 우리는 잘 압니다. 교회의 성만찬은, 바로 이런 기적이 여전히 우리에게 약속으로 주어져 있음을 눈으로 보게 해 주는 은총의 통로입니다.

절망한 사람도, 가난한 사람도, 능력 없는 사람도, 돈 없는 사람도 괜찮습니다. 주님이 오병이어를 통해 보여 주신 기적은, 나에게 주어진 가장 작은 것에 감사하며 일정 부분 떼어 나눌 줄 아는 그런 사람에게 일어날 것이라고 주님은 약속하십니다.

성찬식을 할 때마다 우리는 떡을 들고, 감사 기도하며, 떼어, 나눌 것입니다. 거룩한 감사의 성찬은 영웅이 아니더라도 누구나 할 수 있는 일입니다. 여러분의 일상에서 오병이어를 기억하십시오. 소소한 것들을 손에 쥐고 감사하며, 누군가를 위해 떼어 준다면 그것이 바로 기적이 시작되는 출발점이요 여러분의 거룩한 성만찬이 될 것입니다. 그런 축복의 일상이 여러분에게 가득하길 주님의 이름으로 축원합니다.

모든 지각에 뛰어난 하나님의 평강이 그리스도 예수 안에서 우리의 마음과 생각을 지키실 것입니다. 아멘.

가나안 여인의
신앙

성령강림일 후
열한째 주일

마태복음 15:21-28

오늘의 복음서 본문인 마태복음 15장 21-28절 말씀은 두로와 시돈에서 시작합니다. 이곳은 갈릴리 북부 페니키아 해변 도시로 여러 문화와 종교가 교차하는 지역이었습니다. 유대인들은 예로부터 이곳을 저주받은 땅으로 낙인찍었지요. 주님이 이곳에 가셨을 때 가나안 여인이 뛰어나와 절박하게 소리지릅니다. "주 다윗의 자손이여, 나를 불쌍히 여기소서. 내 딸이 흉악하게 귀신들렸나이다."

　　우리가 기대하는 것은 주님이 이 여인의 간청에 멋들어지게 응답해 주시는 장면입니다. 본문을 다 읽고 나면 실제로 주님이 그렇게 해 주신 것을 확인할 수 있습니다. 다만 그 과정이 우리의 기대처럼 순탄하지도, 간단하지도 않았다는 게 '걸림돌'입니다. 이 걸림돌이 어떤 것인지 함께 살펴봅시다.

예수님의 침묵

우선 본문의 한 단락 위 구절인 마태복음 15장 16-20절부터 훑어보십시오. 바리새인과 서기관, 그리고 제자들을 포함한 모든 군중에게 해 주신 예수님의 가르침이 나옵니다. 그 내용을 한 문장으로 요약하면 '우리의 문제는 입에서 뱃속으로 들어가는 것에 있지 않고 안에서 밖으로 나오는 것에 있다'입니다. '무엇을 입고 먹고 마시는가' 같은 관습과 문화보다, 우리 속에서 나오는 것 즉 무엇을 말하는지, 내 마음을 일상에서 어떻게 드러내며 살고 있는지가 중요한 문제라는 가르침입니다. 외형보다 본질이 더 중요하다는 말씀이지요.

15장 전반부가 다 그런 이야기입니다. 이 가르침을 확장해 보면, 하나님의 형상인 인간을 겉만 보고 심판하지 말라는 말씀과도 직결되기 때문에 혈통이나 인종이나 성별 등에 따라 차별하지 말라는 가르침으로 이해할 수도 있습니다. 이 가르침이 15장 20절 직전까지의 말씀이니, 이어서 나오는 가나안 여인 이야기는 그 흐름이 매우 자연스러워 보입니다. 여기까지만 보면, 이방인에 대한 차별, 그리고 여자라는 성별에 대한 차별을 고발하는 이야기로도 볼 수 있을 것 같습니다.

그런데 우리를 당혹스럽게 만드는 것은 이 여인에 대한 예수님의 반응입니다. 앞서 혈통이나 인종, 성별 같은 외적인 것으로 사람을 무시하거나 차별하지 말라 하시던 주님이, 가나안 여인의 도움 요청에는 못 들은 척 침묵하고 외면하십니다. 이 모습이 우리를 당혹스럽게 만듭니다.

급박한 상황에 놓여 애타게 도움을 청해 본 사람은 지금 이 구절이 얼마나 끔찍한 경우인지 알 것입니다. 이런 상황에서는 따뜻한 위로의 한마디나 동전 한 닢이 인생의 은인이 되기도 합니다.

아마도 이 여인에게 딸의 문제는 자기 생명과 맞바꾸고 싶을 정도로 심각한 문제였을 것입니다. 그런 절박함 가운데 이 문제를 해결할 수 있으리라 믿고 찾아갔는데, 그분이 못 들은 체하면서 아무 반응도 하지 않으십니다. 이 상황은 비단 가나안 여인에게만 해당되는 게 아닙니다. 어쩌면 이 땅을 살아가는 모든 여성이 떠 안고 있는 현실을 폭로하고 있는 것인지도 모릅니다. 남자와 비교해서 보면, 여자의 말은 너무 자주 무시됩니다. 가정과 직장에서. 부끄러운 이야기이지만 심지어 교회에서조차 그렇습니다. 차라리 "안 됩니다"라고 분명하게 반응이라도 해 주면 좋을 텐데, 침묵으로 일관하는 바람에 에너지만 더 소비되곤 합니다.

지금 가나안 여인의 모습이 그렇습니다. 애타게 간청하지만 아무도 대답하지 않고, '된다, 안 된다'라는 반응조차 안 해 주는 분위기입니다. 22절을 보면, 제자들은 여인의 간청을 의미 없는 소음으로 간주했던 것 같습니다. 심지어 조용히 하라고 몇 번 했는데도 말을 듣지 않자 화가 났던 것 같습니다. 그러니 이제는 예수님께 그녀를 쫓아내 달라고 요구합니다.

우리 역시 나와 다른 사람, 다른 의견, 다른 경험에 공감하지 못하거나 거부합니다. 나 또는 내 가족, 나와 가까운 사람이 당한 설움과 부당한 일이 아니라면 신경도 쓰지 않습니다. 여기저기서 도둑이 판치는 소리가 들리건, 서러운 울음소리가 들리건, 옆집이 물에 잠겨 떠내려가건, 나와 내 가족의 일이 아닌 이상, 그 모든 일들을 그저 소음으로 치부하고 있지는 않나요? 여인의 슬픔에 공감하지 못하는 제자들의 행동이 바로 이와 같습니다.

그런데 더 큰 문제는 15장 24절에 나온 예수님의 반응입니다. "나는 이스라엘 집의 잃어버린 양 외에는 다른 데로 보내심을 받지 아니하였노라." 이 구절을 문자 그대로 이해하면, 예수님은 앞서 가르치신 것과 달리, 혈통을 중시하고 여자를 무시하는 전형적인 꼰대로 보입니다. 여인의 간절한 간구와 외침이 예수님을 움직이지 못한 것 같습니다. 그런데 여인은 여기서 멈추지 않습니다. 25절을 보십시오. "여자가 와서 예수께 절하며 이르되 주여 저를 도우소서." 예의 바르게 절하면서 도와 달라고 했다는 말이 아닙니다. '절한다'는 말의 원래 뜻은 '땅바닥에 바짝 엎드리다'입니다. 그만큼 절절하게 매달렸다는 것이지요.

저는 이 짧은 구절이 가슴 시리게 들립니다. 이 여인이 예수님 앞에 나올 때 "주 다윗의 자손이여, 나를 불쌍히 여기소서"라고 외쳤다는 것을 기억하실 것입니다. 이 말은 당시 유대인들에게 매우 익숙하고 전형적인 인사말입니다. 가나안 여인이 유대인 예수를 만나러 가면서 유대인의 언어와 관습에 맞는 인사말을 사려 깊게 골라 말했던 것이지요. 그런데 25절은 앞의 인사말과 전혀 다른 뉘앙스입니다. 지금 격식 같은 것을 차릴 때가 아니고, 도움이 절실하기 때문입니다. 이 여인은 그저 엎드려 도와 달라는 말만 애타게 외치고 있습니다. 아마도 자신의 모국어로 그렇게 말했을 가능성이 높습니다.

이번에는 예수님이 어떻게 반응하시나요? "대답하여 이르시되, 자녀의 떡을 취하여 개들에게 던짐이 마땅하지 아니하니라" (26절). 이 대답은 분명한 거절입니다. 물론 마지막에는 예수님이 그 간청을 들어주시지만, 무엇 때문에 가나안 여인을 이리도 매정하게 대하셨는지는 여전히 난해한 문제입니다. 저는, 우리에게 좀 더 차원 높은 신앙의 태도를 가르치기 위해 예수님이 그런 반응을 선택하신 게 아닐까 생각합니다. 우선 예수님의 태도는 이방인에게 등을 돌리고 있는 유대인의 모습을 상기시킵니다. 예수님은 유대인을 재현하시고 있는 것이죠. 사람들이 그어 놓은 경계선들, 남자와 여자, 유대인과 비유대인, 성과 속의 구분선을 만들고 사는 현실을 이런 식으로 재현해 보여 주신 것입니다. 우리라고 다를까요? 우리 역시 다른 모양새로, 은연중에 사람들을 구분하며 살아가고 있습니다. 그런 식으로 예수님은 우리의 거울 역할을 해 주십니다. 그런데 예수님 앞에 나온 이 가나안 여인은 우리의 거울이 되어 주신 그분에게서 뭔가 특별한 것을 발견하고, 다른 모습을 보여 주기 시작합니다.

개와 떡 부스러기

27절부터 나오는 대화에 주목하십시오. 주님이 이렇게 말씀하십니다. "자녀의 떡을 취하여 개들에게 던짐이 마땅하지 아니하니라." 이제 여인이 답합니다. "주여, 옳소이다마는 개들도 제 주인의 상에서 떨어지는 부스러기를 먹나이다." 이 대화에서 우리 귀를 잡아 세우는 건, 유대인에게 부정한 것의 상징인 '개'라는 단어입니다. 이런 말을 듣고 좋아할 사람은 아무도 없습니다. 그런데 이 대화가 놀라운 점은, 우리는 '개'라는 부정적인 단어에만 마음이 쏠려 있는데 이 여인은 '자녀에게 주는 떡'에 관심이 있다는 사실입니다.

이 대화 후에 얼마나 시간이 흘렀을까요? 아마 찰나의 시간이었을 것입니다. 이 짧은 침묵의 시간 동안 부정적인 분위기가 완전히 반전됩니다. 예수님이 28절에서 이렇게 응답하십니다. "이에 예수께서 대답하여 이르시되 여자여, 네 믿음이 크도다. 네 소원대로 되리라 하시니 그때로부터 그의 딸이 나으니라."

예수님의 한 말씀 안에 개와 떡이 모두 나옵니다. 개는 심판과 저주, 떡은 은혜와 긍휼을 상징합니다. 여기서 믿음의 정체가 드러납니다. 출애굽기 20장 5-6절과 연결해 보면 좋을 것 같습니다. "나 네 하나님 여호와는 질투하는 하나님인즉 나를 미워하는 자의 죄를 갚되 아버지로부터 아들에게로 삼사 대까지 이르게 하거니와 나를 사랑하고 내 계명을 지키는 자에게는 천 대까지 은혜를 베푸느니라." 루터는 이 말씀을 인용하면서 《대교리문답》(복있는사람) 십계명 해설에서 "하나님의 심판은 삼사 대이지만, 그분이 베푸시는 은혜는 천대까지"라고 말합니다. 그러니 "바른 신앙이란 심판의 하나님보다 은혜와 사랑과 복을 주시는 하나님을 끝까지 신뢰하는 것"이라고 합니다.

지금 가나안 여인이 보여 준 태도가 바로 이것 아닐까요? 이 여인은 우리의 모습을 거울처럼 보여 주는 예수님의 대답 속에서, 수치와 저주와 심판 대신 위로와 치유와 긍휼을 발견하고 거기에 매달립니다. 이것을 보고 주님은 "여자여, 네 믿음이 크도다"라고 선언하신 후 소원대로 딸을 치유해 주십니다.

우리가 십자가의 복음을 믿는다는 게 바로 이런 것입니다. 수치와 심판, 죽음의 십자가 한가운데서 우리를 건져 구원해 주시는 하나님의 자비와 긍휼이 있음을 믿고 끝까지 매달리는 것이 십자가 신앙입니다.

마가복음에 등장한 가나안 여인

오늘 말씀을 준비하면서 저를 가장 설레게 하고 힘이 되었던 내용을 하나 소개할까 합니다. 이 복음이 여러분에게 온전히 전해지길 바랄 뿐입니다.

가나안 여인 이야기는 마가복음 7장 24절 이하에도 똑같이 나오는데, 마태복음과 마가복음을 비교하면서 읽어 보길 바랍니다. 똑같은 이야기이지만 아주 작은 차이가 발견됩니다. 그리고 이 작은 차이는 마태복음을 기록하던 복음서 기자를 움직인 간절하면서 큰 울림의 흔적입니다. 그 차이점은, 예수님의 마지막 말씀인 마가복음 7장 29-30절과 마태복음 15장 28절의 비교에서 드러납니다. 마가복음을 보면 예수님은 이 여인에게 "돌아가라. 귀신이 네 딸에게서 나갔느니라"(7:29)고 말씀하셨고, 그녀가 집에 가서 딸에게서 귀신이 나간 것을 확인했다고 합니다.

그런데 마태복음 15장 28절을 보면, 예수님은 그런 말을 한마디도 안 하십니다. 귀신 쫓는 기도라든지 딸이 나왔다는 말을 하시지 않습니다. 해 주신 말씀은 딱 두 마디입니다 "여자여, 네 믿음이 크도다." 그리고 "네 소원대로 되리라."

보십시오. "네 믿음대로 될지어다." 이런 식의 대답이 아닙니다. 매우 담백하게 "네 믿음이 참 크구나"라고 칭찬하신 다음, "네 소원대로 된다"고 하십니다. 여기서 참 감동적인 것은 '소원'이라고 번역된 단어입니다. 헬라어 성경에서는 행동으로 드러난 '의지(θελω, will to power)'라는 뜻을 가진 단어입니다. 제가 번역해 본다면 "네 믿음이 참 장하구나. 그래, 그 끈기에 열매가 맺힐 거야"라고 할 것 같습니다.

마태복음에서는 딸의 치유 사실을 예수님이 말씀해 주시지 않고, 언제 치유되었는지 그 시기도 알려 주지 않습니다. 간절히 매달리던 가나안 여인은 아직 그 사실을 모릅니다. 모든 것을 알고 있는 복음서 기록자가, 그녀의 딸이 치유되었다는 사실을 이 이야기를 듣고 있는 사람들에게 알려 줄 뿐입니다.

마가복음과 마태복음을 비교해 봅시다. 우리는 늘 마가복음 같은 기적을 바라며 기도합니다. 내 기도 제목 '가나다'에 정확히 '가나다'라고 응답해 주시길, 내가 원하는 시간에 정확하게 응답해 주시고, 그 응답의 열매가 내 눈으로 확인되고 경험되길 바랍니다. 우리는 그렇게 기도합니다. 마가복음만 있었다면 그게 100점짜리 기도 답안인지도 모르겠습니다.

마태복음의 방식은 조금 다릅니다. 그런데 어쩐지 마태복음의 응답 방식이 무척 위로가 됩니다. 우리의 기도에 아직 응답이 없고 경험된 것도 없지만, 우리의 기도가 이루어졌고 이루어지고 있다는 것을 말씀하고 있기 때문입니다.

우리의 기도에 대한 응답이 주님의 침묵으로 돌아오거나 확고한 거절의 모습으로 드러날 수도 있습니다. 그러나 오늘 말씀을 묵상할수록 주님은 절대 진실한 기도를 외면하시는 분이 아니라는 것을 다시 한번 깨닫게 됩니다.

마태복음 15장 28절에 나온 예수님의 두 마디 말씀을 꼭 기억하길 바랍니다. "여자여, 네 믿음이 크도다." 그리고 "네 소원대로 되리라." 이 말씀은 믿음과 끈기가 한 쌍이라는 메시지로 들립니다. 너무 당연하고 상식적인 말이지만, 우리는 늘 이것을 잊고 삽니다. 믿음은 끈기를 만들고, 끈기는 믿음을 자라게 합니다. 어느 쪽이 먼저든, 이 둘은 강력한 한 쌍입니다. 이 둘을 과소평가하지 말아야 합니다.

시간의 주인

친한 목사님과 교회력에 관한 대화를 하던 중, 그분이 최근에 읽은 책과 관련해서 한 말이 제게 큰 울림을 주었습니다. "우리는 우리 자신을 시간의 주인으로 착각하며 삽니다. 그러나 교회력은 시간의 주인이 우리가 아니라 하나님 자신이라는 전제에서 출발합니다"라는 말입니다.

시간의 주인이 누구인가에 대한 이 말은 오늘 설교의 결론으로도 손색이 없을 것 같습니다. 우리가 기댈 곳도 우리의 주님이고, 시간의 주인도 주님입니다. 코로나와 수해, 경제적 불안정, 가정과 직장과 교회에서의 여러 가지 문제들로 우리는 불안합니다. 가뜩이나 상황이 안 좋은데 좋아질 기미는 전혀 안 보입니다. 슬프고 짜증나고 불평하고 남 탓할 일만 눈에 들어옵니다. 이런 암울한 현실에서 희망을 말하는 것은 어떨까요?

오늘의 복음서 말씀을 찬찬히 돌아봅시다. 지금 우리의 상황은, 우리 밖을 돌아보기보다 우리 안, 내 안을 돌아보라고 주님이 주신 기회가 아닐까요? 바람과 파도를 보고 신앙에서 파선하는 사람들이 있습니다. 그러나 반대로, 믿음의 끈기로 주님의 칭찬을 받을 사람도 있을 것입니다.

주님의 심판 날이 오면 알곡과 가라지가 갈라진다는 그 말씀이 오늘 우리를 두고 하신 말씀이 될까 두렵기도 합니다. 그러나 확실한 것은, 매몰찬 주님의 말씀 앞에서도 심판과 저주가 아니라 주님이 주실 생명의 떡을 간절히 구하며 인내한 여인에게 자비를 베푸신 분이 우리의 그리스도라는 사실입니다.

우리는 우리 밖의 바람과 파도만 보는 사람입니까, 아니면 내 안을 돌아보며 만물의 주인께 매달리는 사람입니까? 눈에 보이지 않더라도 파선하지 말고 믿음의 인내를 이룹시다. 시간의 주인이신 그리스도 예수가, 기도하며 주님을 찾는 우리 모두에게 가장 좋은 때에 가장 좋은 것으로 응답해 주실 것입니다.

모든 지각에 뛰어난 하나님의 평강이 그리스도 예수 안에서 우리의 마음과 생각을 지키실 것입니다. 아멘.

베드로의 신앙고백

마태복음 16:13-20

예수님이 빌립보 가이사랴에 도착했을 때, 제자들에게 이렇게 질문하십니다. "사람들이 인자를 누구라고 하느냐?" 이 물음에 제자들이 돌아가면서 한마디씩 합니다. 세례 요한, 엘리야, 예레미야 같은 선지자들 이름을 하나씩 대면서 소문을 들려줍니다.

주님이 이렇게 물어 보신 진짜 목적은, 남들이 아니라 가까이 있는 제자들의 속내를 듣고 싶으셨기 때문입니다. 그래서 다시 물어 보십니다. "너희는 나를 누구라 하느냐?"(마 16:15) 기다렸다는 듯이 베드로가 대답합니다. "주는 그리스도시요 살아계신 하나님의 아들이시니이다"(16:16).

이 대답에 예수님은 베드로를 칭찬하신 다음, 18절에서 그 유명한 약속을 들려주시기 시작합니다. "너는 베드로라. 내가 이 반석 위에 내 교회를 세우리니, 음부의 권세가 이기지 못하리라. 내가 천국 열쇠를 네게 주리니 네가 땅에서 무엇이든지 매면 하늘에

322

서도 매일 것이요, 네가 땅에서 무엇이든지 풀면 하늘에서도 풀리리라."

　이 말씀은 교회력에 이미 주어진 본문이지만, 저는 '이번 주간에 이리도 꼭 들어맞고 절실한 말씀이 또 있을까'라는 생각을 합니다. 지난 한 주간을 돌아보면, 교회를 바라보는 사회의 시선이 유난히 더 흉흉했습니다. 하지만 이 상황을 주님의 말씀에 비춰 보면 알곡과 가라지를 나누는 시간이고, 알곡에게는 그분의 창고로 들어갈 은혜의 기회라고 할 수도 있습니다. 그러면서 오늘 복음서 본문은 우리에게 교회란 무엇일까, 그리고 교회의 주인은 누구일까를 깊이 묵상하게 만듭니다.

베드로의 경험

　우선, 오늘 본문에는 왜 하필 베드로의 고백이 나오는지부터 한번 생각해 볼 만합니다. 어찌 보면 베드로의 정중한 태도와 예수님의 칭찬이 그리 놀랍지 않습니다. 베드로는 예수님이 제자들을 모으실 때 첫 번째 그룹에 속해 있었고, 열두 사도 중 가장 열성적인 수제자였습니다. 또한 예수님의 공생애 사역 동안 빠짐없이 참여했던 우등생입니다. 그렇게 3년 동안 예수님 곁에서 많은 것을 보고 체험했지요.

　사회에서 외면당하는 사람들의 이야기를 들으면서 같이 아파하시고 어루만져 주시던 주님의 자비도 옆에서 지켜보았고, 정의에 대한 날카로운 설교도 곁에서 들었고, 귀신을 쫓아내는 초자연적인 기적도 체험했고, 오병이어로 수천 명을 먹이는 빵도 맛보았던 사람이 베드로입니다. 폭풍우 몰아치는 바다 한가운데로 빨려

들어갈 때 구원의 손을 잡은 이도 베드로입니다.

이렇게 베드로는 시각, 청각, 미각, 촉각 등 자기 육체의 오감을 통해 예수님을 배웠습니다. 그러니 그는 매우 훌륭한 예수님의 학생입니다. 그러나 오늘 복음서 본문에서 주님이 하시는 말씀을 가만 들어 보면, 학생으로서의 베드로가 가진 능력을 칭찬하시는 것이 아닙니다. 마태복음 16장 17절에서 주님은 이렇게 말씀하십니다. "바요나 시몬아, 네가 복이 있도다. 이를 네게 알게 한 이는 혈육(너의 육체와 너의 경험)이 아니요, 하늘에 계신 내 아버지시니라."

우리는 늘 우리의 제한된 경험 안에서만 생각하고 판단합니다. 제한된 시각, 제한된 소리, 제한된 맛, 제한된 촉각을 통해 모든 사물과 사건을 판단합니다. 그러나 주님의 말씀을 들어 보면, 주님의 관심은 우리의 생각과 오감에 있지 않습니다. 주님은 우리의 말과 행동에 하나님이 함께 하시는지에만 관심이 있으십니다.

우리의 감각과 체험은 늘 불완전하지만, 하나님은 우리의 불완전성에 제한되시지 않습니다. 이 진리는 우리 모두를 겸손하게 만듭니다. 하늘의 소리를 직접 들은 사람도, 죽을병에 걸렸다 치유되는 기적을 체험한 사람도, 환상 가운데 하나님을 만난 사람도, 그 누구도 완전하지 못합니다. 그런데도 우리는 우리의 감각과 체험을 100퍼센트 신뢰하며 그것으로 충분하다고 자만합니다.

그런 교만이 괴물을 만들고 사람들을 미혹합니다. 광장 한가운데서 사람들을 선동하며 "하나님, 너 까불면 나한테 죽어!"라는 말을 거리낌 없이 내뱉는 바보천치에게 사람들이 열광하는 것도 미혹되었기 때문입니다. 하나님의 이름을 갖다 붙이면서 신비한 능력을 자랑하고 갖은 체험을 자랑하면 쉽게 미혹됩니다. 그리고 사람들은 거기서 하나님을 본 것처럼 열광합니다. 우리의 오감은 늘 이런 식입니다. 눈에 보이는 것, 감각적인 것, 강력한 권력에 넘어갑니다.

그러나 주님이 베드로에게 하신 말씀을 잘 들어 보십시오. 베드로를 향한 칭찬은 '혈육'으로 표현되는 우리의 체험이나 지식, 능력, 권력 같은 게 아닙니다. 주님이 관심을 가지시는 기준은, 그런 것과 동떨어진 '하늘 아버지'에 있다는 사실을 우리는 반드시 기억해야 합니다.

같은 식탁, 길동무

이런 맥락에서 주목할 대목은 마태복음 16장 13절입니다. 예수님과 제자들의 대화는 빌립보 가이사랴에 도착했을 때부터 시작됩니다. 이 도시는 구약시대에 가나안 사람들이 풍요의 신 바알을 섬겼던 곳이고, 후에 로마 황제에게 헌정된 도시입니다. 그러니 이곳은 풍족하고 화려한 권력을 가진 사람이 주인 되는 땅이라고 할 만합니다.

그런 도시에 도착하자마자 주님은 "사람들이 나를 누구라고 하느냐"고 물으십니다. 이 장면은 도시 분위기와 뚜렷하게 대비됩니다. 주님이 이제껏 가르치신 것, 만난 사람들, 행하신 일들을 생각해 보면 분명히 다르지요. 풍요와 쾌락, 권력의 도시 한가운데에서 계신 예수님의 모습은 무척이나 초라하게 보입니다.

이 도시는 감각적이고 눈과 귀를 사로잡는 매력이 있지만, 예수님이 들려주시는 말씀은 그런 것과 정반대 방향으로 질주합니다. 오늘 본문인 20절 이후에는, 주님이 십자가에 달려 돌아가실 것이라는 예고가 등장합니다. 누구도 이런 분위기나 종말을 원하지 않지만, 예수님과 교회의 운명은 이 길 위에 서게 됩니다. 그리고 이 운명의 길로 주님은 베드로와 제자들, 그리고 우리 모두를 초대하십니다. 그래서 마태는 16장부터 길고 고단한 예루살렘의 여정을 매우 자세하게 들려주기 시작합니다.

16장에서 약속하신 교회는 베드로 한 사람이 아니라 이 길을 함께 걸어가는 모든 길동무에게 주신 하나님의 선물입니다. 영어 단어 '시노드(synod)'는 어떤 중요한 일을 결정하려고 교회 대표자들이 모이는 회의를 뜻합니다. 그런데 이 '시노드'란 말의 어원은 '함께'라는 뜻의 '쉰(συν)'과 '길'이라는 뜻의 '호도스(όδός)'가 합쳐진 고대 그리스어에요. 풀어 보면 '함께 길을 걸어가는 사람들'이라는 의미입니다.

이 단어가 5세기 이전 초기 교회에서는 식탁을 함께 나누는 사람들, 즉 성만찬 공동체라는 특별한 뜻으로 사용되었다고 합니다. 교회는 한 곳을 바라보며, 함께 그리스도의 식탁을 나누고, 같은 길을 걸어가는 길동무들의 모임입니다. 여기서 교회가 교회되는 가장 중요한 요인은 그리스도와 하나의 몸, 하나로 섞임, 하나의 반죽이 되는 것입니다.

만일 그리스도가 가르친 말씀과 삶이 우리 가운데 섞이지 않고 하나의 반죽이 안 된다면, 거기서부터 문제가 시작됩니다. 주님은 사람이 되고 희생되는 것에 그치지 않으시고, 우리와 뒤섞이고 혼합되길 원하셨습니다. 우리가 교회를 그리스도의 몸, 성찬 공동체라고 부르는 이유가 여기 있습니다.

이런 의미에서 어떤 교회 교인들이 함께 숙식하고, 한곳을 바라보며, 서로의 손을 잡고 함께 광장에 나가서 한목소리로 무언가를 외친다는 것은 이상한 일이 아닙니다. 그러나 그렇게 함께 걸어가는 길동무들에게서 예수의 낮아짐과 섬김의 반죽 맛이 안 난다면 문제입니다. 큰 군중이 하나의 시노드가 되어 한목소리를 내고 희생을 각오한다고 한들, 그곳에서 예수가 아니라 특정 인물이 부각되고 하나님처럼 숭배된다면 교회가 아닙니다. 그렇게 되는 순간, 그들은 예수 이름을 빙자한 명백한 '사이비' 집단일 뿐입니다. 우리는 이런 경우를 수많은 이단 신도들에게서, 그리고 얼마 전 광화문 광장에서 목격했습니다.

반석과 돌짝 밭

반석 위에 교회를 세우겠다는 예수님의 말씀에 다시 한번 주목해 봅시다. 18절에 언급된 반석은 '베드로'라는 이름의 뜻입니다. 교회가 반석 위에 세워진다는 것은 매우 긍정적인 인상을 줍니다. 폭풍우가 몰아쳐도 흔들리지 않는 안정감을 이 표현에서 느낄 수 있습니다. 아마 주님도 그런 의미에서 이렇게 말씀하셨을 것입니다.

그런데 반석 위에 세워졌다는 이 구절만 믿고, 교회와 교인은 앞으로 어떻게 살아도 상관없다는 식으로 생각하면 곤란합니다. 마태복음 13장과 연결해서 이 구절을 읽으면, 교회를 향한 경고로 받아들여지기 때문입니다. 13장에는 7개의 천국 비유가 나오는데, 첫 번째가 네 가지 땅에 떨어진 씨앗 비유입니다. 길가, 돌밭, 가시떨기, 옥토에 대한 설명이 나오는데, 이 중에서 돌밭에 떨어진 씨앗은 싹이 빨리 나옵니다. 발아가 가장 빠르니 언뜻 생각하면 가장 기대되는 땅입니다. 그러나 이 땅은 흙이 깊지 않기 때문에 여기 뿌려진 씨앗은 정오의 태양에 말라 죽어 버립니다.

이 비유를 16장과 연결해서 읽을 필요가 있습니다. 돌밭과 반석을 연결해 보십시오. 어떤 교회가 눈에 띄고 빠르게 성장하고 푸른 싹을 빨리 낸다고 무조건 좋아할 일이 아닙니다. 자칫 돌밭에 떨어진 씨앗처럼, 정오의 태양에 사멸할 가능성도 함께 갖고 있기 때문입니다. 그러니 땅의 깊이를 확인해야 합니다.

실제로 복음서는 교회에 대해 말할 때 축복만 말하는 게 아니라 이런 위험성도 매우 분명하게 경고합니다. 16장 23절을 확인해 보기 바랍니다. 교회의 반석이라는 칭찬을 듣고 천국의 열쇠를 손에 받아 든 베드로는, 얼마 떨어지지 않은 곳에서 '사탄'이라는 호된 질타를 받게 됩니다. 왜 그랬을까요? 칭찬도 좋고 천국 열쇠 받는 것도 좋은데, 고난과 죽음이 예고된 예수님의 길을 함께 걸어가는 것은 싫다고 했기 때문입니다. 쉽게 말하자면 "내 유익을 위한 교회는 OK, 그러나 우리가 함께 십자가의 짐을 지고 걸어가는 교회는 No!"라고 한 것이죠. 그런 생각을 품은 베드로를 예수님은 '사탄'이라고 질타하시면서, "네가 사람의 일만 생각하고 하나님의 일은 생각하지 않는다"고 판정하십니다.

복음서 기자는 왜 이렇게 롤러코스터 같은 내용을 베드로라는 인물에게 투사했을까요? 이유는 하나입니다. 이 복음서를 읽고 듣는 모든 신자들에게 '교회가 도대체 무엇인지 알리기 위해서'입니다. 그것이 유일한 목적입니다.

교회의 기도

마태복음 16장에서 그려지는 교회는 자기 경험이나 이성에 신뢰를 두지 않습니다. 오직 하나님의 뜻에 기대어 같은 곳을 바라보고, 같은 식탁을 나누며, 같은 길을 함께 걸어갑니다. 그 길을 걸어가면서 그리스도가 우리를 위해 하신 일들을 기억하고, 이 땅에서 그 일을 이루기 위해 섬기고 나누면서, 우리가 세상의 그리스도가 되어 가는 게 교회입니다.

말씀과 성찬을 함께 나누는 길동무가 교회입니다. 그렇게 교회는 점점 그리스도와 섞이고, 하나의 반죽이 되어 갑니다. 마침내 그리스도의 몸이 된 교회는, 자연스럽게 자기 교회의 유익을 넘어 세상의 생명을 살리기 위해 기도하고 힘을 쓰게 됩니다. 그런 교회, 그런 신자가 복된 교회, 복된 신앙인입니다.

1520년에 루터가 쓴 "선행에 관하여"라는 글로 오늘 설교를 마무리하고자 합니다. 이 글은 교회가 무엇인지, 그리고 교회가 해야 할 기도가 어떤 것인지 설명하는데, 1520년이라는 시점이 루터와 루터교회에 광풍이 불던 가장 어려운 때라는 점을 감안하면 좋겠습니다. 1517년 10월, 95개 논제로 종교개혁의 횃불에 불을 붙인 루터는 로마교회로부터 다양한 위협과 압박을 받기 시작합니다. 그리고 1520년에 교황청으로부터 예비 파문 교서를 받게 됩니다. 이제 그의 영혼은 천국에 갈 수 없다는 교회 당국의 판정이었으므로, 루터 개인뿐 아니라 비텐베르크 교인들에게도 청천벽력 같은 소식이었습니다.

그렇게 폭풍이 몰아치는 암울한 시기에, 역설적이게도 개혁자는 매우 아름다운 글을 써 내려갔습니다.

교회가 그리스도의 몸이며, 기도하는 집이라는 말은 교회가 기도해야 할 이유를 분명히 보여 줍니다. 교회는 회중이 함께 모여,

한마음으로 기도하고, 교회에 속한 회중과 교회 밖에 있는 사람들의 생명에 필요한 모든 것을 하나님께 아뢰며 그분의 긍휼을 간구하는 공동체입니다.

그 때문에 '교회의 기도'는 언제나 이웃의 아픔을 내 교회 공동체의 아픔으로 공감하며 그리스도를 신뢰하는 확신 가운데 기도해야 합니다. 이런 기도가 없다면 차라리 예배 자체를 없애 버리는 게 낫습니다. 만일 교인들이 그저 자기 유익만 채우는 기도만 하고, 다른 사람을 위한 마음 씀이 없다든지, 다른 이들의 궁핍을 염려해 주지 않는다면, 우리가 기도하는 집에 함께 모일 이유가 어디 있을까요?

교회의 이름으로 함께 모인다는 것은 우리가 교회로서 세상 전체를 위한 공동의 기도를 드리고, 회중 전체를 위해 기도해야 한다는 것을 의미합니다. 자기 자신을 위해 사소한 이것저것을 구하고, 하나님이 미워하시는 이기적인 기도 외에 아무것도 없을 때, 그런 기도를 두고 어떻게 이웃에게 도움을 주는, 선한, 하나님이 받을 만하신 '교회의 기도'가 될 수 있으며, 그것을 두고 어찌 거룩한 날 회중이 모여 하는 일이라고 할 수 있겠습니까?

교회를 반대하는 모든 일에 대항하여 싸우는 가장 힘센 방법은 온 세상의 생명을 위해 드려지는 '교회의 기도'입니다. 이것이 땅 위에 세워진 교회가 할 수 있는 가장 큰 일입니다. 이 일보다 더 큰 일은 아무것도 없습니다. 이것을 성령은 잘 알고 있습니다. 하지만 우리는 이런 교회의 공동기도를 자꾸 외면하고 막아 버립니다.

저는 여러분을 부추겨 기쁘게 교회 건축에 참여시킬 수도 있고, 많은 재산을 교회 기관에 바치게 할 수도 있고, 노래하고 춤추며 책도 읽게 할 수 있고, 그러면서 교회 생활을 신나게 만들 수도 있고, 이것저것 예배와 모임을 만들어 많은 집회에 성대하게 참여시킬 수도 있습니다. 실제로 많은 이들이 이런 일을 해야만 교회 생활이 기쁘다고 말합니다. 하지만 착각입니다. 이런 일을 했다고 교회가 제 할 일 다 했다고 생각하면 곤란합니다.

가장 큰 문제는 이런 일을 하면서 과시하느라 정작 해야 할 '교회의 기도'는 잊혀지고, 효력 있고 풍성한 열매가 약속된 교회의 기도가 죽어 버린다는 점입니다. 참된 교회의 기도가 시들해지면 우리는 성령이 하시고자 하는 일을 절대 이룰 수 없게 되고, 악한 세력에 저항할 힘을 가질 수 없게 됩니다.

반대로 교회의 기도가 우리 가운데 있다면, 비록 우리가 움막이나 누추한 오두막에서 기도한다 해도, 우리의 대적자들과 마귀는 기도 없는 대성당에 운집한 수많은 군중보다, 기도하는 우리를 훨씬 더 두려워하게 될 것입니다.

우리가 모이는 건물이나 인원이 문제되지 않습니다. 그런 건 눈에 보이는 것과 시끄러운 것만 좋아하는 마귀들의 방법입니다. 우리가 하나 되어 하나님 앞에 드리는 진정한 교회의 기도, 우리의 담장을 넘어온 세상의 생명을 살리기 위해 올려지는 교회의 기도만이 중요합니다.

교회란 자기만족을 추구하는 곳이 아니고, 모두의 생명을 위해 세워진 주님의 몸이기 때문입니다.

— 마르틴 루터, 《선행에 관하여 *Von den guten Werken*》, 1520, : WA 6, pp. 202-276 부분 발췌

지금 우리의 교회는 어떤가요? 이 땅의 모든 교회와 우리 교회가, 자기만족을 쫓는 것이 아니라 모두의 생명을 살리는 그리스도의 몸이 되길 주님의 이름으로 축원합니다.

모든 지각에 뛰어난 하나님의 평강이 그리스도 예수 안에서 우리의 마음과 생각을 지키실 것입니다. 아멘.

그리스도를
따른다는 것

성령강림일 후
열셋째 주일

마태복음 16:21-28

오늘 교회력 복음서 말씀은 마태복음 16장 21-28절입니다. 빌립보 가이사랴에서 시작된 대화가 계속 이어지는 본문인데 분위기가 확 달라집니다. 주님이 예루살렘에 들어가 고난 받고 죽게 될 것이라는 말씀을 하신 다음부터지요. 이 말을 들은 베드로는 격하게 반응합니다. 예수님의 수난 예고 전에는 베드로의 말이 옳았고 칭찬받았지만, 이제는 그가 틀렸고 혹독한 평가를 받습니다.

본문에서 가장 눈에 들어오는 구절은 23절입니다. 최고의 칭찬을 받았던 베드로가 '사탄'이라는 욕을 듣고 있으니 눈에 들어올 수밖에 없습니다. 교회의 반석이라던 베드로가 걸림돌이 되는 순간입니다. 하지만 사정을 들어 보면, 베드로가 억울할 수도 있겠다 싶습니다. 선생님이 예루살렘에 죽으러 간다고 하시니, 불같은 기질의 제자가 가만있을 수 없지 않았겠습니까. 그래서 22절에서 베드로는 선생님을 붙들고 성난 목소리로 항변합니다. 언뜻 보기에 베드로의 태도가 도를 넘어선 것 같지만, 꼭 그렇다고만은 할 수 없습니다.

베드로의 첫 말이 "주여, 그리 마옵소서"입니다. 이 말의 원문 뜻은 '당신을 불쌍히 여겨야 합니다', 우리 식으로 다시 풀면 '선생님, 당신 몸을 챙겨야 합니다'라는 뜻입니다. '억울한 누명을 쓰거나 죽는 일은 절대 일어나서는 안 된다'라는 것이 22절에 나온 베드로의 말뜻입니다. 충분히 가능한 말입니다. 제가 보기에는 베드로가 아니라 23절에 나온 예수님의 반응이 이상합니다. 주님은 정색을 하고 이렇게 말씀하시지요. "사탄아, 내 뒤로 물러가라. 너는 나를 넘어지게 하는 자로다. 네가 하나님의 일을 생각하지 아니하고 도리어 사람의 일을 생각하는도다."

베드로가 뭘 그리 잘못했다고 이리 호되게 야단치실까요? 수제자 아닌가요? 방금 칭찬하고 축복을 약속하시던 그 훈훈한 예수님은 대체 어디로 갔을까요? 예수님이 낯빛을 바꾼 게 더 이상하게 보입니다. 만일 누군가가 이렇게 갑자기 낯빛을 바꿔 말하면 당황하지 않을 사람이 없을 것입니다. 예수님은 도대체 무엇 때문에 이렇게 당황스러운 모습을 수제자에게 보이신 것일까요?

사탄의 유혹

저는 이 구절에서 마태복음 4장의 장면이 떠올랐습니다. 예수님이 공생애 사역을 시작하실 때 광야에 나가 40일 금식을 하시지요. 그 광야에서 주님은 사탄을 처음 만나십니다. 그리고 사탄으로부터 세 가지 시험을 받는데, 돌로 떡을 만들어 볼 것, 성전에서 뛰어내려 볼 것, 사탄에게 절할 것, 이 세 가지입니다. 그렇게만 하면

334

세상 모든 부귀영화와 권세를 주겠다고 유혹합니다. 하지만 주님은 우리가 잘 알듯이 하나님의 뜻이 아니라면서 다 물리치십니다.

광야의 세 가지 유혹은, 우리가 살아가면서 기웃거리며 바라는 것들입니다. 삶의 안전, 부귀영화, 성공, 명예, 권력 같은 것들을 마다할 사람이 누가 있을까요? 그러나 예수님은 하나님의 말씀, 즉 하나님의 뜻을 따라 사는 것이 최우선 가치가 되어야 한다는 사실을 "사탄아, 물러가라!"는 구절로 가르쳐 주셨습니다.

그런데 오늘 복음서 본문인 16장에도 똑같은 외침이 나옵니다. 그리고 보니, 주님은 베드로의 말을 통해 광야의 기억이 다시 떠오른 것 같습니다. 베드로가 예수님께 보여 주는 태도에는, 고난과 죽음이 없는 영광의 자리를 염원하는 마음이 가득합니다. 그에게 예수님은 안전한 생활, 주위 사람들에 대한 영향력 증가, 권력, 성공 등과 같은 자기의 소원을 이루게 해 주시는 알라딘 램프나 마술 지팡이 같은 분입니다.

실제로 주님은 그 일을 충분히 하실 수 있지만, 주님이 베드로에게 기대하는 마음은 전혀 다릅니다. 21절에서 말씀하신 대로, 주님은 고난의 자리, 죽음의 자리, 침묵과 암전으로 가득한 3일간의 시간 등을 자신의 제자와 공유하길 바라십니다. 그러나 베드로와 우리는 그런 시간을 바라지도, 생각하지도 않습니다.

빌립보 가이사랴에서의 대화는 궁극적으로 광야에서 만났던 마귀 이야기를 반영합니다. 4장 내용이 예수님과 마귀의 일대일 싸움이었다면, 16장에서는 그 싸움이 우리 한가운데서 벌어지고 있다고 경고합니다. 단지 베드로의 문제가 아니라 오늘 우리의 문제라는 말이지요.

메시아 뒤에서

우리가 주의 깊게 살펴볼 대목은, 마귀와 베드로에게 하셨던 명령의 차이입니다. 4장 10절에서 주님은 마귀를 향해 "사탄아, 물러가라(ὕπαγε)"고 하시며 단호하게 쫓아 버리십니다. 그런데 베드로의 경우에는 좀 다릅니다. 23절을 보십시오. "사탄아, **내 뒤로 물러가라**(ὕπαγε ὀπίσω μου)."

다른 점이 보이시나요? 마태복음 4장에 없던 '내 뒤로(ὀπίσω μου)'라는 말이 베드로를 혼내실 때 붙어 있습니다. 그런데 이 말은 단순히 '뒤에 서다'라는 뜻이 아닙니다. 마태복음에서 이 말이 쓰인 곳을 찾아보면, 다음 구절들입니다. "나를 따라오라. 내가 너희를 사람을 낚는 어부가 되게 하리라"(마 4:19), "자기 십자가를 지고 나를 따르지 않는 자도 내게 합당하지 아니하니라"(마 10:38), "예수께서 제자들에게 이르시되 누구든지 나를 따라오려거든 자기를 부인하고 자기 십자가를 지고 나를 따를 것이니라"(마 16:24).

공통점이 보이시나요? 주님이 베드로에게 호통치면서 하신 "내 뒤로 물러나라"는 말의 뜻은 '제자가 있어야 할 자리에 있어야 한다', 즉 '나를 따르라'는 제자도의 말씀입니다. 그러므로 23절은 베드로를 몹쓸 놈으로 만들어 버리는 비난과 저주가 아니라, 흔들리고 있는 베드로를 향한 진심 어린 사랑의 말씀인 것이지요.

사실, 베드로가 흔들리는 것은 이번이 처음이 아닙니다. 그리고 이후로도 또 흔들리게 된다는 것을 우리는 잘 압니다. 폭풍우에 흔들리는 배에서 주님을 보고 뛰어내린 이도 베드로고, 동시에 믿음이 없어 물로 빨려 들어간 이도 베드로입니다. 주님을 보고 위대한 신앙고백을 했던 사람도 베드로고, 사탄이라는 호통을 받은 사람도 베드로입니다. '다른 사람은 다 배신해도 나는 배신하지 않겠다'고 장담했던 사람도 베드로고, 하루가 지기도 전에 세 번이나 주님을 부인한 사람도 베드로입니다.

그렇게 베드로는 흔들리고 무너지고 실패합니다. 그런데 매 번 흔들거리며 사는 우리에게는 이런 베드로가 오히려 위로와 힘이 됩니다. 왜냐하면, 베드로의 헌신의 높이는 그가 경험한 실패의 깊이와 일치하기 때문입니다. 우리는 이 점을 잘 기억해야 합니다.

오늘 우리 사회는 교회를 향해 참담하리만큼 냉소를 보냅니다. 교회를 공공의 적이라고 말하는 사람도 많습니다. 하지만 그런 냉소와 비난을 만들어 낸 원인이 우리 자신이라는 것을 아프게 되새겨야 합니다. 그렇다고 분노하거나 절망할 필요 없습니다.

역사를 돌아보면, 교회는 바닥까지 떨어졌을 때 스스로 다시 일어설 힘을 준비하게 됩니다. 베드로가 경험한 실패의 깊이가 역 설적으로 헌신의 높이가 된 원리와 같습니다. 하나님이 함께 하시는 교회라면 이런 일은 당연한 이치입니다. 그러나 반대로 주님의 뜻을 따라 그분 뒤에 서지 않는 교회라면 망할 수밖에 없습니다. 불편한 사회적 시선에 대해 불평이나 원망을 하는 대신, 털어 버릴 것 털어 버리고 교회가 해야 할 일과 하지 못했던 일들을 깊이 되새기며 다시 일어서야 합니다. 그게 오늘 이 시대 교회가 해야 할 회개입니다.

그럼 무엇부터 어떻게 해야 할까요? 16장 24절 이하에서 주님은 베드로와 제자들에게 제자도, 즉 십자가의 길을 가르쳐 주시는데 '목숨'이라는 말이 거듭 반복되는 것을 확인할 수 있습니다. 주님을 따른다는 것은 목숨을 위한 일입니다. 우리에게 익숙한 말로 '생명'이지요.

교회는 생명을 위한 일을 해야 합니다. 그런데 자신의 생명이 아니라 주님과 이웃을 위한 생명의 일을 해야 한다는 것을 오늘의 복음서 말씀이 가르칩니다.

지난 몇 년 간, 코로나로 전 세계가 멈췄습니다. 우리 모두 우울과 무력감에 빠져 지냈지요. 이와 같은 암울한 시간 속에서도 교회가 해야 할 일을 보여 준 좋은 선례가 있어서 소개하고자 합니다. 1527년, 종교개혁의 도시 비텐베르크에 흑사병이 돌았습니다. 그때 민심이 갈가리 쪼개집니다. 어떤 이들은 믿음으로 기도하면 전염병을 이길 수 있다면서, 전염병을 피해 비텐베르크를 떠나는 사람들을 신앙 없는 이들이라고 조롱했습니다. 다른 한쪽에는 그래도 살아야 한다면서 짐을 싸서 떠나는 사람들과 이러지도 저러지도 못하고 눈치만 보는 사람들이 있었습니다. 도시 밖에서는, 전염병은 하나님께 불순종한 대가로 내려진 하나님의 형벌이라고 비난하는 사람들이 속출했습니다.

그러자 사람들이 루터에게 달려와 묻습니다. "전염병이 돌 때 그리스도인은 어떻게 해야 합니까? 도망가도 되는 겁니까? 아니면 여기 남아 기도하면서 전염병을 이겨야 합니까?" 루터의 친구이자 동료인 요한 헤스(Johann Hess)도 똑같은 질문을 했고, 루터는 편지로 답을 합니다.

안 좋은 일이 생기면 '하나님의 형벌'이라고 쉽게 말하는 사람들이 있습니다. 물론 신앙인이라면 하나님의 형벌을 달게 받는 것이 바른 삶의 자세일 겁니다. 좋습니다. 그럼 한번 생각해 봅시다. 집에 불이 났을 때, 그 불은 하나님의 형벌이니 아무도 서둘러 뛰어나가지 말고 집 안에 있어야 합니다. 깊은 물에 빠진 사람은 수영할 줄 알아도 포기하고 물에 굴복하여 신성한 형벌을 달게 받아야 합니다. 다리가 부러지거나 뱀에 물리면 하나님의 형벌이니 치료받지 마십시오. 하나님의 형벌입니다. 저절로 치유될 때까지 기다리는 게 신앙입니다. 홍수와 냉해, 전염과 질병, 가뭄과 흉작, 모두 하나님의 형벌이니 달게 받읍시다.

그런데 왜 당신은 배고픔과 갈증에 그리도 쉽게 굴복합니까? 그것도 하나님의 형벌이니 배고픔과 갈증이 완전히 멈출 때까지 참아야 하지 않을까요? 그런데 왜 참지 못하고 먹고 마십니까? 우리에게 닥친 재난을 다른 식으로 생각해야 합니다. 그것이 분명한 하나님의 형벌일지라도 말입니다. 재난이 닥칠 때 힘써 피해야 합니다. 자신을 위해서만 아니라 이웃을 위해 피해야 합니다. 그런 다음 재난과 위험을 이웃에게 널리 알려야 합니다.

그리스도의 사랑은 이웃의 집에 불이 나면 불을 끌 수 있도록, 달려가도록 우리를 강요합니다. 이웃이 물에 빠지거나 구덩이에 빠지면 그를 외면하지 않고 최대한 빨리 도와야 합니다. 이웃이 배가 고프고 목이 마르면 지나치지 말고 음식과 음료를 제공해야 합니다.

누구도 혼자서 안전한 사람은 없습니다. 좋은 이웃이 없다면 우리의 육체와 재산, 가족을 모두 강탈당하고 말 것입니다. 이웃을 위해 그런 일을 하지도 않으면서 '하나님 형벌' 타령만 하는 사람이라면 하나님 보시기에, 그자가 바로 살인자입니다.

사도 요한은 그의 서신에서 '형제를 사랑하지 않는 사람은 살인자'(요일 3:13 이하)라고 말합니다. 말과 혀로만 사랑을 말할 것이 아니라 이웃의 궁핍함을 보고 자기 소유를 내어줄 줄 알아야 합니다. 그것이 하나님의 사랑 안에 거하는 길입니다.

하나님께서 치명적인 전염병을 주셨을 때, 나는 이 병을 막아 달라고 주님께 자비를 구하며 간절히 기도할 수밖에 없었습니다. 그런 다음, 집에 연기를 피우고 환기를 시키면서 약을 받아먹어야 했습니다. 나를 꼭 필요로 하지 않는 곳이라면 가지 않고 피했습니다. 그렇게 하지 않으면 내가 다른 사람에게 전염시킬 수도 있고, 나의 사소한 부주의가 이웃을 죽이는 원인이 될 수도 있기 때문입니다.

그러나 나를 필요로 하는 곳이라면, 어디든 가리지 않고 달려갈 것입니다. 이웃에게 도움이 될 수 있다면, 사람과 장소를 가리지 않고 달려가 어떤 일이든 해야 합니다. 보십시오. 이것이야말로 하나님을 참으로 경외하는 신앙입니다. 그 신앙은 어리석거나 뻔뻔하지 않으며, 사람을 선동하거나 미혹하지 않습니다.

이 편지를 통해 알게 된 놀라운 사실이 여러 가지 있는데, 그중 하나가 루터가 시민들을 피신시키면서 비텐베르크 교회의 목사와 의사, 공직자들은 남아서 환자들을 돌보게 했다는 대목입니다. 그들은 모두 공동체의 가장 위급한 순간을 위해 소명을 받았고, 그 일을 하기로 공적으로 선언한 사람들이니 그 약속을 지켜야 한다는 이유에서였습니다. 그렇게 남은 사람들과 함께 교회와 루터의 집과 수도원을 모두 병원으로 만들었고, 병든 사람을 돌보며 전염병 시절을 넘기게 됩니다. 루터에게 중요한 것은, 예배당 안에서 예배 시간을 지키는 게 아니라 생명의 안전과 질서였습니다. 그는 하나님으로부터 소명된 사람은 바로 이 일을 위해 함께 노력해야 한다고 말합니다. 그렇게 서로의 생명을 살리기 위해 힘쓰는 것이 그 당시 살아 있는 예배요, 참된 신앙이라고 루터는 강조합니다.

그러면서 루터가 이런 말을 덧붙입니다. "친구여, 이 혼란의 상황은 참된 그리스도인의 믿음과 이웃 사랑의 시험 무대라네."

저는 이 글을 읽으면서 베드로와 제자들에게 주셨던 주님의 말씀이 기억났습니다. 마태복음 16장 25-27절 말씀입니다. "누구든지 제 목숨을 구원하고자 하면 잃을 것이요, 누구든지 나를 위하여 제 목숨을 잃으면 찾으리라. 사람이 만일 온 천하를 얻고도 제 목숨을 잃으면 무엇이 유익하리요. 사람이 무엇을 주고 제 목숨과 바꾸겠느냐. 인자가 아버지의 영광으로 그 천사들과 함께 오리니 그 때에 각 사람이 행한 대로 갚으리라."

주님을 사랑하는 우리 모두와 이 땅의 모든 교회가, 이 혼란의 시기에 믿음과 이웃 사랑을 만들어 내는 생명의 반석이 되길 주님의 이름으로 축원합니다.

모든 지각에 뛰어난 하나님의 평강이 그리스도 예수 안에서 우리의 마음과 생각을 지키실 것입니다. 아멘.

그리스도의 이름으로
모인 곳

성령강림일 후
열넷째 주일

마태복음 18:1-20

오늘 복음서 본문인 마태복음 18장 1-20절은 설교하기가 곤란한 말씀입니다. 15-20절은 특히 더 그렇습니다. 예수님은 늘 우리에게 '네 이웃을 네 몸과 같이 사랑하라', '죽기까지 네 형제를 사랑하라', '형제의 허물을 용서하고 덮어 주어야 한다'고 가르치셨는데, 17절에서는 교회의 말을 듣지 않는 사람이라면 '이방인과 세리처럼 여기라'고 하십니다. 이 말은 교회 공동체에서 쫓아내라는 뜻입니다. 그러면서 방법과 절차까지 아주 상세히 설명해 주십니다. 사랑하라는 말과 내쫓으라는 말을 한 입으로 동시에 하시는 주님의 속마음은 도대체 무엇일까요?

이것이 오늘 본문을 마주하는 우리들의 딜레마입니다. 사실 성경 전체를 살펴보면 용서와 심판이라는 두 가지 태도가 팽팽히 맞서고 있습니다. 예수님뿐만 아니라 바울 사도도 고린도후서 13장 1절 이하나 디모데후서 5장 19절 이하에서 '교회에 덕을 세우지 못한 교인을 용서하지 않겠다', '죄를 지은 자는 결코 용서치 않겠다'며 단호하게 경고합니다. 사도 바울은 항상 십자가의 사랑을 전하던 사도인데, 여기서는 교회에서 문제를 일으킨 사람들을 가만두지 않겠다고 선언합니다.

용서 vs 저주

용서해야 할까요? 아니면 저주하고 쫓아내야 할까요? 이 딜레마를 더욱 깊게 만드는 것은, 마태복음 18장 12절 이하에 나오는 비유의 말씀입니다. 주님은 여기서 아흔아홉 마리 양보다 잃어버린 한 마리 양이 귀하다는 비유를 들려주십니다. 그런데 15절로 넘어와서는 급작스레, 죄를 범하고 문제를 일으킨 자를 처리하는 구체적인 네 가지 절차를 가르치십니다. 잃어버린 양과 교회의 징계는 도대체 무슨 관련이 있을까요?

여하튼 15-18절까지에는 문제를 일으킨 자를 처리하는 방법이 나옵니다. 단 둘이 만나서 해결을 시도하고, 그것이 안 되면 두세 사람을 데려가서 해결하고, 그것도 안 되면 교회에 공식적으로 알리고, 그래도 안 되면 이방인과 세리 대하듯 하라고 말씀하십니다. 이방인과 세리처럼 대하라는 말은, 그들과 아예 상종도 하지 말고 공동체에서 축출하라는 의미입니다.

그리고 이 구절들과 전혀 어울리지 않는 듯한 주님의 말씀이 18절부터 이어집니다. 교회의 '천국 열쇠에 관한 직무' 내용입니다. 앞 단락에서는 징계와 파문 절차를 말하다가 갑자기 교회의 천국 열쇠 직무를 말씀하십니다. 이 둘의 관련성을 찾는 것이 오늘 본문 해석의 열쇠가 됩니다. 17절까지만 본다면, 형제를 용서할 수 없고 내쳐야 하는 상황이 있다는 말씀입니다. 이것은 마태가 몸담고 있던 1세기 교회 공동체에 실제로 이런 갈등과 문제가 있었다는 것을 반영합니다. 그리고 그에 대한 하나의 해결책으로 교회 공동체에서 파문하라는 안을 제시하고, 그 과정을 상세하게 설명합니다.

그런데 문제는, 사랑과 용서를 전하시던 예수님이 스스로 그분의 말씀을 뒤엎는 모양새가 되어 버린 것입니다. 네 가지 절차에 여러 가지 모양새 좋은 이유들을 갖다 붙이더라도 결국 같은 교회의 성도를 내쫓으라는 말씀으로 해석될 수 있기 때문입니다. 또 하나의 문제는, 교회에서 갈등이 생길 때마다 경험하는 것이지만 문제를 일으킨 양쪽 다 항상 자기의 정당성을 주장한다는 것입니다. 때문에 중재하고 판단할 때 누구 편도 들 수 없는 난처한 상황이 빈번하게 일어납니다. 그럼 오늘날 교회에 문제가 생겼을 때 우리는 어떤 기준에 따라 움직여야 할까요?

아멘

18절, 19절의 첫머리에 반복해서 등장하는 '진실로'라는 단어에 주목하시기 바랍니다. 원어로는 '아멘'이고, '그대로 이루어지리라'는 뜻입니다. 풀어 쓴다면 '하나님의 뜻이 우리에게도 이루어지길 소원하고 믿는다'라는 말이지요. 18절 '진실로'라는 말이 나오기 전의 예수님 말씀들은 구약 신명기에 이미 나온 말씀입니다. 죄인을 법정에 세우고 공동체에서 축출하기 위한 일반적인 법적 소송 절차에 관한 내용입니다. 주님은 이처럼 당시 사람들이 다 알고 있는 내용, 즉 구약에 나오는 법적 소송 절차를 언급하십니다. 그런 다음 18-19절에서 제자들에게 진짜 들려주고 싶은 이야기를 하십니다.

> 진실로 너희에게 이르노니 무엇이든지 너희가 땅에서 매면 하늘에서도 매일 것이요 무엇이든지 땅에서 풀면 하늘에서도 풀리리라. 진실로 다시 너희에게 이르노니 너희 중의 두 사람이 땅에서 합심하여 무엇이든지 구하면 하늘에 계신 내 아버지께서 그들을 위하여 이루게 하시리라. 두세 사람이 내 이름으로 모인 곳에는 나도 그들 중에 있느니라(마 18:18-19).

이것은 16장에서 베드로에게 해 주신 축복의 말씀과 똑같습니다. 베드로의 신앙고백을 칭찬하시면서 해 주신 천국 열쇠 직무에 관한 말씀말입니다. 그런데 왜 갑자기 여기서 주님은 이 말씀을 하신 것일까요?

19-20절을 살펴봅시다. 19절에는 '너희 중의 두 사람'이라는 표현이, 20절에는 '두세 사람'이라는 표현이 나옵니다. 이들이 합심하여 기도하면 무엇이든지 이루어진다고 합니다. 그런데 이 둘을 구분할 필요가 있습니다. 19절의 '너희 중의 두 사람'은 누구이고, 20절의 '두세 사람'은 누구일까요? 19절의 '두 사람'은 문제가 생겨서 '앙숙 관계에 있는 두 사람'이고, 20절의 '두세 사람'은 '증인으로 찾아간 사람들'을 가리킵니다.

이제 15-16절로 돌아가 봅시다. 주님은 죄를 범한 형제가 있으면, 우선 조용히 그를 찾아가 상대하고 권고하라고 하십니다. 그래도 안 되면 한두 사람(16절), 그 다음에는 두세 사람을 데려가 말마다 확증하게 하라고 하십니다. 여기서 중요한 것은, 죄를 묻고 따지고 기를 죽이기 위해 찾아가는 것이 아니라, 오히려 경청하고 사실 관계를 명확하게 하기 위해 찾아간다는 것입니다. 그렇게 하는 이유가 이미 제시되었는데, 바로 형제를 얻어 교회를 세우기 위함입니다. 여기에 교회의 모든 치리와 징계의 근본 목적이 담겨 있습니다.

그렇기에 교회의 이름으로 치리해야 하는 경우, 모든 사안에서 경청의 과정을 통해 형제를 얻기 위한 논의와 기도가 필요하다는 것을 우리는 알게 됩니다. 형제를 얻어 참된 교회를 세우는 것, 그것이 치리와 징계의 목적입니다. 주님이 하시고 싶은 말이 바로 이것입니다. 심판의 목적은 언제나 형제를 내치는 데 있지 않고 얻는 데 있습니다. 그러므로 죄에 대해서는 단호하고 참회에 대해서는 너른 용서를 해 주는 것. 그것이 그리스도의 사역이고 교회의 일이라고 말씀하십니다.

대립과 갈등

간혹 교회에 문제가 생겼을 때, 갈등이 증폭되고 대립이 커지는 게 두려워 적당히 덮고 넘어가는 게 그리스도의 사랑과 용서라고 생각하는 분들이 있습니다. 대립을 피하고, 환영·용서·자비의 이름으로 남을 판단하지 않는 게 기독교적이라고 주장하는 사람도 있습니다. 그러나 그것이야말로 교회가 직면한 가장 교묘하고 파괴적인 유혹이라고 할 수 있습니다. 그런 태도는 오늘의 성경 본문이 가르치는 메시지에서 봤을 때 완전히 낯선 이해이고, 그런 태도가 교회의 미래를 갉아먹습니다.

비판과 갈등은 화해와 용서, 회복을 위해 거쳐야 할 길입니다.

교회력 복음서 말씀뿐만 아니라 구약의 말씀인 에스겔 33장 7-9
절도 이 사실을 매우 명확하게 보여 줍니다.

> 인자야, 내가 너를 이스라엘 족속의 파수꾼으로 삼음이 이와 같
> 으니라. 그런즉 너는 내 입의 말을 듣고 나를 대신하여 그들에게
> 경고할지어다. 가령 내가 악인에게 이르기를 '악인아 너는 반드
> 시 죽으리라' 하였다 하자. 네가 그 악인에게 말로 경고하여 그의
> 길에서 떠나게 하지 아니하면 그 악인은 자기 죄악으로 말미암
> 아 죽으려니와 내가 그의 피를 네 손에서 찾으리라. 그러나 너는
> 악인에게 경고하여 돌이켜 그의 길에서 떠나라고 하되, 그가 돌
> 이켜 그의 길에서 떠나지 아니하면, 그는 자기 죄악으로 말미암
> 아 죽으려니와 너는 네 생명을 보전하리라(겔 33:7-9).

이 구약의 말씀에서 '파수꾼'을 '교회'로 바꾸어 읽어도 좋을
것 같습니다. 파수꾼의 임무는 악에 대해 악하다고 경고하고 돌이
키도록 촉구하는 것입니다. 누군가의 잘못을 지적하는 것은 서로
에게 불편한 일입니다. 그러나 에스겔에 의하면, 악에 대해 고발하
지 않는 것도 죽을죄에 속하는 게 분명합니다.

우리가 잊지 말아야 할 것은 '하나님이 심판을 말씀하시는 목
적이 무엇인가' 입니다. 예언자들이 목청껏 외쳤던 심판의 위협은
회개와 복귀를 위한 것이었지요. 다시 말해, 대립과 갈등은 화해를
위해 반드시 거쳐야 할 통로라는 것을 예언자들을 통해 배울 수
있습니다. 복음서의 가르침도 이와 동일한 원리가 작동합니다. 주
님은 심판과 징계를 분명히 말씀하십니다. 그러나 그 대결은 화해
를 위한 길이라는 것을 잊지 말아야 합니다.

대결과 갈등은 화해를 위한 필수적인 동반자입니다. 대립과 갈등이 일어나면 피하지 않고, 죄와 악에 맞서야 할 의무가 교회에 있습니다. 그때 유념해야 할 것은, '심판과 정죄를 말하는 손가락으로 화해의 문을 열 수 있는가' 하는 것입니다. 주님의 십자가 사건이 바로 이 일을 위한 것입니다. 십자가 앞에서 우리 모두 죄인으로 고소당했으나, 그 십자가 앞에서 죄인은 용서받습니다. 죄와 악행에 대해 구렁이 담 넘듯 어물쩍 넘어가고 덮어 버리는 게 교회의 용서와 사랑이 아닙니다.

그렇다면 주님이 구약의 신명기 말씀을 언급할 필요도 없었을 것입니다. 공동체에 해악을 끼치고 짐을 지게 했다면, 그에 대한 고백과 회개의 절차가 반드시 필요합니다. 이것이 '참회'입니다. 예수의 십자가를 믿는 사람이라면, 참회 없는 용서는 무익한 것이고 그런 용서가 도리어 교회에 독약이 된다는 것을 명심해야 합니다. 정치적인 이익을 계산하면서 적당히 고개 숙이거나 적당히 받아 주는 것도 똑같은 악행입니다.

이에 반해, 그리스도의 몸인 교회는 주님이 십자가에서 보여 주신 것처럼 진심으로 회개하는 사람을 완전히 품어 주고 회복시켜 주어야 합니다. 죄에 대한 책임과 용서, 이 두 가지는 모두 중요합니다. 둘 중 하나만 말하는 교회라면, 그곳은 이미 탈이 난 교회입니다.

20절에서 주님은 약속하십니다. "두세 사람이 내 이름으로 모인 곳에는 나도 그들 중에 있느니라." 이 두세 사람은 앞서 말씀드렸듯이, 범죄한 이를 찾아간 증인들을 지시합니다. 그 증인들이 어떤 마음으로 죄인을 찾아갔을까요? 회개하면 받아 주겠다는 그리스도의 마음이지요. 증인은 이렇게 예수님의 사랑을 품은 자들이고, 이들이 모여 기도하는 곳이 바로 교회입니다. 이런 교인들이 모인 곳에서 다음 구절과 같은 일이 일어납니다. "진실로 너희에게 이르노니, 무엇이든지 너희가 땅에서 매면 하늘에서도 매일 것이요, 무엇이든지 땅에서 풀면 하늘에서도 풀리리라"(마 18:18).

평화의 인사

우리 교회는 성찬을 나누기 직전에 '평화의 인사'라는 순서가 있습니다. 서로를 향해 주님의 평화를 인사하며 나누는 시간입니다. 그런데 이 순서는 그저 옆에 있는 사람과 인사하기 위한 절차가 아닙니다. 친한 사람과 하는 인사라면, 그것은 어디서도 할 수 있는 인사입니다. 교회의 예배에서, 특별히 주님의 몸과 피를 나누는 성찬 직전에 나누는 **평화의 인사는 그동안 틈이 벌어진 사람의 손을 잡고 그리스도 안에서 화해하고 하나 되어 연합하는 시간입니다.**

우리는 그렇게 주님의 몸을 받기 전에 우리의 죄를 고백하고 형제를 용서하고 정결한 마음으로 성찬에 임하게 됩니다. 우리 힘으로는 불가능하지만, 주님의 이름으로 찾아가서 평화를 전하고, 죄를 진심으로 고백하며 회개하고, 화해함으로써 하나 되는 것이지요. 두세 사람이라도 그렇게 행동하고 기도하는 곳이라면, 주님은 반드시 그곳에 함께 계시고 어떤 역경도 이길 힘을 주시겠다고 하십니다.

'두세 사람'은 작은 숫자, 의미 없는 인원, 어찌 보면 무시당할 만한 숫자입니다. 두세 사람이 의기투합하여 손잡고 기도한들 무슨 기적이 일어날 리 만무입니다. 그러나 18장 1절에서부터 천천히 읽어 보면, 이 두세 사람의 모임을 무시하거나 하찮게 볼 수 없습니다. 아흔아홉 마리의 양보다 잃어버린 한 마리의 양을 귀하게 여기시고, 작고 힘없고 영향력 없는 어린아이를 눈동자처럼 지키시겠다는 주님의 말씀과 약속이 우리에게 주어져 있기 때문입니다.

오늘의 복음서 말씀은 우리의 관계, 그리고 우리의 교회를 돌아보게 합니다. 우리는 그리스도의 이름으로, 그리스도의 마음으로, 서로를 바라보고 서로의 말에 귀 기울이고 있는지요? 우리가 가리키는 손가락으로 문도 열 수 있는지, 오늘의 말씀을 깊이 돌아보길 주님의 이름으로 축원합니다.

모든 지각에 뛰어난 하나님의 평강이 그리스도 예수 안에서 우리의 마음과 생각을 지키실 것입니다. 아멘.

권위에 대하여

마태복음 21:23-32

마태복음 21장에는, 예루살렘 성전에 들어가신 예수님이 대제사장, 그리고 장로들과 이야기를 주고받다가 포도원 비유를 들려주시는 장면이 나옵니다. 포도원을 경영하는 아버지가 큰아들을 불러 포도원에 가서 일하라고 하자, 그는 주저 없이 가겠다고 말합니다. 그러나 실제로는 가지 않습니다. 이번에는 둘째 아들을 불러 '너라도 가서 일하라'고 하는데 이 아들은 단칼에 거절해 버립니다. 그러나 웬일인지 길을 돌이켜 아버지의 말대로 일하러 갑니다.

예수님이 들려주신 이 짧은 비유는 무엇을 말하는 것일까요? 주님은 이 비유 말미에 "누가 아버지의 뜻대로 하였느냐"(31절)라고 되묻습니다. 이 질문이 우리에게 비수처럼 꽂힙니다. 저는 이 본문을 읽다가 톨스토이의 짧은 단편 하나가 생각났습니다. "세 아들"이라는 아주 짤막한 이야기인데 한번 들어 보십시오.

톨스토이: 세 아들 이야기

시골 한 우물 곁에서 세 여인이 물동이에 물을 길어 올리고 있고, 조금 떨어진 곳에 한 노인이 앉아 있습니다. 여인들은 아들 자랑에 푹 빠져 있습니다. 첫 번째 여인이 말합니다. "내 아들은 자전거를 굉장히 잘 타. 애가 자전거에 올라탔다 하면 누구든 다 제치고 일등으로 나서지. 그게 내 아들이야." 그러자 두 번째 여인이 받아칩니다. "내 아들은 누구보다 아름다운 목소리를 갖고 있어. 애가 노래하면 정말 꾀꼬리가 우는 것처럼 감동적이야. 그게 내 아들이야." 그런데 세 번째 여인은 아무 말 없이 물만 길어 올립니다. 그러자 두 여인이 묻습니다. "당신 아들은 뭐 자랑할 거 없어요?" 그러자 이 여인이 대답합니다. "아무것도 없어요. 특별한 거 없는 아주 평범한 소년일 뿐이에요."

이야기가 끝날 즈음, 물동이에 물을 다 채운 여자들은 집으로 돌아가려고 각자의 물동이를 들고 일어섭니다. 그러자 앉아 있던 노인도 그 뒤를 따라 일어나서 천천히 걸어옵니다. 물을 채운 양동이의 무게 때문에 여인들의 어깨와 허리에는 점점 통증이 느껴집니다. 그래서 잠깐 쉬자며 모두가 털썩 앉아 휴식을 취합니다.

그때, 멀찍이서 이 여인들의 아들들이 나타납니다. 첫째 여인의 아들이 자전거를 타고 나타났는데, 엄마 말대로 아주 빠른 속도로 눈 깜짝할 새도 없이 휙 지나갑니다. 여인들이 감탄합니다. "와, 세상에 이렇게 빠르다니!" 두 번째 여인의 아들이 나타납니다. 이 아들은 꾀꼬리 같은 목소리로 노래하며 지나갑니다. 여인들은 감동적인 그 노래에 눈물을 흘리며 말했습니다. "와, 대단해!" 이번에는 세 번째 여인의 아들이 나타났습니다. 그런데 이 아이는 곧장 자기 어머니에게 달려가 엄마의 물동이를 집어 들고 집으로 가 버립니다.

세 여인이 노인에게 묻습니다. "어때요, 우리 아들들?" 그러자 이 노인이 이렇게 말합니다. "여보시오. 내가 본 아들은 딱 한 명밖에 없었다오!"

톨스토이의 이 짧고 굵직한 이야기를 어떻게 들으셨습니까? 우리는 종종 우리가 해야 할 일, 가야 할 길에서 벗어나는 경우가 있습니다. 우리에게 주어진 귀한 것은 외면하고, 가짜 보석으로 우리의 인생을 장식하기도 합니다. 그러면서 정작 중요한 것, 가치 있는 것을 보지 못하고, 우리 인생의 참 목적과 상관없는 것들을 곁눈질하며 살아갑니다.

포도원의 두 아들

마태복음 21장의 두 아들 비유가 바로 톨스토이의 단편과 같은 메시지를 담고 있습니다. 포도원 주인의 두 아들 중 누가 제대로 아들 역할을 한 것일까요? 답은 간단합니다.

하지만 두 아들 모두 문제는 있습니다. 하나는 가겠다고 했다가 안 갔고, 또 하나는 매몰차게 안 간다고 했다가 돌이켜 갑니다. 둘째는 분명 예의 없는 아들입니다. 둘 다 완벽하지는 않습니다. 그러나 예수님은 이 비유를 통해, 누가 보더라도 자기 뜻을 꺾고 아버지의 뜻에 맞추어 포도원에 간 아들이 진정 아들답다는 것을 알려 주십니다.

아버지의 뜻에 자기 의지를 일치시키는 삶. 이것이 예수님이 이 비유를 통해 들려주시는 메시지입니다. 예수님의 이 짧은 비유에는 십자가와 수난에 대한 암시가 담겨 있습니다. 앞으로 걸어야 할 길이 참으로 모진 길이지만, 그 길이 하늘 아버지의 뜻이기에 걸어가겠다는 거룩한 순종이 여기 담겨 있습니다.

우리는 포도원 비유를 들으면서, 단박에 첫째 아들을 몹쓸 놈으로 판단해 버립니다. 우리는 이런 식으로 흑백 논리에 따라, 좋은 것 나쁜 것을 가리는 판관 역할을 무척 좋아합니다. 그러나 우리 삶을 조금이라도 관심을 갖고 돌아본다면, 그런 흑백 논리가 얼마나 쉽게 무너지는지 확인할 수 있습니다.

무엇보다도 아이들을 한번 보세요. 사춘기를 지나면서 아이들이 얼마나 드라마틱하게 변하는지 우리 모두 잘 알고 있습니다. 아무도 예상하지 못합니다. 절대 얌전해질 것 같지 않던 말썽꾸러기 개구쟁이가 언제 철이 들었는지 모르게 의젓해지는 일이 있어요. 반대로, 순둥이 같던 아이가 통제 불능으로 바뀌는 경우도 다반사입니다. 어릴 때 모습만으로는, 성장한 다음 모습을 예상할 수 없습니다. 사람은 고정되지 않고 그렇게 변해 갑니다. 그러니 어떤 사람을 두고 쉽게 판단해서는 안 됩니다.

오늘의 비유도 단정적인 판단을 내리지 않습니다. 주님은 이 비유에서 두 아들 모두 아버지의 자녀로 인정하십니다. 이와 동시에, 진정한 자녀는 말이나 외적인 조건이 아니라 그에 걸맞는 행동이 있는가에 달려 있다는 것을 눈여겨보게 만드십니다.

아버지의 자녀는 아버지의 뜻에 따라 행동하는 사람입니다. 그래서 오늘의 복음서 말씀은, 껍데기만 번드르르한 그리스도인들에게 스스로를 돌아보며 돌이킬 기회를 주시는 말씀이기도 합니다. 우리는 이것을 '회개'라고 합니다. 둘째 아들은 아버지의 명령에 "싫소이다"라고 매몰차게 거절했다가 뉘우치고 포도원에 들어갑니다. 이렇게 아버지의 뜻에 맞추어 자기 의지와 행동을 돌이킬 수 있다면, 그는 하나님의 복된 자녀로 칭찬받을 것입니다.

하나님의 자녀인 우리가 지금 어떤 삶을 살고 있는가가 중요합니다. 일상생활 속에서 우리의 마음을 무엇으로 채웠고, 우리의 입에서는 어떤 말들이 나왔고, 우리의 행동은 누구를 위한 행동이었는지, 말씀 앞에서 돌아봐야 합니다.

참된 권위

포도원 두 아들 비유는 종교지도자들과 예수님 사이에 오고 가던 논쟁 중에 나온 비유입니다. 그 안에는 우리 각자에게 "너는 누구인가, 너는 지금 무엇을 위해, 어떻게 살고 있는가?"라고 묻는 주님의 치열한 질문이 담겨 있습니다.

예루살렘에 입성하신 예수님은 성전에 있던 환전상과 상인들의 가판대를 엎으셨습니다. 그리고는 "기도하는 집을 강도의 소굴로 만들었다"며 분노하십니다. 이런 예수님의 말과 행동에 예루살렘 지도부는 소동하기 시작했고, 그동안 안정적인 지위를 보장받으며 살고 있던 이들은 주님의 행동을 도발로 여겼습니다. 그래서 결국 "무슨 권위로 이런 행동을 하는 것이냐"라며 격한 반응을 보입니다.

여기서 '권위'라는 말이 등장합니다. 원어는 '엑수시아(exousia)'인데, 이 단어를 풀어 보면 '근원으로부터'라는 뜻입니다. 다시 말해, 주님의 이런 행동의 근거가 무엇이냐는 말이지요. 그 질문에 주님은 즉답 대신 포도원 주인의 두 아들 비유를 들려주신 것입니다. 이 비유를 통해 '성전이 제 구실을 하고 있는가? 지도자들은 제 역할을 하고 있는가? 하나님의 백성은 제 구실을 하고 있는가?' 등의 매우 낯선 물음을 던지십니다. 주님이 이런 무거운 비유와 질문을 주신 이유가 무엇일까요? 그것은 "~답게 살지 않는다"는 경고입니다.

사람이라면 사람답게 사는 것이 무엇보다 중요합니다. 사람답게 사는 사람이 권위가 있습니다. 무엇이 사람답게 사는 것이냐고 물으면, 저마다 다양한 대답이 나오겠지요. 신앙적으로 사람답게 산다는 것은 하나님의 형상대로 사는 것이라고 할 수 있습니다. 하나님의 형상으로 지음 받았으니, 하나님의 뜻을 이루며 사는 것이 사람답게 사는 길이지요. 사람이 하나님의 형상대로 창조되었다는 것을 믿는 사람이라면, 하나님을 사랑하고 사람을 사랑하게 되어 있습니다. 그런 삶을 사는 사람이 권위가 있습니다.

참된 권위는 말이나 연령, 직분에서 나오지 않습니다. 참된 권위는 나를 존재하게 하는 깊은 근원으로부터 나와 삶으로 드러납니다. 참된 권위는 주먹에서 나오지 않고, 하늘과 이웃을 향해 펼쳐진 손에서 나옵니다. 주님은 이런 원리에 있어서 최고의 모범이시지요. 그분의 권세는 하나님의 뜻에 자신의 말과 행동을 일치시키는 삶에서 드러납니다. 권위의 문제는 마태복음에서 매우 중요한 주제인데, 마지막 장인 28장에 가서 '땅과 하늘의 모든 권세'가 주님께 있다고 선언합니다.

세리와 매춘부라 해도, 우리를 참사람으로 구원하시는 주님의 권세를 믿고 그분께 기대어 행동을 돌려세운다면 하나님 나라에 들어갈 수 있다는 것이 주님의 복된 약속입니다. 이것으로 마태복음은, 주님이 소박한 지혜와 바르게 사는 법을 가르치며 돌아다니는 그런 흔한 지혜자가 아니라는 것을 전합니다. 간혹 예수님을 생각할 때 고상한 이야기와 인문학적 지혜를 전하는 그저 친절한 종교인의 모델 정도로 여기는 분들이 있습니다. 아닙니다. 마태와 성경이 전하는 주님은, 때로는 우리의 기분을 상하게 만들고 속을 뒤집는 분입니다. 왜냐하면, 그분은 바깥 이야기가 아니라 속에 있는 근원을 건드려 우리의 생명을 하나님 앞에서 살리시는 분이기 때문입니다. 깊은 곳으로 들어가야 합니다. 그렇기에 무엇보다도 지켜야 할 것은 그리스도에 대한 마음입니다. 이것을 우리는 '믿음'이라고 말합니다.

마음 지키기

요즘 시대를 '믿기 어려운 시대', '권위 없는 시대'라고 말합니다. 믿음은 이런 때 필요합니다. 우리의 마음을 지켜 달라고 기도해야 합니다. 루터가 이런 말을 했습니다. "새가 머리 위로 지나가는 것은 막을 수 없지만, 머리 위에 집을 짓는 것은 막을 수 있다. 마찬가지로 나쁜 생각이 머리에 스치는 것은 막지 못해도 머리 가운데 자리 잡는 것은 막을 수 있다"(마르틴 루터, 창세기 32:24 강해).

혼란한 세상이 될수록 더욱 우리 자신을 돌아봐야 합니다. 더 깊은 곳으로 눈을 돌려야 합니다. '나는 지금 어디에 서 있는가? 내 말과 행동은 어떠한가? 하나님 보시기에 옳은가? 예수님이라면 어떻게 하셨을까?' 이렇게 매 순간 그리스도 안에서 자신을 비춰 보며, 삶을 돌이키는 사람을 주님이 도우실 것입니다.

모든 지각에 뛰어난 하나님의 평강이 그리스도 예수 안에서 우리의 마음과 생각을 지키실 것입니다. 아멘.

악한 포도원 농부
비유

성령강림일 후
열여덟째 주일

마태복음 21:33-46, 누가복음 20:9-19, 마가복음 12:1-12

우리는 교회력에 따라 3주에 걸쳐 예루살렘 성전 안에서 벌어진 일과 비유들을 묵상합니다. 이야기는 마태복음 21장에서 시작합니다. 백성의 열렬한 지지를 받으며 예루살렘에 입성하신 예수님은, 곧바로 성전에 들어가 환전상과 비둘기 판매상을 뒤엎어 버리십니다(마 21:1-17). 게다가 성전에 가면 당연히 제사장이나 서기관을 찾아야 할 텐데, 주님은 그렇게 하지 않으시고 사람들을 가르치시기 시작합니다.

그러자 제사장과 서기관 장로들이 격하게 막아섭니다. '도대체 무슨 권위로 이런 일을 하냐'고 따지는 그들에게 주님은 포도원 주인의 두 아들 비유(마 21:23 이하)를 들려주십니다. 이 비유는 '누가 아들 역할을 제대로 했는가? 너는 너의 역할을 충실히 하고 있는가?'라는 단호한 메시지를 담고 있습니다.

악한 농부들은 누구인가

이어지는 두 번째 비유가 오늘 교회력 말씀입니다. 이 비유는 통상 '악한 포도원 농부 비유'로 알려진 말씀인데, 누가복음 20장과 마가복음 12장에도 나옵니다. 내용은 이렇습니다. 어떤 부자가 자기 땅에 포도원을 만들고 농부들에게 맡긴 다음 멀리 여행을 떠납니다. 그런 다음 때가 되자, 하인을 보내서 계약대로 소득을 받아 오게 합니다. 그런데 농부들은 어떻게 하나요? 주인의 종들을 폭행하고 돌려보냅니다. 주인은 거듭 대리인을 보내지만, 농부들의 태도는 변함이 없습니다. 결국 주인은 아들을 보내서 이 사건을 마무리하려고 합니다. 하지만 농부들은 주인 아들을 포도원 밖으로 끌어내 죽이고, 아예 포도원을 차지하려고 합니다.

일단, 예수님의 이야기는 여기서 잠깐 멈춥니다. 그리고 42절부터 갑자기 '건축자가 버린 돌' 이야기로 넘어갑니다.

예수님의 이 두 번째 비유는, 보는 사람의 입장에 따라 다양한 해석이 가능할 것 같습니다. 가장 전통적인 방식은, 포도원 주인은 하나님, 포도원은 이스라엘, 핍박받고 죽임당한 종들은 예언자들, 포도원 농부들은 종교지도자들, 그리고 살해당한 주인의 아들은 이 비유를 들려주시는 예수님을 상징한다고 보는 것입니다. 그리고 뒤이어 42절에 나오는 건축자는 유대인, 모퉁이 돌은 유대인에게 배척당한 하나님의 아들, 즉 예수님이라고 볼 수 있습니다.

이렇게 읽으면, 이 비유는 성전의 대제사장과 서기관 장로들이 예수를 배척할 것이고, 그렇게 배척당하고 살해당한 예수 때문에 성전 지도자들이 심판받게 될 것이라는 경고로 이해할 수 있습니다.

하지만 이런 방식 말고 다른 방식의 본문 읽기도 한번 시도해 볼 만 합니다. 당시 사회상을 고려해 봅시다. 이 본문의 배경은 1세기 팔레스타인 지역, 그러니까 로마가 유대를 식민 통치하던 때의 예루살렘입니다. 1세기 사회상을 밝힌 연구물에 따르면, 당시 포도원 주인은 평균 75,625평 규모의 땅을 관리했는데 필요한 상시 일꾼은 평균 16명이었고, 포도 수확철에는 따로 품꾼을 고용할 만큼 막대한 부자였다고 합니다(에케하르트 슈테게만/볼프강 슈테게만, 손성현/김판임 옮김,《초기 그리스도교의 사회사》, 서울: 동연, 2008). 게다가 1세기 로마 식민지 상황에서 포도주는 로마 점령군한테 바쳐야 하는 필수 품목이었기 때문에, 포도원 경영은 로마제국의 비호 없이는 불가능한 사업이었습니다. 쉽게 말하자면, 이들은 우리나라 일제 강점기 때의 친일파 정도 될 것 같습니다. 그러니 당시 평민들이 그들에 대해 좋은 감정을 가질 리 만무합니다.

이런 현실에 비춰 이 비유를 읽어 보면, 여기 나온 포도원은 이방 제국에 짓밟힌 이스라엘의 현실을 상징하고, 포도원 주인은 로마제국과 결탁한 악덕 지주로 보는 것이 더 온당할 것 같습니다.

그럼 이 시대에는 포도원 농부들이 누구를 상징하는 것일까요? 이들은 소작농들인데, 땅의 주인이었다가 고향 땅을 빼앗겨 버린 이스라엘의 평민들이 아닐까 싶습니다. 특별히 예수님이 갈릴리 사람들과 친하셨다는 것을 떠올려 보면 더욱 의미가 있을 것 같습니다. '갈릴리'라는 지역 이름이 '이방인의 땅'이라는 뜻이기 때문에, 로마와 권력자들에게 모든 것을 빼앗긴 가난한 평민들을 은유하는 것으로도 볼 수 있습니다. 이런 관점에서 본다면, 소출을 받으러 포도원에 왔던 종들과 아들은 로마 권력에 기생하는 여러 종류의 사람들로 볼 수 있게 됩니다. 앞서 말씀드린 전통적인 해석 방법과 비교하면, 등장인물들의 역할이 완전히 다릅니다.

문제는 소작농들이 주인의 종들을 폭행하고, 그의 아들까지 죽여 포도원 밖으로 던져 버렸다는 데 있지요. 이 이야기는 로마 제국에 잠재하고 있던 민란의 가능성으로 읽힙니다. 당시 로마제국은 과도한 세금 징수와 노동력 착취를 했는데, 심지어 하나님의 대리인이라는 성전의 제사장들마저도 도가 넘는 수탈 행위를 자행하고 있었지요. 그러니 사람들은, '종들이 포도원에 소출을 받으러 갔다'(34절)는 대목에서 헤롯의 귀족들과 성전 지도자들이 세금을 수탈하려고 평민들에게 강제력을 행사하는 모습을 떠올렸을 것입니다. 이들은 로마가 요구한 세금 위에 자기들 몫까지 얹어서 돈을 뜯어가던 사람들입니다.

상황이 이렇다 보니, 당장 민란이 일어나도 이상하지 않을 시대였습니다. 다들 알면서도 쉬쉬하고 있던 일이지요. 이런 공공연한 비밀을 갈릴리에서 온 청년이 성전 안에서 큰소리로 말하고 있으니, 성전에 있던 제사장과 장로들 비위가 상할 대로 상할 수밖에 없었을 것입니다. 실제로 이 사건 이후 그들은 예수를 죽이기 위해 '잡으려고' 시도하게 됩니다. 그러나 예수님 뒤에 서 있던 '무리를 무서워'해서 그 계획을 뒤로 미룹니다(46절). 실제로 당시에는 종종 민란이 있었는데, 민란이 일어날 때마다 로마는 군대를 급파해서 처리했다고 전해집니다.

이런 식으로 이 비유를 읽으면 '건축자들이 버린 돌이 모퉁이의 머릿돌이 되었다'는 42절 말씀이 매우 자연스럽게 읽힙니다. '버린 돌'을 굳이 예수님이라고 생각하지 않아도, 자연스레 이 돌이 팔레스타인에서 무시당하며 착취당하는 사람들이라고 이해할 수 있게 됩니다. 이들은 늘 거절당하며 살았고, 누구도 이들을 중요하게 여기지 않았습니다. 그러나 하나님 눈에는 이 사람들이야 말로 그분이 만드실 새집의 모퉁이 돌이라고 설명하십니다.

하나님 나라의 새로운 백성

이 이야기가 더욱 중요해지는 이유는 "하나님의 나라를 너희 는 빼앗기고, 그 나라의 열매 맺는 백성이 받으리라"는 43절 말씀 때문입니다.

이제껏 포도원은 이스라엘로 이해되었는데, 그 나라는 지금 제국의 지배자와 헤롯 정권에 붙어 사는 사람들 때문에 엉망이 되 어 버렸습니다. 그들에게 중요한 것은 하나님이 아니라 권력에서 떨어져 나오는 콩고물입니다. 그런데 지금 주님의 선언을 잘 들어 보십시오. 이런 사람들의 운명은 다했으며, 그들을 모두 밀어내고 그 자리에 하나님이 선택하신 새로운 백성을 두겠다고 하십니다. 세상에서 버림받은 돌멩이 같은 사람들을 골라서 하나님의 나라 를 채울 것이라고 선언하십니다.

이 말씀을 듣고 있던 청중은 어떤 반응을 했을까요? 자기 잇 속만 챙기며 살던 성전 지도자들은 두려웠을 것입니다. 갈릴리에 서부터 치고 올라온 예수라는 젊은 예언자가 사람들을 선동해서 민란을 일으키면, 그동안 구축해 놓은 자신들의 안전한 울타리가 무너져 버릴 게 눈에 선했기 때문이지요. 그러니 한시라도 빨리 그 청년을 제거하려고 벼르기 시작합니다. 반면에 매번 권리를 빼 앗기며 살아왔던 평민들은 은근한 희망을 갖게 되었을 것입니다. 젊은 갈릴리 청년이 우리를 위해 어떤 일을 만들어 낼지 기대가 점차 커졌을 것입니다.

우리는 하나의 비유를 두 가지 상이한 방식으로 읽어 보았습니다. 어떤 해석이 맞는지 사실 정답은 없습니다. 그러나 어떻게 읽는지, 40절부터 시작되는 구절이 이 비유를 매조지는 결론부라는 점에는 이견이 없을 것입니다.

"포도원 주인이 올 때에 그 농부들을 어떻게 하겠느냐?"(40절)라는 주님의 질문은, 성전 지도자들 스스로 자기들이 받을 심판의 판결문을 말하게 만드는 것 같습니다. 41절에 그들이 이렇게 답합니다. "그 악한 자들을 진멸하고 … 다른 농부들에게 새로 줄지니이다." 그런데 이 비유의 칼날이 자신들을 향하고 있는지 그들은 알아챘을까요? 아마 까맣게 몰랐을 것입니다.

'내로남불'이라는 신조어를 아시는지요. '내가 하면 로맨스, 남이 하면 불륜'이라는 말을 줄여서 표현한 것인데, 자기 눈의 들보는 보지 못하고 남의 티눈에만 흥분하여 반응하는 악한 사람들에게 쓰는 말입니다. 그래야 자신들의 부정과 불의가 만회된다고 느끼는 것인지도 모르겠습니다. 여하튼 41절을 보면 성전 지도자들은 여전히 자신들의 죄악과 불의를 깨닫지 못하고 있습니다.

이들을 향해 주님은 이렇게 말씀하시지요. "너희가 성경에 … 읽어 본 일이 없느냐?"(42절) 이 구절에 인용된 '건축자들이 버린 돌'에 관한 말씀은 시편 118편에 나오는데, 놀라운 사실은 이 시편이 유월절 순례자들이 성전에 들어올 때 반드시 암송해야 하는 찬송시라는 것입니다. 성전에 들어오는 사람은 누구나 이 시편을 암송해야 했으니 거기 있던 사람 누구도 안 읽어 봤을 리가 없습니다. 그러므로 42절 말씀은 '방금 함께 노래했던 그 시편을 벌써 까먹었느냐?'라는 말이기도 합니다.

시편 118편을 한번 읽어 보시기 바랍니다. 작은 나라 이스라엘이 대국과의 전쟁에서 승리했고, 이 승리를 감사하는 찬송시입니다. 거기서 '건축자의 버린 돌'은 작고 작은 나라 '이스라엘'이고, '건축자'는 대제국 바벨론을 뜻합니다. 이 둘이 싸우면 당연히 게임이 안 됩니다. 그러나 하나님이 역사에 개입하셔서 작고 작은 이스라엘이 승리했다는 것을 시인이 노래합니다. 그러니 이 시편도 안 읽어 봤느냐는 주님의 물음은, 하나님이 모든 인생의 주인이라는 것을 까먹었느냐는 의미이기도 합니다.

43절로 넘어가면, 주님의 엄숙한 선언이 시작됩니다. 구약에서 선택된 하나님 백성이 새로운 백성으로 대체될 것이라는 마태복음의 입장이 여기서 드러납니다. 누가복음과 마가복음 모두 이 비유를 다루고 있지만, 43절 내용은 오직 마태복음에만 나옵니다. 그만큼 의도적이고 중요한 구절이라는 뜻입니다.

특이한 것은 하나님 나라의 지도가 유대 지역을 넘어서고, 하나님 나라의 구성원도 완전히 새롭게 바뀐다는 점입니다. 지도자들만 바뀌는 게 아니라 구성원의 자격도 바뀝니다. 혈통을 통해 백성이 되는 게 아니라 이제는 하나님 나라에 '합당한 열매'를 맺어야 합니다. 그 열매가 무엇인지는 마태복음 23장 23절에서 명확하게 제시됩니다. "화 있을진저, 외식하는 서기관들과 바리새인들이여. 너희가 박하와 회향과 근채의 십일조는 드리되 율법의 더 중한 바 정의와 긍휼과 믿음은 버렸도다."

정의와 긍휼과 믿음이 하나님 나라의 열매로 제시되는데, 쉽게 말하면, 하나님 백성으로서 합당한 삶이 있는가로 요약됩니다. 삶에 대한 문제는 산상수훈을 비롯해 마태복음 곳곳에서 어렵지 않게 찾을 수 있습니다.

새로운 백성의 자격

주님이 성전에서 들려주신 포도원 비유를 어떤 식으로 해석해도 상관없습니다. 전통적인 관점으로 해석하든, 사회적 배경을 고려하여 해석하든 상관없습니다. 다만, 이것 하나만큼은 분명합니다. 주님이 거기서 들려주신 말씀은 '합당한 열매, 즉 삶이 있는가'에 관한 말씀이라는 점입니다.

선민이라도 합당한 열매가 없으면, 자격을 빼앗깁니다. 보잘 것없는 인생이라도 합당한 열매가 있다면 하나님의 나라를 선물로 얻게 될 것입니다. 2천 년 전에 유대인의 성전과 이방인의 교회가 자리바꿈을 했습니다. 마태가 들려주는 복음은, 배척당하던 그리스도인들이 하나님 나라의 백성이 될 것이라는 위로와 격려였을 것입니다.

그러나 이 말씀을 오늘 우리는 다시 깨어 있는 자세로 들어야 합니다. 우리가 하나님 나라의 백성이라면, 합당한 열매가 우리 가운데 맺히고 있는지 돌아봐야 합니다. 의로운 삶을 살고 있는지, 약한 자를 불쌍히 여기는 삶을 살고 있는지, 십자가에 달리신 그리스도를 모퉁이 돌로 삼고 살아가고 있는지 돌아봐야 합니다.

이 비유가 남기는 메시지는 남다른 것 같습니다. 우리는 늘 그리스도의 십자가를 안타까워하고 예수님을 십자가에 못 박은 사람들을 향해 분노하지만, 우리가 바로 그 주역들이라는 점은 잘 인정하지 않습니다.

실천적인 측면에서 덧붙이자면, 예로부터 그리스도인들은 '자기 성찰'이라는 것이 삶의 일부였습니다. 여러분 모두 아침에 일어나자마자 기도부터 하실 텐데, 어떤 기도를 하시는지요?

기독교 역사에서 가장 오랫동안 전해 온 기도 습관은, 잠에서 깰 때 자기 성찰의 기도로 하루를 시작하고 잠자리에 들기 전 마지막으로 자기 성찰의 기도를 하는 것이라고 합니다. 그때 성찰의 자료는 가장 먼저 십계명이었고, 사도신조, 주기도문으로 이어집니다. 좀 더 진지한 사람들은 산상수훈을 암기하거나 읽으면서 그 말씀에 자신의 삶을 비추어 보고 새로운 다짐을 했는데, 이것이 신앙인의 하루 여정이었습니다.

물론 자기 성찰은 종교와 상관없이 중요합니다. 저는 여러분에게 코로나 기간 동안 자기 성찰의 시간을 깊이 갖길 권면했습니다. 그 시기는 하나님이 우리에게 주신 참된 안식의 기회였습니다. 안식이란 하나님의 품 안에서 자신의 삶을 돌아보며 힘을 회복하는 시간이니, 모든 것이 단절되었던 그 기간을 기도와 말씀으로 채워 보길 권면했던 것입니다. 이런 시간을 가질 때 중요한 것은, 신앙인의 자기 성찰은 언제나 우리 삶의 무게를 짊어지신 그리스도 예수로부터 시작됨을 깊이 새겨야 한다는 점입니다. 왜냐하면 그리스도는 버림받고 수치를 당하셨기에 우리 모든 삶의 무게를 이해하시기 때문입니다. 그분이 우리 모든 삶의 무게를 지탱할 모퉁이 돌이라고 오늘의 복음서 말씀은 증언합니다.

우리의 구주 예수 그리스도가 우리를 지탱해 주시는 한, 하나님 나라의 은혜를 끊을 자가 없을 것입니다. 그리스도 안에서 온전한 안식을 누리며, 하나님 나라의 합당하고 풍성한 열매를 맺는 여러분이 되길 주님의 이름으로 축원합니다.

모든 지각에 뛰어난 하나님의 평강이 그리스도 예수 안에서 우리의 마음과 생각을 지키실 것입니다. 아멘.

가이사와 하나님
사이에서

마태복음 22:15-22

"가이사의 것은 가이사에게, 하나님의 것은 하나님에게 바치라."
오늘 나눌 복음서 말씀의 주제입니다. 가이사, 카이사르, 카이저,
시저, 세자르, 황제, 모두 같은 말입니다. "황제의 것은 황제에게,
하나님의 것은 하나님에게 바치라." 예수님의 이 간단한 말씀은
시대에 따라 사람들이 다양하게 해석해 온 특이한 구절입니다.

특히 서양 역사를 보면 그렇습니다. 세속 정부와 교회가 충돌
할 때 양쪽 모두 이 구절을 사용했다고 합니다. 황제가 이 구절을
강조할 때는 황제 하는 일에 교회가 간섭하지 말라는 뜻이었고,
교회가 사용하면 교회 일에 세속 정부가 간섭하지 말라는 뜻이었
습니다. 지금도 이런 식으로 인용하는 분들이 많습니다.

그렇다고 이 구절이 교회와 정부 수장의 힘겨루기에만 쓰인
것은 아닙니다. 얼마 전 우리나라에서도 이 구절이 폭발적으로 자

주 인용되었었지요. 교회 헌금을 국가에 세금으로 내야 할 것인가, 목사는 세금을 내야 하는가 등등, 교회와 목사의 납세 문제로 국회가 시끄러웠던 적이 있습니다. 그때 상당히 많은 목사가 이 구절을 인용하면서 '교회는 하나님께 속한 영적 기관이니 교회 재정을 국가에 보고하거나 세금을 납부해서는 안 된다'며 전국 단위의 운동을 벌이기도 했습니다. 결국 종교단체로서 교회는 면세 대상이지만 교회 자금은 국세청에 보고해야 할 의무를 갖게 되었고, 목사는 국가의 구성원으로서 납세 의무를 지키는 것으로 일단락되었습니다.

"가이사의 것은 가이사에게, 하나님의 것은 하나님에게!" 주님의 이 말씀은 교회와 국가 간의 힘겨루기나 세금 납부 문제에만 관련된 구절이 아닙니다. 분명한 것은, 이 말씀이 다양한 사람에 의해 다양한 방식으로 인용되는 난해한 말씀이라는 것입니다.

동전 함정

예수님은 대체 무슨 뜻으로 이 말씀을 하신 걸까요? 이 복음서 본문은 '바리새인들이 예수를 함정에 넣으려고 궁리한다'는 말로 시작해서, 바리새인과 헤롯 당원이 함께 예수님을 찾아갔다고 전합니다(마 21:15-16). 바리새인은 유대민족의 선민의식을 강조하는 이들로 자기네 나라가 이방인 문화로 물드는 것을 극도로 경계하던 부류입니다. 이에 반해 헤롯 당원들은 이방인 혈통으로서 대리 통치자가 된 헤롯 왕가와 로마 통치 체제를 적극 지지하는 사람들입니다. 바리새인이 보기에 헤롯 당원들은 매국노이고, 헤롯 당원 눈에 바리새인은 국가 통합을 방해하는 불순 세력입니다. 그러니 이들은 물과 기름이요 견원지간 원수입니다.

그런데 이들이 예수를 함정에 빠뜨리는 일에는 언제 그랬냐는 듯 손을 잡습니다. 악인들은 이렇게 죽이네 살리네 하면서도 이익을 위해서라면 언제든 손을 잡습니다. 이들에게 양심, 정의, 일관성 이런 것들은 아무 의미 없는 단어일 뿐입니다. 그저 나에게 이익이 있고 없고에 따라서 뭉치고 흩어집니다. 그래서 바리새인과 헤롯 당원은 하나가 됩니다. 동지가 된 악당들이 예수님을 찾아와 이렇게 말합니다.

"좋아요, 선생님. 우리는 당신이 진실하다는 것을 알고 있습니다. 당신은 하나님의 뜻을 가르치면서 사람을 편파적으로 가르지 않는 분입니다. 그러니 이 문제에 답을 해 주세요. 황제에게 세금을 내는 것은 합법인가요, 불법인가요?"

이들의 말씨는 공손하고 칭찬 일색입니다. 그런데 그 속에 함정이 있습니다. 어떤 답을 말해도 다 문제 삼을 것입니다. 세금 내는 게 합법이라고 하면, 그동안 예수님이 가르쳐 왔던 하나님 나라와 그 의를 부정하는 꼴이 되어 사람들이 다 떠날 것입니다. 그렇다고 불법이라고 말하기도 곤란합니다. 그랬다가는 반제국주의 선동가로 몰려 헤롯 당원들이 곧장 끌고 갈 것입니다. 어느 쪽을 말해도 예수님은 외통수입니다.

예수님은 생뚱맞게 동전을 꺼내 보여 달라고 하십니다. 잠깐 우리나라의 백 원짜리 동전을 떠올려 보십시오. 대한민국 어디서나 사용할 수 있는 작은 동전이지요. 세금 낼 때 쓸 수도 있습니다. 한쪽 면에는 화폐 단위를 알리는 100이라는 숫자가 있고, 다른 면에는 역사적 인물인 이순신 장군의 얼굴이 있습니다. 예수님 당시에도 이런 동전이 있었습니다. '데나리우스'라는 동전인데, 성경에서는 데나리온이라고 부릅니다. 예수님이 가져오라고 하신 동전이 바로 데나리온입니다. 실제 크기는 백 원짜리 동전보다 훨씬 더 작고 한쪽 면에는 한 남자 얼굴이, 다른 면에는 로마 신화에 나오는 어떤 신의 모습이 있습니다. 그리고 동전 가장자리에 약간의 작은 글씨가 적혀 있습니다.

물론 예수님은 이 동전에 새겨진 인물과 글이 무엇을 뜻하는지 잘 알고 계셨지요. 이 동전의 한 면에 있는 얼굴은 로마 황제 티베리우스입니다. 그 얼굴 주위로 '신이신 아우구스투스의 아들, 티베리우스 황제 TI(BERIUS) CAESAR DIVIAVG(USTI) F(ILUS) AVGVSTVS'라는 글자가 박혀 있습니다. 뒷면의 로마 신 모습 주위에는 'Pontif(ex) Maxim(us)', 번역하면 '대제사장'이라는 글자가 새겨져 있습니다. 다시 말해, 유대인의 땅을 통치하는 로마 황제는 하나님의 아들이며 대제사장이라는 말입니다.

데나리온과 세겔

유대인에게는 이 동전이 어떻게 보였을까요? 그야말로 신성모독의 결정판이자 자기 민족의 수치로 느껴졌을 것입니다. 실제로 이 동전이 만들어진 목적이 바로 그것이었습니다. 로마는 식민지로부터 예외 없이 세금을 거둬들였는데, 서기 6년에 티베리우스 황제는 14세 남자와 12세 여자에게 빠짐없이 인두세를 걷도록 강제합니다. 세금을 거둬들이려고 주민 조사를 실시했고, 이스라엘 주민들을 너무 가혹하게 다루는 바람에 갈릴리 지역에서는 유다라는 사람이 봉기를 일으켰습니다. 그러나 로마군에게 처참하게 깨지고 맙니다.

문제는 봉기에 참여한 사람들과 가족, 주민까지 모두 잡아들여 십자가에 못 박아 대로변에 세워 놨는데, 그 길이가 무려 수 킬로미터에 달했다는 기록이 있습니다. 로마제국에 덤비지 말라는 경고였지요. 그 사건 이후, 로마 총독은 세금 납부를 위한 특별한 동전을 만들었는데, 그게 본문에 등장하는 1데나리온이라는 동전입니다. 로마제국은 유대인들에게 모멸감을 주려고 이 동전을 만들었고, 세금은 오직 이 동전으로만 납부하도록 법으로 정해 놓습니다. 일제 강점기에 조선말을 사용하지 못하게 하고 이름을 일본말로 바꾸게 함으로써, 민족 정신을 말살시키려던 정책과 같은 것이지요.

사정이 이렇다 보니, 신실한 유대인에게 이 동전은 경악스러운 물건이었습니다. 성전에서만큼은 이 동전을 사용도 못 하게 하고 주머니에 넣지도 못하게 했을 정도입니다. 아예 성전 입구에서 유대인의 동전인 세겔로 환전하거나 현물로 바꾼 다음 성전에 들어오는 게 철칙이었습니다. 유대인의 동전인 세겔에는 십계명의 가르침대로 그 어떤 동물이나 사람의 형상이 새겨져 있지 않습니다. 그런 동전이야말로 정결한 돈이라고 생각했던 것 같습니다.

그들이 놀란 이유

여하튼 예수님이 데나리온을 앞에 두고 이렇게 되물으십니다. "이 형상과 이 글이 누구의 것이냐?"(20절) 많은 이들이 이 구절을 창세기 1장 27절과 연결 짓곤 합니다. '형상'이라는 단어 때문입니다. 창세기 1장 27절에는 하나님이 사람을 그분의 형상으로 만드셨다는 구절이 나옵니다. 그래서 어떤 사람들은 예수님이 동전을 보여 주시면서 '여기는 하나님의 형상이 없지?'라고 암시를 준 다음, "가이사의 것은 가이사에게, 하나님의 것은 하나님에게 바치라"고, 즉 '세금을 내도 좋다'는 뜻으로 말씀하셨다고 풀이합니다.

그럴 수도 있어요. 하지만 문제는 마지막 구절인 22절 말씀입니다. "그들이 이 말씀을 듣고 놀랍게 여겨 예수를 떠나가니라"고 나오는데, 그들이 놀란 것은 "이 형상과 이 글이 누구의 것이냐"고 묻는 구절 때문이 아니라 "가이사의 것은 가이사에게, 하나님의 것은 하나님에게"라는 구절 때문입니다.

그렇다면, 창세기에 나오는 하나님의 형상과 연결해서 이 말씀을 세금 허용으로 해석하는 것은 무리가 아닐까 싶습니다. 그럼 왜 바리새인과 헤롯 당원들은 모두 놀랐을까요? 어떤 사람은 예수님의 말씀에 권위가 있어서 그냥 놀랐다고 합니다. 물론 목소리에 힘이 있어서 사람을 압도하는 경우도 있긴 합니다만, 이 본문에서는 그런 경우가 아닌 것 같습니다. 세금 납부를 허용했다면, 바리새인의 계략이 성공한 것일 테니 그들이 놀랄 일이 아니라 기뻐할 일입니다.

이들이 놀란 이유를 저는 유대인의 역사에서 찾습니다. 성경 66권만큼은 아니지만 신앙인들에게 권장되는 '외경'이라는 것이 있어요. '제2경전'이라고도 부릅니다. 구약성경의 마지막인 말라기와 신약성경의 시작인 복음서 사이에는 약 400년이라는 시간의 틈이 있습니다. 중간기라고 하는데, 유대인에게는 격동의 시간이기도 합니다. 그때 기록된 문서 중 하나가 마카베오라는 외경인데, 감동적이고 신앙에 도전적인 구절이 많이 나옵니다. 한 대목을 인용하겠습니다.

그러므로 너희는 대대로 이것을 명심하여라. 하나님에게 희망을 거는 자는 힘을 잃는 일이 결코 없으리라. 죄인의 위협하는 말을 무서워하지 말라. 그의 영광은 벌레가 우글거리는 똥더미로 변한다. 죄인은 오늘 높은 자리에 올랐다가도 내일이면 찾아볼 수가 없다. 그는 죽어서 흙이 되고 그의 계획은 수포로 돌아간다. 아들들아, 용기를 내어 굳세어져라. 그리고 율법을 굳게 지켜라. 이것이 너희들이 차지할 영광이다. … 너희를 학대한 이방인들이 준 그대로 돌려주고, 너희는 하나님이 주신 율법을 잘 지켜 행하라(마카베오상 2:61-64).

이 글은 마타티아스라는 사람이 그의 아들과 동료들에게 남긴 유언입니다. 그런데 그의 죽음은 단순하지 않았습니다. 기원전 160년경 시리아 사람들이 예루살렘을 침공해 쑥대밭으로 만든 사건이 있습니다. 안식일에는 이스라엘 사람들이 일하거나 싸울 수 없다는 것을 알고, 안식일에 예루살렘 성전까지 쳐들어와 사람들을 죽이고 성전 기물을 파괴한 것입니다. 그때 저항의 아이콘으로 일어선 사람이 마타티아스라는 사람이고, 그와 함께 항쟁에 나선 사건을 마카비 전쟁이라고 부릅니다.

마타티아스의 유언 연설을 요약하면 '그 어떤 것에도 굴하지 말고 오직 하나님의 뜻을 받들어 살라'는 것입니다. 그리고 그가 남긴 유언의 마지막 말이 제일 중요해요 '이방인이 준 것은 이방인에게 그대로 돌려주고(복수하고), 하나님이 주신 율법은 지키며 살라'는 말입니다. 이 말은 후대 유대인들에게 신앙과도 같은 삶의 척도가 됩니다. 이것이 어쩌면 신약시대에 유대인들이 이방인을 그토록 증오했던 중요한 이유 중 하나일 것입니다.

지금 마태복음 22장 22절에서 '이들이 놀란 이유'를 설명하다 말고, 갑자기 160년 전 전쟁과 마타티아스 이야기를 한 이유를 말씀드리겠습니다. 가이사의 것은 가이사에게, 하나님의 것은 하나님께 바치라는 예수님의 말씀이 민중 봉기를 선동한 마타티아스의 마지막 유언과 매우 비슷하게 들리기 때문입니다.

아마도 예수님의 이 말씀은 바리새인과 헤롯 당원 모두에게 일차적으로 다음과 같은 맥락으로 들렸을 것입니다. "황제가 너희에게 행한 그대로 복수하고, 너희는 하나님의 뜻을 받들어 살아야 한다. 복수야말로 우리가 받은 하나님의 뜻이다"라고 말입니다.

22절에서 이들이 놀란 이유가 이것입니다. 예수님의 응답을 단순히 납세 여부로 들었다면 놀랄 이유가 하나도 없습니다. 세금을 내라고 하든 말든, 옳거니 하면서 잡아들이면 됩니다. 이들의 놀람은 민중 봉기에 대한 두려움이었을 것입니다. 헤롯 당원에게 '민중 봉기'는 정권이 바뀌어 자기들 생계가 위협 당할 거라는 소리이고, 바리새인에게는 그동안 손에 쥐고 있던 이스라엘 사회의 주도권을 예수에게 빼앗기게 될 거라는 소리입니다. 그러니 두려울 수밖에요.

물론 예수님은 마타티아스처럼 혁명을 일으킬 마음이 추호도 없으시고, 이스라엘에 스며든 이방 문화와 통치 세력을 제거하려는 마음도 없으십니다. 하지만 바리새인과 헤롯 당원 입장에서는 예수가 내뱉은 저 짧은 말이 마타티아스처럼 반란을 일으켜 정권을 찬탈하려는 암시로 들렸을 것입니다. 자라 보고 놀란 가슴 솥뚜껑 보고 놀라는 격이지요. 그래서 저런 인물은 빨리 제거해야 마땅하다고 결론 내립니다. 예수님이 십자가에 달리신 데는, 이런 오해도 한몫 하게 됩니다.

가이사와 하나님 사이

　이제 가장 핵심적인 문제를 살펴봅시다. 가이사의 것은 가이사에게, 하나님의 것은 하나님에게 바치라는 구절을 다시 봅시다. 동전 하나 주머니에 넣고 다니는 게 뭐 그리 대수로운 일이냐고 하겠지만, 오늘 말씀은 세상과 하나님 사이에 서 있는 우리 자신에게 묻습니다. "당신의 주인은 누구입니까? 세상 정부입니까, 아니면 하나님입니까?"

　우리는 모두 '모든 만물은 주님의 것이며, 우리도 주님의 것'이라고 고백합니다. 땅도 하늘도 바다도, 산과 들판도, 사람도, 온 세상 모든 것이 하나님의 것이라고 고백합니다. 그렇게 따지면, 황제의 것, 세상 정부에 복종할 이유가 없습니다. 왜냐하면 황제의 것은 아무것도 없기 때문입니다. 그런데 정부는 우리에게 거둬들입니다. 하나님이 주신 물에 대한 세금도 받고, 통행료도 받고, 과일값도 다 받습니다. 심지어 하나님이 지으신 땅 위에 차를 세워 뒀는데 딱지도 끊습니다. 다 강탈하는 것 아닌가요?

　우리는 분명히 하나님의 백성입니다. 그러나 우리의 현실은 땅 위에 있습니다. 하나님의 백성인 동시에 가이사의 통치 아래 살아갑니다.

　예수님은 분명히 '하나님이냐, 황제냐' 하는 식으로 양자택일을 요구하시지 않습니다. 오히려 주님은 성경 전체를 통해 둘 다 품고 살라고 우리에게 가르치십니다. 신앙은 본래 온 세계를 품는 것입니다. 하늘과 땅을 품고 살아가야 합니다. 그렇다고 물렁하게 살라는 말은 아닙니다. 세상 속에서 하나님과 살되, 하나님이 주신 사랑과 정의와 평화의 계명을 품고 "예" 할 것은 "예" 하고 "아니오"할 것은 "아니오" 하는 강단 있는 삶을 살아야 합니다.

문제는 가이사와 하나님 사이에서 무언가 하나를 선택해야 하는 때가 온다는 사실입니다. 옳고 그름 사이에서 하나를 선택하는 게 아니라 옳음과 옳음 사이에서 하나를 선택해야 하는 순간 말입니다. 이것을 두고 독일의 철학자 프리드리히 헤겔은 인간이 가진 최고의 비극이라고 말합니다. 옳음과 옳음 사이, 하나님과 세상 사이에서 우리는 어떤 선택을 해야 할까요?

용감히 죄를 지어라

개혁자 마르틴 루터가 한 말이 있습니다. "용감히 죄를 지어라. 그러나 더 용감히 그리스도를 신뢰하라." 예수님은 이거다 저거다 해답을 주시지 않았습니다. 그 때문에 우리는 갈등하며 선택해야 하는 순간들을 만납니다. 그때 선택과 결정은 신앙인 각자의 몫입니다. "용감히 죄를 지어라"는 말은 우리가 어떤 선택을 하든 죄인인 자신의 한계를 인정하고 움직이라는 뜻입니다. 이때 몇 가지 원칙이 주어집니다. 이 원칙은 나중에 디트리히 본회퍼 목사님이 히틀러에 저항할 때도 적용되었습니다. 저 역시 선택의 기로에 설 때마다 이 원칙을 생각하며 기도하고 움직입니다.

첫째, 너 자신이 아니라 이웃의 유익을 위한 일을 선택하라.

둘째, 오늘이 아니라 미래를 위한 일을 선택하라.

셋째, 네가 선택하고 결정한 일에 대해 책임을 달게 지라. 네 목숨이 걸린 일이라 해도 달게 책임지라.

본회퍼 목사님은 이 원칙에 따라 선택했고, 히틀러 암살단에 들어가 체포되어 사형 당했습니다. 목숨의 위협을 알면서도 그렇게 순교의 길을 갈 수 있는 이유가 어디 있을까요? 그건 바로 죽음도 생명으로 바꾸는 그리스도의 부활이 우리의 부활이라는 믿음 때문입니다. 그 때문에 루터는 "용감히 죄를 지어라. 그러나 더 용감히 그리스도를 신뢰하라"고 가르칩니다.

우리는 하나님의 백성으로 세상에서 삽니다. 잊지 맙시다. 하나님이냐, 세상이냐가 아니라 하나님의 백성으로 세상 속에서 살아갑니다. 그리스도가 우리에게 가르치시고 보여 주신 대로 이웃을 위해, 하나님 나라의 선한 미래를 위해, 책임 있는 삶을 하루하루 살아갑시다. 부활하신 주님이 그렇게 살아가는 우리 모두와 언제 어디서나 항상 동행하실 것입니다.

모든 지각에 뛰어난 하나님의 평강이 그리스도 예수 안에서 우리의 마음과 생각을 지키실 것입니다. 아멘.

교인이 된다는 것 :

입교의 역사

마태복음 23:1-12

오늘은 한 해의 결실에 대해 하나님께 감사드리는 감사절입니다. 많은 교회가 추수감사절을 미국 국경일인 11월 셋째 주일에 맞춰 지키는데, 한국의 계절과 맞지 않는 것 같아서 우리 교회는 매년 11월 첫째 주일을 감사절로 지킵니다. 감사절은 풍성한 수확의 계절에 있지요. 우리 교회도 오늘 풍성한 수확을 누리게 됩니다. 입교식과 유아세례식을 거행하기 때문입니다.

오늘 교회력의 복음서 본문인 마태복음 23장 1-12절은, 입교하는 분들을 포함하여 우리 모두가 되새길 만한 말씀입니다. 주님이 성전에 들어가서 가르치신 내용이지요. '말과 행동이 일치하는 삶을 살라'는 매우 명료한 말씀입니다. 율법사나 바리새인처럼 말만 번지르르한 사람, 겉으로만 신앙 좋은 위선자, 인사받기 좋아하고 높은 자리를 탐하는 사람, 힘든 이웃을 보고도 손가락 하나 까딱 않는 그런 사람이 되지 말라고 가르치십니다. 그런 사람들을 가리켜 예수님은 기가 막힌 표현을 하십니다. "하루살이는 걸러 내고 낙타는 삼키는"(마 23:24) 사람들이니 절대 본받지 말라고 하십니다.

대신, 어디서나 하나님 앞에 서 있는 사람, 그리스도와 같이 섬기는 사람, 나보다 남을 낫게 여기는 사람, 말과 행동과 마음이 하나로 일치하는 사람이 되라고 가르치십니다. 이 모든 가르침을 주님은 "누구든지 자기를 높이는 자는 낮아지고, 누구든지 자기를 낮추는 자는 높아지리라"(마 23:12)고 요약하십니다. 예수님의 이 말씀은 시대를 초월해서 모든 교회의 삶의 기준, 즉 그리스도의 지체가 목표로 삼아야 할 삶의 기준입니다.

초대교회의 입교식

그럼 초기 교회에서는 교인이 되는 과정이 어떠했을까요? 지금이야 등록카드 한 장 쓰면 되기 때문에 교인 되는 게 매우 간단하지만, 초대교회라고 불리는 3세기만 해도 절대 간단한 일이 아니었습니다. 입교를 준비하는 사람은 3-5년 동안 매우 깐깐한 절차를 거쳐야 하고, '신념, 소속, 행동'이라는 세 가지 면에서 변화해야만 교인이 될 수 있었습니다.

이제껏 살아왔던 삶의 태도와 가치관을 송두리째 바꿔야 했다는 말이지요. 그리스도의 복음 안에 펼쳐진 새로운 세상에서 새로운 존재로 거듭나야 한다는 것을 가르쳤습니다. 3-5년이라는 긴 입교 교육 기간 동안 매일 아침 말씀과 기도의 훈련을 하고, 변한 것이 확실하다는 판정을 목회자에게 받으면 비로소 부활절 입교 절차에 들어가게 됩니다.

우리가 보통 고난주간, 또는 성(聖) 주간이라고 부르는 부활절 직전의 한 주간이 입교 예비자들의 마지막 관문이 됩니다. 입교 예비자들은 매일 목회자와 장로의 안수를 받고, 성경에 나온 복음의 신비와 이단에 대해 배웠습니다.

부활절을 앞둔 성 주간의 목요일이 되면 입교 예비자들은 모두 목욕을 하고, 금요일에는 단식하고, 토요일 오후에는 교회에 모여 기도를 받게 됩니다. 이때 목회자는 얼굴에 숨을 불어 넣고, 이마와 귀와 코에 성부 성자 성령의 이름으로 십자 표시(Spragis)를 해 줍니다. 그렇게 기도하며 기다리다가 밤이 되면, 교인들이 모이기 시작합니다. 모임 장소는 교회에서 지정한 시냇가나 샘 곁이고, 그곳에 교인들이 모두 함께 모여 새신자를 맞아들이기 위한 철야 기도를 시작합니다.

그렇게 토요일 밤새 기도하며 한밤을 꼬박 샌 후, 주일 여명을 알리는 수탉의 회치는 소리가 들리면 목회자가 일어나 물로 걸어 들어가 기도합니다. 그리고 입교자가 이 물에 들어오길 기다립니다. 여기서부터 오늘날과는 다른 광경이 연출됩니다. 교인들 앞에 서 있던 입교 예비자는 천천히 옷을 벗기 시작하고, 실오라기 하나 걸치지 않은 상태가 됩니다. 작은 장신구나 반지조차 허용되지 않습니다. 그렇게 옷을 벗고 나면, 교인 대표인 장로가 그릇에 기름을 부어서 그 기름을 입교 예비자의 몸에 발라 줍니다. 여성 입교자들의 경우에는 여성 집례자가 따로 준비된 장소로 데려가서, 남자들과 똑같은 방식으로 이 순서를 진행합니다.

우리 눈에는 매우 생소하고 상상할 수 없는 장면이지요. 입교 예비자가 옷을 벗는 이 행위는, 세속의 옷을 벗고 세상을 향한 관심과 욕망, 충성 등 오랜 세월 마음에 쌓인 축적물을 제거하는 의

식으로 받아들였습니다. 교회의 가족이 되고자 하는 사람은, 이 절차를 통해 악한 세상과 절교하고 하나님 나라의 가족이 되는 것입니다.

이렇게 옷을 벗고 기름을 몸에 바른 입교자는 교인들의 기도와 찬송을 들으며 천천히 물로 걸어 들어갑니다. 흐르는 물이나 샘에 몸을 담그고 자신의 믿음을 고백하면, 목회자가 성부 성자 성령의 이름으로 기도하고 머리에 물을 부어 세례를 베풀었습니다. 그런 다음 세례 받은 사람이 목회자와 함께 물에서 나옵니다. 물에서 나온 사람에게 목회자는 다시 한번 기름을 부어 주는데, 이로써 이 사람은 하나님 나라의 왕과 제사장으로 세움을 받게 됩니다. 이것은 초대교회에서 세례 받은 모든 사람을 제사장처럼 여겼던 것을 보여 주는 상징 의식이었습니다. 우리가 '만인제사장직'이라고 부르는 것이 이런 예식으로부터 자리 잡은 것이지요. 그렇게 기름 부음 받은 사람에게 물가에 있던 교인들이 다가갑니다. 그리고 준비한 길고 새하얀 옷을 그 사람에게 입힌 후, 교회당 안으로 함께 들어가 부활절 아침 예배를 드립니다.

이로써 세례 받고 교회에 입교한 사람들은, 드디어 예배 시간에 성찬을 함께 나눌 수 있게 됩니다. 입교하기 전에는 참여할 수 없었던 식탁 나눔에 한 가족으로서 참여할 수 있게 되는 것이지요. 성찬 시간에 목회자는 빵과 물 탄 포도주를 놓고 각각 감사의 기도를 드린 후, 우유와 꿀을 섞은 잔을 입교자에게 주어 먹고 마시게 합니다.

빵과 포도주는 그리스도의 성찬을 상징하고, 우유와 꿀은 젖과 꿀이 흐르는 가나안 땅에 입성했다는, 즉 새로운 세상에 들어왔다는 것을 상징합니다. 이로써 이들은 새로운 약속의 땅 가나안에 들어가 거룩한 한 가족이 됩니다.

이 이야기는 제가 지어 낸 것이 아니라, 3세기 히폴리투스의 《사도 전승》(분도출판사)에 기록된 실제 입교 과정입니다. 입교한다는 것, 교인이 된다는 것은 기존 신자들이 누리는 모든 영적·법적 지위를 동등하게 누린다는 뜻이기도 합니다. 여기서 구별과 차별이 사라지게 됩니다. 이제 세례 받아 교인 된 이들은 모두 예배 순서에 있는 '주기도문'과 '평화의 인사'에 참여할 수 있게 되고, 성찬의 빵과 포도주 그리고 우유와 꿀을 교회로부터 공급받게 됩니다. 이게 초대교회의 입교 과정입니다.

이렇게 오랜 시간과 까다로운 절차를 통해 입교한 사람은 교회의 온전한 가족으로 받아들여집니다. 완전히 새로운 세계 속으로 들어가, 완전히 다른 가치관 속에서, 완전히 다른 사람들과 더불어 살게 됩니다. 얼마나 감격스러운 순간일까요?

교인이 된다는 것

그러나 교인이 된다는 것은 마냥 감동적이고 즐거운 일이 아닙니다. 시대적 배경을 고려해 보면, 교인이 된다는 것은 즐거운 상황과 정반대되는 위험한 상황 속에 제 발로 뛰어드는 의미였기 때문입니다. 기독교가 로마제국에서 합법적인 종교로 인정된 313년 이전까지는, 교회는 그저 불법적인 미신 종교로 여겨졌고 그리스도인이 된다는 것은 예비 사형수가 된다는 의미였습니다. 교인이 된다는 것은 목숨을 걸어야 하는 위험한 일이었습니다. 특이한 건, 그런 상황에도 불구하고 3세기 교인들의 숫자가 폭발적으로 증가했다는 사실입니다.

초대교회 연구가인 로드니 스타크에 따르면, 로마제국에서 기독교가 공인되기 직전인 312년 당시 로마제국 총인구의 10퍼센트가 교회 소속이었고, 이전 3세기 동안 교인 수는 통계상으로 매 10년마다 평균 40퍼센트씩 증가했다고 합니다. 참 이상한 일이지요. 박해의 시대, 멸시와 천대 속에서 어떻게 이런 일이 일어날 수 있었을까요? 이 시기의 교회는 우리 시대처럼 '전도 폭발' 같은 프로그램이 있거나 전도지를 돌린 것도 아닌데 말입니다. 초대교회를 연구하는 학자들은 이 시기 교회의 아주 특별한 점이 오히려 '전도를 하지 않은 것'이라고 입을 모아 말합니다. 박해받고, 죽음도 감수하고, 전도도 안 하는 그런 종교 집단이 어떻게 그렇게 강한 생명력으로 성장할 수 있었을까요?

이유는 단 하나밖에 없습니다. 교인이 된 사람들, 그리스도의 교회 공동체에 속한 사람들이 삶에서 보여 주는 모습 때문이었습니다. 생각과 말과 행동이 다른 이들과 달랐던 것이지요. 그들의 감동적인 삶이 사람들 마음을 움직였고, 궁금해하면서 스스로 한 발 한 발 교회로 들어서게 했던 것입니다. 박해의 시기, 교회가 사라질 수도 있었던 환경 속에서도 교회가 힘을 얻은 이유가 바로 이것입니다. 삶입니다. '그리스도인'이라고 불린 이들의 신념, 소속, 행동이 뭔가 달랐던 것이지요.

그리스도인으로 사는 것

오늘날 우리는 어떤가요? 교인이 된다는 것은 새로운 세계를 향한 신념의 실천입니다. 그리고 교인에게 주어진 과업은 다름 아닌 '그리스도인으로 사는 것'입니다. 우리의 생각과 말과 행동에서 그리스도의 향기가 풍기고 있는지요? 선한 일을 하는 데 머뭇거리지 않고, 올바르게 살기 위해 힘쓰고, 사랑의 열정으로 서로를 섬기며, 절제된 말과 겸손한 행실로 살아가고 있는지요? 우리 중에 이 질문 앞에 당당한 사람은 아무도 없습니다. 이것이 사실입니다. 우리는 그렇게 위선적이고, 보잘것없고, 가망 없는 존재입니다. 바리새인이나 율법사를 욕할 처지가 아닙니다.

그러나 우리가 교인이 되었다는 사실을 다시 돌아봅시다. 그렇게 가망 없는 우리를 주님이 그분의 품으로 부르셨다는 것을 기억합시다. 우리의 생각과 능력을 넘어서는 하늘 아버지의 사랑이 우리를 자녀로 부르셨다는 것을 기억합시다. 죄인을 위한 십자가의 구원이 바로 가망 없는 우리를 위한 은혜의 사건이었다는 사실을 말씀과 성찬을 통해 기억합시다. 주님이 우리의 거룩한 성찬이 되실 때, 우리가 세상을 위한 성찬이 되도록 도우실 것입니다. 주님 앞에서 솔직한 죄인에게 구원이 임할 것입니다. 이것이 주님이 우리에게 약속하신 가장 큰 감사의 제목이 됩니다.

오늘 입교하는 모든 분들에게 다시 한번 축하를 드립니다. 그리고 이 축복의 자리에 함께하신 모든 교우 여러분에게도 축하를 드립니다. 그리스도의 복된 은총이 우리 모두에게 영원토록 함께하실 것입니다.

모든 지각에 뛰어난 하나님의 평강이 그리스도 예수 안에서 우리의 마음과 생각을 지키실 것입니다. 아멘.

열 명의
신부 들러리

마태복음 25:1-13

초등학교 때 교회 선생님이 동화를 재미있게 읽어 주시다가 맨 끝에 이렇게 말씀하시던 게 생각납니다. "자, 다음에 어떻게 되었을까?" 그러면 아이들은 저마다 상상하는 결말을 신나게 꺼내 놓았고, 다 듣고 난 선생님은 늘 예상치 못한 반전의 결말을 들려주셨습니다.

그때 들었던 동화가 무슨 이야기였는지는 잘 기억나지 않습니다. 다만, 너무나 진지하게 귀 기울이던 우리들의 모습, "저요! 저요!" 외치며 손을 들고 열심히 말하던 모습, 얼토당토않은 우리들 이야기를 두 눈 크게 뜨고 끝까지 들어 주시던 선생님의 미소 띤 얼굴, 마지막에 예상치 못한 결말을 듣자마자 모두 함께 "아~!" 하고 놀라거나 "에이~" 하고 깔깔 웃던 장면들만 생각납니다.

저는 예수님의 비유를 묵상할 때마다, 우리의 상상과 기대를 뒤집는 주님의 모습이 그때 그 교회학교 선생님 같다는 생각을 하곤 합니다. 오늘 교회력 복음서 말씀도 그렇지요. 만일 주님이 이 비유를 "주여, 주여, 우리에게 열어 주소서"라고 외치는 마태복음 25장 11절까지만 들려주시고, "다음은 어떻게 될까?"라고 우리에게 물으신다면 어떨까요? 여러분은 어떤 결말로 마무리하고 싶은가요? 저라면, 신랑이 멋진 목소리로 "그래, 다 들어와라"라고 말하는 것으로 이야기를 마쳤을 것 같습니다. 그러면 이 비유는 해피엔딩이 되었겠지요. 그런데 예수님은 제 기대를 완전히 뒤집어 버리십니다.

잠든 들러리들

'열 처녀 비유'라고 알려진 이 비유는 종말에 관한 말씀입니다(마 25:1-13). 오직 마태복음에만 나오는 독특한 이야기지요. 예수님이 사시던 시대의 결혼 풍습이 이 비유의 배경이기 때문에, 약간의 설명이 필요할 것 같습니다. 요즘 우리는 20대에 결혼해도 이른 결혼이라고 말하는데, 예수님 당시의 유대 땅에서는 10대에 결혼하는 조혼이 일반적이었다고 합니다. 그럴 수밖에 없었던 것이, 이스라엘이 로마제국의 식민 통치 아래 있다 보니 혹여 무슨 일이라도 일어날까 봐 부모들이 자녀들을 매우 이른 나이에 결혼시켰다고 합니다.

당시 랍비 문헌을 보면, 남자 열세 살, 여자 열두 살이 결혼할 수 있는 최저 연령으로 정해져 있습니다. 보통 열다섯 살 이전에 결혼하는 게 일반적이었고, 실제로는 그보다 더 이른 나이에도 했던 것 같습니다. 오늘로 치면, 초등학교 6학년이나 중학생 때 결혼하는 것이지요.

그렇게 결혼하는 신부는 절친한 친구 열 명을 들러리로 세우는 게 관습이었습니다. 오늘 비유에 등장하는 열 처녀가 바로 그 신부 들러리들입니다. 따지고 보면, 신부 들러리로 세워진 열 명의 초등학교 6학년 여자아이들 이야기가 오늘의 비유입니다.

마태복음 25장 1절은 이렇게 시작합니다. "그때에 천국은 마치 등을 들고 신랑을 맞으러 나간 열 처녀와 같다." 당시 풍습에 따르면, 결혼식 당일 밤 신랑은 신부 집에 들러야 합니다. 신부를 데려오기 전에 신부 부모에게 값을 치러야 하는데, 서로 원하는 금액을 실랑이하게 됩니다. 이 실랑이가 길어지면 신랑 집으로 돌아오는 시간을 예측할 수 없게 되지요. 우리나라 결혼 풍습에서 함을 보내고 함 값 실랑이를 하는 것과 비슷하다고 보면 됩니다.

그렇게 늦은 밤 돌아오는 신랑 행렬은 횃불을 들고 길을 나섭니다. 웬만한 등잔은 바람 불면 꺼지기 때문에, 나무 끝에 솜뭉치를 달고 기름을 듬뿍 먹여 불을 붙입니다. 성경에 '등'이라고 번역된 것이 바로 이 횃불입니다. 기름을 충분히 준비하지 못하면, 이 횃불은 꺼지고 맙니다. 신랑 행렬이 늦은 시간까지 돌아오지 않으면 신부 들러리들이 졸릴 수밖에 없지요. 초등학생 나이니 오죽할까요. 이것이 25장 5절의 상황입니다.

주님을 아는 지식

그런데 한 가지 유념해야 할 점은, 미리부터 미련한 다섯 명과 슬기로운 다섯 명으로 구분하면 안 된다는 것입니다. 우리는 너무 신속하게 이 비유 속 인물들을 선과 악, 좋은 것과 나쁜 것 구도로 구별한 채 바라봅니다. 그리고 우리의 강한 편견을 이 비유에 투사합니다. 그런데 이 비유는 흑백논리를 말하려는 게 아닙니다. 이 비유의 주제가 종말이라는 것을 고려하면, 목표는 오직 한 가지입니다. 신랑이라는 한 인물에게 최종 심판권이 있다는 메시지입니다.

비유를 유심히 읽어 보시기 바랍니다. 슬기롭다고 하는 신부 들러리들도 미련하다는 들러리들을 판단하거나 심판하지 않습니다. 단지 자신들의 기름을 나눌 수 없는 상황을 설명하고 상인들에게 가서 기름을 구하라고 조언합니다. 최종 판단은 오직 신랑 한 명, 그리고 이 비유를 들려주시는 예수님만 할 수 있습니다.

신부의 들러리 열 명은 모두 신랑을 기다립니다. 안 기다린 사람은 아무도 없습니다. 그리고 그들 모두 신부의 절친한 또래 친구들입니다. 같은 마을, 같은 놀이터에서 놀던 친구들이지요. 이들 모두 결혼식에 초대받았고, 신랑을 기다리다 잠이 듭니다. 다섯 명은 깨어 있고 다섯 명은 잠든 게 아니라, 열 명 모두 잠들었습니다.

그런데 열 명의 들러리들을 미련한 부류와 지혜로운 부류로 나눈 후, 이 두 부류를 물과 기름, 선과 악으로 구분된 것처럼 읽어 내려간다면, 예수님의 메시지에서 삼천포로 빠지게 될 것입니다.

다만 이 비유에서 "어리석다"고 말하며 문제 삼는 부분은 놓치지 말아야 합니다. "주여, 주여"라고 부르는 다섯 명이 '왜 신랑의 인정을 못 받았는가'에 관한 문제입니다. 이 대목에서 우리를 돌아보면 좋겠습니다. 우리도 주님을 잘 아는 것처럼, 늘 '주님'이라는 말을 입에 달고 삽니다. 그런데 주님을 외치는 이들을 냉정하게 거절하는 부분을 보면서, '주님을 아는 지식이 도대체 무엇인가'를 다시 생각해 봐야 합니다.

마태복음을 1장부터 한달음에 읽다 보면, 오늘 본문에 나오는

"주여, 주여, 열어 주소서"(11절)라는 외침은 산상설교가 울려 퍼지는 7장 21절을 기억나게 합니다. "나더러 주여 주여 하는 자마다 천국에 들어갈 것이 아니요 다만 하늘에 계신 내 아버지의 뜻대로 행하는 자라야 들어가리라"(마 7:21).

그리고 25장 8절의 '꺼져 가는 등불'은 5장 16절의 산상설교로 우리를 다시 이끕니다. "이같이 너희 빛이 사람 앞에 비치게 하여 그들로 너희 착한 행실을 보고 하늘에 계신 너희 아버지께 영광을 돌리게 하라"(마 5:16).

이 구절들과 함께 보고 나니 이 비유가 가르치는 메시지가 분명해집니다. 잠을 자든 깨어 있든 등잔에 기름을 충분히 넣고 살아가야 한다는 것, 즉 하나님의 뜻대로 선한 일을 행하면서 살아야 한다는 것, 그것이야말로 주님을 아는 지식이라는 것을 가르쳐 줍니다.

그리고 오늘의 이 비유를 산상설교와 연결해서 보면, 주님을 아는 지식이란 주님이 산 위에서 가르치신 산상복음(마 5-7장)의 삶, 그중에서도 5장에 나오는 팔복의 삶을 사는 것임을 깨닫게 해 줍니다.

본문 말씀을 5장 말씀과 함께 깊이 묵상해 보길 권합니다. 가난한 자, 애통한 자, 온유한 자, 의에 주리고 목마른 자, 이웃을 불쌍히 여기는 자, 마음이 청결한 자, 평화를 만드는 자, 의를 위해 박해받는 자에게 복이 있다는 주님의 말씀은 우리가 사는 세계의 가치 기준을 완전히 뒤집어 놓는 말씀입니다.

우리가 살아가는 세상에서는 가난하고, 애통하고, 온유하고, 자기 소유를 불행한 이웃에게 나눠 주고, 의를 위해 박해받는 사람은 바보입니다. 그러나 주님은 이런 바보들이야말로 하나님의 복을 받는다고 선언하십니다. 팔복이 초대하는 하나님 나라는, 가장 미련한 사람에게서도 하나님의 능력이 나타나는 나라입니다. 우리는 이것을 십자가 복음이라고 말합니다. 이런 십자가 정신이 발현되고 체험되고 나누어지는 삶이 바로 팔복의 삶이요, 그리스도를 신뢰하는 삶이라고 할 수 있습니다.

교회의 표지

개혁자 마르틴 루터가 교회의 표지를 설명한 글이 있습니다 1539년에 쓴 "공의회와 교회에 관하여"라는 글인데, 거기서 루터는 교회가 거룩한지 아닌지 분별할 수 있는 일곱 가지 표지를 설명합니다. 하나님의 말씀이 선포되고 있는가, 세례가 베풀어지고 있는가, 성만찬이 바르게 집행되고 있는가, 죄의 고백과 용서가 있는가, 교회 공동체의 소명을 받아 임명받은 직분자들이 있는가, 기도와 신앙고백과 교리적인 가르침이 있는가, 고난의 상징인 십자가를 소유하고 있는가, 이 일곱 가지 질문이 그것입니다.

이 중에서 '십자가를 소유한다'는 말의 뜻은, 교회 공동체가 하나님의 거룩한 이름 때문에 아파하고 분투해야 한다는 것입니다. 그런 고난이 없다면 교회도 아니고, 그리스도인도 아니라는 말입니다. 루터는 이렇게 설명합니다. "교회에 속한 지체들은 모든 불행과 박해, 악마, 보이는 세상, 육체의 온갖 시련과 악을 견뎌야 합니다. 주님이 우리에게 가르쳐 주신 주기도문은 우리 내면 깊은 곳에 자리 잡은 슬픔, 우울, 두려움, 가난, 멸시, 육체의 질병, 연약함 속에서도 우리의 머리 되신 그리스도를 발견하고 그와 같이 되길 가르치십니다"(루터, "공의회와 교회에 관하여", 1539).

이 설명은 마태복음뿐만 아니라 성경의 모든 메시지가 지향하는 바입니다. 하나님의 능력이 그리스도의 십자가에서 드러났다는 선언과 같습니다. 슬기롭다는 것은 이런 주님을 바로 아는 것, 바울처럼 십자가의 죽음에서 하나님의 능력을 발견하고 체험하며 매 순간 그런 은혜 가운데 살아가는 것입니다.

그리스도 때문에 불행을 당하는 사람, 그리스도 때문에 가난해진 사람, 그리스도 때문에 참는 사람, 그리스도 때문에 내 것을 나누는 사람이라면 결코 타인을 섣불리 심판하지 않습니다. 최종 심판은 오직 하나님께 속해 있다는 십자가의 진리를 알기 때문입니다.

십자가에 은혜가 있다는 사실이 우리에게 빛이 됩니다. 그 빛은 우리의 위대한 업적을 찬양하지 않습니다. 십자가의 빛은 고난과 죽음 한가운데서도 생명을 만들고 생동하는 하나님의 능력을 찬양하고 드러냅니다. 그래서 십자가의 길을 걷고 있는 이들에게 주님은 천국 문을 활짝 열어 주십니다.

매일 만나는 종말

오늘의 말씀은 분명히 우리가 '종말'이라고 부르는 마지막 사건(파루시아)을 암시합니다. 그런데 우리가 꼭 기억해야 할 것이 있습니다. 종말은 단순히 시간의 끝에서만 일어나는 일회성 사건이 아니라는 사실입니다. 살아가면서 우리는 순간순간 종말을 경험합니다. 이것은 진리입니다. 열병을 앓는 아이 앞에서, 죽음을 기다리는 어머니를 보면서, 실직한 자신의 모습 속에서, 암 진단을 내리는 의사의 입을 보면서, 숨죽여 우는 아내의 흐느낌을 들으면서, 아무리 싸워도 양심이 회복되지 않는 교회 안에서 … 그렇게 우리는 종말을 만나며 살아갑니다.

그리스도인의 종말은 십자가의 빛 아래 있다는 것을 기억합시다. 주님은 세례를 통해 우리를 교회 공동체로 부르셨다는 사실을 기억합시다. 우리가 맞닥뜨리는 종말의 현실은 죽음처럼 끔찍하지만, 십자가의 그리스도가 죽음에서 부활을 만들어 내셨다는 것을 기억합시다. 그것이 우리를 향한 십자가의 복음입니다.

찬송 하나 소개하고 설교를 마치겠습니다. 16세기 독일 루터 교회의 필립 니콜라이(Philipp Nicolai) 목사님이 쓴 찬송시를 바탕으로 만들어진 "깨어라, 먼동이 튼다"라는 찬송가입니다. 원래 제목은 "깨어라, 우리를 부르는 소리가 있다(Wachet auf, ruft uns die Stimme)"입니다. 가사가 다음과 같습니다.

깨어라 깨어라 먼동이 튼다

들어라 파수꾼의 외침

깨어라 예루살렘아 장엄한 종소리 울고

그 병거소리 들려온다

슬기론 처녀 일어나 어서들 차리고

신랑을 맞으라 할렐루야

네 등불 밝혀 들어라 그 혼인식에 나가라

시온에 그 노래 들려 큰 기쁨 솟아 온다

깨어라 예루살렘아 영광의 신랑이 온다

참 승리자로 이제 온다

그 별은 밝게 빛난다 찬양하여라

주님의 면류관 할렐루야

너 노래하며 달려가 그 혼인 잔치 즐겨라

하늘도 하늘도 주 찬양하고

수많은 성도 천사 함께

승리의 노래 부른다 진주문 그 곁에 서서

저 보좌에서 울려오는 우렁찬 노랫소리

처음 보는 그 광경 처음 듣는 그 소리

할렐루야 소리 높여 찬송하라

세세에 주 찬송하라

가사를 보면 오늘의 복음서 본문을 배경으로 하고 있지요. 그런데 필립 니콜라이 목사님은 '깨어라 깨어라'라는 25장 13절 말씀과 함께 주님의 성찬을 떠올리면서 이 찬송시를 썼다고 합니다. 성찬을 통해서 어둠이 물러가고 먼동이 트며, 거기서 파수꾼의 외침이 들리고, 예루살렘의 장엄한 종소리를 듣게 된다는 것입니다. 또 슬기로운 여인들이 일어나 등불을 밝히고 혼인식에 나가는 장면을 니콜라이 목사님은 주님의 성찬으로 나가는 신자들의 모습으로 그렸다고 합니다. 그렇게 성찬을 통해 새로운 세계에 눈뜨게 되는 감격을 이 찬송은 노래하고 있습니다.

우리에게 종말은 멀리 있는 사건, 끔찍한 사건, 밤처럼 두려운 사건입니다. 그러나 우리가 그리스도의 성찬을 함께 나누는 순간, 그리스도는 우리 안에 거하시게 됩니다. 십자가에 달리시고 부활하신 그리스도를 기억하며 성찬을 나누는 성도들은, 우리의 모든 아픔과 고난을 빛으로 바꾸고 새로운 세계로 인도하시는 부활의 그리스도를 만나게 될 것입니다. 그리스도와의 복된 만남이 우리 모두에게 임하길 주님의 이름으로 축원합니다.

모든 지각에 뛰어난 하나님의 평강이 그리스도 예수 안에서 우리의 마음과 생각을 지키실 것입니다. 아멘.

달란트 비유
뒤집어 읽기

교회력 마지막 셋째 주일

마태복음 25:14-30

오늘 교회력 복음서 본문은 달란트 비유입니다. 어떤 주인이 세 종을 불러 다섯 달란트, 두 달란트, 한 달란트를 맡기는데, "각각 그 재능대로"(마 25:15) 재산을 위탁합니다. 그런 다음 멀리 외국에 갔다가 돌아와 정산하게 되지요. 첫 번째, 두 번째 종은 그 위탁금으로 열심히 장사를 해서 환상적인 이윤을 남겼다고 보고합니다. 재산을 곱절로 늘린 것입니다. 돌아온 주인은 기쁘게 칭찬합니다. 그런데 문제는 한 달란트 받았던 세 번째 종입니다. 그 종은 받은 그대로 주인에게 되돌려 주었고, 악하고 게으른 종이라는 욕을 얻어먹고 쫓겨납니다.

　1달란트는 6,000데나리온으로 환산되고, 1데나리온은 일반 노동자의 하루 품삯이었습니다. 그러니 1달란트라는 돈은 6,000일, 즉 16년 이상 하루도 안 쉬고 일해야 겨우 만들 수 있는 돈입니다. 예수님 당시, 갈릴리와 베뢰아 지역을 통치하던 헤롯 안티파스의 1년 조세 수입을 모두 합해도 약 200달란트였다고 하니까, 예수님의 비유에 등장하는 8달란트는 사실 일반인이 상상하기 어려운 액수이지요.

보통 이 비유에서 '타국에 갔다 돌아오는 주인'은 '재림하실 주님'으로 해석됩니다. 그래서 이 비유는 주님 오실 때까지 우리에게 맡겨진 재능을 어떻게 활용하면서 살 것인가, 어떻게 해야 주님께 칭찬받을 수 있는가 하는 삶의 태도와 책임을 가르치는 교훈으로 읽히곤 합니다. 가진 재능을 부지런히 계발해서 성공한 사람은 주님께 칭찬받고, 그렇지 않으면 심판받는다는 식으로 말입니다. 열심히 신앙생활하고 성공(?)한 신자에게는 은혜가 되고, 껍데기만 남은 신자들에게는 충분히 경각심을 일깨우는 해석이지요.

그런데 이 비유를 깊이 묵상할수록 마음에 걸리는 게 많습니다. "만일, 이 비유에 나온 '주인'이 '재림하실 주님'이라면, 대체 왜 자기 재산을 똑같이 나눠 주지 않고 '재능대로', 즉 '능력대로' 주셨을까? 사람을 능력별로 차별하시는 건가? 예수님의 비유를 듣던 청중은 거의 다 농촌 빈민들이었는데, 왜 장사로 재산을 불리는 상거래 행위를 예로 말씀하셨을까? 좋은 노예인데, 노예가 장사로 폭리를 취할 수 있었나? 노예는 한 번의 실수라도 하면 투옥되거나 매질 당할 텐데, 주인 몰래 장사를 하다니 그게 말이 되나? 증권가에서는 한 방에 재산을 곱절로 불리는 게 가능하다지만, 고대 사회에서 불법과 부정 없이 저런 일이 가능했을까? 주님은 저런 일확천금의 기회를 그대로 인정하시는 것인가? 있는 자에게 더 주고, 없는 자의 것을 빼앗아 가진 자에게 주는 일이 정당한가? 세 번째 종은 정말 사악하고 게으른 것인가?" 등등의 질문들이 꼬리에 꼬리를 물었습니다.

분명히 이 비유는 전통적인 방식으로 해석해도 훌륭한 교훈을 충분히 담고 있습니다. 하지만 자꾸 마음에 걸리는 바람에 '혹시 완전히 다른 방식으로 이해할 수는 없을까?' 하고 다른 관점에서 읽어 보았습니다. 그 이야기를 나눠 보려고 합니다. 들어 보면서 여러분도 함께 고민해 보기 바랍니다.

이상한 비유

앞서 말씀드린 대로, 이 비유에는 매우 이상한 점들이 있습니다. 지금 우리가 당연하다고 생각하는 내용도 있고, 말도 안 된다고 여길 만한 내용도 한데 뒤섞여 있습니다. 주인의 돈을 위탁받은 종들이 몰래 투자합니다. 그리고 어떤 종은 이익을 두 배로 남기고, 또 어떤 종은 받은 돈을 그대로 땅에 파묻어 버립니다. 둘 중 누가 칭찬받을 만하고, 누가 바보 같은가요?

대부분의 사람들이, 재산을 두 배로 늘린 두 종이 정상이고 나머지 한 명은 바보라고 생각합니다. 하지만 예수님이 이 비유를 들려주시던 그때 그 자리에서는, 우리의 생각이 완전히 반대였을 수 있습니다. 이 비유가 선포된 시대는 1세기, 지역은 팔레스타인, 청중은 농촌 주민들입니다. 그런데 지금 이 내용은 청중의 가치관을 완전히 밟아 뭉개 버리고 있다고 말할 수 있습니다. 당시 농촌 사회의 근간이 되던 '이웃사촌' 정신을 한 방에 무너뜨리고 있기 때문입니다.

그때의 농촌 사회는, 어려운 일이 있으면 서로 가족처럼 돕고 상생하는 상호 경제 공동체였지요. 이런 곳에서 누군가 한 사람이 큰 자금을 운용해 곱절의 이익을 냈다는 건 감히 상상 못 할 일입니다. 도대체 농경사회에서 누가, 어떻게, 돈을 굴려 두 배의 이익을 낼 수 있다는 말일까요?

'돈 쓰는 걸 보면, 어떤 사람인지 보인다'는 말이 있지요. 고대 사회에서도 마찬가지입니다. 1세기 팔레스타인을 연구한 자료들을 보면, 자본 운용에 있어서 세 가지 원칙적인 방법이 있었는데, 돈을 굴려서 이자를 만드는 방법, 땅을 사서 토지를 늘리는 방법, 돈을 보물단지처럼 여기고 간직하는 방법입니다. 이 세 가지 방법 중 어떤 것을 선택하는가는 당시 사회적 지위가 결정했습니다.

우리 생각에는, 이윤을 최대한 많이 남기는 것이 자본을 투자하는 목적이지만 고대 농경사회에서는 돈을 간직하고 (땅에 묻어 두는 행위도 포함) 있는 것으로 만족하는 사람들이 있었습니다. 따라서 세 번째 종처럼 하는 것도 그때는 매우 흔한 일이라고 할 수 있습니다.

그런데 여기서 분명한 것은, 땅을 사들이거나 이자 수입으로 재산을 증식하는 사람은 극소수에 속하는 부자나 권력자일 수밖에 없다는 점입니다. 그러니 예수님이 이 비유를 들려주실 때, 가난한 청중은 이 비유가 생뚱맞다고 생각했을 것입니다. 예수라는 저분은 '여러분, 돈 굴려서 부자 되세요! 그거 하나님이 칭찬하십니다'라고 하실 분이 아닌데, 왜 저런 말을 하실까 의아해하면서 말입니다.

주인의 정체

게다가 여기 등장하는 주인도 이상하지요. 마태복음 25장 24절 이하를, 그 뜻을 생각하면서 다시 읽어 봅시다. 한 달란트 받았던 종이 주인에게 와서 이렇게 말합니다. "한 달란트 받았던 자는 와서 이르되, 주인이여! 당신은 굳은 사람이라. 심지 않은 데서 거두고, 헤치지 않은 데서 모으는 줄을 내가 알았으므로"(마 25:24).

이 구절을 좀 쉽게 풀어 보면 "주인님, 당신은 바늘로 찔러도 피 한 방울 안 나올 그런 냉엄한 사람입니다. 심지 않은 데서 거두고 뿌리지도 않은 데서 모아 가는 그런 사람, 즉 불로소득 좋아하고 남의 것을 착취하는 그런 사람입니다." 사실상 이 구절은 노예가 주인에게 웬만한 정신 가지고 말할 수 있는 그런 내용이 아니지요. 종이 미쳤든지, 아니면 양심상 주인의 악을 폭로하겠다고 용기를 낸 건지, 둘 중 하나일 것입니다.

여하튼 주인이 26-27절에서 이 종을 향해 호통치는 내용을 보면, 이 종의 판단이 정확했다는 것을 확인할 수 있습니다. "그 주인이 대답하여 이르되, 악하고 게으른 종아 나는 심지 않은 데서 거두고 헤치지 않은 데서 모으는 줄로 네가 알았느냐? 그러면 네가 마땅히 내 돈을 취리하는 자들에게나 맡겼다가 내가 돌아와서 원금과 이자를 받게 하였을 것이니라."

지금 주인은 종이 했던 말에 대해 '맞다. 네가 나를 정확히 봤다'라고 동의하고 있어요. 그러면서 하는 말이 '그렇게 날 잘 알고 있으면, 내가 맡긴 돈을 돈놀이하는 업자에게 맡겨서라도 원금과 이자를 만들어 놨어야 하는 거 아니냐?'며 화내는 장면입니다.

보통 화난 게 아닌 것 같습니다. 옆에 서 있던 다른 종들에게 이런 말을 덧붙이지요. "그에게서 그 한 달란트를 빼앗아 열 달란트 가진 자에게 주라"(28절). 그러면서 또 이런 말도 합니다. "무릇 있는 자는 받아 풍족하게 되고 없는 자는 그 있는 것까지 빼앗기리라"(29절).

우리는 보통 이 구절을 '무에서 유를 창조하시는 하나님', '신 앙 좋은 사람에게는 한없는 은혜를 부어 주시는 하나님'으로 은혜롭게 읽곤 하는데, 비유의 맥락과 분위기를 고려해 보면 절대 그렇지 않습니다. 주인의 말과 행동은 탐욕 가득하고 폭력적으로 보입니다. 그렇다면 예수님의 비유에 등장하는 이 주인, 그리고 재산을 두 배로 불려 칭찬받은 두 종은 도대체 누구를 상징하는 것일까요?

유대인의 귀로 듣기

이제 이 비유를 듣고 있던 당시 청중의 입장으로 돌아가 봅시다. 당시 그들의 머리에 떠오른 주인은 어떤 종류의 사람이었을까요? 이 주인은 하나님을 무시하며 사는 매우 악독한 사람으로 연상되었을 것 같습니다. 당시 유대인들은 모세의 율법을 자기 생명보다 귀한 하나님의 뜻으로 받들며 살았는데, 그 율법에 '이자를 받지 말라'는 이자 금지법이 나옵니다(출 22:25; 신 23:20-21; 레 25:36-37).

그런데 여기 나온 주인은 외려 세 번째 종을 추궁하면서 뭐라고 합니까? '돈놀이하는 사람에게 돈을 맡겨서라도 이자를 가져왔어야 했다'(마 25:27 참고)라고 호통칩니다. 이 말을 듣고 청중은 딱 감이 왔을 거에요. '아, 이 주인과 두 종은 하나님 없이 사는 사람들이구나.'

이제 세 번째 종, 오늘 비유에서 가장 많은 분량을 차지하고 있는 이 종의 행동이 정말 악한 것인지 유대인의 관점에서 추리해 봅시다. 이 종은 주인이 위탁한 돈을 땅에 파묻었다가 그대로 돌려줍니다. 매우 바보같이 보이는 행동이지만, 유대인들에게는 별로 낯선 행동이 아닙니다. 오히려 당시 랍비들이 경건의 목록으로 가르치던 내용입니다. 이 종은 그 가르침을 그대로 준행한 것뿐이지요. 그런데 주인은 경건을 몸으로 실천한 이 종에 대해 뭐라고 판단합니까? "악하고 게으르다"라고 선언합니다.

이 주인의 판단이 정말 옳은가요? 우리가 선입견을 버리고 이 비유를 다시 읽을 수만 있다면, 이 종은 경건한 가르침을 그대로 수행한 신실한 종교인입니다. 게다가 불로소득을 자행하고 착취를 일삼는 주인을 향해, 면전에서 올곧은 말을 할 줄 아는 용기 있는 양심의 사람으로 볼 수 있습니다.

물론 양심대로 산다는 게 말처럼 쉽지는 않지요. 그렇게 살다 가는 여기저기서 욕도 얻어먹고 고소도 당하고 공동체에서 쫓겨나 감옥살이도 할 수 있습니다. 이게 30절에 나온 세 번째 종의 운명입니다. 경건하고 신실한 사람, 양심을 지키는 사람의 삶이 그렇게 끝난다면 이건 비극입니다. 그게 신앙인의 최종 목적지라면, 차라리 대충 타협하면서 사는 게 현명하지 않을까요? 그런데 문제는, 신실한 신앙인은 실제로 그런 길을 피할 수 없다는 데 있습니다. 저는 30절에서 한참을 머뭇거렸습니다. '이렇게 비참한 게 신앙인의 삶인가?' 생각하면서 말입니다.

'그러나'

예수님의 달란트 비유는 여기서 끝나지 않습니다. 우리는 늘 30절에서 이 비유가 끝난 것으로 생각합니다. 그래서 31절로 이어지는 예수님의 말씀을 달란트 비유와 연결해 볼 생각조차 하지 않습니다. 그러나 31절 이하의 내용을 잘 살펴보십시오. 거기 보면, 갑자기 인자가 하늘에서 천사들과 함께 내려와 보좌에 앉는 모습, 그리고 모든 민족을 그 앞에 모으고 양과 염소로 가르는 최후의 심판이 그려집니다.

그러면서 34절에서 복 받을 사람들을 앞으로 나오게 합니다. 그리고 하시는 말씀이 '내가 헐벗었을 때, 어둡고 음침한 옥에 갇혔을 때, 나그네로 내동댕이쳐졌을 때 대접한 자들이 복 받을 자들'이라고 하십니다. 그러면서 또 '지극히 작은 자에게 한 것이 바로 나에게 한 것이니 그렇게 한 사람은 영생에, 그렇게 하지 않은 사람은 영벌에 들어갈 것'이라고 말씀하십니다. 이게 바로 최후의 심판이지요.

이 말을 마치시고, 곧바로 주님은 도성 바깥 어두운 곳, 즉 모두가 슬피 울며 이를 갈게 될 십자가의 길, 죽음의 길로 떠나십니다. 이것이 마태복음 26장의 시작입니다. 이 종말의 이야기, 죽음의 길을 떠나는 이야기 바로 앞에 달란트 비유가 놓여 있습니다.

이 본문을 읽으면서 저는, 달란트 비유가 끝나고 새로운 이야기가 시작되는 31절에 '그러나'라는 단어 하나만 있으면 얼마나 좋을까 생각했습니다. 그렇게 되기만 하면 '어두운 곳으로 쫓겨난 종이 영생에 들어가는 반전 드라마가 될텐데'라면서 말입니다. 그러다가 설마 하는 마음으로 헬라어 원문을 찾아보고는 제 눈을 의심했습니다. 실제로 31절 말씀에 '그러나'(δε)라는 단어가 있더라고요. 다양한 한글 번역 성경들이 있는데, 모두 다 이 단어가 번역이 안 되어 있어요. 그런데 헬라어 성경, 루터의 독일어 성경, 그리고 일부 영어본 성경에 이 단어가 분명히 있다는 것을 확인했습니다.

31절 첫 구절에 '그러나'라는 접속사를 넣어 읽어 보면, 달란트 비유가 완전히 다른 식으로 읽힙니다. 모든 것을 빼앗긴 종, 바깥 어두운 곳으로 내쫓긴 종, 슬피 울며 비탄에 잠긴 종. '그러나' 인자가 영광중에 천사와 함께 나타나 최후의 심판을 주재하실 때, 그 종이 바로 그리스도이며, 그리스도를 따르는 성도들로 밝혀집니다. 바로 그들이 영생에 들어가게 될 것이라는 메시지를 마태복음 25장에서 읽을 수 있습니다. 그리고 종말을 예언하는 주님의 말씀이 끝나자마자, 주님은 자리에서 일어나 누구보다 먼저 그 어둠의 길, 죽음의 길로 떠나십니다. 마태복음 26장 이하의 말씀이지요.

참 주인은 누구인가

마태복음 24-25장은 종말에 대한 말씀과 비유가 연달아 나옵니다. 따로 읽지 말고 모두 하나의 덩어리로 읽어야 합니다. 종말의 서막을 연상케 하는 마태복음 24장에는, 성전의 종말과 더불어 종말의 징조가 세상 곳곳에서 나타날 것이라는 말씀, 그리고 창세기를 연상케 하다가 갑자기 종말을 예언하는 말씀이 나옵니다. 모두 종말에 대한 서막이라고 보면 될 것 같습니다.

그런 다음, 곧바로 25장에서는 '열 명의 신부 들러리' 비유가 나오지요. 종말의 때가 가까웠으니 '깨어 준비해야 한다'는 말씀입니다. '깨어 있어야 하는 이유'가 무엇인가를 밝혀 주는 설명은 달란트 비유입니다. 달란트 비유의 첫머리에 나오는 '주인'에게 관심을 잠깐 돌려 봅시다. 비유의 시작인 14절 말씀에 보면 이 주인은 멀리 타국에 갔다가 돌아옵니다. 이렇게 다시 오는 주인을 보통 '재림하실 주님'이라고 해석합니다. 그럴 수도 있지만, 앞에서 설명했듯이 저는 여러분이 다른 식으로 읽어 보기를 권합니다.

주인의 탐욕스럽고 악독한 성품으로 봐서는 절대 재림하실 주님일 수 없어 보입니다. 그러니 이 주인을 돈과 재물, 탐욕의 신으로 상징되는 '맘몬'으로 보는 것은 어떨까요. 예수님 당시 정치 사회적으로 보면, 이 주인은 로마제국의 황제를 뜻할 수도 있습니다. 맘몬이든 로마제국이든 유대인들이 볼 때 이들은 세상을 다스리고 장악한 현실 세계의 주인입니다.

그런데 주님은 이 비유를 통해 다른 이야기를 건네십니다. '우리의 참 주인이 누구인지 똑바로 봐야 한다. 깨어 있어야 된다' 라고 아프게 말씀하시는 것 같습니다.

유대인들은 하나님의 백성이라는 자부심이 있었지만, 그들의 현실에서는 로마 황제의 형상이 담긴 동전을 사용해야 했고, 거룩한 성전마저도 제국의 법과 돈의 시스템에 따라 움직여야 했고, 거룩한 제사장과 종교인마저 돈과 권력에 따라 사람의 등급을 매기고 있었습니다. 그것이 그들의 현실 세계였지요. 돈과 권력이 주인 된 세상, 성공적인 부자의 삶이 칭찬받는 세상, 그곳이 달란트 비유의 배경이 됩니다.

그러니 예수님의 이 비유는 맘몬의 세계 안에서 하나님의 뜻을 좇아 사는 고독한 신앙인의 삶을 그려 낸 것입니다. 비유의 주인은 맘몬이나 로마 황제이고, 환상적인 이윤을 창출한 두 종은 돈과 권력이라는 시스템에 순종하며 승승장구하는 이들을 지칭합니다.

이런 세계에 노출되면, 무엇이 참으로 선한지 악한지 구분하기 쉽지 않습니다. 오늘의 교회라고 다를 바 없습니다. 교회당 건축에 목숨 걸고, 부와 명예에 따라 교인들의 등급을 매기며, 권위를 이용해 파괴적인 영향력을 행사하는 것은, 예나 지금이나 맘몬의 위력이 얼마나 강한 것인지 보여 줍니다. 주님은 바로 이런 세계를 폭로하십니다.

이런 맘몬의 세계에서 참으로 경건하게, 참으로 신실하게, 참으로 바른말 하면서 살아가기란 녹록한 일이 아닙니다. 그 때문일까요? 주님은 달란트 비유를 시작하시기 전인 마태복음 25장 13절에서 "깨어 있으라"고 말씀하시는데, 이 말씀은 '제아무리 신실한 신앙인이라도 옛 주인인 맘몬이 다시 돌아올 수 있으니 정신차리고 깨어 있어야 한다'는 뜻으로 들립니다.

"하나님과 재물을 겸하여 섬기지 못하느니라"(마 6:24)는 주님의 말씀이 떠오릅니다. 마태복음이 끊임없이 전하는 주제가 바로 이것입니다. '두 주인을 섬길 수 없다!' 그러니 깨어 있어야 합니다. 우리의 심장을 사로잡은 주인이 누구인지 늘 깨어 바라봐야 합니다. 그리스도인이라면, 그리스도의 몸인 교회라면, 생명의 참주인에게 우리의 시선을 돌려야 합니다.

교회를 위한 위로

마태복음서 기자는 왜 이런 이야기를 해야만 했을까요? 마태복음이 기록된 시기가 예루살렘 성전이 파괴된 서기 70년 전후라고 추정됩니다. 이 시기에 그리스도를 따르던 교회 공동체는 심각한 위기에 놓이게 됩니다. 로마제국의 핍박, 그리고 유대교와의 갈등 속에 처했던 시기이지요. 마태가 속해 있던 교회 공동체 역시 이런 위기 가운데 놓이게 됩니다. 교회 안에서 갈등이 생깁니다. 믿음이 연약한 이들은 교회를 떠나고, 남아 있는 교인들마저 교회의 미래에 대해 의심하기 시작합니다. 너무 힘드니까요.

이런 위기와 고난을 어떻게 감당할 수 있었을까요? 이것이 마태복음서 기자의 고민이었고, 그 고민의 답이 바로 24장부터 이어지는 종말에 관한 말씀입니다. 그리고 결정적인 것은, "인자가 자기 영광으로 모든 천사와 함께 올 때에"(25:31) 주님의 자비하신 위로와 회복이 고난 받는 교회와 성도들에게 약속되어 있다는 복음입니다.

이 말씀은 참으로 위로가 됩니다. 불의의 게임을 거부하는 성도들에게 하시는 '내가 너와 함께하겠다'는 복된 약속이 이 말씀에 담겨 있습니다. 세상은 탐욕스럽고 폭력적인 사람들 손에 머물지 않고, 지극히 작지만 용감하게 진실을 말하는 사람, 주님 오심을 기다리며 인내하는 사람들의 나라가 될 것입니다. 그리스도인, 그리고 교회 공동체는 바로 이런 하나님의 나라를 위해 부름 받았습니다. 우리의 참 주인이신 십자가의 그리스도가 우리를 도우실 것입니다.

모든 지각에 뛰어난 하나님의 평강이 그리스도 예수 안에서 우리의 마음과 생각을 지키실 것입니다. 아멘.

왕이신
그리스도

누가복음 23:27-43, 말라기 3:13-18

오늘은 교회력 마지막 주일인 '왕이신 그리스도의 날'입니다. 이름만 들으면, 승리의 날 같습니다. 그러나 오늘 복음서 본문인 누가복음 23장은 승리가 아니라 패배가 가득하고, 생기 없는 성 금요일 예배에 더 어울립니다. 이 본문은 해골 언덕 위에 세워진 십자가와 그 광경을 들려주기 때문입니다.

수치의 십자가

십자가는 결코 유쾌한 주제가 아닙니다. 탁 트인 광장에서 십자가에 매달린다는 것은 사람들에게 멸시와 혐오의 대상으로 전시된다는 뜻입니다. 십자가 처형이 너무나 잔혹해서 고대 로마 작가들은 십자가 처형을 언급하는 경우가 거의 없었고, 고상한 로마 시민들도 십자가를 입에 올리지 않았다고 합니다. 유대인들도 '나무에 달려 죽은 자는 하나님에게 버림받고 저주받았다'고 말할 정도였지요. 십자가는 철저한 혐오와 경멸의 표시였기에 존귀한 사람이나 영웅은 거기 있을 수 없었습니다.

이런 십자가에 예수님이 달리셨습니다. 신약성경에는 예수님의 십자가 사건이 종종 나오지만, 그 장면이나 과정을 자세히 설명하지는 않습니다. 얼마나 고통스러워하셨는지, 호흡 곤란 때문에 얼굴이 어떻게 일그러지셨는지, 벌거벗고 찢기신 모습은 어떠했는지, 관절을 어떻게 부러뜨렸는지 등등, 이런 끔찍한 묘사는 거의 한마디도 없습니다.

신약성경의 기록자들이 관심을 두고 있는 건 그런 참혹한 상황이 아니라 다른 곳에 있습니다. 십자가 사건을 잘 읽어 보면, '**수치**'라는 주제를 찾을 수 있습니다. 십자가를 지러 가시는 예수님에게는 눈곱만큼의 너그러움도 허락되지 않았습니다. 얼굴을 가리시지도 못했고, 옷도 걸치지 못하셨고, 마지막 식사도, 영혼을 위한 성직자의 마지막 기도도 허락되지 않았습니다. 십자가 처형은 그렇게 인간의 체면과 사생활, 최소한의 존엄성까지 빼앗아 수치와 모멸을 주려고 고안된 처형법입니다.

하나님의 아들이 당한 수치는 인간이 어떤 짓까지 할 수 있는지 고스란히 보여 줍니다. 오늘 복음서 본문을 보면, 관리들은 주님을 비웃고 군인들은 신 포도주를 주며 희롱합니다. 또 예수님의 십자가에 "유대인의 왕"이라고 쓴 명패를 답니다. 그 명패 대신 '살 가치가 없는 인간'이라고 써 붙여도 무방했겠지만, 더 우스운 꼴을 만들려고 '유대인의 왕'이라고 써 붙였던 것이지요. 비웃음, 희롱, 제비뽑기, 채찍질, 도성 밖에 있던 처형장, 십자가를 지고 가는 과정, 밑바닥 인생을 산 도둑들과 나란히 세워 놓았던 십자가,

하나님께로부터 버려짐 등등… 십자가 사건은 온통 이런 식으로 예수님에게 수치를 뒤집어씌웁니다.

십자가의 역설

당시 사람들에게 십자가는 인간으로서 살 가치가 없는 사람이 달리는 곳일 뿐입니다. 그런데 그곳에서 하나님의 아들, 온 세상의 구원자라는 분이 처형당하게 됩니다. 그분이 십자가에 달려 죽었다는 사실은 초대교회에서 늘 골칫거리였던 것 같습니다.

고린도전서를 읽다 보면, 십자가가 '유대인에게는 거리끼는 것이고 이방 사람들에게는 어리석은 일'이라는 걸 알면서도 그 십자가를 '하나님의 능력이요 하나님의 지혜'라고 힘주어 말하는 사도 바울을 만나게 됩니다(고전 1:23-24). 그러면서 그는 '내가 너희 중에서 예수 그리스도와 그가 십자가에 못 박히신 것 외에는 아무것도 알지 아니하기로 작정하였음이라'(고전 2:2)고 자신 있게 말합니다.

당시 사람들도 그랬지만, 오늘 우리에게도 '십자가는 하나님의 능력이고 지혜'라는 이 말은 이해하기 힘들 수 있습니다. 우리는 언제나 눈에 보이는 것, 그리고 사람의 보편적인 관점과 판단이 옳다고 생각합니다. 그렇게 보면, 십자가에 하나님의 구원이 있다는 선포는 오히려 충격적이고 섬뜩한 소리가 됩니다.

하지만 십자가가 하나님의 능력이라는 바울의 선언은 우리에게 다른 생각을 열어 줍니다. 왜냐하면 이 말은 곧, 수치와 모욕, 죄인의 형틀에서도 하나님이 나타나시며 죄인 한가운데서도 일하신다는 뜻이 되기 때문입니다.

헬무트 그리스하버, 〈천사와 씨름하는 야곱 Jakob ringt mit dem Engel〉, 1977년,
수채화. 잡지 표지 그림. 본에 있는 VG Bild-Kunst 박물관 소장.

하나님이 그 참혹한 십자가에 숨어 계셨다는 말은 이런 뜻도 됩니다. '그분은 착한 사람, 성공한 사람, 흠 없는 사람, 의로운 사람, 믿음 좋은 사람만이 아니라 악한 사람, 실패한 사람, 흠 많고 탈 많은 사람, 믿음 없는 사람 곁에서도 일하시고 구원하신다.' 사도 바울은 바로 이것을 깨달았고, 그래서 십자가는 복음이고 하나님의 능력이며 하나님의 지혜라고 부른 것입니다.

만물을 창조하신 하나님은 만물 안에서 움직이시고 그분의 일을 신실하게 이루어 나가십니다. 하나님은 분명히 우리보다 크신 분입니다. 그러다 보니 우리가 하나님의 일을 이해할 수 없는 경우가 종종 생깁니다. 실제로 우리 삶을 돌아보면, 선과 악, 진실과 거짓, 확실과 불확실, 복과 화가 모호하게 뒤섞여 있습니다. 오늘은 분명히 이게 진실인 줄 알았는데, 얼마 지나지 않아 거짓으로 판명되는 사건도 비일비재합니다. 그렇게 우리 삶은 경계선이 모호하고 확신할 수 없는 일로 가득합니다.

잠깐 그림 하나를 소개하고자 합니다. 독일 미술가 헬무트 그리스하버(Helmut Andreas Paul Grieshaber, 1909-1981)의 한 작품인데, 얍복강에서 야곱이 천사와 씨름하는 장면을 그린 그림입니다. 화가는 천사와 야곱을 겹쳐 그려 놓았는데, 아무리 봐도 누가 천사고 누가 야곱인지, 어디가 몸이고 어디가 팔다리인지 알 수 없을 정도로 모든 것이 뒤섞여 있습니다. 이렇게 모호한 그림이 있을까 싶을 정도입니다.

그런데 얍복강 사건을 생각해 보면, 이렇게 뒤엉킨 그림이 무엇을 말하려는지 감이 옵니다. 천사와 야곱이 뒤엉켜 있는 그 모습은 상대방이 누구인지도 모르고 안간힘을 다해 씨름하는 야곱을 떠올리게 합니다. 야곱은 간밤의 일을 회상하면서 해가 떠오를 때에야 비로소 그 정체가 하나님이었다는 사실을 깨닫습니다. 그 전까지 야곱은 그 대상을 하나님이 아니라 그저 어둠의 세력, 어쩌면 거대한 힘을 가진 악마라고 굳게 믿었을지도 모릅니다. 하지만 이 모든 일이 지나고 '해가 떠오를 때' 비로소 그 정체를 알게 됩니다.

우리도 숨어 계신 하나님을 그렇게 경험할 수 있습니다. 숨어 계신 하나님을 만나는 사람은 소름 끼칠 정도로 '하나님 없음을 경험'합니다. 하나님의 무서운 침묵과 부재 속에서 '도대체 하나님은 어디에 계신단 말인가, 하나님은 나를 버리신 건가' 등등 탄식하게 됩니다. 시편의 시인들과 예언자들, 그리고 십자가의 예수님이 그렇게 탄식하셨습니다. '나의 하나님, 나의 하나님, 어찌하여 나를 버리셨나이까'라고 말입니다.

해골 언덕에 세워진 십자가는, 바로 그런 의심과 혼돈의 자리, 하나님을 믿을 수 없는 자리, 신앙 때문에 탄식할 수밖에 없는 자리입니다. 그게 십자가입니다.

그런데 하나님의 일하심은 여기서 끝나지 않습니다. '3일'이라는 죽음과 침묵의 시간이 지나고, 우리의 모든 희망이 끝난 그 자리에 부활이 선물처럼 문을 열고 찾아옵니다. 생명과 죽음, 선과 악, 어둠과 빛의 경계가 모호한 자리, 의심과 혼돈이 가득한 모든 자리에도 하나님은 계시며, 그곳에서 그분의 선한 뜻을 이루신다는 것이 예수님의 십자가와 부활 사건입니다.

이것을 깨달은 바울이 고린도 교인들을 향해 '십자가야말로 하나님의 능력이며 하나님의 지혜'라고 당당하고 자신 있게 소개할 수 있었던 것이지요.

중심을 보시는 하나님

이에 비해 우리는 늘 겉에 보이는 것들로 판단합니다. 그리고 그 판단의 기준은 언제나 '나', 그리고 '우리'입니다. 그런데 성경은 나와 우리의 관점으로 판단하지 말고, 위치를 바꿔 보라고 합니다. 다시 말해 내가 성경을 읽고 판단하는 게 아니라 '성경이 나를 읽어 내도록 해야 한다'는 것입니다.

예를 들어 봅시다. 사무엘상 16장 7절에는 이런 말씀이 있습니다. "여호와께서 사무엘에게 이르시되 그의 용모와 키를 보지 말라. 내가 이미 그를 버렸노라. 내가 보는 것은 사람과 같지 아니하니 사람은 외모를 보거니와 나 여호와는 중심을 보느니라 하시더라."

우리는 사람을 처음 만나면 무엇을, 어떻게 보나요? 외모와 인상을 보고, 그 사람의 이미지를 봅니다. 그런 다음 그 사람이 좋은지 나쁜지 판정해 버립니다. 그런데 시간이 지나면서, 내 판단이 어긋난 거기로부터 문제가 생깁니다. 하지만 하나님은 중심을 보십니다. 주님은 우리를 보실 때, 우리가 다른 사람에게 보이려고 애쓰는 대로 보시지 않습니다. 그분은 우리의 직함이나 은행 잔고, 아파트 평수 같은 것을 보시지 않습니다. 그분은 우리를 힘 있는 척, 성공한 척, 이런저런 일의 달인인 척하는 불쌍한 죄인으로 보십니다.

우리는 교회에서 스스로 '나는 죄인'이라고 고백합니다. 그런데 속을 들여다보면, 우리가 보잘것없는 죄인이라는 점에 동의하는 것 같지만, 자기가 정말 죄인이라고 생각하지는 않습니다. 약간 흠이 있는 사람과 정말 나쁜 사람을 구분한 다음, 본인은 당연히 조금 나은 사람이라면서 좋아합니다. 그게 우리의 모습입니다. 우리는 그렇게 '모든 것을 나에게로 구부러뜨리는 본성(*incurvatio in se ipsum*)'을 가지고 있습니다. 루터는 이렇게 모든 것을 자신에게 유리한 쪽으로 구부러뜨리는 인간의 본성을 죄의 특성이라고 설명합니다. 우리는 그 누구도 이 죄의 본성에서 자유롭지 못합니다.

그러다 보니, 양호하게 살아가는 나 자신은 십자가 사건과 별 상관이 없다고 여기거나, 십자가는 그냥 교회에서 말하는 종교적인 언어, 또는 시대에 뒤떨어진 말 정도라고 생각합니다. 게다가 예수 그리스도와 성령의 능력을 마치 내 능력에 더할 수 있는 여분의 것 혹은 불필요한 것으로 여기기도 합니다.

그러나 분명한 것은 이러한 우리의 한계가 십자가에서 여실히 드러난다는 점입니다. 우리의 생각과 지혜로 봤을 때는 절대로 하나님이 있어서는 안 되는 자리, 구원이 일어날 수 없는 자리, 그저 수치스럽고 모욕적인 그 자리가 십자가입니다. 그리고 바로 그곳에 하나님의 구원이 드러납니다. 그리고 똑같은 방식으로 작은 떡과 잔을 통해 주님이 오시고, 우리와 하나 되어 힘을 주십니다. 이것이 바로 하나님의 능력이며 지혜입니다.

야곱이 여명의 시간에 믿음의 눈으로 깨달았던 것처럼, 우리도 십자가가 하나님의 능력이라는 것을 깨닫는다면, 십자가의 그리스도야말로 '왕 중의 왕'이라는 고백을 할 수 있게 될 것입니다.

그분은 죽음을 생명으로 바꾸시고, 모든 불확실한 혼돈을 끝내시며, 모든 수치와 고통을 담당하시는 하나님의 아들입니다. 그분이 우리의 왕이십니다. 이 신앙의 고백이 우리 모두의 입에서 기쁘게 흘러나오길 바랍니다.

영원의 날

교회력 마지막 주일을 부르는 또 다른 이름이 있습니다. 우리는 '왕이신 그리스도의 날'이라고 부르지만, 독일 루터교회에서는 이날을 '죽은 자의 일요일' 또는 '영원의 날'이라고 부릅니다.

제가 독일에 있을 때 레겐스부르크에 있는 한 루터교회를 다녔는데, 주일 평균 50명 정도 모이는 작은 교회였습니다. 그런데 11월 어느 주일, 예배 시간에 맞춰 갔는데 3-4백 명이 교회 안에 꽉 차 있어서 깜짝 놀란 적이 있습니다. 당시에는 교회력이나 루터교회 역사와 문화에 대해 잘 몰랐기 때문에, 무슨 일인가 싶고 그저 신기하기만 했던 기억이 납니다.

나중에 알고 보니 그날이 바로 교회력 마지막 주일이었고, '죽은 자들을 위한 날' 또는 '영원의 날'이라고 불리는 특별한 날이었습니다. 그날 참 인상적이었던 순서가 있습니다. 설교가 끝난 다음에 목사님이 한 해 동안 하나님의 부름을 받은 교회의 성도들을 한 명 한 명 호명했고, 그러면 그 성도의 가족과 친지들이 초를 하나씩 들고 나와 앞에 서더군요. 호명이 다 끝나자 교인 모두가 함께 일어나 경건한 모습으로 침묵기도를 했습니다. 그렇게 예배 순서가 끝나는 줄 알았는데, 그게 다가 아니었습니다.

주일 예배 후 교인들이 삼삼오오 모여 어딘가로 가는데, 어디를 가나 했더니 교회에서 얼마 안 떨어진 공동묘지였습니다. 그곳에 교인들이 다시 모여 작은 기도회를 하는 것이었습니다. 짧은 설교와 기도는 주님이 우리를 부르시는 종말의 때에 산 자와 죽은 자가 모두 기쁘게 다시 만나게 될 것이라는 소망이 주제였습니다. 참 감동적인 주일이었습니다. 그리고 나중에 한국 돌아가면, 교회력 마지막 주일 예배를 이런 식으로 드려 봐야겠다는 생각을 했습니다.

그래서 오늘 이 순서를 진행하고자 합니다. 제가 제 설교 원고를 확인해 보니, 정확히 2012년 교회력 마지막 주일 설교 후에 우리 교인으로 함께 신앙생활하시다가 소천하신 교인들의 이름을 호명하고 함께 침묵기도로 부활의 소망을 다졌던 적이 있었습니다. 오늘은 우리 교회에 등록하고 입교한 교우로서 2016년부터 지금까지 소천하신 분들의 이름만 호명하겠습니다.

2016년 부름받은 최○○ 집사님, 장○○ 집사님, 김○○ 권사님
2017년 부름받은 김○○ 권사님, 임○○ 집사님
2018년 부름받은 박○○ 집사님, 이○○ 장로님, 박○○ 집사님
2019년 부름받은 이○○ 집사님, 오○○ 권사님
2021년 부름받은 주○○ 장로님, 김○○ 집사님
2022년 부름받은 강○○ 장로님
2023년 부름받은 김○○ 집사님, 이○○ 권사님

이분들은 모두 여러분이 앉아 있는 그 의자에서 함께 기도하며 찬송하고, 신앙의 희로애락을 함께하신 분들입니다. 이분들과 더불어, 호명하진 않았더라도 먼저 떠나가신 여러분의 가족이나 친지, 그리고 사랑하는 이를 기억하며 기도하는 시간을 갖도록 하겠습니다.

〈침묵 기도〉

전능하신 하나님 아버지, 우리는 살아 숨쉬는 것이 우리의 전부인 양 붙들고 삽니다. 그러나 당신께서는 십자가에서 죽음을 넘어서는 능력을 보여 주셨습니다. 우리에게 믿음을 주사 우리의 생각과 지혜를 넘어서는 하나님을 신뢰하게 하소서. 당신께서는 죽음으로 우리의 생명을 잠시 제한하십니다. 그러나 당신 안에 있는 이들이 오직 주님을 통해서만 죽음을 넘어서는 생명의 충만을 얻을 수 있다는 진리를 깨닫게 하소서. 이 시간 우리와 함께 신앙의 여정을 걸었던 사랑하는 이들을 기억하며 기도합니다. 주님, 이들의 영혼을 능력의 손으로 붙드시고, 평안 가운데 거하게 하소서. 그리하여 주님께서 다시 오시는 그날 모두가 밝은 얼굴로 만나게 하소서. 우리를 구원하시는 예수 그리스도의 이름으로 기도합니다. 아멘.

모든 지각에 뛰어난 하나님의 평강이 그리스도 예수 안에서 우리의 마음과 생각을 지키실 것입니다. 아멘.

부록

두려워
말라

목사 임직식

마태복음 10:24-33

이 시간 우리는 ○○○ 준목님의 목사 서임을 하나님께 감사하고 축하하며 함께 중보기도 드리는 시간을 갖기 위해 이 자리에 모였습니다. 교회가 목사를 세워 말씀과 성례전의 직무를 위임하는 일은 하나님 나라 확장을 위해 매우 중요한 일입니다.

게다가 오늘은 다른 교회의 목사가 아니라 루터교회의 목사가 세워지는 날이라는 점에서도 의미가 있습니다. 약간의 논란은 있지만, 종교개혁자 마르틴 루터가 에르푸르트 대성당에서 사제로 서품 받은 날이 바로 1507년 4월 4일입니다. ○○○ 준목님과 루터의 안수일이 같습니다. 이만해도 놀랄 만한데, 하나 더 있습니다. 루터가 1483년에 태어났는데, 그로부터 정확히 500년 뒤에 ○○○ 준목님이 태어났습니다!

참 여러모로 의미 있는 목사 안수가 될 것 같아 제가 다 설렙니다. 그렇다고 ○○○ 준목님에게 루터 같은 인생을 살라고는 안

하겠습니다. 그랬다가는 루터처럼 파문도 당하고, 이름도 바꾼 채 숨어 살아야 하고, 친구에게 배신도 당하고, 공처가로 평생 살아야 하기 때문이지요. 다만, ○○○ 준목님이 루터처럼 하나님의 말씀을 생명으로 여기고, 교회를 어머니로 섬기는 그런 신실한 종이 되길 바랄 뿐입니다.

루터교회 목사 이야기

짧게라도 루터교회 목사 이야기를 해야 할 것 같습니다. 루터교회 최초의 목사는 1523년 비텐베르크 시 교회 목사로 세워졌던 요하네스 부겐하겐이라는 분입니다. 부겐하겐이 비텐베르크 시 교회의 목사로 세워질 때 매우 특별했던 점은, 교회 대표, 대학교 대표, 시의회 대표, 이렇게 세 부류의 위원들이 청빙위원으로 구성되어 목사를 청빙했다는 점입니다. '교회, 대학, 시의회, 이 세 곳의 청빙을 통과해야만 루터교회 목사가 될 수 있다'는 말을 달리하면 신앙, 지성, 사회적 인격이 인정되어야만 루터교회 목사가 될 수 있었다는 뜻입니다. 신앙, 지성, 사회적 인격. 이 셋 중 하나라도 결격사유가 있으면 절대로 루터교회 목사가 될 수 없습니다.

그러니 루터교회 목사가 된다는 것은 교회 밖 어디를 가든 인정받고 자랑할 만한 사람이어야 한다는 뜻입니다. 루터교회 목사는 어느 특정한 개인이 세우는 게 아니라, 앞서 말씀드린 대로 그리스도의 몸인 교회 공동체가 세웁니다. 그렇기에 교회의 뜻에 따라 언제든 세울 수도, 해임할 수도 있다는 것이 종교개혁 정신이기도 합니다. 쉽게 말해 '목사의 모든 권능은 교회의 머리이신 그리스도와 그의 지체인 교인들로부터 나온다'는 것을 목사와 교인 모두 유념해야 합니다.

　그렇게 목사가 된 사람은 교회로부터 "복음을 순수하게 가르치고, 성례전을 바르게 집례"(아우구스부르크 신앙고백서 제7조)하는 일을 위임받게 됩니다. 문제는 '순수하게' 그리고 '바르게'라는 꾸밈말에 있습니다. 루터교회 목사가 되면, 반드시 순수한 복음을 선포하기 위해 끊임없이 노력해야 합니다. 공부와 묵상을 게을리해서 순수한 복음을 선포하지 못한다면, 교회가 목사직을 박탈한다고 해도 할 말이 없습니다.

열정, 책임, 균형감

　정치가와 마찬가지로 목사라는 직업 역시 일종의 권력을 부여받게 됩니다. 아니라고 부정할 필요는 없습니다. 사람들에게 영향력을 행사하고 무엇보다도 공동체의 의사결정 과정에서 중추적 역할을 담당하게 되기 때문에, 목회자로 하여금 자신이 보통 다른 사람보다 '위에 서 있다고 느끼게' 합니다. 하지만 이 권력은, 앞서 말씀드린 대로, 언제나 그리스도의 몸인 교회 공동체로부터 위임되었다는 사실을 잊지 말아야 합니다.

　문제는 공동체로부터 부여받은 권력과 권위를 사용해 주어진 책임을 '제대로' 감당할 수 있느냐에 달려 있습니다. 이는 곧 목회자의 윤리 문제로 이어지는데 저는 이것을 소위 '자질'이라고 부릅니다. 사회학자 막스 베버가 정치가의 자질로 열정, 책임감, 균형 감각을 꼽았는데, 제가 보기에 이 세 가지는 목사에게도 매우 중요한 자질입니다.

　여기서 베버는 '열정'을 "하나의 대의와 이 대의를 명령하고 규정하는 주체에 대한 열정적 헌신"이라고 규정합니다. 우리에게는 '하나님의 뜻'이 우리의 모든 행동과 판단의 근원이 되는 주체겠지요. 그리고 목사의 열정은 '언제나 하나님의 뜻이라는 대의를 받드는 열정'이라고 할 수 있습니다. 목사들 모두 하나님의 뜻에 열정을 다한다고 말합니다. 그러나 실상은 하나님을 빌어 악마의 일을 수행할 때도 허다합니다. 열정이란 언제나 대의를 향한 선과 악, 양극단에서 비롯됩니다.

그래서 목사의 열정은 언제나 하나님, 아니면 악마를 향한 헌신을 뜻하고, 그 중간은 존재하지 않습니다. 이 열정을 좋게 말해 '신앙'이라고 불러도 무방할 것 같지만 충분하지 않습니다. 분명히 목사 개인의 신앙적 열정은 대단히 중요합니다. 그러나 단순히 신앙의 열정만 가지고 목사가 되면 곤란합니다. 혹여 신앙의 열정만 갖고 목사가 되려는 사람이 있다면 그는 생각을 빨리 돌려야 합니다. 하나님께 대한 헌신으로서의 열정이 우리를 목회자로 만들 수 있으려면, 하나님을 향한 헌신과 하나님의 뜻을 향한 우리의 '책임 의식'을 일깨우는 열정이어야 합니다. 더 나아가 이런 책임의식이 목사 자신의 행동을 주도하도록 만드는 열정이어야 합니다.

이런 바른 열정을 위해 필요한 것이 '균형감'입니다. 이것은 목회자에게 매우 중요한 자질입니다. 균형감이란 마음의 안정과 평화 속에서 현실을 집중하여 관조하고, 내가 속한 공동체를 냉정하게 바라볼 수 있는 능력, 즉 사물과 사람에 대해 거리를 둘 수 있는 능력이라고 할 수 있습니다.

이 균형 감각은 일종의 '안목'이라고도 부를 수 있는데, 이런 안목은 타고난 기질이라기보다 후천적으로 길러지고 함양됩니다.

이 안목을 기르는 것을 우리는 '교육'이라고 합니다. '목사는 책을 많이 읽고 양질의 교육을 받아야 한다'고 말하는 이유가 바로 이 균형감의 중요성 때문입니다. 좋은 교육을 통해 좋은 목사가 만들어집니다. 이것은 만고불변의 진리입니다. 왜냐하면 교육을 통해 균형감이 함양되기 때문입니다.

24시간 기도만 하고, 성령의 불을 받아야 균형감이 길러지는 게 아닙니다. 혼자 영성 있다고, 혼자 다 알고 있다고, 잘난 체하다가는 균형감이 무너지고, 결국 사물과 사람에 대한 거리감을 상실하고 맙니다. '거리감의 상실'은 그것 자체로 공동체를 책임져야 하는 목사의 직무를 망가뜨리는 가장 큰 죄에 속합니다. 돈, 부정적 의미의 정치적 이익 관계, 혈연·학연·지연에 따른 인간관계가 목사의 행동이나 판단 기준이 된다면, 거리감이 상실되었다는 가장 큰 신호입니다. 거리감이 상실되면, 정치든 목회든 필연코 무능의 길로 빠지게 되어 있습니다. 반드시 기억하기 바랍니다. 열정, 책임 의식, 균형감을 가져야 합니다.

목사의 길

사실 말씀과 성례전의 사역자가 된다는 건 자랑스러운 직임이지만 그 책임도 만만치 않습니다. 일반인이라면 쉽게 넘어갈 허물도 성직자들에게는 허용되지 않습니다. 신앙, 지성, 인격의 시험대를 통과한 사람이 그렇게 살면 안 된다는 일종의 사회적 소망이 목사에게 투영되기 때문입니다.

그래서 일반인보다 운신의 폭이 상당히 좁습니다. 매사에 조심스러울 수밖에 없습니다. 그런데 더 이상한 것은, 참으로 목사다운 목사치고 '왜 이렇게 운신의 폭이 좁냐'거나 '왜 이렇게 높은 수준의 도덕성을 요구하냐'고 불평하는 목사를 본 일이 없습니다. 있다면, 그건 스스로 '나는 가짜'라고 선언하는 것으로 보면 됩니다.

불평의 소리를 듣지 못하는 이유가 무엇일까요? 그것은 자기가 스스로 그 좁은 길을 가겠다고 결정했기 때문이기도 하지만, 더 큰 이유는 하나님이 나를 이 길로 부르셨다는 '소명 의식' 때문입니다. 이 소명 의식이 없는 목사라면 목사의 길을 가지 말아야 합니다.

주님은 그렇게 목사를 좁은 길, 불편한 소명 한가운데로 부르셨습니다. 그런데 성경을 잘 살펴보면 좁은 길, 불편한 길을 가라는 이 소명이 단지 목사에게만 던져진 것이 아님을 알게 됩니다. 특별히 오늘 설교 본문인 마태복음 10장은 제자들을 파송하시는 주님의 말씀인데, 이 말씀이 단지 열두 제자나 목사에게만 해당되는 게 아니라는 것을 우리는 잘 알고 있습니다. 그리스도인은 모두 제사장입니다. 그리고 우리 모두 주님의 명령에 따라 좁은 길, 불편한 길을 가야 합니다.

그런데 이 길이 불편하고 광야같이 거친 길이라는 것을 주님도 잘 알고 계십니다. 그래서 주님은 마태복음 10장 16절 이하에서 우리 모두에게 아주 비장한 당부를 하십니다. "내가 너희를 보냄이 양을 이리 가운데 보냄과 같다." 양은 이리를 결코 이길 수 없습니다. 그런데 주님은 그분의 양들을 이리떼 속으로 몰아넣고 계십니다. 그렇다면 양을 이리 먹이가 되게 하려고 그러시는 것일까요? 아닙니다! 복음서를 꼼꼼히 읽어 보면, 오히려 이리를 양의 먹이가 되게 하려고 그러시는 것입니다. 그래서 본문에 '염려하지 말라. 두려워하지 말라'는 말씀이 반복되는 것입니다.

양은 이리를 이길 수 없는데 어떻게 이리가 양의 먹이가 된다는 말입니까? 거기에는 양을 이기게 하는 하나님의 방법이 있습니다. 그것은 우리와 함께하겠다고 하신 하나님의 약속을 믿는 믿음입니다. 그분은 '내가 함께 갈 터이니 걱정하지 말고, 염려하지 말고, 두려워하지 말고 가라'고 하십니다. 하나님이 든든히 버텨 줄 테니 이리떼가 우글거리는 세상으로 들어가라 하시고, 들어가서 당당히 세상을 바꾸라고 하시는 것입니다.

마태복음 10장에도, 이리떼 득실대는 세상에 들어갈 때 하나님이 우리와 함께하실 것이라는 의미와 내용의 말씀들이 있습니다. "너희를 넘겨줄 때에 어떻게 또는 무엇을 말할까 염려하지 말라. 그때에 너희에게 할말을 주시리니"(19절), "말하는 이는 너희가 아니라 너희 속에서 말씀하시는 이, 곧 너희 아버지의 성령이시니라"(20절). 이 말씀들을 보면 하나님이 우리 곁에서 그때그때마다 피할 길을 열어 주시고, 적들을 대적하고 싸울 수 있는 능력을 주실 것이라는 사실을 깨달을 수 있게 됩니다. 그리고 하나님은 정작 우리가 두려워해야 할 것은 세상이 아니라 하나님이라고 가르치십니다.

다음 말씀들을 보십시오. "몸은 죽여도 영혼은 능히 죽이지 못하는 자들을 두려워하지 말고 오직 몸과 영혼을 능히 지옥에 멸하실 수 있는 이를 두려워하라"(28절), "참새 두 마리가 한 앗사리온에 팔리지 않느냐. 그러나 너희 아버지께서 허락하지 아니하시면 그 하나도 땅에 떨어지지 아니하리라"(29절), "너희에게는 머리털까지 다 세신 바 되었나니 두려워하지 말라. 너희는 많은 참새보다 귀하니라"(30-31절).

제가 목사로서 항상 가슴에 새기고 사는 말씀이 여기 있습니다. 그리고 이 말씀이 오늘 목사의 길에 나서는 ○○○ 준목님과 우리 모두에게 새겨지길 바랍니다. 마태복음 10장 28절 말씀입니다. "몸은 죽여도 영혼은 능히 죽이지 못하는 자들을 두려워하지 말고 오직 몸과 영혼을 능히 지옥에 멸하실 수 있는 이를 두려워하라."

　　예수님의 이 말씀은 목사인 저와 우리 모두에게 엄청난 도전과 힘을 줍니다. 사람을 두려워 말고 하나님만 두려워하라는 말씀입니다. 그렇게 살면 주님이 책임져 주시겠다는 것입니다. 물론 이렇게 사는 것이 쉽지 않음을 잘 알고 있습니다. 때로는 타협도 하고 싶고, 적당히 흘러가는 대로 살고 싶고, 모른 채 넘기고 싶은 유혹도 많습니다. 그러나 주님이 당부하신 이 말씀, '몸은 죽여도 영혼은 능히 죽이지 못하는 자들을 두려워하지 말고, 오직 몸과 영혼을 능히 지옥에 멸하실 수 있는 이를 두려워하라'는 이 권고를 기억하기 바랍니다.

　　저는 이 말씀을 묵상할 때마다, 루터가 생명의 위협을 받던 보름스 국회에서 '하나님의 진리를 거스르는 것은 부당하거니와 양심이 불편해서 살 수 없다'고 당당히 선언했던 그 사건이 떠오릅니다.

세상에서 나를 시인하라

　　예수님은 제자들을 파송하며 당부하시는 말씀 끝에 '세상 사람들 앞에서 주님을 시인하라'고 하십니다. 그렇지 않으면 '마지막 날에 나도 너희를 부인할 것'이라고 경고하십니다. 이 경고의 말씀을 새겨들어야 합니다. 우리가 사는 삶의 현장에 타락이 극심한데도, 눈과 귀를 막고 예배만 번지르르하게 집례하며 폼만 잡고 있다면 목사가 아닙니다. 예수님이 세상으로 보내신 제자라면 세상 속에서 하나님의 목소리를 낼 수 있어야 합니다.

말 못 하는 자의 입이 되어 주고, 권력자의 견제자가 되며, 양심을 돈으로 환산하는 이들을 거절하고, 하나님의 뜻을 올곧게 세워야 합니다. 동시에 아무리 죄인이라도 참으로 회개하는 자는 그리스도의 사랑으로 용서하고 품어 주는 너른 품도 가져야 합니다.

예수님의 말씀대로 하면, 교회에서 예수님을 시인하는 것은 큰 믿음이라고 할 수 없습니다. 교회 안에서 하나님을 찬양하는 것은 큰 믿음이 아닙니다. 그리고 그것은 그다지 중요하지도 않습니다. 정말 중요한 것은 세상에서 하나님을 시인하는 것, 범사에 그를 인정하는 것입니다. 그것이 참 믿음입니다.

하나님은 교회에서 믿는 것이 아니라 세상에서 믿는 것입니다. 교회에서는 누구나 다 하나님을 믿을 수 있습니다. 그것은 진정한 믿음이 아닙니다. 세상에서 하나님을 믿는 것이 진정한 믿음입니다. 하나님은 세상에서 믿어야 합니다. 믿음은 교회에서 드러나고 자랑할 것이 아니라 세상에서 드러나고 자랑해야 할 것입니다.

주님이 제자들을 파송하시면서 주신 말씀이 바로 이것입니다. 세상 속에서 드러나는 믿음, 참으로 두려워할 것을 두려워할 줄 아는 지혜, 무서워하지 말아야 할 것을 무서워하지 않는 용기가 신앙입니다. 예수님은 오늘 복음서의 말씀을 통해 '하나님은 너희가 어디에 있더라도 항상 함께하신다. 두려워하지 말라. 당당히 세상으로 가라'고 말씀해 주십니다.

이 믿음, 세상 안에서 드러나는 믿음, 하나님과 항상 함께하는 용기 있고 지혜로운 믿음이 오늘 목사로 세워지는 ○○○ 준목님과 우리 모두에게 충만하길 주님의 이름으로 축원합니다.

모든 지각에 뛰어난 하나님의 평강이 그리스도 예수 안에서 우리의 마음과 생각을 지키실 것입니다. 아멘.

살아 있는 음성
viva vox

마태복음 4:17
────────────

오늘은 종교개혁 505주년을 기념하는 날입니다. 오늘 이 연합예배에 참여하신 모든 분에게 주님의 은총이 함께하시길 바랍니다.

공허한 개혁

오늘 세계 곳곳에서는 '개혁'이라는 단어가 줄기차게 울려 퍼질 것입니다. 그러면서 우리 삶이 지금 얼마나 비참한지, 이 상황을 벗어날 출구가 어디에 있는지, 오늘 우리의 개혁 주제는 무엇인지, 정리하고 분석하는 거창하고 대단한 담론들로 강단이 가득 채워질 것입니다.

오늘 우리도 그 일을 하려고 이 자리에 모였습니다. 그런데 여러분, 해마다 종교개혁 주일을 기념하고, 해마다 개혁을 외치고, 해마다 '내 주는 강한 성이요'라는 찬송을 부르면서 모이는 우리는, 그리고 우리의 교회는 무엇이 얼마나 개혁되었나요? 종교개혁의 후예라고 자랑하면서 우리는 자랑스러운 모습으로 살고 있나요? 우리의 외침대로 500년 전부터 조금씩이라도 개혁이 진척되었다면, 지금쯤 교회는 하나님 나라가 되고도 남았을 것입니다. 그런데 오늘 우리의 현실은 어떤가요?

종교개혁을 기념하는 날이면, 신앙 개혁, 교회 개혁, 사회 개혁에 대한 수많은 말풍선과 회개의 곡소리가 여지없이 울려 퍼집니다. 하지만 슬프게도 우리는 거기서 끝나 버립니다. 종교개혁 기념 예배에 몇 명이 참석했는지, 어느 교회에서 모이는지, 예배는 누가 집례하고 설교는 누가 하고 축도는 누가 하는지, 밥은 주는지 등등, 그런 것에서 우리의 관심은 멈춰 버리고 더는 나아가지 않습니다.

어쩌면 오늘 우리의 이 예배 시간도 그런 공허한 외침에 점 하나 더 찍는 의미 없는 시간이 될지도 모르겠습니다. 그러나 분명한 것은, 우리가 종교개혁이라고 부르는 사건은 한 개인과 교회를 넘어 사회와 문화를 포함한 대변혁이었다는 사실입니다. 또한 그 역사는 강단에 울려 퍼지는 공허한 거대 담론에서 출발하지 않았다는 사실입니다.

물론 개혁의 역사가 남겨 준 훌륭한 유산들이 많습니다. 그중에서도 하나님 앞에 세례 받은 사람은 누구나 평등하고 고귀하다는 '만인사제직', 모든 세속 직업도 하나님이 주신 거룩한 직업이라는 '직업 소명론', 누구나 글을 배우고 교육받아야 한다는 '보편 교육의 시작', 디아코니아와 보편 사회복지의 시작을 알린 '공동 금고', 목사의 청빙 제도 같은 것들은 중세에 이별을 고하고 세상을 바꾼 개혁의 유산들입니다.

우리는 지금 그 유산들 한가운데서 살아갑니다. 그런데 너무 익숙한 나머지 그것들이 어디서 어떻게 나왔고 얼마나 고귀한 것인지, 그리고 이런 유산을 우리 삶에 어떻게 적용시키며 살아야 하는지 등을 까맣게 잊고 삽니다. 그러면서 늘 '오늘 우리의 상황은 어렵다'라는 말만 입에 달고 삽니다.

정치와 경제의 불안한 상황을 탓하기도 하고, 급변하는 문화를 탓하기도 하고, 코로나 같은 자연재해를 탓하기도 하고, 교회와 교단의 부패하고 무능한 지도자들을 탓하기도 합니다. 그렇게라도 해야 할 것 같으니, 열심히 핑곗거리를 대며 우리 자신을 변호합니다. 맞습니다. 지금 우리의 교회는 암울하고 암울한 시대를 통과하고 있습니다.

그러나 이런 암울한 시대를 살아가는 우리를 변호할 수 없는, 한 가지 뼈아픈 사실이 있습니다. 오늘 우리의 교회는 교회 담장 밖에 있는 사람들에게 전혀 '매력이 없다'는 사실입니다. 이 점을 우리는 뼈아프게 돌아봐야 합니다. 종교개혁 기념 주일이면 개혁을 말해야겠지만, 세상이 교회를 비웃는 이 시대에 우리를 하나님 앞에 세우고 비참하게 돌아보는 회개가 우선되어야겠습니다.

개혁의 시작

"역사는 거울이기에 역사의식이 없는 백성은 망한다"는 말이 있습니다. 종교개혁 연합예배로 모인 우리에게도 의미 있는 말입니다. 500년 전 유럽 사회로 돌아가 봅시다. 이 시대의 유럽은 우리 시대의 거울 같습니다. 가진 자와 없는 자가 철저히 구별되었고, 아무리 노력해도 신분의 장벽을 뚫고 올라갈 수 없던 시대였

432

지요. 정치, 경제, 종교는 모두 한통속이 되어 돈과 권력이면 안 통하는 게 없던 시대였습니다. 여덟 살짜리 아이가 제네바의 주교가 되기도 했고, 돈만 있으면 추기경과 교황도 될 수 있던 시대가 바로 15-16세기 유럽입니다.

성직자와 교회는 자기 배만 불리면 그만인 '예수 업자'로 변신하여 패거리 문화를 형성하였고, 자기 이익에 몰두하던 시대였습니다. 그렇다고 아모스처럼 깨어 있는 지식인들이 없던 것도 아닙니다.《군주론》을 쓴 마키아벨리처럼 "이 시대 모든 부패는 교회 최고 지도자의 부패로부터 시작했다"라고 일갈하는 사람도 있었고, 에라스뮈스처럼 "세상의 미래는 성직자가 아니라 평신도에게 있다"고 쓴소리를 하던 이들도 있었습니다. 하지만 그런 외침은 패악한 세대 속에 파묻혀 사그라져 버렸습니다.

그런데 드디어 곪은 곳이 터지기 시작합니다. 독일 비텐베르크라는 작은 도시에서 일어난 한 사건이 도화선이 됩니다. 바로 우리가 '종교개혁 사건'이라고 부르는 〈1517.10.31. 루터의 '면죄부에 관한 95개 논제'〉입니다. 이것은 마르틴 루터가 비텐베르크 성채교회 정문에 붙인 한 장의 대자보에 불과합니다. 당시만 해도 이 작은 종이 하나가 세상을 바꾸게 될지 아무도 상상하지 못했고, 심지어 그 글을 쓴 루터도 이런 변혁이 일어날지 꿈에도 몰랐습니다.

그렇다면 무엇이 '종교개혁'이라는 역사의 물길을 열었을까요? 95개 논제 제1조는 이렇게 시작합니다. "우리의 주요, 선생이신 그리스도 예수께서 회개하라 명하실 때, 그 회개는 우리의 전 삶이 돌아서는 것을 뜻한다." 이 유명한 명제는 루터가 만들어 낸 생각이 아니라 마태복음 4장 17절의 "회개하라. 천국이 가까이 왔다"는 예수님의 선포를 헬라어 원문에서 그대로 풀어 놓은 것이었습니다. 종교개혁이라는 거대한 역사의 변혁은, 바로 마태복음 4장 17절을 새롭게 읽은 것에서 시작하게 됩니다.

성경 읽기 금지의 역사

루터의 독일어 신약성서인 '9월 성경'이 출간된 지 어느덧 500년이 넘었습니다. "오직 성서만으로, 오직 은총만으로, 오직 믿음만으로!" 이 세 가지 '오직'은 종교개혁 3대 구호라고 알려져 있습니다. '오직 은혜(sola gratia)'는 하나님의 차별 없는 사랑과 구원을 뜻하고, '오직 믿음(sola fide)'은 우리의 구원자이신 그리스도 예수에 대한 믿음을 말하며, '오직 성경(sola scriptura)'은 이 모든 약속이 성경에 담겨 있다는 신앙고백의 선언입니다.

이 셋 모두 중요하지만, '오직 성경만으로'라는 슬로건은 루터의 성서 번역 500주년을 기념하는 오늘 우리에게 더욱 큰 울림이 됩니다. 성경의 권위는 초대교회로부터 이어져 왔지만, 성경을 절대적인 권위로 강조하면서 '오직 성경'이라는 말을 거칠게 반복한 인물은 루터가 최초입니다. 게다가 루터가 성경을 통해 복음을 발견하고, 그 감격을 나누기 위해 성경을 번역했다는 사실은 단순한 번역의 의미를 넘어섭니다.

지금이야 성경이 다양한 언어로 번역되어 누구나 마음대로 읽고 가질 수 있지만, 루터가 살던 시대에는 사정이 달랐습니다. 수백 년 동안 그런 건 모두 금지되어 있었습니다. 역사를 한번 짚어 볼까요? 루터의 종교개혁(1517년)으로부터 300년 정도 거슬러 올라가 봅시다. 12세기 말, 유럽 사회는 십자군 전쟁의 연이은 패배로 민심이 흉흉해졌고 교회에 실망한 사람들이 급격히 늘어나게 됩니다. 이때 페트루스 발데즈(Petrus Waldes, 1140-1205)라는 프랑스의 상인을 중심으로 평신도 신앙 운동이 일어납니다.

신앙 운동은 늘 이런 식으로 세상이 어지러울 때 들풀처럼 밑에서부터 솟아오릅니다. 발데스는 이 혼란한 세상 한가운데 하나님의 선한 능력이 여전히 있다는 믿음으로, 자기 재산을 들여 성경을 번역하고 가난한 자들에게 전 재산을 나눠 주며 선교하게 됩니다. 이 모습을 보고 사람들이 모여 그와 함께 힘을 합치게 됩니다. 이 모습을 본 교회는 어땠을까요? 우리 생각에는 이런 모습에 기뻐하며 함께 기도하고 동참했을 것 같은데, 아니었습니다. 1182년, 리옹의 대주교는 발데스와 동료들에 대해 사제의 설교권을 침해하고 교회의 권위를 흔든다면서 이단으로 정죄하고 이들을 모두 파문합니다.

이 일이 있고 얼마 후인 1229년, 프랑스 툴루즈(Toulouse)에서 교회 회의가 열립니다. 거기서 결정된 조항이 놀랍습니다. 평신도는 성경을 읽으면 안 되고 성경을 번역해서도 안 된다는 조항을 채택한 것입니다. 그리고 그런 사람들을 색출하기 위해 공식적으로 교회가 조사하고 처형하는 종교재판소를 만든다는 결정도 내리게 됩니다. 감히 평신도 따위가 교회의 권위를 흔들면 안 된다는 것이지요.

그로부터 5년이 지난 1234년, 스페인 타라고나 교회 회의에서는 아예 '평신도는 성서를 들고 다니면 안 된다'는 황당한 결정을 내립니다. 이 금지 조항에는 '교황의 가슴에는 모든 성경의 법이 다 들어 있으니 평신도들은 성경을 읽을 필요 없다'는 말이 따라 붙습니다.

존 위클리프(John Wycliffe, 1320-1384)라는 분을 들어 보셨을

것입니다. 영국 옥스퍼드대학교 출신의 저명한 신학자인데, 배우지 못한 민중에게 복음을 알리기 위해 라틴어 성경을 영어로 번역한 분입니다. 이분이 1384년에 세상을 떠났는데, 그로부터 23년 후인 1407년에 런던 대주교는, 라틴어 성경이 아닌 영어 성경을 읽는 사람은 모두 처벌하겠다고 선언합니다. 그리고는 이미 사망한 위클리프의 묘를 파헤쳐 그의 시신을 부관참시하게 됩니다.

루터의 9월 성경

이게 바로 루터가 살던 시대까지 이어진 교회상입니다. 오직 성직자만 성경을 읽고 해석할 수 있었고, 평신도에게는 모든 것이 금지된 시대였습니다. 그 시대 유일한 권위로 인정받는 성경은, 루터의 시대로부터 약 1,100년 전 헬라어에서 번역된 라틴어 성경 '불가타'뿐이었습니다. 종교개혁이 발발했던 16세기 독일의 경우 문맹자 비율이 최소 95퍼센트 이상이었으니, 모든 지식과 영적 권위는 이 라틴어 성경을 독점하고 있는 이들의 소유일 수밖에 없었습니다.

그런데 이게 역사의 아이러니입니다. 예수님이 승천하시고 난 다음 1~2세기 교회는 주님의 사역과 교회의 역사를 헬라어로 남겼는데, 그게 바로 오늘 우리가 번역해 읽고 있는 성경입니다. 당시 교회 교인들 대부분이 그리스어를 사용하는 사람들이었기에 헬라어로 성경을 기록했던 것이지요.

그런데 서기 313년, 로마제국이 기독교를 공식 종교로 인정하고 나서 교회에 헬라어를 사용하는 사람들뿐 아니라 라틴어를 사용하는 사람들이 들어오기 시작합니다. 그때 헬라어를 모르고 라틴어만 사용하는 로마의 평민들을 위해 히에로니무스(제롬)가 번역한 성경이 바로 '불가타(Vulgata)'입니다. 그래서 그 책 이름이 '평민의 책'이라는 뜻의 '불가타'입니다. 그런데 이 평민의 책이 평민은 읽지 못하는 귀족의 책으로 변해 버리고 맙니다. 왜냐하면 세월이 흐르면서 라틴어는 사어(死語)가 되었고, 이제 라틴어를 아는 사람이라곤 소수의 학자나 성직자 그룹에만 있었기 때문이지요.

더 큰 문제는 1,100년 동안 성경의 권위에 그 누구도 큰 소리로 질문하지 않았다는 사실입니다. 그러다가 14세기 흑사병이 전 유럽을 휩쓸고 교회와 사회의 밑동까지 흔들어 버리자, 교회의 권위에 질문하는 이들이 하나둘 일어나게 됩니다. 이것이 역사에서 '르네상스' 또는 '인문주의'라고 부르는 15세기 문화 운동의 발흥입니다. 대표적인 인물 중 한 명이 에라스뮈스인데, 그가 1516년에 헬라어 성경을 펴낸 적이 있습니다.

그리고 그 성경을 루터가 입수해 라틴어 성경과 비교하며 읽다가 눈이 번쩍 뜨이는 일을 경험하게 됩니다. 라틴어 성경과 헬라어 성경의 마태복음 4장 17절 말씀 뜻이 다르다는 사실을 알게 된 것이지요. 헬라어 성경에는 "회개하라"고 되어 있는데, 라틴어 성경에는 "죗값을 치러라!(to do penance)"라고 되어 있는 것을 보고 오역되었다는 사실을 알아차립니다. 그리고 가만 생각해 보던 루터는 점점 화가 났습니다. 바로 이 구절 하나 때문에 사람들은 자기 죗값을 치러야만 천국에 들어가는 줄 알고 있었거든요. 그래서 공로를 쌓으려고 두려움 가운데 탈진하는 신앙생활을 해 왔고, 교회는 고해성사라는 성례전을 만들어 지옥의 공포를 증폭시켜 왔던 것입니다. 루터 자신도 그런 신앙을 가지고 있었습니다.

학자인 루터도 그렇게 믿어 왔으니, 글을 모르는 순진한 사람들은 오죽했을까요. 성경을 읽어 보지 않은 사람들은, 교회가 가르치는 대로 지옥 가지 않기 위해 교회가 발행한 종이쪼가리를 사기 시작합니다. 그게 바로 루터의 95개 논제의 배경이 되는 '면죄부'입니다. 당시 사람들은 그렇게 하는 것이 당연한 줄 알았습니다. 천국 가려면 그에 상응하는 죗값을 치러야 하고, 면죄부도 사는 게 바른 신앙인 줄 알았던 것이지요.

1,100년 동안 잘못 알고 있던 성경 구절 하나를 루터가 바로 잡아 놓습니다. '회개란 면죄부를 사는 것이 아니라 우리의 전 삶이 돌아서는 것이다.' 이것이 루터의 95개 논제의 첫 번째 조항, "우리의 주요, 선생이신 그리스도 예수께서 회개하라 명하셨을 때, 그 회개는 신자의 전 삶이 돌아서는 것이다!"입니다. 루터는 '회개'라는 이 작은 단어를 읽고서 세상과 교회에 대해 새롭게 눈을 뜬 것입니다.

그 후로 루터는 금기이자 불경한 일로 여겨지던 일을 감행하기 시작합니다. 성경을 통해 발견한 복음의 진리, 자신을 사로잡은 감격을 그는 주체할 수 없었고, 그 감동과 환희를 모두와 나누고자 하는 마음으로 자국어 성경 번역을 목숨 걸고 시작하게 됩니다. 그 결실이 바로 1522년 9월 발간된 루터의 독일어 성경입니다. 루터는 성서 번역을 하면서, 스스로 성경을 읽고, 스스로 고민하고, 스스로 해석하는 세상, 그래서 하나님 앞에 일대일로 서고 그 감동으로 더불어 사는 세상을 꿈꾼 것이죠.

질문, 저항, 소통, 새로운 공동체

저는 루터에 대해 강연할 때마다 개신교 정신을 네 가지 단어로 요약합니다. '질문, 저항, 소통, 새로운 공동체.' 이 네 가지가 바로 루터가 성경에서 발견한 개신교 정신이라고 가르칩니다.

한번 볼까요? 루터는 천 년 동안 오해로 점철돼 온 시대의 현실을 성경을 통해 직시합니다. 그래서 95개조 논제를 통해 '질문'합니다. 늘 그렇듯 그런 질문은 무시당하기 마련입니다. 그러나 루터는 '저항'하기 시작합니다. 이 저항은 95개 논제를 써 붙였던 이듬해부터 시작되어 그의 주요 글들 속에 나타나기 시작합니다. 그러나 저항으로 끝나지 않습니다. 루터는 성서 번역과 함께 회중 찬송가를 만들고, 설교와 목회를 통해 민중과 '소통'하기 시작합니다. 그리고 얼마간의 시간이 지나자 개신교 내부에서 곰팡이처럼 피어나던 부패한 목사들을 일벌백계로 징계하고, 대/소교리문답 교육, 부녀자와 어린이들이 다닐 수 있는 학교 설립, 가난한 자와 노인들과 은퇴한 목회자들을 위한 복지 정책 수립 등을 실천하면서 새로운 '공동체'를 만들어 나갑니다.

루터가 가르치고 강조한 새로운 공동체, 즉 교회가 바로 이런 곳입니다. 누구나 제사장이 되는 곳, 누구나 하나님 앞에 가치 있는 존재로 서는 곳, 그리스도 때문에 서로가 서로를 섬기고 존중하는 공동체가 곧 교회입니다. 교회가 가르치고 실천할 일은 이것입니다.

성경 읽기와 기적

이 모든 일이, 성경을 진지하게 읽고 묵상하는 가운데 시작됩니다. 루터는 '회개하라'는 말을 '우리의 전 삶이 돌아서는 것'이라고 설명합니다. 맞습니다. 회개는 우리의 전 삶이 돌아서는 것입니다. 저는 오늘 "우리의 성경 읽기도 그렇게 회개하자"고 말하고 싶습니다. 오늘 여러분에게 "성경을 읽자"고 하면 무슨 뜻으로 들립니까? 누군가는 '그동안 안 읽던 성경을 읽자' 또는 '성경 지식을 늘리자'는 말로 들을 수 있습니다.

그런 말일 수도 있습니다. 하지만 저는 좀 다른 제안을 해 봅니다. 우리의 성경 읽기도 이제 '회개'라는 말처럼 전폭적인 방향 전환이 되면 좋겠습니다. 성경책을 펼쳐 단편적인 지식을 얻고, 하루의 위안을 얻기 위한 경건의 연습으로 성경을 읽는 것은 무척 중요합니다. 하지만 거기서 한발 더 나아가기 바랍니다. 우리는 성경을 두고 '우리를 향한 하나님의 말씀'이라고 고백합니다. 그리고 그 내용은 분명합니다. 하나님이 온 세상 만물의 '창조주'시라는 사실, 그리고 그리스도 예수의 십자가와 부활을 통해 우리를 사랑하고 '구원하신다'는 사실, 그리고 성령을 통해 이 진리를 이해하고 '믿게 하신다'는 사실이 성경 전체에 담긴 내용이지요.

그렇다면 이제 우리는 성경을 통해 깨달은 그 믿음의 눈으로 세상을 보고, 세상으로 들어가야 합니다. 그 믿음을 가지고 본다면, 우리가 사는 세상은 더 이상 하나님과 상관없는 타락하고 희망 없는 세상일 수 없습니다. 오히려 우리가 살아가는 세상은, 하나님의 아름다운 숨결이 운행하고 있고 그분의 뜻이 서려 있는 '새로운 성경'이라는 사실을 깨닫게 될 것입니다. 믿음은 그렇게 세상 속에 숨어 계신 하나님을 만나게 해 줍니다. 그 하나님을 만나고 체험하면서 사는 것이 오늘 우리에게 필요합니다.

성경에 계시된 창조주 하나님은 우리의 지혜와 생각, 그리고 교회라는 담장 안에 갇혀 사시는 분이 아닙니다. 만일 우리가 일상 속에서 살아 있는 하나님의 음성을 듣고 만날 수 있다면, 세상이 아무리 암울하고 교회가 아무리 어렵다 해도 이 시대를 통과할 수 있는 용기와 힘을 얻게 될 것입니다. 왜냐하면 하나님은 만물의 창조주이시고, 만물의 운행자이시며, 언제나 십자가 죽음을 이기는 부활의 하나님이시기 때문입니다.

숨어 있는 기적

얼마 전, 한 교인 가족이 사무실에 들러 담소를 나눈 일이 있습니다. 딸과 어머니가 함께 오셨는데, 딸이 요즘 보게 된 귀신 쫓는 유튜브 영상에 대해 이야기하자 어머니는 그런 것 믿지 말라고 합니다. 그러면서 '목사님은 이런 걸 어떻게 생각하냐'고 두 분이 같이 물어 왔어요. 그래서 제가 이렇게 답을 해 드렸습니다. 저는 기적과 신비한 현상을 부정하지 않습니다. 저 역시 그런 강력한 체험에 사로잡힌 일이 있기 때문입니다. 하지만 성경을 연구하고 목회하면서, 그런 일시적인 기적보다 더 큰 기적이 있다는 것을 깨닫고 그것을 더 귀하게 여기게 되었습니다. 우리는 하나님이 일으키시는 기적과 신비에 너무 익숙해진 나머지, 매일 보고 듣는 것을 기적이라고 여기지 않습니다. 하지만 그것이 바로 기적입니다. 해마다 곡식이 땅에서 자라는 것을 보십시오. 예수님이 보리떡 다섯 개와 물고기 두 마리로 오천 명을 먹이신 것은 신비한 기적입니다.

그런데 가만 생각해 보면, 하나님은 우리에게 그보다 더 큰 기적을 해마다 베푸십니다. 창조주 하나님은 흙과 모래, 돌과 물에서 곡식과 과일을 만들어 내십니다. 아무도 돌보지 않는 들풀과 꽃들도 먹이시고, 공중에 나는 새도 먹이십니다. 하나님은 그렇게 세상을 먹이십니다. 이것이야말로 태초부터 시작되어 매일 우리 앞에 일어나는 기적입니다. 하지만 우리는 이 일에 너무 익숙해서, 이 놀라운 기적을 눈이 있어도 보지 못하고 귀가 있어도 듣지 못합니다. 그렇게 우리는 창조주의 기적을 매일 지나칩니다.

하나님이 가끔 일상의 흐름에서 벗어난 일, 기적을 일으키실 때가 있습니다. 그것을 보고 우리는 특별하고 신비하다며 호들갑 떨지만, 어쩌면 그런 기적은 하나님의 신비에 눈 감아 버린 이들을 향한 하나님의 변칙 수단인지도 모르겠습니다. 오죽하면 일상의 신비를 깨뜨려 오병이어 같은 일회성 기적을 일으키실까요? 여하튼 하나님은 그렇게 해서라도, 매일 온 세계에서 일어나는 기적 속으로 우리를 안내하십니다.

우리가 매일 대하는 밥 한 공기도 그렇습니다. 밥 한 공기가 식탁 위에 오르기까지 하늘의 해와 달, 비와 바람, 농부의 땀과 눈물, 추수하는 이들과 운반하는 이들의 노력, 시장의 상인들, 안전한 상거래가 되도록 사회의 질서를 담당하는 경찰과 국가, 그리고 무엇보다 엄마의 사랑과 수고… 이것이 모두 밥 한 공기에 담긴 우주의 신비이며 기적입니다. 이 모든 것 안에 일을 이루어 가시는 분이 바로 창조주 하나님입니다.

일상이 기적이고, 평범이 비범입니다. 해가 뜨고 지는 것, 잠자고 일어나는 것, 내가 숨쉬고 눈을 뜨는 것, 그리고 당신이 나를 아는 것, 모두 신비한 기적입니다. 제가 갑자기 이런 기적 이야기를 하는 이유가 있습니다. 하나님은 우리의 모든 삶의 자리에 함께 계십니다. 그리고 그 곳에서 말을 거십니다. 성경이라는 책을 통해 만난 삼위일체 하나님은, 그렇게 창조세계의 일상적인 사건과 관계 속에 우리를 초대하시고 그분의 뜻을 이루어 가십니다.

그러고 보면 우리가 사는 세상이 바로 하나님의 성경입니다.

매력 있는 그리스도인

설교 서두 부분에서 '오늘 우리의 교회는 교회 담장 너머 사람들에게 매력이 없다'는 말을 했습니다. 교회가 매력 없는 이유는 무엇일까요? 여러 이유가 있겠지만, 제 생각에 가장 큰 이유는 우리가 교회 안에서만 하나님을 찾고, 교회 밖에서는 하나님 없는 듯 무신론자로 살아가기 때문 아닐까 싶습니다.

그렇다면 회개해야 합니다. 교회가 어려운 시대라고, 교인들이 줄어드는 시대라고, 정치가 어수선한 시대라고, 경제가 어려운 시대라고 툴툴거리며 오랜 시간 탓하기보다, 더 가치 있고 중요한 방향으로 우리의 생각과 몸을 돌려세워야 합니다. 우리의 시간과 공간을 창조하시고 운행하시는 하나님은 우리의 가정, 직장, 그리고 모든 관계 속에서 그분의 선하고 의로운 나라를 위해 우리 모두를 초대하십니다. 거기에 진정한 안식과 평화가 있고, 거기서 불의에 저항하는 프로테스탄트의 용기가 시작됩니다.

성경에 담긴 하나님의 말씀은 우리를 일요일 하루에서 6일의 평범한 날로 초대합니다. 왜냐하면 우리의 주님은 문자와 책에 갇히시지 않고, 교회라는 담장에도 갇히시지 않으며, 특별한 시간만 관리하시는 분이 아니기 때문입니다. 그분은 성경을 통해 우리에게 믿음을 주시고, 그 믿음은 창조세계와 일상의 모든 시간 속에 숨겨진 하나님의 자리로 우리를 인도합니다. 이 선하고 복된 초대는 엄혹한 세계 안에서 우리를 사로잡는 하나님의 능력이며 성경 안에 살아 있는 음성입니다.

성경을 가까이하는 모든 성도가 하나님의 기적을 일상에서 체험하고, 그 감격으로 이웃과 더불어 삶의 조각을 나누길 주님의 이름으로 축원합니다.

모든 지각에 뛰어난 하나님의 평강이 그리스도 예수 안에서 우리의 마음과 생각을 지키실 것입니다. 아멘.

하나 되게
하소서

교회 연합 예배

요한복음 17:20-22

주님은 잡히시기 전날 밤, 제자들을 앞에 두고 이들이 '하나 되길' 간절히 기도하셨습니다(요 17장). 그 이유는 선교가 바로 이것에 달려 있었기 때문입니다. 선교를 위해 모든 교회가 하나 되는 것은, 주님의 명령이지 선택 사항이 아닙니다. 우리는 주님의 기도와 말씀 때문에 여기 모였고, 하나 되기 위해 노력하고 기도합니다.

시도만 무성한 연합

하지만 교회가 하나 되기 위해 노력하는 이 시대의 교회 연합 운동들은 하나같이 무기력증에 빠진 것 같습니다. 교회가 연합하여 다루는 논의와 주제들은 다양하고 광범위하지만, 주님이 우리를 향해 뜻하신 바를 힘차게 실행하고 이루어 내는 곳은 거의 없습니다.

오늘 우리 시대 교회 연합은 마치 약혼도 하고 결혼식 날짜도 잡았는데, 결혼식은 안 하고 신방에 들어가는 일도 없는, 아니, 어쩌면 아예 그런 일은 염두에 두지도 않았던 연합 같습니다. 우리에게는 실패한 시도들과 그저 시도에 가까운 일들만 무성합니다.

교회 연합이라는 이름 아래, 서로 다른 신앙고백 전통의 교회들이 한자리에 모여 기도하고 대화합니다. 날이 갈수록 정기 모임은 점점 커지고, 소모임도 풍성해집니다. 수많은 회의와 서류, 기자들을 대동한 인터뷰에는 주목할 만한 동의와 합의도 보입니다.

하지만 이런 일들이 혹시 목사들만의 일로 그치고, 우리가 몸담은 교회 현장과 교인들에게는 이해할 수도 없고 종잡을 수도 없는 일이 되어 가는 것은 아닌지 모르겠습니다. 이는 마치 흐르는 냇물에 발가락만 담그고 물에 뛰어들 용기가 없거나, 아니면 처음부터 그럴 마음이 없었던 것과 같은 형국입니다.

교회 연합이라는 이름으로 함께 모여 대화하는 것을 들어 보면, 교회 밖 사람들이 교회 구조에 간섭하거나 흠집 내는 걸 참지 못해 분개하는 큰소리가 들립니다. 세상이 교회의 변화와 개혁을 요청할 때, 스스로를 돌아보기보다 남의 집 간섭 말라는 식으로 되레 화를 냅니다. 교회 연합 모임에서 우리는 거룩한 하나의 교회라고 자주 강조합니다. 그러나 우리는 사회가 정의와 평화에 굶주린 것을 보고도 교회 내부의 사소한 일에 사로잡혀 주변을 무시합니다. '하나님이 세상을 이처럼 사랑하사'라는 복음서의 말씀을 '하나님이 이처럼 교회를 사랑하사'라고 선언하신 것으로 오해합니다. 교회가 함께 모인 자리에서 특별한 엘리트들이나 관심 가질 법한 고차원적인 문제, 교회의 소유와 권리 문제에만 에너지를 쏟아 낸다면, 교회가 사회로부터 하찮은 대우를 받는 것은 마땅한 일입니다.

우리의 고백에 따르면, 그리스도의 몸 된 교회는 낯선 세상 가운데 존재하며, 다가오는 하나님의 나라를 나타내는 징표이며, 하나님 나라의 견본입니다. 교회는 하나님을 섬기기 위해 세상에서 구별되었고, 그리스도의 십자가와 부활로 인해 거룩합니다. 이 일을 위해 교회는 주어진 소명을 잊지 않도록 끊임없이 일깨움을 받아야 합니다. 교회를 세우신 주님의 의도는 교회를 통해 사회에 선하고 거룩한 도전을 하려는 것입니다.

교회의 모든 삶은, 세상에서 통용되는 성공 기준들과 근본적으로 반대되는 곳에 기초를 두어야 합니다. 지배가 아니라 섬김, 교만이 아니라 겸손, 자기방어가 아니라 사랑, 표리부동과 탐욕을 극복하는 마음 등등, 이런 것들이 교회에 주신 주님의 새로운 계명들입니다(롬 12:1-2; 빌 2:5; 벧전 1:13-17, 2:11-12).

하지만 오늘 우리는 우리의 교회가 아직 '믿음이 어린 아이들'이고, 이리저리 흔들리고 분열되어 있다는 현실을 겸손히 고백해야 합니다. 제자들이 하나 되기를 간구하던 주님의 기도는, 하나님 아버지와 아들의 완전한 일치에 미치지 못할 것을 염두에 두신 게 아닙니다. 또한 주님이 기도하신 제자들의 하나 됨은, 현실에서는 불가능하고 신비한 것, 또는 뜬구름 같은 낭만적인 상징으로 이해되어서는 안 됩니다. 우리가 하나 되길 주님이 기도하신 것은, 실제로 우리가 하나될 수 있다는 것을 아시고 그것을 이루기 위해서였습니다. 주님이 지상에서 보여 주신 그분의 삶은 언제나 하늘 아버지의 뜻을 행하고 이루는 데 그 목적이 있었습니다. 그러므로 그분의 제자 된 우리가 그리스도와 하나 되고 교회가 연합하여 하나 되는 일은, 세상이 하나님을 알기 위해 성취되어야 할 선교의 필수 조건입니다.

우리가 연합하여 나누는 말과 행동이 하나님의 능력과 자비를 드러내지 못한다면, 세상은 교회가 만들어 내는 허망한 말들에 질려 버리고 말 것입니다. 그리고 결국 땅끝까지 복음을 전해야 할 선교 사명은 파선하고 말 것입니다.

교회가 교회되길

지난 2천 년 동안 우리의 교회는 많은 시련과 유혹을 뚫고 여기까지 왔습니다. 이제 이 시대 교회는 새로운 교회 이야기를 기록해야 할 책임을 지닙니다. 하지만, 어떤 면에서 오늘 우리의 교회가 마주한 난제는 지난 모든 세기에 걸쳐 사라지지 않던 유혹의 문제에 걸려 있습니다.

그 첫째는 교회가 세상을 본받으려는 유혹이고, 다른 하나는 교회가 자기만족에 빠져 세상으로부터 고립되어 버리는 유혹입니다. 우리는 소금이 맛을 잃으면 쓸모없게 된다고 끊임없이 설교합니다. 그런데 교회라는 세상의 소금이 소금 자루에 보관되어 창고에 차곡차곡 쌓이는 것을 두고, 안전하다 여기며 만족해 버리는 것 같습니다.

이십 년 전만 해도, '교회의 시대'라고 할 만큼 성령이 교회를 부흥케 하는 흥분과 감격을 우리는 맛보았습니다. 하지만 지금은 어떻습니까? 인문학자들은 21세기 포스트모던 사회를 소위 '종교 부흥의 시대'라고 입을 모아 말하지만, 그 부흥이 유독 기독교를 비껴갑니다. 사회가 바라보는 오늘 교회의 모습은 맛을 잃었는데 그 사실을 깨닫지도 못하고 있고, 고립되어 있는데 고립된 줄도 모르고 있습니다. 유혹의 늪에 더 깊이 빠져드는 형국입니다.

이 시대가 우리에게 요구하는 것은 그리 거창한 게 아닙니다. 그저 교회가 교회로 존재하기를 바랄 뿐입니다. 사도 바울의 말대로, 이 세상의 모든 '피조물이 하나님의 아들들이 나타나길 고대하고 있습니다'(롬 8:19 참고). 이것은 우리를 향한 세상의 목소리이지만, 사실은 교회를 향한 하나님의 목소리입니다. 우리는 니케아-콘스탄티노플 신조(381)에 따라 '하나의, 거룩하고, 보편적이며, 사도적인 교회(Ecclesia estuna, sancta, catholica et apostolica)'를 고백합니다.

교회는 말씀과 성령의 피조물로서, 세상을 구원하려는 하나님의 징표이며 신비로운 도구입니다. 교회가 하나된다는 것은 서로의 다양한 차이에도 불구하고 서로 소통하며 그리스도 안에서 한 몸임을 경험하도록 힘써야 한다는 뜻입니다. 교회가 거룩하다는 것은 교회의 모든 말과 행동이 그리스도의 말씀과 닮아 있어야 한다는 뜻입니다. 교회가 보편적이며 우주적이라는 말은, 교회의 말과 행동이 시대와 장소를 막론하고 언제 어디서나 그리스도의 빛으로 드러나야 한다는 뜻입니다. 교회가 사도적이라는 말은 교회에 주어진 구원의 약속과 은사를 말씀과 성찬으로 나누며 세상 한가운데서 살아낸다는 뜻입니다.

이처럼 이 땅의 모든 교회는 주님께 받은 은사들을 서로 나누고 상호 간 책임지는 일로 부름 받았습니다. 하나님은 교회가 교회되기를 부르십니다. 교단이 달라도 하나 되길 바라시는 그리스도의 간절한 기도를 기억합시다.

서로의 교회를 존중하고, 서로를 위해 기도하고, 자원을 공유하고, 곤궁할 때 서로 돕고, 함께 결단을 내리고, 정의와 화해와 평화를 위해 함께 사역하고, 하나님의 자비와 사랑을 세상에 가득 채우는 하나의 교회가 됩시다. 교회가 서로를 책임지지 않고 무관심할 때 우리는 빈곤해질 것입니다. 그리고 그 일로 인해 세상과 교회는 함께 빛을 잃게 될 것입니다.

파송 받은 교회

우리가 알다시피, 그리스도 안에서 세례 받은 모든 사람은 그분의 몸 안에서 긴밀히 연결되어 있습니다. 이것이 바로 교회가 불일치의 불완전한 현실에서도 함께 걷고 함께 노래하며 함께 손을 잡을 수 있는 거룩한 근거가 됩니다. '몸이 하나요 성령도 한 분이시니 이와 같이 우리 모두는 부르심의 한 소망 안에서 부르심을 받았습니다. 주도 한 분이시요, 믿음도 하나요 세례도 하나입니다'(엡 4:4-5 참고).

주님이 주신 믿음과 은사 가운데서 모든 교회가 하나 됩시다. 어렵지만 기쁨 넘치는 길을 계속 가도록 서로 격려합시다. 성경이 제시하는 최종적인 비전은 교회뿐 아니라 온 세상의 구원입니다. 이를 위해 그리스도의 몸인 교회가 세상을 향해 귀를 열고 손을 모읍시다. 겸손히 기도하고, 꾸준하게 대화하며, 세심하게 경청하는 과정이 우리에게 필요합니다.

지난 이천 년 동안 교회를 통해 세상의 소리에 사랑으로 응답하셨던 하나님이, 이제 살아 있는 말씀(viva vox)으로 온 세계에 새롭게 응답하실 것입니다. 왜냐하면 하나님의 말씀은 사라지지 않기 때문입니다. 이 일을 위해 우리가 여기 부름 받았습니다.

사랑하는 한국목회자협의회 가족 여러분, 이제 우리는 전국

대회를 폐회합니다. 그러나 기억합시다. 우리 모임의 폐회는 실천의 시작이며, 세상을 위한 하나님의 개입이라는 사실을! 이 자리에 함께 모인 우리는 그리스도 안에서 우리가 하나라는 사실을 거듭 경험했고, 교회와 세상을 위한 결의를 다졌습니다.

비록 오순절 때처럼 몰아치는 바람과 불, 기적과 진동하는 소리들은 없었지만, 하나님이 우리를 통해 그분의 일을 이루어 가신다는 믿음 가운데 총회의 일정을 마무리합니다. 이 시간, 잊지 말아야 할 것이 있습니다. 우리가 회의하는 중에 나누고 결단하고 결의한 내용들보다 하나님은 훨씬 더 큰 계획을 가지고 계시며, 교회를 통해 그 일을 이루실 것이라는 사실입니다.

회의가 끝났다고 해서, 교회들의 모임을 마쳤다고 해서, 하나님이 그분의 일을 중단하시지 않습니다. 하나님은 오히려 우리가 끝내고 돌아가는 이 시간부터 더 넓고 큰 세상에서 그분의 뜻을 시작하실 것입니다. 이제 몇 시간 안에 우리 모두는 각자 삶의 자리로 흩어질 것입니다. 이 흩어짐은 선교를 위한 주님의 파송이란 것을 명심합시다. 파송된 그곳에서, 주님이 우리 안에 계시고 우리가 주님 안에 있다는 진리를 경험하게 될 것입니다. 그리고 비로소 세상은 우리의 말과 행동을 통해 하늘 아버지의 살아계심과 주님의 사랑을 알게 될 것입니다. 이 모든 일이 하나 된 교회에 주신 주님의 명령이며 복된 약속입니다. 하늘 아버지의 이 거룩한 뜻이, 한목협의 하나 된 교회들과 이 자리의 우리 모두를 통해 이루어지길 주님의 이름으로 축원합니다.

모든 지각에 뛰어난 하나님의 평강이 그리스도 예수 안에서 우리의 마음과 생각을 지키실 것입니다. 아멘.

하나님이 일하신다: '마태의 해' 복음서 설교

최주훈 지음

2023년 12월 11일 초판 1쇄 발행

펴낸이 김도완
등록 제2021-000048호
　　　(2017년 2월 1일)
전화 02-929-1732
전자우편 viator@homoviator.co.kr

펴낸곳 비아토르
주소 서울시 종로구 삼일대로 428, 500-26호
　　　(우편번호 03140)
팩스 02-928-4229

편집 김현정
제작 제이오

디자인 김진성
인쇄 (주)민언프린팅

제본 다온바인텍

ISBN 979-11-91851-84-7 03230　　**저작권자** ⓒ 최주훈, 2023